SAMMLUNG TUSCULUM

MYSTERIENTEXTE
DIE ORPHISCH-BAKCHISCHEN GOLDPLÄTTCHEN

Griechisch-deutsch

Herausgegeben, übersetzt, kommentiert
und mit einer Einführung versehen
von Christian Zgoll

DE GRUYTER

Diese Veröffentlichung wurde aus Mitteln des Publikationsfonds NiedersachsenOPEN und des DFG-Förderprogramms »Open-Access-Publikationskosten« unterstützt.

ISBN 978-3-11-914878-8
e-ISBN (PDF) 978-3-11-170955-0
https://doi.org/10.1515/9783111709550

Library of Congress Control Number: 2025911587

Bibliografische Information der Deutschen Nationalbibliothek
Die Deutsche Nationalbibliothek verzeichnet diese Publikation in der Deutschen Nationalbibliografie; detaillierte bibliografische Daten sind im Internet über http://dnb.dnb.de abrufbar.

Für die Einbandgestaltung verwendete Abbildungen:
Cologny (Genève), Fondation Martin Bodmer, Cod. Bodmer 5: 3v/4r
(www.e-codices.unifr.ch)

Satz im Verlag
Druck und Bindung: Beltz Grafische Betriebe GmbH, Bad Langensalza

♾ Gedruckt auf säurefreiem Papier
Printed in Germany

www.degruyterbrill.com

Fragen zur allgemeinen Produktsicherheit:
productsafety@degruyterbrill.com

Auch wer um seine Liebsten trauert, halte Maß.
Sie sind nicht tot, sind auf demselben Wege nur,
den alle Menschen einmal gehen müssen, uns
vorangegangen. Wir auch wandern späterhin
zum selben Ort der Einkehr, der schon sie empfing,
vereint mit ihnen dort zu weilen allezeit.

Antiphanes

VORWORT

Die sogenannte ›Homerische Frage‹ stellt sich selbst in den Augen eines äußerst beschlagenen Forschers als ein »Gewirr voneinander abhängiger Einzelfragen mit ungezählt vielen Ja/Nein-Entscheidungsmöglichkeiten und entsprechend vielen Folgefragen dar« (Latacz 2000, 501). Ähnliches lässt sich inzwischen rückblickend auch für die ›Orphische Frage‹ behaupten: Gab es eine fest umrissene ›Orphik‹, wer waren ihre Vertreter und Anhänger, und wie sahen im Einzelnen die ›orphischen Lehren‹ aus? Eine nicht unbeträchtliche Rolle spielen in diesem Zusammenhang die *Orphisch-Bakchischen Goldplättchen*, die wiederum selbst in der Interpretation vielfach umstritten sind.

Hier meldet sich nun weder ein ›Pan-Orphiker‹ noch ein ›Orphik-Skeptiker‹ zu Wort, sondern einer, der versucht hat, dem Motto getreu vorzugehen: »Prüft alles, und das Gute behaltet«, in der Hoffnung, mit dem vorliegenden Buch einen soliden Ausgangspunkt für weitere Forschungen zu liefern, zugleich aber dieses Forschungsfeld auch einer breiteren Öffentlichkeit näherbringen zu können. Dabei musste man an etlichen Stellen mehr als üblich ins Detail gehen, da sonst die Komplexität der Probleme nicht deutlich geworden wäre. Wem diese ›Details‹ zu viel werden, kann sie getrost überschlagen; sie warten dann geduldig auf die, die Lust am Nachbohren haben und es ganz genau wissen wollen.

Erst eine längere Beschäftigung mit diesen von Geheimnissen vollen Texten führt von einer Ahnung bis zum Begreifen der Kompliziertheit der Herausforderungen, die sich hier stellen. Wenn man nicht Gefahr laufen will, sich in zu vielen, zum Teil disparaten Erklärungsversuchen von isoliert behandelten Einzelproblemen zu verlieren, ist es unerlässlich, ein schlüssiges Gesamtkonzept zu erarbeiten, auf dessen Hintergrund sich einzelne Beobachtungen dann kohärent erklären und sinnvoll einordnen lassen. Neu ist als Ansatz für eine solche Gesamtdeutung der Goldplättchen das Konzept vom Doppelspiegelszenario. Es geht davon aus, dass die Texte primär ein Initiationsgeschehen widerspiegeln, in dem (sekundär) die Ankunft in der Unterwelt vorausgespiegelt ist, was wiederum Rückwirkungen auf das Initiationsritual hat, so dass beides, der rituelle Tod während der Initiation und der Tod am Lebensende sich gegenseitig spiegeln und zu einer kaum mehr trennbaren Einheit verschmelzen. Neben weiteren, neuen Lösungen für Details wie Lesungen und Übersetzungen bietet das Buch außerdem einen neuen Ansatz für das Verständnis der bislang rätselhaften Aussagen von einem scheinbar in Tiergestalt vollführten Springen oder Fallen der Mysten »in Milch«, der erstmals die Möglichkeit einer konsistenten, alle Probleme mit einbeziehenden Interpretation eröffnet.

Die Arbeit an den Goldplättchen hat ihren Anfang genommen im Kontext einer interdisziplinären Vorlesung zu Unterweltsvorstellungen in der altorientalischen und griechisch-römischen Antike, die meine Frau Annette Zgoll mit mir im Wintersemester 2017/18 an der Universität Göttingen gehalten hat. Die gegenseitigen Anregungen waren und sind unschätzbar; sie und die Rückmeldungen der Studierenden haben dann zu einer immer intensiveren Beschäftigung mit den Goldplättchen geführt. Im Zusammenhang mit einem von Oliver Schelske veranstalteten *Gräzistischen Forschungskolloquium* an der Universität Leipzig war es mir außerdem vergönnt, im Sommer 2024 gewissermaßen den derzeitigen Großmeister der Orphik-Forschung, Alberto Bernabé, kennenlernen und mich mit ihm danach auch noch weiterhin austauschen zu dürfen. Mein Dank gilt ihm und allen weiteren wichtigen Gesprächspartnern wie meinem Kollegen vor Ort, Heinz-Günther Nesselrath, und etlichen anderen, die im Verlauf der Entstehung dieses Buches wertvolle Anregungen beigesteuert haben, außerdem der Kuratorin der Ephorie von Pella, Elpi Naoum, und dem Kurator des Rockefeller Museum in Jerusalem, Fawzi Ibrahim, für die Beantwortung von Fragen zu einzelnen Fundstücken.

Ein grundsätzliches Dankeschön geht an die Mitglieder des *Collegium Mythologicum* für den wie immer sehr fruchtbaren Austausch, an die Deutsche Forschungsgemeinschaft für einen Publikationszuschuss und, viel entscheidender, für die Förderung der Göttinger Forschungsgruppe STRATA – *Stratifikationsanalysen mythischer Stoffe und Texte in der Antike*, in deren Rahmen dieses Buch entstanden ist.

Für eine intensive Lektüre des Manuskripts und entsprechend wichtige Korrekturen und Rückmeldungen danke ich Balbina Bäbler und vor allem Annette Zgoll, für Zuarbeiten wie bei der Beschaffung der inzwischen überbordenden Forschungsliteratur oder von Bildmaterial Firmin Forster, Haylana Ramadan, Jacob Samel und Cara Sewing; für die Betreuung des Manuskripts von Seiten des De Gruyter Verlags Torben Behm und Katharina Legutke, für das sorgfältige Setzen des Bandes Florian Ruppenstein.

In der schönen Übersetzung von Otto Weinreich (1968) soll die Widmung dieses Buches, ein Fragment des Dichters Antiphanes (PCG fr. 54 Kassel/Austin), all denen zugedacht sein, denen der Gedanke an das Zuschreiten auf die entscheidende Lebensschwelle einen schmerzlichen Stich versetzt, die aber dennoch, wie die Träger der *Orphisch-Bakchischen Goldplättchen*, mit der Hoffnung auf ein Fest der Wiedervereinigung auf diese Schwelle zugehen.

Göttingen, im Advent 2021 Christian Zgoll

INHALT

TEXTE MIT ÜBERSETZUNG UND KOMMENTAR

APPENDIX

ANHANG

EINFÜHRUNG

1. Dionysos steigt in die Unterwelt hinab

Τίς οἶδεν εἰ τὸ ζῆν μέν ἐστιν κατθανεῖν,
τὸ κατθανεῖν δὲ ζῆν κάτω νομίζεται;

»Wer weiß schon, ob nicht Leben nichts andres ist als Tod, / und nicht der Tod als Leben bei denen unten gilt?« So lautet ein Zitat aus dem nur fragmentarisch erhaltenen Stück *Polyidos* des athenischen Tragödiendichters Euripides (ca. 480–406 v. Chr.; fr. 638 TrGF Kannicht). Es wurde in der Antike so berühmt, dass Aristophanes (ca. 450–380 v. Chr.) sich in seiner Komödie *Die Frösche*, die kurz nach dem Tod des Euripides aufgeführt wurde, durch abwandelnde Wortspielereien darüber lustig machen konnte, in dem Wissen, dass alle die intertextuelle Bezugnahme verstehen würden (1477 f): »Wer weiß schon, ob nicht Leben nichts andres ist als Tod, / und nicht das Schnaufen Schmausen, und Schlaf ein Fell vom Schaf?« – Τίς δ' οἶδεν εἰ τὸ ζῆν μέν ἐστι κατθανεῖν, / τὸ πνεῖν δὲ δειπνεῖν, τὸ δὲ καθεύδειν κῴδιον;

Humor ist oft da besonders erfolgreich, wo es um etwas eigentlich sehr Ernstes geht, das zur Abwechslung überraschend auf die leichte Schulter genommen wird. Genau dies gilt von dem Stück *Die Frösche* des Aristophanes insgesamt, denn es handelt von einer selbst für Götter nicht ungefährlichen Angelegenheit: Dionysos, der Gott des Weins und des Theaters höchstpersönlich, will eine Katabasis bzw. einen *descensus ad inferos*, einen Abstieg in die Unterwelt wagen. Was ihn dazu antreibt, ist der Wunsch, die bei seiner Geburt verstorbene Mutter Semele aus dem Totenreich zu befreien und sie in die Gemeinschaft der Götter emporzuführen – so denkt jedenfalls das in den Dionysos-Mythen bewanderte Publikum, bis es erfährt, dass in

Aristophanes' Komödie Dionysos die folgende Hadesfahrt aus einem ganz anderen Grund unternimmt, nämlich aus Sehnsucht nach dem mittlerweile verstorbenen Tragödiendichter Euripides. Diesen will Dionysos wieder nach Athen zurückführen, denn von den zeitgenössischen Dichtern seien die guten tot und die übrigen schlecht.

Die *Frösche* des Aristophanes widmen sich also in erster Linie dem Theater und dem Theatergott Dionysos. Dadurch aber, dass das Stück zu großen Teilen in der Unterwelt spielt und der für antike Komödien (und Tragödien) typische und so wichtige Part des Chors nicht nur von Fröschen, sondern auch von Dionysos-Mysten, also von Eingeweihten in die Dionysischen Mysterien übernommen wird, ist diese Komödie zugleich eine wichtige Quelle für unser Wissen über diesen ›Mysterienkult‹, der wiederum für das Verständnis der *Orphisch-Bakchischen Goldplättchen* einen wichtigen Hintergrund darstellt (s. dazu u. a. Edmonds III 2004, 111–158). Denn bei aller Vorsicht, mit der die Informationen zu genießen sind, die sich aus einer solchen Komödie herausziehen lassen, so müssen doch einerseits einige von den gewiss überzeichneten, andererseits manche von den nur nebensächlichen Anspielungen einen Realitätsbezug gehabt haben, denn sonst hätten sie für das Publikum keinerlei Anknüpfungspunkte geboten und damit auch keine witzigen Effekte erzielen können.

Eines wird jedenfalls klar und deutlich: Die Dionysos-Mysten haben in der Unterwelt gefeiert – und wie. Da gibt es sanfte Flötenmusik, viel Händeklatschen, herrliche Wohlgerüche, glückselige Festumzüge, mit Tanz begleitete Gesänge von Männern und Frauen, die in Gemeinschaft mit ihrem Gott »Mysterien« (*mystēria*) feiern, und ein festliches Gelage der »Glückseligen«. Eine solche Vision von einem glücklichen Leben nach dem Tod muss ein wesentlicher Anziehungspunkt antiker Mysterienkulte gewesen sein, der sich so beispielsweise nicht nur für die Dionysischen, sondern auch für die Demeter-Kore-Mysterien in Eleusis belegen lässt. Im Licht solcher Vorstellungen stellt sich das Leben nach dem Leben tatsächlich als das ›eigentliche‹ Leben dar, während das Leben vor dem Tod eher dem gleicht, was man sich sonst unter Tot-Sein vorgestellt hat.

2. Die Dionysischen Mysterien

2.1 Mysterienkult-Variationen

Zwar wird hier und im Folgenden – *faute de mieux* – die Bezeichnung der Dionysischen Mysterien als ›Mysterienkult‹ beibehalten, doch muss man sich bewusst sein, dass diese Bezeichnung in mehrfacher Hinsicht problematisch ist. Zum einen war vieles viel weniger ›mysteriös‹, als es in modernen Ohren klingt, und zum anderen, und das ist noch entscheidender, ist dieser Begriff insofern missleitend, als er suggeriert, es hätte so etwas wie ›den‹ Dionysischen Mysterienkult, ja vielleicht sogar eine ›Dionysos-Religion‹ gegeben. Es gab aber weder einen einzelnen, historisch belegbaren Religionsstifter, noch eine Art Religionsoberhaupt, noch eine feste theologische Tradition oder ›Schule‹, die darüber gewacht hätte, was in dieser ›Religion‹ getan und nicht getan, gelehrt und nicht gelehrt werden durfte; tatsächlich handelt es sich auch nicht um eine Religion, sondern um einen einzelnen Kult in dem größeren, sehr vielfältigen Gebilde, das man annäherungsweise »die griechische Religion« nennt (vgl. Graf in GJ, 65). Im Unterschied zu den Eleusinischen Mysterien waren die Dionysischen Mysterien auch weder an ein festes Erbpriestertum noch ortsgebunden, was ihre Verbreitung im gesamten Mittelmeerraum wesentlich erleichtert hat. Freilich gab es etliche Konstanten und Gemeinsamkeiten, aber man hat in der griechisch-römischen Antike über viele Jahrhunderte verteilt und an verschiedenen Orten den Gott Dionysos oder Bakchos (latinisiert: *Bacchus* oder *Liber*) offen und hinter verschlossenen Türen auf verschiedene Arten und Weisen verehrt (s. auch Riedweg 1998, 363; Massa 2013, 231; Scarpi 2022).

Ähnlich disparat wie die verschiedenen Formen der Dionysos-

Verehrung sind auch die Quellen, aus denen sich unser heutiges Wissen speist. Es gibt kein ›Lehrbuch‹ des Dionysos-Glaubens, sondern man muss sich alles aus vielen Quellen unterschiedlichster Art zusammenpuzzeln. Viele dieser Quellen bereiten bei der Interpretation nicht unbeträchtliche Schwierigkeiten und lassen dementsprechend Spielräume zu. Hinter dichterischer, metaphernreicher Hochsprache verstecken sich nicht selten Anspielungen auf religiöse Realitäten, so dass die *Frösche* des Aristophanes, die *Bakchen* des Euripides oder die *Dionysiaka* des Nonnos wertvolle Hinweise liefern – aber immer gebrochen durch dichterische Bearbeitungen, wechselnde Weltsichten und durch die Erfordernisse und Regeln der jeweiligen literarischen Gattungen, in diesen Fällen der Komödie, der Tragödie und des Epos. In völlig anderen Zusammenhängen werden uns Informationen von philosophischer und von christlicher Seite, von Platon, den Neuplatonikern oder den Kirchenvätern übermittelt – aber wer kann definitiv entscheiden, was davon ›stimmt‹ und was, den jeweiligen Interessen der Autoren entsprechend, abgeändert, absichtlich entstellt oder sogar gänzlich falsch ist?

Von daher ist es nicht zu verwundern, dass das, was wir von den Dionysischen Mysterien rekonstruieren, immer ein anfechtbares Gebilde von Plausibilitäten bleiben wird, sich nur auf kleinere Ausschnitte der tatsächlichen Abläufe und ›Lehren‹ beschränkt und sich überdies nicht auf einen einheitlichen Nenner bringen lässt. Das war zum Teil in der Antike selbst schon so verwirrend, dass es unter anderem im Ägypten der Ptolemäerzeit in der zweiten Hälfte des 3. Jahrhunderts v. Chr. die Behörden auf den Plan gerufen hat: Es wurde ein Edikt erlassen mit der Anweisung, dass alle Personen, die jemanden in die Dionysischen Mysterien einweihen, nach Alexandria kommen und dort Rechenschaft ablegen sollen über die Herkunft ihres »heiligen Textes« und ihrer kultischen Praktiken (Papyrus Berlin Nr. 11774, vor 215 v. Chr.; für Text und Übersetzung des Edikts s. Appendix § 5 mit Literaturhinweisen zum Thema von »heiligen Texten« im Dionysoskult).

Das hat zur Folge, dass eine Einweihung in die Dionysischen Mysterien im Rom des 2. Jahrhunderts v. Chr. ganz anders ausgesehen haben kann als im 2. Jahrhundert n. Chr. oder im griechischen Lerna zur Zeit des Pausanias (2. Jh. n. Chr.). Die Quellen lassen immer nur punktuelle Einblicke zu, und je nach Quelle erfährt man einmal mehr zur organisatorischen Seite des Kults, einmal mehr zu den rituellen Abläufen, ein anderes Mal mehr zu einem dahinterstehenden Mythos, kaum jemals aber alles auf einmal, und selbst wenn man alles auf einmal erführe, könnte man es nicht unbesehen auf andere Zeiten und Orte übertragen.

2.2 Die Einweihung

So ist beispielsweise auf einem Landgut in der Nähe von Rom eine lange Inschrift in griechischer Sprache aus dem 2. Jahrhundert n. Chr. gefunden worden, die Informationen über eine Dionysos-Kultgemeinschaft von wohlhabenden griechischen Einwanderern aus Lesbos enthält (IGUR I Nr. 160). Dabei handelt es sich zwar im Wesentlichen nur um eine Auflistung von über 400 Personennamen, aber diese Namen stehen jeweils unter verschiedenen Überschriften, die als Bezeichnungen für verschiedene kultische Ämter und möglicherweise auch Weihegrade zu verstehen sind, dabei mit wichtigeren ›Rängen‹ den Anfang machen und manchmal eher kryptisch sind, in anderen Fällen aber deutliche Hinweise auf rituelle Vorgänge geben. An erster Stelle stehen eine Priesterin, ein Kultvorsteher mit dem Titel »Heros« und eine »Fackelträgerin« (Daduchos). Nach einer Liste von weiteren neun (vermutlich untergeordneten) Priestern und Priesterinnen folgen ein Hierophantes (»der das Heilige zeigt«), zwei (männliche) Theophoroi (»die den Gott tragen«) und drei (weibliche) Kistaphoroi (»die die *cista mystica* mit geheimen Kultgegenständen tragen«); von den im Weiteren noch erwähnten Titeln sollen hier nur noch eine weibliche Phallophoros (»Phallusträgerin«), ein männlicher Pyrophoros (»Feuerträger«) und zwei männliche Antrophylakes (»Höhlenwächter«) genannt sein. Neben diesen (und weiteren) herausgehobenen Kulträngen mit besonderen Aufgaben werden größere Gruppen von Frauen und Männern erwähnt, die verschiedene Ränge oder Dienste und korrespondierend dazu vielleicht (aber nicht notwendig) auch verschiedene Weihegrade hatten wie etwa die in sich noch einmal nach verschiedenen Rängen untergliederten Bukoloi (»Rinderhirten«; vgl. dazu auch Papyrus Gurôb Nr. 1, Z. 25, s. Appendix § 4), die Bakchen (»Bakchos-Anhänger«) und an letzter Stelle die vermutlich als ›Novizen‹ anzusehenden Seigetai (»Schweiger«).

Etwas mehr erfahren wir über Vorgänge in der Weihenacht von Mysterien, die in Athen im 4. Jahrhundert v. Chr. gefeiert wurden und in denen Dionysos wahrscheinlich mit der aus dem Osten kommenden Gottheit Sabazios fusioniert und verehrt wurde, allerdings aus einer sehr verzerrenden Perspektive. Der brillante Redner Demosthenes versucht in seiner berühmten *Kranzrede*, seinen Gegner Aischines in schlechtestem Licht dastehen zu lassen, und wirft ihm vor, er habe als Knabe seiner Mutter bei solchen Initiationsriten als Helfer gedient (Demosth. *or.* 18,259 f; zu Problemen der Interpretation dieser Passage s. Henrichs 2010, 102–106). Trotz aller Polemik und aller Unschärfe in den Andeutungen müssen bestimmte Aspekte, die Demosthenes aufgreift, auf wirklichen Gegebenheiten beruhen, sonst hätte er damit keinen Eindruck machen können. Es ist unter anderem von einer Weihenacht die Rede, in der folgende Elemente eine Rolle gespielt haben sollen:

- Bekleiden mit Hirschkalbfellen
- Mischen von Wein mit Wasser in einem Mischkrug
- Vornehmen von Reinigungsriten
- Abreiben mit Schlamm und Kleie
- Abschließender Kultruf ἔφυγον κακόν, εὗρον ἄμεινον – »Entflohen bin ich Üblem, gefunden habe ich Besseres!«

Auf die Dionysischen Mysterien in der Stadt Rom und im 2. Jahrhundert v. Chr. bezieht sich ein Bericht des römischen Historikers Livius (ca. 59 v. Chr. bis ca. 17 n. Chr.) über den sogenannten Bacchanalien-Skandal des Jahres 186 v. Chr., der weitreichendere Einblicke in rituelle Abläufe zulässt, im Gegensatz zur anfangs erwähnten Inschrift von dem Landgut in der Nähe von Rom aber als Funktionsträger im Kult nur Priester nennt (Liv. 39,8,3–19,7). Dass dieser Bericht im Kern historisch zuverlässig ist, geht daraus hervor, dass der Senatsbeschluss, von dem am Ende die Rede ist, auch inschriftlich überliefert ist (CIL I^2 Nr. 581) und mit dem übereinstimmt, was Livius davon zitiert. Aus dem Bericht des Livius geht hervor, dass die Initiationsfeier der römischen Dionysos-Mysten in einem am Tiber gelegenen Hain der Stimula stattgefunden hat, von dem Ovid schon nicht mehr genau zu sagen wusste, ob er nicht eher »Hain der Semele« hieß (Ov. *fast.* 6,503). Des Weiteren erfährt man, dass es zunächst drei feste Tage im Jahr gegeben haben soll, an denen man (offenbar bei Tageslicht) Frauen in die Mysterien eingeweiht hat; später sei man dazu übergegangen, an fünf festen Tagen in jedem Monat sowohl Frauen als auch Männer in die Gemeinschaft der Dionysos-Mysten aufzunehmen, und zwar im Rahmen einer nächtlichen Initiationsfeier. Sklavinnen und Sklaven waren dem Bericht nach ebenfalls zugelassen. Im Lauf der Zeit sei außerdem das Einweihungsalter herabgesetzt worden, so dass man dann fast nur noch Personen unter zwanzig Jahren eingeweiht habe.

Die starke Erhöhung der Tage im Jahr, an denen Initiationsfeiern vorgenommen wurden, spiegelt den Erfolg des Dionysoskults in Rom und Umgebung wider. Die rasante Zunahme an Mitgliedern sorgte für Unruhe im politischen Establishment und führte zuletzt zu einer Zerstörung von Kultstätten, zu starker Einschränkung und Überwachung der Kultausübung sowie zu einer Verfolgung der Kultanhänger, die nach den Angaben bei Livius über 7.000 Menschen betroffen haben soll (Liv. 39,17,6). Die erhöhte Anzahl von Tagen für Initiationsfeiern muss aber auch den Charakter der Initiationsfeier selbst verändert haben. Im Unterschied zu den Eleusinischen Initiationsfeiern, die nur einmal im Jahr stattfanden, muss dadurch die Anzahl der Initianden an den jeweiligen Terminen kleiner gewesen sein. Das bedeutet aber auch, dass die Dionysos-Mysten die Initiation individueller und in gewissem Sinn ›einsamer‹ und ausgesetzter erlebt haben.

Was die Einweihung selbst anbelangt, so geht ihr nach Livius eine zehntägige Zeit des Fastens und sexueller Enthaltsamkeit sowie ein Reinigungsbad voraus; eine solche Vorbereitungszeit von zehn Tagen erwähnt auch Apuleius in Hinblick auf seine Initiation und Weihe zum Isis-Priester (Apul. *met.* 11,23,2). In der Weihenacht wird dann der Myste von einer schon eingeweihten Person zur heiligen Stätte (*sacrarium*) geführt. Im Heiligtum erfolgt eine Übergabe des Mysten an Priester, die ihn an einen nicht näher bezeichneten Ort bringen, der von Geheul, Gesang und dem rhythmischen Schlagen von Tamburinen und Becken widerhallt. Was dort dann im Einzelnen und in welcher Reihenfolge passiert, ist nicht ganz klar und wird zum Teil durch die absichtlich negative Einfärbung des ›ausländischen‹, angeblich die römischen Werte und Sitten verderbenden Kults entstellt. Zum einen ist relativ harmlos davon die Rede, dass die Mysten bei der Einweihung einem Priester Worte aus einem heiligen Spruch oder »Lied« (*ex carmine sacro*) nachsprechen mussten. Wie aus dem Kontext bei Livius und auch aus anderen Quellen hervorgeht, muss das inhaltlich mit einem Eid verknüpft gewesen sein, mit dem man sich nicht nur auf die Zugehörigkeit zur Dionysischen Kultgemeinschaft verpflichtete, sondern mit dem auch die Auflage verbunden war, die Vorgänge der Initiationsfeier geheimzuhalten (s. dazu § 2.6). Zum anderen wird aber auch von der haarsträubenden Praxis berichtet, die an denjenigen vollzogen worden sein soll, die sich geweigert hätten, diesen Eid zu leisten und an den (angeblich) dort verübten sexuellen Schandtaten teilzunehmen. Solche Verweigerer habe man an eine »Maschine« gebunden, auf der sie gefesselt in verborgene Höhlen hinabgerissen worden seien, um sie auf diese Weise zu ermorden.

Das erinnert an den Vorwurf, mit dem sich christliche Apologeten wie Tertullian auseinandersetzen mussten, dass nämlich die Christen bei der Feier ihrer Gottesdienste Kindesmord und Inzest verüben würden (vgl. Tert. *apol.* 7,1). Von dem Christengegner Kelsos werden Christen und Dionysosmysten später sogar einmal in denselben Topf geworfen; wenn die christliche Lehre mit der Bestrafung von Sündern drohe, dann sei das vergleichbar mit denen, die in den Dionysischen Mysterien Erscheinungen und Schreckbilder auftreten ließen (Orig. *Contra Celsum* 4,10). Streicht man das Negative aus den Vorwürfen und Beschreibungen heraus, dann hat es sich aus der Perspektive der Kultanhänger nicht um Bestrafungen von Eid-Verweigerern gehandelt, sondern um eine Kultpraxis, die an *allen* Mysten vollzogen wurde und die natürlich nicht auf eine Ermordung hinauslief, sehr wohl aber ganz offenkundig mit einer rituell eindrücklich vermittelten Todeserfahrung verbunden war, die sich in der Anwesenheit gefürchteter göttlicher (Unterwelts-)Mächte vollzog. Das erhält eine Bestätigung dadurch, dass die Kultteilnehmer selbst diesen Vorgang des Hinabreißens in eine tiefe Höhle, so berichtet Livius, als »Raub durch Gottheiten« bezeichnet haben sollen (Liv. 39,13,13), was deutlich an den Raub der Kore-Persephone durch Hades und ihre Verschleppung in die Unterwelt erinnert – wodurch sie nicht »ermordet«, sondern zur Königin der Unterwelt wurde.

Dass Initiationsfeiern eine rituell durchlebte Todeserfahrung darstellen, ist für mehrere antike Mysterienkulte bezeugt. In den *Orphisch-Bakchischen Goldplättchen* selbst wird diese für Initiationen generell typische Grunderfahrung kurz und knapp auf den Punkt gebracht, wenn es am Beginn der Texte D1 und D2 heißt:

> Jetzt bist du gestorben, und jetzt bist du geboren worden, dreimal Glückliche(r), am heutigen Tag!

Bei Apuleius heißt es in Bezug auf die Isis-Mysterien, dass man die Einweihung als freiwilligen Tod anzusehen habe (Apul. *met.* 11,21,7), und Plutarch beschreibt einmal generell, dass ›Sterben‹ und ›Eingeweiht-Werden‹ von der Sache her dasselbe sei (Plut. *De anima* fr. 178 Sandbach, zitiert in § 4.5).

Wäre bei der römischen Initiationsfeier in die Bacchus-Mysterien mit dem »Hinabreißen« alles zu Ende gewesen, hätten die Bacchanalien in Rom weder Bestand noch Faszination gehabt. Der rituell inszenierte Tod war ein Durchgang durch den Tod zu einem neuen Leben. Dieses Sterben und Neu-geboren-Werden konnte im Anschluss umso ausgelassener gefeiert werden, je größer die ausgestandenen Ängste waren. Dass es bei solchen Feiern im Anschluss an die Einweihungszeremonie, bei denen nach Livius Weingenuss und festliches Essen eine wichtige Rolle gespielt haben, auch zu Exzessen gekommen sein kann, ist möglich, wird aber weit weniger der Fall gewesen sein, als die tendenziöse Darstellung es nahezulegen versucht.

Der Bacchanalien-Skandal in Rom ist für unser Wissen über die Dionysischen Mysterien ein Glücksfall, denn auch wenn manches falsch, entstellt oder übertrieben dargestellt sein und daher von der Interpretation strittig bleiben mag – ohne ihn wüssten wir von all diesen Kultpraktiken überhaupt nichts. Dann ginge es uns so wie mit dem Bericht des Pausanias, der bei seiner Reise durch Griechenland in der Nähe von Argos auch durch die Gegend von Lerna kommt, wo Herakles die Lernäische Hydra erlegt haben soll (Paus. 2,37,5 f). Pausanias erwähnt dabei die Existenz eines »Alkyonischen Sees«, durch den Dionysos in die Unterwelt hinabgestiegen sein soll, um seine Mutter Semele heraufzuführen, und offenbar gab es in unmittelbarer Nähe dieses Sees ein Dionysos-Heiligtum. Der Kontext und der Abschluss des Berichts deuten darauf hin, dass die rituellen Abläufe im Rahmen einer Feier, die man in diesem Heiligtum einmal im Jahr durchgeführt hat, etwas mit dem erwähnten Katabasis-Mythos des Dionysos zu tun hatten und geheime Initiationsriten waren, bei denen entsprechend ein ›Abstieg in die Unterwelt‹ eine wichtige Rolle gespielt haben dürfte (Näheres dazu in der Einleitung zur D-Gruppe der Milchbad-Plättchen). Das ist immerhin schon viel an essenzieller Information, aber über Details erfahren wir nichts, denn Pausanias schließt mit den Worten:

> Der Allgemeinheit aber etwas über die in betreffs des Sees jedes Jahr nachts für Dionysos (durchgeführten) rituellen Handlungen (*drōmena*) zu schreiben, wäre in meinen Augen nicht fromm gewesen.

Abschließend soll noch ein Aspekt der Einweihung in die Mysterien zur Sprache kommen, der in der Forschung eine wichtige Rolle spielt und vor allem auf der Interpretation einer Stelle in Platons Dialog *Politeia* beruht. Dort heißt es, arme, bettelnde Wanderpriester seien umhergezogen und hätten unter Berufung auf Schriften des Orpheus den Menschen an den Haustüren *teletai* verkauft (Plat. *rep.* 2,364b–365a), was zumeist mit »Einweihungen« wiedergegeben wird:

> Bettelpriester und Seher, die an die Türen von Reichen kommen, suchen diese zu überreden, dass bei ihnen die Macht liege, ... jegliche ungerechte Tat von ihnen selbst oder von ihren Vorfahren wiedergutzumachen mit Hilfe von Vergnügungen und Festen ... Und sie weisen einen Haufen von Büchern des Musaios und des Orpheus vor ..., denen gemäß sie ihre Opfer darbringen und damit nicht nur einzelne Bürger, sondern ganze Städte überreden, dass es durch Opfer und vergnügliche Spiele tatsächlich Lösungen und Reinigungen von ungerechten Taten für die noch Lebenden gebe, dass es aber auch für die, die gestorben seien, (Riten) gebe, die sie *teletai* nennen, die uns von den Übeln dort loskaufen könnten ...

Man hat diese (manchmal nicht richtig übersetzte, z. B. McClay 2023, 4 f) Stelle mit anderen in Verbindung gebracht, wo mit einem seltenen Wort und in nur kurzen Andeutungen von »Orpheuspriestern« (*orpheotelestai*) die Rede ist, und hat darauf aufbauend die Passage bei Platon so verstanden, dass eine Verbreitung und Einweihung in die Dionysischen Mysterien vor allem von umherwandernden Bettelpriestern vorgenommen wurde (dazu grundlegend Burkert 1982; zu Einweihungen durch diese Priester vgl. Torjussen 2010, 65: »some *manteis* offered initiations«, wobei Torjussen einschränkend darauf aufmerksam macht, dass es sich bei Platon um Wanderpriester im Dienst verschiedener Gottheiten handeln kann; McClay 2023, 11: »Individual initiators competing among themselves to attract clients ...«). Diese Wanderpriester hätten sich die entsprechenden Riten (samt der dahinterstehenden Mythen) immer wieder von Neuem und je nach verschiedenen Wünschen und Bedürfnissen entsprechender ›Klienten‹ relativ frei und eigenständig ›zusammengebastelt‹ (zu dieser ›Bricoleur-Theorie‹ in Bezug auf die Goldplättchen s. GJ passim; Torjussen 2010, 63–72; Forschungsrückblick bei McClay 2023, 18 f; zur Platon-Stelle s. auch Graf 2011, 60–62; Chrysanthou 2020, 134–136; Pitombo Bacelar 2020, 28–35).

Eine Verbreitung ›dionysischer Religiosität‹ durch Wanderpriester ist gut denkbar; die Annahme von vielen ›Privat-Einweihungen‹ durch solche Wanderpriester hingegen ist in mehreren Hinsichten problematisch. Zunächst wird eine solche Sicht auf Menschen als frei agierende, isoliert handelnde Individuen dem antiken Eingebunden-Sein des Menschen in Kollektive kaum gerecht (s. auch McClay 2021, 116–118). Des Weiteren ist eine solche Annahme auch auf dem Hintergrund der Quellen schwer haltbar. Denn in allen bisher angeführten Fällen (auch im noch zu besprechenden Fall des Apuleius, s. § 2.3) ist explizit oder implizit klar, dass eine Person, die sich einweihen lassen will, zur Einweihung immer zu einem bestimmten, sakralen Ort hingeht (s. dazu auch § 4.6), und immer ist das Geschehen von einem größeren Kollektiv getragen, in das man aufgenommen wird (zu Kultgemeinschaften s. § 2.3); nie ist es so, dass die Einweihung gewissermaßen zum einzelnen Menschen kommt und die Initiation eine auf ein einzelnes Individuum beschränkte Angelegenheit wäre, quasi eine Privatangelegenheit zwischen einem einzelnen Initiations-Verkäufer und seinem Klienten (so gedeutet bspw. bei McClay 2023 passim). Die Varianz der Goldplättchen erklärt sich durch die Verschiedenheit lokal unterschiedlicher Traditionen, die durchaus nicht von jedem neu auftauchenden Wanderpriester nach Belieben verändert werden können, sondern in sich relativ stabil bleiben und von den verschiedenen Kollektiven als bewahrenswerte, ›heilige‹ Traditionen angesehen werden (man vgl. etwa die relativ starke Einheitlichkeit der aus Kreta stammenden Zypressenbrunnen-Plättchen der B-Gruppe und die Ausführungen zum Papyrus Berlin 11774, s. Appendix § 5).

Wie könnte dann die Stelle bei Platon zu verstehen sein? Sie wird Platons Bruder Adeimantos in den Mund gelegt, der etlichen religiösen Praktiken gegenüber sehr kritisch eingestellt ist, wenn sie darauf hinauslaufen, Menschen allzu leicht von ungerechten Taten loszukaufen. Adeimantos verwendet bei seiner Darstellung entstellende Bezeichnungen für das, was die Wanderpriester tun, wie bei der spöttischen Bezeichnung von Kulthandlungen als »Vergnügungen« oder als »vergnügliche Spiele« eindeutig ersichtlich wird. Von daher ist auch die Bezeichnung von bestimmten Riten dieser Priester als *teletai* mit Vorsicht zu genießen. Freilich bedeutet bei Platon dieses Wort oft »Einweihungen«, aber es kann auch allgemein »religiöse Rituale« bedeuten. Doch selbst wenn man hier als Bedeutung »Einweihungen« voraussetzt, so ist das vom Kontext her entweder von Adeimantos ebenso absichtlich entstellt wie im Fall der »Vergnügungen«, oder die Wanderpriester haben ihre religiöse Ware tatsächlich selbst hochtrabend so genannt, worüber Adeimantos sich dann implizit mit einem Wortspiel etwas lustig macht, das im Deutschen so nicht nachgemacht werden kann: Für die Verstorbenen (*teleutēsasin*) gebe es bei diesen Priestern passende ›Verstorbenereien‹ (*teletas*).

Aus dem Kontext wird durch die inhaltlichen Parallelen im direkt vorangehenden Satz darüber hinaus mehr als deutlich, dass das Wort

»Einweihungen« hier gerade nicht im Sinn von »Einweihungen Lebender in einen Mysterienkult« verwendet wird, sondern dass es hier um bestimmte Rituale geht, die Lebende *stellvertretend für bereits Verstorbene*, und zwar für verstorbene *Angehörige* (s. Pitombo Bacelar 2020, 31) in Auftrag geben können, damit diese ein besseres Schicksal im ›Jenseits‹ haben, also um Reinigungs- oder Loskaufrituale, nicht um Einweihungsrituale. Solche ›Loskauf-Rituale‹ an der Haustüre zu verkaufen ist vorstellbar, jedenfalls viel leichter als die Vorstellung des Verkaufs einer regelrechten Initiation. Im Dialog bei Platon werden später auch entsprechend die ›richtigen‹ Einweihungen Lebender von diesen Pseudo-Einweihungen bereits Verstorbener scharf abgehoben: Im ersten Fall geht es um machtvolle *teletai*, von denen die »größten Städte« künden und die durch von Göttern abstammende Dichter und Propheten geoffenbart worden sind (Plat. *rep.* 2,366a-b), im zweiten Fall um religiösen Ramsch, der unter einem prahlerischen Etikett von armen Bettelpriestern an den Haustüren verhökert wird. Dass in Adeimantos' Sicht *beide* Formen kritisch zu sehen sind, mag angesichts des hohen Ansehens der Eleusinischen Mysterien in Athen überraschen, betrifft aber nicht die Tatsache, dass zwischen beiden religiösen Erscheinungsformen klar unterschieden wird, und passt zu einem hauptsächlichen Thema im zweiten Buch der *Politeia*, wo es darum geht, dass Gerechtigkeit nicht um des äußeren Scheins und Ansehens willen erkauft, sondern um ihrer selbst willen erstrebt werden sollte.

Zusammenfassend und in Hinblick auf die Dionysischen Mysterien ist daher davon auszugehen, dass die Einweihung einmalig und mit festen, rituellen Traditionen und bestimmten sakralen Örtlichkeiten verbunden war, zu denen sich die Einzuweihenden hinbegeben mussten (vgl. dazu auch die Ausführungen zur Kulttopographie in § 4.6 und zum ptolemäischen Edikt für die Dionysospriester, § 2.1 und Appendix § 5). Umherziehende Bettelpriester haben den Menschen dann gewissermaßen noch ›Zubehör‹ bzw. ergänzende religiöse Dienstleistungen zu verkaufen versucht wie die

Reinigung von bestimmten, vielleicht gerade *nach* der Einweihung noch begangenen Untaten, oder die Aufbesserung des Schicksals bereits verstorbener Angehöriger im ›Jenseits‹.

2.3 Folgen der Einweihung

Von den Feiern, die sich direkt an eine Initiation in die Dionysischen Mysterien angeschlossen haben, wird in verschiedenen Quellen berichtet. Weniger bekannt ist ein Umstand, der für die Einordnung der *Orphisch-Bakchischen Goldplättchen* wichtig ist und sich ebenfalls auf die Folgen der Initiation bezieht: Die Initiierten haben im Anschluss an die Einweihung auch etwas Materielles mit zu sich nach Hause genommen. Davon berichtet im 2. Jahrhundert n. Chr. der im heutigen Algerien geborene Rhetor und Schriftsteller Apuleius in einer Rede, in der er sich gegen den Vorwurf der Zauberei verteidigt (Apul. *apol.* 55 f). Aus dieser Rede geht hervor, dass Apuleius sich nach seiner eigenen Aussage in Griechenland in die meisten Mysterienkulte hat einweihen lassen, und dass er die ihm dabei von den Priestern übergebenen »Zeichen und Andenken« (*signa et monumenta*) sorgfältig aufbewahrt; alternativ redet er von »Zeichen und Erinnerungsstücken« (*signa et memoracula*; vgl. auch Plaut. *Mil.* 1016). Dabei wendet er sich unter anderem an Dionysos-Mysten (wobei Dionysos bei Apuleius auch mit Osiris gleichgesetzt sein kann). Wenn welche anwesend seien, so Apuleius, dann wüssten sie genau, wovon er spreche.

Die wiederholte Doppelung der Ausdrücke deutet auf zwei verschiedene Kategorien von ›Mitbringseln‹ hin, zum einen auf sakrale Gegenstände wie Götterstatuetten oder Vergleichbares (*signum* kann im Lateinischen sowohl ein Symbol oder Erkennungszeichen als auch ein Kultbild bezeichnen), zum anderen auf Gedächtnisstützen (*monumenta* bzw. *memoracula*), die helfen, das bei der Initiation ›Gelernte‹ in Erinnerung zu behalten. Hier lässt sich eine direkte

Brücke zu den *Orphisch-Bakchischen Goldplättchen* schlagen, die als »Werk« oder als »Gabe« der Mnemosyne, der personifizierten Göttin der Erinnerung, bezeichnet werden (s. A1, Z. 1 und C4, Z. 3). Im Übrigen ist zum Beispiel auch für die Mysterien von Samothrake das Mitgeben eines materiellen Unterpfands für die erfolgte Initiation bezeugt; in diesem Fall wurde den Initiierten ein Ring als ›Erinnerungsstück‹ mitgegeben (s. dazu mit Belegen McClay 2023, 167 f).

Nach der Initiation gehörten die neu Aufgenommenen zur Kultgemeinschaft der Dionysos-Mysten. Dieser Umstand hatte eine wichtige soziale Komponente: Die Initiation war kein Abschluss, sondern ein Auftakt, denn ab diesem Zeitpunkt gehörte man zum jeweiligen Thiasos. Das Wort »Thiasos« ist ein nicht nur, aber vor allem im Kontext der Dionysos-Verehrung erscheinender, religiöser *terminus technicus*, der zunächst eine festliche Prozession und einen sich anschließenden Festschmaus der Dionysos-Mysten bezeichnet (oder Prozession bzw. Festessen jeweils für sich genommen), übertragen dann aber auch für eine (dionysische) Kultgemeinschaft insgesamt stehen kann (s. dazu mit weiterer Literatur Jiménez San Cristóbal 2015).

Oft wird »Thiasos« mit »(religiöser) Verein« übersetzt, und das trifft insofern zu, als es in solchen Gemeinschaften verschiedene Ämter gab, Mitgliedslisten geführt, Vereinsbeiträge gezahlt und Statuten verabschiedet wurden, die das ›Vereinsleben‹ bis in Details wie Strafen für versäumte Mitgliedsbeiträge hinein geregelt haben. Ein Beispiel für solche ›Vereinsstatuten‹ ist eine ausführliche Inschrift für eine dionysische Kultgemeinschaft in Athen aus dem 2. Jahrhundert n. Chr. (IG II^2 Nr. 1368 = Syll.^{3} III Nr. 1109), die sich selbst (nach einem Kultruf) die »Iobakchen« nennen, wo es unter anderem um Aufnahmegebühren, monatliche Mitgliedsbeiträge, Strafen für Vergehen und Regelungen für das Amt des Kassenwarts geht.

Bei all dem darf man jedoch nicht übersehen, wofür all dieser Aufwand betrieben wurde, denn das alles war kein Selbstzweck und zielte nicht – zumindest nicht *primär* – auf ein nur oberflächlich religiös verbrämtes, im Grunde aber rein geselliges Beisammensein, bei dem man dem Genuss von Wein und gutem Essen frönte. Nimmt man das nach außen vorgetragene Selbstverständnis der Verfasser der athenischen Inschrift ernst, dann standen religiöse Feiern im Zentrum, die monatlich einmal und zusätzlich auch an den besonderen Dionysos-Hochfesten unter der Leitung eines Priesters (*hiereus*) begangen wurden, der die gottesdienstlichen Handlungen (*liturgiai*) durchführte, wozu neben einem Trankopfer auch eine ›Rede über den Gott‹ (*theologia*) gehörte (s. dazu Massa 2013, 222 f), und woran sich die Darbringung eines Opfers an den Gott durch einen weiteren, »Archibakchos« genannten Priester anschloss. Im Weiteren ist noch davon die Rede, dass die Namen von verschiedenen Gottheiten wie Dionysos oder Kore-Persephone immer wieder unterschiedlich unter den Anwesenden per Los verteilt werden sollen, was auf eine rituelle Manifestation der Gottheiten in Gestalt ausgewählter Mysten, möglicherweise sogar auf eine Mythenperformanz hindeutet.

Von einer vergleichbaren religiösen Gruppe in Kleinasien ist aus dem 2. Jahrhundert n. Chr. sogar ein liturgisches Buch erhalten, das ähnlich wie der Psalter eine Sammlung von in diesem Fall 87 Gebeten mit kurzen Anweisungen für Ritualhandlungen enthält und Orpheus zugeschrieben wird, die sogenannten *Orphischen Hymnen* (weiterführende Hinweise bei Schelske 2022, 83; zum liturgischen Charakter und zur Verbindung mit den Dionysischen Mysterien s. Graf in GJ, 155 f, vgl. auch Ricciardelli 2008; Edition mit Kommentar: Fayant 2014). Bei allem ›Vereinscharakter‹ ist somit auf dem Hintergrund dieser Beobachtungen das Phänomen besser beschrieben, wenn man nicht von »religiösen Vereinen«, sondern von »Kultgemeinschaften« spricht.

2.4 Die Dionysos-Mysten und der Tod

Die Kultgemeinschaft der Dionysos-Mysten war nicht nur eine lebenslängliche Angelegenheit (solange man die Mitgliedsbeiträge bezahlte), sondern sie erstreckte sich auch auf das Lebensende. Am Schluss der Statuten der Iobakchen in Athen wird verfügt, dass dann, wenn einer der Iobakchen stirbt, die anderen Eingeweihten zu dessen Ehren einen Kranz stiften sollen und einen Tonkrug mit Wein für die, die an den Bestattungsfeierlichkeiten teilnehmen. Hier wird der Zusammenhang von Initiation und Tod im Übrigen auch auf sprachlicher Ebene deutlich, denn das auf der Inschrift verwendete Verbum für »Sterben« (*teleutān*, Zeile 159 f) steckt in dem häufig für Initiation bzw. »Einweihung« verwendeten Substantiv (*teletē*), und beide haben im Griechischen etwas mit »Ende« bzw. »Vollendung« (*telos*) zu tun. Das Leben beenden und sich durch eine Einweihung vollenden klingen aneinander an, ein Zusammenhang, der schon in der Antike hergestellt wurde (Plut. *De anima* fr. 178 Sandbach, s. § 4.5).

Aber auch der Zusammenhalt der Kultgemeinschaft über den Tod hinaus wird deutlich. In manchen Quellen ist davon die Rede, dass die Kultgemeinschaften des Dionysos für die Bestattung eines Mitglieds Sorge getragen oder dieses auf irgendeine Weise geehrt haben (z. B. IG VII Nr. 686; SEG 32 Nr. 488). Wenn man eingeweiht war, gehörte man aber nicht nur zu einer Gemeinschaft, die bis über den Tod hinaus für einen sorgte, sondern auch zu einer besonderen Gruppe von Menschen, die sich von den übrigen, nicht eingeweihten Menschen unterschied. Dieser Unterschied konnte sogar auf dem Friedhof deutlich werden: Bereits aus dem 5. Jahrhundert v. Chr. stammt eine Inschrift aus einem Friedhof von Kyme (*Cumae*) in Italien (SEG 4 Nr. 92), nach der in einer bestimmten Grabkammer die Bestattung von Toten verboten war – mit Ausnahme eines in die Bakchos-Mysterien Eingeweihten. Der Sonderstatus als Dionysos-Mysten begleitete sie über den Tod hinaus bis ins Jenseits.

2.5 Die Reise der Verstorbenen

Was widerfuhr den Dionysos-Mysten nach ihrem Tod? Hier kommt man in den Bereich der griechischen Jenseitsvorstellungen, und hier gilt *a fortiori* das, was bereits über ›die‹ Dionysischen Mysterien gesagt wurde: Es gibt sie nicht, ›die‹ griechische Vorstellung vom Jenseits. Schon das Wort »Jenseits« ist problematisch, da der Bereich, in den die Menschen nach ihrem Tod gehen, kein Jenseits im strengen Sinn des Wortes ist: Es handelt sich um einen Bereich, der von der Lebenswelt in der Regel als weit entfernt gedacht wurde, aber nicht als eine völlig andere Dimension, als ein *totaliter aliter* vorzustellen ist.

Außerdem gab es nicht nur die Vorstellung von *einem* Bereich, sondern von mehreren verschiedenen Bereichen, zu denen Verstorbene gelangen können: Nur einer davon, freilich der geläufigste, ist die Unterwelt; daneben gibt es auch die Möglichkeit, dass Verstorbene bspw. zu den »Inseln der Seligen« oder zum »Elysischen Gefilde« oder als vergöttlichte Menschen zu anderen Göttern auf den Götterberg Olympos (s. zu diesem selteneren Fall bspw. die bei Jiménez San Cristóbal 2011, 166 f zitierten Inschriften aus Milet) oder in den Bereich des Himmels gelangen können, wo sie in sternengleicher Gestalt mit anderen Sternen (= Gottheiten) leben (s. zu verschiedenen ›Jenseits‹-Vorstellungen in ihrer historischen Entwicklung auch den Überblick bei Nesselrath 2020). Selbst der Begriff »Unterwelt« ist problematisch, da man sich zwar in der Regel tatsächlich eine Welt der Toten als unter der Erdoberfläche liegend vorgestellt hat. In der so ungeheuer wirkmächtigen *Odyssee* von Homer wird diese Unterwelt aber gerade nicht als unterirdisch, sondern als ›Randwelt‹ präsentiert, zu der Odysseus mit einem Schiff gelangt, indem er den Okeanos überquert, der als rund um die bewohnte Erde strömender, riesiger Fluss vorgestellt wurde (*Odyssee* 11). Würde man, um diese Widersprüche zu umgehen, statt »Unterwelt« den im Griechischen für den Unterweltsbereich wie für den

Unterweltsgott gebräuchlichen Eigennamen »Hades« verwenden, wären darin wiederum nicht die anderen in Frage kommenden Aufenthaltsbereiche für die Verstorbenen eingeschlossen wie die Inseln der Seligen oder der Sternenhimmel.

Von daher wäre es besser, man würde in Hinblick auf die Griechen von verschiedenen Bereichen für die Toten sprechen, nicht von nur einem Bereich, der noch dazu allein auf ein ›Unten‹ beschränkt ist. Diese Bereiche oder ›Reiche‹ sind von den Ländern der Lebenden zwar weit entfernt, ob nun vertikal oder horizontal, aber prinzipiell erreichbar: Vorübergehend können sowohl Lebende in die Bereiche der Toten als auch Tote zu den Aufenthaltsorten der Lebenden und wieder zurück gelangen. Das sind freilich Sonderfälle; in der Regel ›reisen‹ die Verstorbenen in die Bereiche der Toten und kehren von dort nicht mehr zurück.

Mit den »Toten« ist man schon bei der nächsten problematischen Bezeichnung, denn in freilich abgeschwächter, ›schattenhafter‹ Form sehen diese Toten in der Regel noch genauso aus wie vorher, sie können weiterhin denken, fühlen, reden, sich fortbewegen und sogar leiden, sowohl psychisch wie physisch. Der Unterschied zwischen Menschen vor und nach dem Tod wird im Griechischen oft durch die Verwendung des Wortes »Seele« (*psychē*) markiert, was durch die komplexe Begriffsgeschichte des Wortes aber falsche Assoziationen von körperlosen Geistwesen hervorrufen kann (ein solches Missverständnis von »Disembodied Souls« bspw. bei Scullion 2018, 94 f). »Durch den Tod hindurchgegangene Menschen« oder »Weiterlebende« wäre eine bessere Bezeichnung, denn sie sind zwar gestorben, aber sie sind alles andere als tot und körperlos. Im Grunde handelt es sich aus Sicht der Griechen bei den Verstorbenen um ein Volk wie andere Völker, nur dass sie besonders fernab wohnen; Homer nennt sie dementsprechend unter anderem die »Völker der Verstorbenen« (bspw. Hom. *Od.* 10,562; 11,34: ἔθνεα νεκρῶν).

Hier handelt es sich um einen entscheidenden Punkt: Was Verstorbene von den Lebenden unterscheidet, ist nicht so sehr ein

*Zustands*wechsel vom Lebendig-Sein zum Tot-Sein, sondern ein *Orts*wechsel, und zwar ein durchaus innerweltlicher. Menschen verwandeln sich am Lebensende nicht von einem lebendigen Organismus zu Staub und wechseln nicht von einem Diesseits in ein kategorial anderes Jenseits, sondern sie reisen von den Lebenden im Zentrum der Welt zu den Weiterlebenden in den Peripherie-Bereichen der Welt. Diese Reise kann mehrere Stationen beinhalten, die immer weiter vom jeweiligen Lebenszentrum wegführen, bis die Grenzen zwischen den Weltbereichen zu verschwimmen beginnen und man in Schwellenzonen gelangt. Um nur ein Beispiel für den horizontalen Bereich herauszugreifen: Es ist schwer zu sagen, ob die Insel der Kirke, von der Odysseus im 11. Buch der *Odyssee* zu den Reichen der Verstorbenen aufbricht und wohin er wieder zurückkehrt, wodurch diese Insel als eine Art ›Tor zur Anderswelt‹ beschrieben wird, noch zu den Gegenden der Lebenden gehört oder schon dem Peripheriebereich der Weiterlebenden zuzurechnen ist; es handelt sich um einen liminalen Bereich zwischen den Welten. Eine Nähe zum rituellen Aspekt der *Orphisch-Bakchischen Goldplättchen* als Todesdurchgang ergibt sich durch kultische Bezüge, durch welche die Kirke-Episode bei Homer eng mit der Hades-Reise verknüpft wird (s. dazu C. Zgoll 2020).

Wie ein eher nebenbei geäußerter Satz im *Traumbuch* des Artemidoros zeigt, ist das Wort »Reise« durchaus ernstzunehmen, hätten doch die Alten von solchen Menschen, die lange Zeit verreisten, gesagt, diese seien »zum Hades gereist« (εἰς Ἅιδου πορεύεσθαι, Artem. 2,55). Der dabei zurückzulegende Weg ist nach antiker Vorstellung nicht nur weit, sondern auch vielverzweigt und schwierig zu finden. Nur das erklärt nach Platon (*Phaid.* 108a) hinreichend die Vorstellung von Hermes als einem Seelengeleiter (»Psychopompos«): Ein solcher göttlicher Geleitschutz wäre nicht nötig, wenn man diesen Weg einfach und von alleine finden und im Nu bei den Aufenthaltsorten der Toten sein könnte.

Von dieser Reise der Verstorbenen kommt vieles in den *Orphisch-*

Bakchischen Goldplättchen überhaupt nicht zur Sprache. So ist in den Goldplättchen nirgends von Hermes, von einzelnen Stationen der Reise, von einem Grenzfluss wie dem Acheron, vom Fährmann Charon, von einem Hadestor, von einem Torwächter oder von dem schrecklichen Hund Kerberos die Rede. Die Szenarien in den Goldplättchen setzen voraus, dass die Seelen sich bereits in der Unterwelt befinden. Dennoch sind diese Vorstellungen von den Bereichen der Verstorbenen und der weiten und schwierigen Reise dorthin für das Verständnis der *Orphisch-Bakchischen Goldplättchen* wichtig, denn in etlichen Texten wird ein Umstand besonders hervorgehoben, der in anderen Quellen so nicht oder nur andeutungsweise zum Tragen kommt und seltsam anmutet, wenn man sich die Reise nach dem Tod zu einfach und die Seelen der Weiterlebenden zu unkörperlich vorstellt. Überraschenderweise sind nämlich die Strapazen und Gefahren nach der Ankunft nicht überstanden, im Gegenteil: Die Ankömmlinge sind durch die Reise so erschöpft und ausgedörrt (das griechische Adjektiv ist αὗος), dass sie zu verdursten drohen. In den *Fröschen* des Aristophanes wird vielleicht Entsprechendes angedeutet, wenn der Dichter den Gott Dionysos bei seinem Abstieg in die Unterwelt und nach der Überfahrt mit Charon an einem Rastplatz bei einem »Stein des Ausgedörrt-Seins« vorbeikommen lässt (Aristoph. *ran.* 194 f: παρὰ τὸν Αὑαίνου λίθον; zu Epigrammen, die von einer Gabe kalten Wassers für Verstorbene reden vgl. Johnston in GJ, 235, Anm. 31).

Bereits Verstorbene, die an Durst zu sterben drohen, das ist nur ein Paradox, wenn man das oben Ausgeführte nicht berücksichtigt: Es handelt sich eben nicht um ›Tote‹, sondern um ›Woanders Weiterlebende‹, und die haben nach dieser langen Reise Durst, der nicht zu einem weiteren Tod führen kann, aber für schreckliche Todesqualen steht. Das Erste und Dringendste, was sie tun, ist daher im Dunkel des Hades umherzuirren und eine Quelle zu suchen, um diesen Durst zu löschen. Und jetzt kommt die Einweihung ins Spiel: Die Seelen der Eingeweihten wissen etwas, was die anderen nicht wissen ...

2.6 Geheimnis und Geheimhaltung der Mysterien

Worin bestand das Geheimnis, das antike Mysterienkulte so erfolgreich werden ließ? Nicht in der Verheißung einer Auferstehung von den Toten oder eines Weiterlebens nach dem Tod. Denn eines geht aus den Quellen recht eindeutig hervor: Von einem Weiterleben nach dem Tod, in welcher Form auch immer, ging man ohnehin aus. Entscheidend ist die Einsicht, dass es in den Mysterienkulten nicht um ein Weiterleben, sondern um ein *besseres* Weiterleben nach dem Tod ging.

Wie verschiedentlich deutlich wird, erhoffte man sich durch die Einweihung auch ein besseres Leben im Hier und Jetzt. Aber bei aller Bezogenheit auf das Diesseits ist nicht zu übersehen, dass ein Schwerpunkt in der Aussicht auf ein besseres ›Danach‹ lag. Cicero schreibt in Bezug auf die Eleusinischen Mysterien, in die er auch selbst eingeweiht war, dass die Menschen dadurch die Mittel erlangt hätten, »nicht nur mit Freude zu leben, sondern auch mit einer besseren Hoffnung zu sterben« (Cic. *leg.* 2,36: *neque solum cum laetitia uiuendi rationem accepimus, sed etiam cum spe meliore moriendi*). Cicero geht im Übrigen sogar so weit, die Eleusinischen Mysterien als die herausragendste Leistung der griechischen Kultur überhaupt und als den Ursprungsquell kultivierten Menschseins (*humanitas*) zu bezeichnen.

Beides war wichtig, die Lebensfreude im Hier und Jetzt und die Aussicht auf ein besseres Leben nach dem Tod – aber beides war nicht gleich wichtig. Wohlstand, Fruchtbarkeit, Freiheit von Krankheit und Ähnliches konnte man auch von anderen Göttern erhoffen und erflehen, aber damit war in der Regel nicht die Aussicht auf ein besseres Leben nach dem Tod verbunden. Hier werden die Unterschiede zwischen Eingeweihten und Uneingeweihten erst richtig offenkundig, wie ein Fragment des Dichters Sophokles bezeugt (TrGF fr. 837 Radt):

> Dreimal glücklich jene Sterblichen, die nach der Schau dieser Weihen zum Hades wandeln: Denn diese allein haben dort Leben, die anderen aber alle Arten von Übeln.

Eine ähnliche Seligpreisung findet sich in den *Orphisch-Bakchischen Goldplättchen* mit Bezug auf die Todeserfahrung bei der Initiation, wo der Myste ebenfalls als »dreimal glücklich« gepriesen wird (D1 und D2, Z. 1). Bei Sophokles und an anderen Stellen wird außerdem deutlich (Plat. *rep.* 2,363d, 2,365a und *Phaid.* 69c), dass der Gegensatz des Schicksals von Eingeweihten und Uneingeweihten nach dem Tod nicht nur in einem ›Positiv vs. Neutral‹, sondern in einem ›Positiv vs. Negativ‹ bestand, dass also das Weiterleben der Uneingeweihten nicht als ein zwar eher graues, aber erträgliches, sondern sogar als ein peinvolles und schreckliches vorgestellt wurde (Sophokles: »alle Arten von Übeln«; zum »Schlamm«, in dem die Uneingeweihten leben müssen, s. Aristoph. *ran.* 145–150; Plat. *Phaid.* 69c; zu Plut. *De anima* fr. 178 Sandbach und zu den Dionysischen Mysterien als wahrscheinlichem Hintergrund s. Chrysanthou 2020, 179–183).

Damit beanspruchten die Mysterienkulte eine gewisse Exklusivität für sich: Nur Eingeweihte gelangten in den Besitz von Einsichten darüber, wie man für sich nach dem Tod ein besseres Schicksal als das der unglücklichen ›Anderen‹ erlangen konnte. Wie noch näher beschrieben werden soll (§ 4.8), ist das aber noch zu blass und zu niedrig gegriffen. In Hinblick auf die Dionysischen Mysterien lässt sich sagen, dass es dort nicht nur um einen graduellen Unterschied, also um ein *besseres* Schicksal nach dem Tod ging, sondern um einen regelrechten Quantensprung: Verheißen war ein *anderes*, nämlich *göttliches* Weiterleben. Wenn man so will, bargen die Dionysischen Mysterien das Geheimnis, wie man aus einem Menschen zu einem Gott werden konnte – und das war wahrhaftig kein Wissen, das einfach allen zuteilwerden sollte.

Mehrere antike Mythen berichten darüber, wie etwas eigentlich nur für die Götter Reserviertes gegen den ausdrücklichen Willen der Götter zu den Menschen gelangt ist, und in allen diesen Fällen mussten die Verantwortlichen einen hohen Preis dafür bezahlen. Prometheus bringt den Menschen das Feuer und wird dafür an einen Felsen geschmiedet, wo ihm täglich ein Adler die immer wieder nachwachsende Leber aus den Eingeweiden hackt, und Tantalos wird in der Unterwelt mit ewigen Qualen bestraft, weil er leben wollte wie die Götter, oder weil er den Göttern die Unsterblichkeit verleihende Nahrung, Nektar und Ambrosia, gestohlen, oder weil er Geheimnisse der Götter ausgeplaudert haben soll. Ähnlich heikel ist die Angelegenheit bei den Dionysischen Mysterien: Wer hat den Menschen gegen den Willen der Götter verraten, wie sie zu Göttern werden können? In diesem Fall war es Orpheus, und auch er musste dafür einen hohen Preis bezahlen, wie Pausanias kurz und knapp erwähnt (Paus. 9,30,5):

> Es gibt welche, die sagen, Orpheus habe dadurch sein Ende gefunden, dass er durch den Gott (sc. Zeus) von einem Blitz erschlagen wurde; er sei aber von einem Blitz erschlagen worden wegen der Worte, die er im Rahmen der Mysterien gelehrt habe und die vorher noch nie von Menschen gehört worden waren.

Wenn nun schon der große Orpheus für den Verrat der Geheimnisse, die durch die Mysterienkulte vermittelt wurden, einen so hohen Preis hatte bezahlen müssen, so diente das als warnendes Beispiel und galt natürlich umso mehr für all diejenigen, die sich in diese Geheimnisse einweihen ließen. Es galt, um jeden Preis diese Einsichten vor fremden Augen und Ohren zu schützen – nicht nur einfach, weil sonst, aus historisch-soziologischer Perspektive und damit von außen betrachtet, ein wichtiger Legitimationsgrund für die Existenz von solchen Mysterienkulten entfallen würde, sondern weil man, in der eigenen Sichtweise, in diesem Fall Göttergeheimnisse preisgeben und damit Verrat an den Göttern üben würde. Im Fall eines Verrats waren also vor allem die Götter zu fürchten – erst in zweiter Linie dann natürlich auch die Menschen, die eine Einhaltung des Geheimhaltungsgebots überwachten. Als eine Eingeweihte im Rahmen des römischen Bacchanalien-Skandals in einem Verhör aufgefordert wird, zu berichten, was bei den nächtlichen Feiern der Mysten geschieht, gerät sie in eine geradezu panische Angst sowohl vor dem Zorn der Götter als auch vor dem der anderen Eingeweihten (Liv. 39,12,5 und 13,5).

Das Verbot des Verrats von Kultgeheimnissen hat man in der Antike sehr ernst genommen. Im Rahmen einer Gerichtsrede wird in dem Rhetorik-Lehrbuch des Sopatros (Ende 4. Jh. n. Chr.) einmal der fiktive Fall durchgespielt, dass ein Uneingeweihter nachts im Traum von der geheimen Mysterienfeier von Eleusis träumt und danach einen Eingeweihten fragt, ob dieses Traumgesicht den tatsächlichen Abläufen entsprechen würde. Als der Eingeweihte daraufhin bloß nickt, wird er vor Gericht gestellt und muss sich wegen Geheimnisverrats verantworten – und darauf stand immerhin die Todesstrafe (Sopatros 20). Schon oben bei der Behandlung des Bacchanalien-Skandals in Rom war von dem Eid die Rede, über die innersten Kultgeheimnisse Stillschweigen zu bewahren, und aus der bereits erwähnten Verteidigungsrede des Apuleius wird deutlich, dass auch das, was die Mysten von der Einweihung mit nach Hause genommen haben, Uneingeweihten nicht gezeigt werden durfte.

Es lässt sich – nicht zuletzt aufgrund der Geheimhaltung – durch keine antike Quelle explizit belegen, aber es könnte sein, dass ein ungewöhnliches Phänomen des Dionysoskults nicht generell und immer, aber in manchen Fällen direkt etwas mit der Geheimhaltungsverpflichtung zu tun gehabt haben könnte, und zwar der Sparagmos, das Zerreißen eines Tieres bei lebendigem Leib. Auffällig ist jedenfalls, dass Erwähnungen dieses Phänomens manchmal in einem direkten Zusammenhang mit einem Verstoß gegen die Geheimhaltungspflicht stehen. Auf sehr eindrückliche Weise spielt darauf der Mythos vom Dionysoskult-›Frevler‹ Pentheus an: Er verstößt aus Neugier gegen das Verbot einer Einblicknahme in geheime Kultabläufe und wird dafür, als mythisch-prototypisches ›Opfertier‹, von den am Kult Teilnehmenden, zu denen sogar seine eigene Mutter Agaue gehört, bei lebendigem Leib zerrissen. Das könnte darauf hindeuten, dass bei den Dionysischen Mysterien speziell im Rahmen der eidlichen Verpflichtung auf Geheimhaltung der Kultvorgänge eine (Selbst-)Verfluchung erfolgt ist, die im Fall einer Eidverletzung als schlimmes Schicksal die Zerreißung auf die Eidleistenden herabbeschwor, und dass dieses drohende, üble Schicksal den Mysten eindrücklich durch die Zerreißung eines lebendigen Opfertiers vor Augen geführt wurde. Vielleicht findet sich eine Anspielung auf das Zerreißen eines Opfertiers im Rahmen einer Einweihung in die Dionysischen Mysterien tatsächlich auf einem Papyrus, wo davon die Rede ist, dass jemand, wohl die einzuweihende Person, »rohe (Fleischstücke) einsammeln« soll »wegen der Einweihung« (Papyrus Gurôb Nr. 1, Z. 1–3, s. Appendix § 4). Eine mögliche Deutung für den tieferen Sinn des auf der Erzähloberfläche so brutal anmutenden Pentheus-Mythos besteht somit in der Botschaft: Alles, sogar Kindesliebe muss hintanstehen hinter der Ahndung der Übertretung von Kultgeheimnissen. Eine weitere Bestätigung für eine solche Rekonstruktion könnte eine zunächst übertrieben wirkende und ansonsten schwer erklärbare Nebenbemerkung der Kronzeugin im oben erwähnten Bacchanalien-Skandal in Rom liefern, denn als sie die Kultgeheimnisse preisgeben soll, hat sie panische Angst speziell davor, von anderen Eingeweihten, so wörtlich, »eigenhändig zerrissen zu werden« (*qui se manibus suis discerpturi essent*, Liv. 39,13,5).

Die wie auch immer, auf jeden Fall aber sehr nachdrücklich vermittelte Geheimhaltungsverpflichtung hat zur Folge, dass man in Hinblick auf die bekannteren Mysterienkulte wie die Eleusinischen oder die Dionysischen Mysterien etwas paradox von den ›ungeheimsten‹ Geheimnissen der Antike sprechen kann: Denn einerseits wissen wir aufgrund der weiten Verbreitung unglaublich viel über die äußere Seite dieser Kulte, über die Architektur und Ausstattung von Heiligtümern, über verschiedene religiöse Ämter, Weihegrade, Gebühren, Opfergaben, ja sogar über einzelne rituelle Abläufe – aber was in der zentralen, meist nachts abgehaltenen Initiationsfeier genau geschehen ist und welche Deutungen und Bedeutungen damit genau verbunden waren, das entzieht sich bis heute weitgehend unserer Kenntnis, denn das zu verraten, war absolut verboten. In dem schon erwähnten Rhetorik-Lehrbuch des Sopatros heißt es (20,8, Übers. M. Weißenberger 2010):

> Verschwiegenheit verbirgt vor den Uneingeweihten den Einweihungsritus und lässt die heilige Kultfeier an den Tempelpforten haltmachen.

Dabei muss man sich vor Augen halten, dass die Motivation, die Kultgeheimnisse nicht zu verraten, nicht nur in der Furcht vor dem Zorn der Götter und vor der Todesstrafe bestand, sondern auch eine durchaus positive und daher intrinsische war. Denn man lief durch den Geheimnisverrat ja auch Gefahr, den durch die Initiation sowohl emotional wie materiell hart erkämpften Vorteil zu verlieren, nach dem Tod in den Genuss all der herrlichen Aussichten zu kommen, die mit der Einweihung verbunden waren. Aus den *Orphisch-Bakchischen Goldplättchen* geht nämlich hervor, dass die Eingeweihten, wenn sie im Hades angekommen sind, nicht nur wie alle anderen am Verdursten sind, sondern dass sie dort keineswegs mit offenen Armen empfangen und sofort zu den Bereichen der Seligen geführt werden, sondern dass es noch bestimmte Gefahren zu vermeiden, eine Prüfung zu bestehen und eine Art ›Zulassungsbescheid‹ abzuwarten galt. Das bedeutet, dass selbst zu diesem Zeitpunkt noch die Möglichkeit bestand, dass man – zum Beispiel durch einen Geheimnisverrat zu Lebzeiten – eben gerade nicht zu dem besseren Leben zugelassen wurde, das man durch die Initiation zu erlangen gehofft hatte (treffend Herrero de Jáuregui 2011, 287). Diese Gefahren und Prüfungen konnte nur bestehen, wer das Wissen eines Eingeweihten besaß und es geheimzuhalten verstand, und tatsächlich verdankt sich unsere Kenntnis dieses Wissens fast ausschließlich den *Orphisch-Bakchischen Goldplättchen*, die wesentliche Erkenntnisse aus der Initiationsfeier festhalten, dann als »Erinnerungsstücke« mitgenommen, verborgen gehalten und mit ins Grab genommen wurden.

2.7 Erbschuld und Seelenwanderung?

Man hat in der Forschung eine weitreichende Rekonstruktion für eine sehr komplexe, hinter den *Orphisch-Bakchischen Goldplättchen* liegende Erlösungslehre vorgenommen (s. zusammenfassend Bernabé 2017), die wiederum wesentlich auf der Rekonstruktion und Interpretation eines spärlich und in Hauptzügen erst spät überlieferten, als speziell ›orphisch‹ angesehenen Mythos beruht. Nach einer verbreiteten Auffassung geht man von der folgenden Rekonstruktion aus:

1. In einem Pindar-Fragment (fr. 133 Maehler) ist davon die Rede, dass Persephone solche Seelen, die Buße gezahlt haben für eine »alte Trauer« oder ein »früheres Unglück« (παλαιοῦ πένθεος), wieder auf die Oberwelt entlässt.
2. Hinter dieser Pindar-Stelle soll ein Mythos stehen, der als besonders orphisch gilt (s. dazu ausführlich Bernabé 2002 und 2008; Johnston in GJ, 66–93; Chrysanthou 2020, 85–112 – in den letzten beiden Fällen ohne Kenntnis von Torjussen 2010), und von dem man aus verschiedenen Quellensplittern wie Pindar oder Olympiodoros (s. dazu unten) folgende ›Standardversion‹ rekonstruiert: Dionysos ist ein Sohn von Zeus und Persephone, der als Kind von den Titanen zerrissen und gegessen, dann aber wieder zusammengesetzt und wiederbelebt wird. Der erzürnte Zeus erschlägt die Titanen mit dem Blitz, und aus den Überresten der verbrannten Titanen entstehen die Menschen.
3. In der Pindar-Stelle gehe es um die Trauer der Persephone um ihren von den Titanen ermordeten Sohn Dionysos.

4. In manchen orphischen Texten, auch in den *Orphisch-Bakchischen Goldplättchen*, ist von Verbrechen die Rede, die von den Menschen gebüßt werden müssen; dies beziehe sich nicht auf eigene Verbrechen oder Verbrechen der eigenen Vorfahren (wovon in orphischen Kontexten teilweise die Rede ist, vgl. Plat. *rep.* 2,364b–365a, s. dazu oben unter § 2.2), sondern mit den Vorfahren seien die Titanen gemeint, aus deren Überresten die Menschen entstanden sind. Die Titanen als Menschen-Vorfahren hätten durch den Dionysos-Mord eine Schuld nicht nur auf sich, sondern auch auf die Menschen als ihre Nachfahren geladen. Im Licht dieser Interpretation müssen die Menschen Buße für das Verbrechen der Titanen zahlen, um damit Persephones »alte Trauer« zu beschwichtigen.
5. Die Buße, die die Menschen für ihre titanische Erbschuld Persephone leisten müssen, bestehe darin, dass sie nicht nur ein, sondern mehrere Leben durchlaufen und immer wiedergeboren werden müssten. Die Dionysischen Mysterien versprächen durch die Initiation eine Erlösung von der titanischen Erbschuld und damit zugleich auch eine Erlösung von der Notwendigkeit einer ständigen Reinkarnation (zusammenfassend Merkelbach 1999, 8 f).

Da eine solche Rekonstruktion sehr weitreichende Folgen für die Interpretation nicht nur der *Orphisch-Bakchischen Goldplättchen*, sondern für den Dionysischen Mysterienkult insgesamt hat, ist es wichtig, sich über die Probleme klar zu werden, mit denen diese Rekonstruktion belastet ist:

1. Die Mythosforschung hat gezeigt, dass die Rekonstruktion einer ›Standardversion‹ eines mythischen Erzählstoffs aus vielen verschiedenen Quellen – wie z. B. aus einem archaischen Pindar-Fragment, einer Stelle beim spätantiken Neuplatoniker Olympiodoros und weiteren Texten – auf der weder beweisbaren noch überhaupt plausiblen und daher sehr problematischen Annahme beruht, es hätte eine solche (noch dazu: über Jahrhunderte

gleichbleibende) Standardversion jemals gegeben, und auf dem Versuch, bestimmte Erzählzüge als ›normal‹ oder zugehörig, andere wiederum als Ausnahmen oder Abweichungen anzusehen und damit Entscheidungen zu treffen, für die zuverlässige Kriterien schlichtweg fehlen. Das Ergebnis – ›der‹ Mythos von den Titanen, die Dionysos zerreißen (Henrichs 1993, 26: »a myth of unknown origin, contested antiquitiy, and uncertain meaning«) – ist dann ein künstliches Konstrukt, das eher eine abermals neue Variante als etwas wirklich Belastbares darstellt (s. grundsätzlich Calame 2011a, 19–89; C. Zgoll 2019, 70–78; mit Bezug auf den Dionysos-Mord Edmonds III 1999, sehr ausführlich 2008, und 2013, 297–303; ebenfalls noch einmal sehr detailliert aufgearbeitet und überzeugend Torjussen 2010, 89–129; Rückblick auf die Forschungsdiskussion, allerdings und leider in beiden Fällen ohne Kenntnis von Torjussen, bei Pitombo Bacelar 2020, 17–19 und McClay 2023, 6–10, die ebenfalls einen Bezug auf den Dionysos-Mord in den Goldplättchen ablehnen oder zumindest als nur peripher ansehen). Wenn man früher in der Bewertung ›des‹ Mythos vom zerrissenen Dionysos einen, wenn nicht den zentralen Mythos orphischer Lehren erblickt hat, so ist man diesbezüglich außerdem inzwischen deutlich vorsichtiger geworden (s. Meisner 2018, 237–239 und 277 f; McClay 2023, 9 f).

2. Eine erste ausführliche Variante des Mythos vom zerrissenen Dionysos, der hinter der Anspielung im erwähnten Pindar-Fragment stehen soll, ist erst im 6. Jahrhundert *nach* Christus bei dem Neuplatoniker Olympiodoros (*In Plat. Phaid.* 1,3 = 41 Westerink) überliefert, also rund 1000 Jahre später. Dort ist aber weder von einer Trauer der Persephone die Rede noch von einer titanischen Erbschuld der Menschen.
3. Bei Pindar und im Kontext des platonischen Dialogs, in dem das Pindar-Zitat von der (angeblichen) Trauer der Persephone überliefert ist (Plat. *Men.* 81b), wird nirgends explizit auf Dionysos (oder auf Orpheus) Bezug genommen.

4. Die Pindar-Anspielung kann auch anders gedeutet werden (und wurde auch anders gedeutet, gründlich und überzeugend Holzhausen 2004 und, in beiden Fällen offenbar ohne Kenntnis von Holzhausen, auch Edmonds III 2008 im Kapitel »Recompense for the Ancient Grief« und Pitombo Bacelar 2020, 20–22; vgl. auch Calame 1996, 26 f; Scalera McClintock 2016, 79–81), nämlich nicht als »alte Trauer« der Persephone um den ermordeten Dionysos (von einer solchen Trauer berichtet außerdem keine antike Quelle explizit), sondern als Trauer über ihre Entführung durch Hades oder, nicht auf Persephone bezogen, als Untaten oder als »früheres Missgeschick« der Seelen in Form durchstandener Reinkarnationen. Letzteres fügt sich in die im 6. Jahrhundert v. Chr. aufkommenden Lehren von der Seelenwanderung problemlos ein, während eindeutige Quellen für ›den‹ Mythos vom zerrissenen Dionysos erst später bezeugt sind.
5. Die vermutete Buße für den Dionysos-Mord in Form von mehreren Wiedergeburten führt bei Pindar (fr. 133) gerade nicht zur Erlösung in Form eines Ausbrechens aus dem Kreislauf der Wiedergeburten, denn dort werden die Seelen nach Ableisten der Buße abermals zurück auf die Erde geschickt. Außerdem geht es im Kontext bei Platon darum, dass der Mensch möglichst frei von Untaten leben soll, wofür das Pindar-Zitat eine Bestätigung liefern soll; dazu würde die Vorstellung einer unabhängig von der Lebensführung bestehenden ›Erbschuld‹ aber gerade nicht passen.
6. Es gibt abgesehen von der dunklen Pindar-Anspielung keine einzige Stelle in der griechisch-römischen Literatur, in der explizit davon die Rede wäre oder aus der implizit *mit Notwendigkeit* erschlossen werden könnte, dass die Menschen aufgrund des Dionysos-Mords der Titanen mit einer Art Erbschuld belastet sein könnten (s. bereits Linforth 1941, 350; vgl. auch Edmonds III 2004, 70–73; Calame 2011, 216 f; Meisner 2018, 252). Der Gedanke, dass hier der christliche Gedanke der Erbsünde die

Interpretation der Quellen beeinflusst haben kann, ist schwer von der Hand zu weisen. Es ist im Gegenteil bei dem bereits zitierten Neuplatoniker Olympiodoros davon die Rede, dass die Menschen nicht einen titanischen Erbteil, sondern ein Stück von Dionysos in sich hätten, weil sie aus dem Ruß der Titanen gemacht seien, die wiederum Dionysos gegessen hätten, und dass man deshalb keinen Selbstmord begehen dürfe. Statt einer ›Erbschuld‹ haben die Menschen hier also sogar im Gegenteil einen ›Göttlichkeitsanteil‹.

Man könnte noch weitere Probleme anführen wie etwa die Tatsache, dass ausgerechnet in Goldplättchen C3, wo die (innerhalb der *Orphisch-Bakchischen Goldplättchen* einzige) Erwähnung eines »Kreislaufs« (Z. 5) auf den Kreislauf von Wiedergeburten bezogen wurde (was nicht zwingend ist, s. den Kommentar zu C3) – dass also in Text C3 gerade kein einziges Wort fällt davon, dass dieser Kreislauf eine Buße sein könnte, die Persephone verlangt, und das, obwohl Persephone dort mehrfach vorkommt. Und wenn schließlich ›der‹ Mythos vom zerrissenen Dionysos wirklich zentral für die orphische Soteriologie gewesen sein sollte, dann wäre sehr schwer zu erklären, warum in den *Orphisch-Bakchischen Goldplättchen* kein einziges Mal explizit von irgendeinem Stoffzug aus diesem Mythos bzw. seinen verschiedenen Varianten die Rede ist: Der für den zerrissenen Dionysos manchmal auch verwendete Name »Zagreus« taucht als Kult- oder Geheimname des Gottes nirgends in den Goldplättchen auf, nie ist die Rede von einem Mord durch Zerreißen, von einer Trauer der Persephone, vom Zorn des Zeus, von Titanen, die vom Blitz erschlagen wurden, oder von Menschen, die etwas Titanisch-Böses in sich hätten und daher Persephone eine Schuld abtragen müssten.

Wenn in den Goldplättchen Bezüge auf Titanen erkennbar werden, dann sind diese im Gegenteil ausgesprochen positiv, besteht doch gerade eines der zentralen ›Losungsworte‹ in einer Wendung, welche die Eingeweihten ausgerechnet mit Uranos und Gaia, den Eltern der Titanen, in einen engsten – und vorteilhaften – Zusammenhang bringt (»Der Ge Kind bin ich, und des Uranos, des sternenreichen«, s. dazu unten § 4.8 und Edmonds III 2010, 119). Ähnlich positiv ist das Bild von den Titanen im Übrigen auch in den *Orphischen Hymnen*, wo sie mit einem eigenen Gebet bedacht werden (*Orph. h.* 37): Sie werden dort gepriesen als »die herrlichen Kinder von Gaia und Uranos« und als Ursprung nicht nur des Menschengeschlechts, sondern aller lebenden Kreaturen, der Landtiere und sogar der Vögel und Fische. Das Einzige, was die Beter fürchten, ist nicht etwa ein Zorn der Persephone über den Dionysos-Mord der Titanen, sondern der Zorn der Titanen selbst, der den Menschen eventuell schaden könnte, wenn sie einmal aus dem Tartaros entkämen. Auch dort ist von einem titanischen Dionysos-Mord und einer Mitschuld der Menschen also nicht einmal ansatzweise die Rede.

In Anbetracht all dieser Probleme möchte man es in Hinblick auf die Forschungsgeschichte fast als verhängnisvoll bezeichnen, dass nach einem weitgehend unbeachtet gebliebenen, ersten Goldplättchen-Fund Anfang der 1830er Jahre (Text A2) ausgerechnet Text C3 mit seiner singulären Erwähnung eines »Kreislaufs« zu den ersten Goldplättchen zählte, mit denen man sich wissenschaftlich intensiver auseinandergesetzt hat: Zusammen mit den Texten D3 und E1 wurden die Texte C1–C3 in den Jahren 1879 und 1880 unter der Leitung des Archäologen Fiorelli ergraben, von philologischer Seite von Barnabei transliteriert und von Comparetti erstmals einer sofort vielbeachteten Interpretation unterzogen (s. Fiorelli et al. 1879 und 1880). Damit hat der Ausnahmetext C3 die Forschungsdiskussion von Anfang an entscheidend geprägt. Wäre das Goldplättchen C3 als letztes oder überhaupt nicht gefunden worden, wäre man vielleicht nie auf die Idee gekommen, die *Orphisch-Bakchischen Goldplättchen* mit der Idee eines Kreislaufs von Wiedergeburten als von Persephone geforderter Buße für den Dionysos-Mord der Titanen in Verbindung zu bringen (zum großen Einfluss von Comparetti, der als erster in diese Richtung ging, s. Chrysanthou 2020, 121, die sich Comparetti anschließt, s. ebd. 109 f und 136 f, offenbar ohne Kenntnis von Holzhausen 2004).

Die oben diskutierte Rekonstruktion einer solchen Lehre und ihre Verbindung mit den *Orphisch-Bakchischen Goldplättchen* beruht im Wesentlichen auf der Interpretation dieses einen Fundes C3, der auch sonst in etlichen, u. a. auch in sprachlichen Hinsichten von den anderen Goldplättchen abweicht (s. dazu den Kommentar zu Text C3), und ist mit so vielen Problemen behaftet, dass eine Gültigkeit und Relevanz für die *Orphisch-Bakchischen Goldplättchen* bzw. die Dionysischen Mysterien insgesamt in Frage steht. Dazu kommen noch zwei grundsätzliche Überlegungen:

1. Die Eingeweihten gehörten zu Lebzeiten zu einer festen Kultgemeinschaft, dem *Thiasos* (§ 2.3), und nicht selten waren Familien bzw. Hausgemeinschaften insgesamt eingeweiht, was z. B. aus den Schilderungen des römischen Bacchanalien-Skandals an mehreren Stellen ersichtlich wird (§ 2.2). Naturgemäß hoffte man in solchen Gemeinschaften auf ein Zusammenbleiben oder Wieder-Zusammenfinden im ›Jenseits‹. Ein solches Sich-Wiederfinden wäre gefährdet oder doch sehr erschwert, wenn verschiedene Generationen von Angehörigen sich erst durch verschiedene ›Schleifen‹ von vielleicht sogar zahlenmäßig noch unterschiedlichen Wiedergeburtszyklen kämpfen müssten.
2. Die Lehre von nötigen Wiedergeburten ist kaum vereinbar mit einem Kerngedanken, der in den Goldplättchen mehrfach explizit ausgedrückt wird, nämlich dass die Mysten im Rahmen der Einweihung zu Göttern wurden (§ 4.8); das macht die Annahme der Vorstellung einer Wiederverkörperung und eines erneuten Lebens als Mensch nach einer bereits erfolgten Einweihung sehr schwierig.

3. Die Goldplättchen

3.1 Fundkontexte, Material und Formen

Angesichts des Geheimhaltungsgebots ist es durchaus erstaunlich, dass es erlaubt war, »Erinnerungsstücke« (*memoracula*) an die Initiation mit nach Hause zu nehmen (Apul. *apol.* 56); allerdings waren diese *memoracula* so abgekürzt und damit kryptisch, dass Uneingeweihte ohne Kenntnis der zugehörigen Ritualabläufe auch nicht allzu viel damit hätten anfangen können. In diese Kategorie geheimzuhaltender Erinnerungsstücke fallen auch die *Orphisch-Bakchischen Goldplättchen*, die Inhalte offenbaren, die sonst nirgends überliefert sind. Mit dem Geheimhaltungsgebot könnte auch der Umstand zusammenhängen, dass viele der Goldplättchen (z. T. sogar mehrfach) gefaltet waren (s. dazu die Angaben in der Übersicht § 3.3.4), so dass auch ein zufälliger Blick darauf den Inhalt nicht preisgab (s. dazu BJ, 239 f).

Bei den *Orphisch-Bakchischen Goldplättchen* handelt es sich um die Funde von Originaltexten. Das ist für die griechisch-römische Antike ein besonderer Fall, da Texte – von Inschriften abgesehen – in der überwiegenden Mehrzahl auf Wachstäfelchen oder auf Papyrus geschrieben wurden und so bis auf wenige Ausnahmen den Lauf der Zeiten nur durch immer wieder erneutes Abschreiben überstanden haben oder für immer verlorengegangen sind. Dass diese Mysterientexte im Original erhalten geblieben sind, liegt in erster Linie daran, dass sie Verstorbenen mit ins Grab gegeben wurden und auf diese Weise versteckt erhalten geblieben sind – wenn die Gräber nicht geplündert wurden. In zweiter Linie liegt es am haltbaren Material: Bis auf eine Ausnahme sind alle Plättchen aus Gold, nur bei Text E6 ist der Beschreibstoff aus Silber. Gold lässt sich mit Bräuchen bei der Bestattung von Heroen in Verbindung bringen, wie sie in der epischen Tradition beschrieben werden; antiken Zeugnissen zufolge hat man Gold vor allem mit Göttlichkeit und in Bezug auf

Menschen mit einem besonderen, herausgehobenen Status in Verbindung gebracht (s. dazu McClay 2023, 136–155).

Die bisher gefundenen Goldplättchen sind, sicherlich vor allem aus Kostengründen, außerordentlich klein, nicht größer als eine Visitenkarte; die größten Plättchen (A4 und E1) sind nur acht auf vier Zentimeter groß, bei den kleinsten handelt es sich um zwei umfunktionierte Goldmünzen mit einem Durchmesser von etwa einem Zentimeter (G4 und G9). Die durchschnittliche Größe der übrigen Goldplättchen liegt bei etwa fünf auf drei Zentimetern.

Es ist die Frage, ob das Material festgelegt war, oder ob, wie manchmal vermutet wurde, auch andere Beschreibstoffe verwendet worden sein könnten. Das scheint zunächst einmal eine sehr naheliegende Annahme zu sein (in dieser Richtung BJ, 235); ärmere Mysten hätten sich dann mit billigeren Beschreibstoffen wie etwa Blei oder Papyrus begnügt, wovon sich durch Überlieferungszufall bzw. aufgrund der Vergänglichkeit des Materials nichts erhalten hätte. Gold als Beschreibmaterial deutet aber nicht nur auf die Wichtigkeit, sondern auch auf die Art des Inhalts hin, auf die durch die Einweihung verheißene Herrlichkeit, ja Göttlichkeit des Lebens nach dem Tod. Da ist Gold ein sehr angemessener Träger für einen solchen ›heiligen‹ Text, während beispielsweise Bleitäfelchen eher reserviert waren für dunkle Texte wie Verfluchungen. Auch wusste man nicht, wie lange es noch dauern würde, bis der eigene Tod eintrat, und wollte außerdem diesen heiligen Text unversehrt nicht nur bis dorthin, sondern auch noch darüber hinaus, bis zur Ankunft in der Unterwelt sicher bewahren, so dass es doch eher fraglich ist, ob man diesen ›Schatz‹ tatsächlich so leicht zerstörbaren Textträgern wie einem Papyrusstreifen oder einem Wachstäfelchen anvertraut hat.

Soweit die Skelette noch vorhanden und Alter bzw. Geschlecht der bestatteten Mysten identifizierbar sind, handelt es sich in der Regel um die Gräber von erwachsenen Personen, und zwar in etwa gleichmäßig verteilt sowohl von Frauen als auch von Männern;

nur in einem Fall (G8) handelt es sich um das Grab eines kleinen Mädchens (eventuell ebenfalls ein junges Mädchen, aber unsicher bei G12). Wenn weitere Grabbeigaben erhalten sind, deutet dies auf Menschen der mittleren sozialen Schicht hin (Ausnahme H3: Grab mit reicher Ausstattung einer Frau aus der Oberschicht). Oft handelt es sich bei diesen Beigaben um eher alltägliche Gegenstände wie Essgeschirr oder Behälter für Salben aus Ton, Holz, Glas oder Blei, um Kosmetik- und Schmuckgegenstände wie Bronzespiegel, Striegel, Kränze, Halsketten, Ohrringe oder Fingerringe aus Bronze oder Gold. Manchmal befinden sich in den Gräbern auch kleine Lampen und Figurinen aus Ton oder eine einzelne Münze, die als Lohn für den Fährmann Charon gedeutet werden kann.

Wenn die ursprüngliche Lage der Goldplättchen in den Gräbern rekonstruiert werden kann, waren sie in der Regel in der Nähe von oder auf besonders wichtigen Körperteilen positioniert. In etlichen Fällen lagen sie direkt auf oder in dem Mund der verstorbenen Person (F4, G4, G9, H4, H5, H6) oder in der unmittelbaren Nähe des Kopfs (D3, G11), in anderen Fällen auf der Brust (A1, D1, D2, E5, vielleicht auch E3) oder in der Nähe einer Hand (C1, C2, C3). Die Unterbringung von Goldplättchen in Gefäßen stellt dagegen eher die Ausnahme dar (in einer Hydria: A3, B8).

Von der Form her ist die Mehrzahl der Goldplättchen rechteckig. Andere Plättchen aber weisen besondere, länglich-ovale Formen auf. Bei einer kleineren Anzahl geht man davon aus, dass die Form als Darstellung eines Mundes zu interpretieren ist (sog. »Epistomia«: B6, F4, F5, H2 und H4); sonst handelt es sich um Blattformen. Bei einigen ist die Blattart nicht näher bestimmbar (G1, G7 und G8), andere lassen sich, wenn auch nicht immer sicher, identifizieren als Myrten- oder Lorbeerblätter (F6, G2, G3, G11 und G12), als Efeublätter (D1 und D2) oder als Olivenblätter (F1, G10, möglicherweise auch H3; s. zu den Blattformen Tzifopoulos 2011, 169 f). In zwei Fällen handelt es sich um Münzen (G4 und G9), in einem Fall um eine einer Münze ähnliche, kleine Scheibe (G6), die mit Eigennamen beschrieben worden sind (zur Zugehörigkeit zu den *Orphisch-Bakchischen Goldplättchen* und zur Unterscheidung vom sogenannten Charons-Obolos s. Tzifopoulos 2011a). Zweifellos stechen die Goldplättchen in Blattform durch ihre besondere Gestaltung aus den anderen hervor, aber sie stellen doch insgesamt gesehen eher Ausnahmefälle dar. Von daher ist die auch zu findende Bezeichnung als »Goldblättchen« etwas irreführend (vgl. *gold leaves*, v. a. wegen der Dünnheit, nicht wegen der Form, s. Tzifopoulos 2011, 169); besser, weil neutraler und damit alle Texte einschließend, ist die Bezeichnung als »Goldplättchen« oder »Goldtäfelchen« (vgl. *gold tablets, gold lamellae, lamine d'oro, lamelles d'or, láminas órficas*).

Vielleicht findet sich in Form einer poetischen Anspielung eine antike Bezeichnung dieser Texte als »Täfelchen« in der Tragödie *Alkestis* des Euripides: Im Kontext der unwiderruflichen Notwendigkeit eines Durchgangs durch den Tod für alle Menschen ist unter anderem davon die Rede, dass dagegen selbst »auf den thrakischen Täfelchen« (Θρῄσσαις ἐν σανίσιν) des Orpheus kein Mittel eingeritzt sei (Eur. *Alk.* 966–969; Thrakien galt als Orpheus' Geburtsland). Nach einem antiken Kommentar zur Stelle soll es eine Sammlung von solchen Täfelchen in einem thrakischen Heiligtum ausgerechnet des Dionysos gegeben haben, was einen Bezug zu den *Orphisch-Bakchischen Goldplättchen* noch wahrscheinlicher macht (s. Obbink 2011, 299, Anm. 34; anders interpretiert als »Thracian spells« in GJ, 172).

3.2 Datierung, Fundorte, Anzahl und Editionen

Die bislang gefundenen Goldplättchen stammen meistenteils aus der Zeit zwischen dem 4., möglicherweise noch 5. Jahrhundert vor (Text A1: ca. 400 v. Chr.) und dem 1. Jahrhundert nach Christus, mit zwei ›Ausreißern‹, einmal Text E6, dessen Ausnahmestellung schon durch das abweichende Beschreibmaterial (Silber) deutlich wurde, der auch inhaltlich nur noch sehr entfernt etwas mit den anderen Goldplättchen zu tun hat und bereits in das 6. Jahrhundert v. Chr. zu datieren ist, zum anderen der einzige Text aus Rom, der aus dem 2. oder vielleicht sogar erst 3. Jahrhundert n. Chr. stammt (C4).

Die Bedeutung der Dionysischen Mysterien geht nicht nur aus dieser sich über mehrere Jahrhunderte erstreckenden Zeitspanne der Goldplättchen hervor, sondern auch aus der geographischen Streuung der Funde über fast den gesamten Mittelmeerraum der griechischsprachigen Welt. Gefunden wurden Goldplättchen in Gräbern auf dem griechischen Festland (13 in Makedonien, 6 in Thessalien), auf der Peloponnes (3 in Achaia, 3 in Elis) und auf Kreta (16; Lesbos als Fundort ist ausgeschieden, s. dazu § 3.4), sowie in Mittel- und vor allem Süditalien (1 in Rom, 5 in Lukanien, 1 in Kampanien, 2 in Kalabrien, 3 in Sizilien). Warum bislang in Attika keine Goldplättchen gefunden wurden, hat zu verschiedenen Begründungsversuchen geführt und bleibt unklar (Fundzufall? Übermächtiger Einfluss der Eleusinischen Mysterien? Vgl. dazu Henrichs 2010, 95 mit Anm. 33; Chrysanthou 2020, 133).

Angesichts der langen Zeitspanne und der geographisch weiten Streuung verwundert es nicht, dass die Texte sich zum Teil deutlich voneinander unterscheiden. Man hat Versuche unternommen, hinter der Mehrzahl dieser Texte einen ›Archetyp‹ zu rekonstruieren, von dem alle anderen abhängen (Janko 1984 und 2016, sehr dezidiert in Bezug auf den stark fragmentarischen Text A4 als nahe am ›Archetyp‹ und einer Rekonstruktion desselben mit Übersetzung ebd. 123 f; vorsichtig und in Bezug auf einen hinter verschiedenen Goldplättchen stehenden, kaum mehr rekonstruierbaren ›heiligen Text‹ Riedweg 1998, zuversichtlicher und mit einer Rekonstruktion dieses Textes ders. 2011, 248–252; in Bezug speziell auf den Text B8 als ›Urtext‹, von dem alle anderen abhängen sollen, sehr apodiktisch Kotansky 2021 und 2023). Solche Versuche beruhen auf der Annahme, dass all die verschiedenen Formen der Dionysos-Verehrung auf eine feste ›Lehre‹ zurückgeführt werden könnten, die sich in einem zunächst für alle verbindlichen heiligen Text, einem einzigen ›Hieros Logos‹ manifestiert hätte, von dem all die anderen Texte in irgendeiner Form abhängen. Das hat zu unterschiedlichen Vermutungen über Abhängigkeitsverhältnisse geführt, die zudem mit vielen, durch die vorausgesetzte These überhaupt erst entstehenden Fragen zu kämpfen haben, warum von wem was weggelassen oder hinzugefügt wurde, was als original, was als originell, und was als fehlerhaft oder ungeschickt und sekundär zu interpretieren ist.

Auf dem Hintergrund des bereits Ausgeführten zur Uneinheitlichkeit, dezentralen Organisation und Wandelbarkeit ›der‹ Dionysischen Mysterien ist die grundsätzliche Annahme der Existenz eines Archetyps aber sehr problematisch (vgl. Torjussen 2010, 57 f; Edmonds III 2011b; McClay 2023, 9 f). Es handelt sich eben nicht um literarische Texte, die von *einem* bestimmten Autor ersonnen wurden und dann auf *ein* Original zurückgeführt werden können und sinnvollerweise auch sollten, sondern um zwar literarisch geformte, aber rituelle Gebrauchstexte in vielen verschiedenen Zuständen von Bearbeitungen und Anpassungen. Da erweist sich das Streben nach einer Urversion als verfehlt, denn es gibt keine wirklich belastbaren Kriterien, die helfen könnten zu entscheiden, warum eine bestimmte, im Ritual eingesetzte Textvariante gültiger oder richtiger oder ›originaler‹ sein sollte als eine andere (zu einer anderen Position und Kritik an einer seiner Ansicht nach »multitextual chimera« s. Janko 2016, 104–106, der Pythagoras als Verfasser des von ihm rekonstruierten Archetyps für möglich hält, ebd. 127; vgl. auch Lebedev 2023, 278; vgl. dazu bereits, allerdings sehr zurückhaltend, Zuntz 1971, 341: »few would make so bold as to ascribe it to Pythagoras himself«).

Aus diesen Gründen haben alternative Ansätze in der Forschung zurecht seit jeher zu der Lösung gegriffen, jedem einzelnen Exemplar der Texte sein eigenes Recht zu belassen und die beobachtbaren Gemeinsamkeiten dadurch widerzuspiegeln, dass man die Texte in verschiedene Gruppen eingeteilt hat (ob nun verbunden mit Abhängigkeits-Thesen oder ohne), die nach bestimmten Kriterien wie beispielsweise Alter, inhaltlichen Übereinstimmungen oder geographischer Herkunft Gemeinsamkeiten aufweisen. Eine solche Aufteilung nach verschiedenen Gruppen trägt dem Umstand Rechnung, dass es ›die‹ Dionysischen Mysterien als fest umrissene und normierte Erscheinungsweise ›der‹ griechischen Religion nie gegeben hat, und dies ist auch der Grund dafür, dass im vorliegenden Buch jede dieser Gruppen eine gesonderte Einleitung erhält, die den verschiedenen Spezifika gerecht zu werden sucht.

Es liegt auch, aber nicht nur an unterschiedlichen Interpretationsansätzen und an der Disparität des Materials selbst, dass verschiedene Forscher verschiedene Gruppeneinteilungen vorgeschlagen haben; ein weiterer Grund ist darin zu suchen, dass im Lauf der Zeit neue Funde hinzugekommen sind, welche die Materialbasis immer wieder erweitert und damit zum Teil zu Neueinteilungen gezwungen haben. So umfasst die Zusammenstellung von Zuntz (1971) insgesamt 15 Goldplättchen, die von Pugliese Carratelli (2001) bereits 21, und in der zweiten Auflage des Buchs von Graf und Johnston (2013) sind 38 Texte zu finden. Im vorliegenden Band sind inzwischen 53 Zeugnisse gesammelt; es ist zu erwarten, dass sich in Zukunft die Materialbasis für die *Orphisch-Bakchischen Goldplättchen* noch erweitern wird.

Das erste Goldplättchen wurde zu Beginn der 1830er Jahre entdeckt und 1836 publiziert (Franz 1836), blieb aber aufgrund seiner isolierten Stellung zunächst unverstanden und unbeachtet (Text A2). Das änderte sich grundlegend mit dem Fund neuer Goldplättchen in den Jahren 1879 (Texte D3 und E1) und 1880 (Texte C1–C3; s. dazu oben unter § 2.7). Die Editionsgeschichte mehrerer, zu einer Textgruppe zusammengefasster Goldplättchen setzt zu Beginn des 20. Jahrhunderts ein, mit Diels in der zweiten Auflage der *Fragmente der Vorsokratiker* und Murray, beide im Jahr 1908; des Weiteren sind zu nennen Comparetti (1910), im Jahr 1915 Olivieri und Wieten, und Kern in den *Orphicorum fragmenta* (1922, 2. Aufl. 1963). Ausführlicher kommentierte Editionen neueren Datums finden sich ab den 1970er Jahren (Zuntz 1971; Colli 1977, 3. Auflage 1981; Gallavotti 1978–1979). Weitere wichtige Etappen folgen und tragen der Erweiterung der Materialbasis Rechnung: Pugliese Carratelli (1993, erweitert und überarbeitet 2001, auf Französisch 2003), Riedweg (1998), Bernabé/Jiménez San Cristóbal (2001 auf Spanisch, völlig überarbeitet und erweitert 2008 auf Englisch), Tortorelli Ghidini (2006), Graf/Johnston (2007, mit einer überarbeiteten Auflage 2013), Torjussen (2010), Tzifopoulos (2010), Edmonds III (2011a) und (sehr knapp gehalten und an Edmonds III orientiert) Afonasin (2023). Referenz-Edition ist der von Bernabé im Rahmen der *Bibliotheca Teubneriana* herausgegebene Band II/2 der *Poetae Epici Graeci* (2005), mit Ergänzungen in Band II/3 (2007; abgekürzt als PEG II/2 bzw. PEG II/3); in dieser Sammlung der *Orphicorum et Orphicis similium testimonia et fragmenta* sind 39 Zeugnisse enthalten. Für detaillierte Angaben zur Editionsgeschichte der einzelnen Goldplättchen sei auf diese Bände verwiesen (s. bspw. auch BJ, 245–271, GJ, 4–47 und Tortorelli Ghidini 2006, 57–60); Angaben zu Editionen der neuesten, dort nicht verzeichneten Funde sind im Kommentarteil des vorliegenden Buches zu finden.

3.3 Übersichten und Karte zu den Fundorten

3.3.1 Gruppierung der Funde

Die inzwischen auf 53 Zeugnisse angewachsenen Goldplättchen werden in diesem Band in acht Gruppen eingeteilt, eine Einteilung, die sich vor allem an inhaltlichen Kriterien, aber auch an dem (abnehmenden) Text-Umfang orientiert; die Kurzbezeichnungen erheben keinen Anspruch darauf, den Inhalt möglichst umfassend und systematisch wiederzugeben, sondern sind eher als mnemotechnische Hilfen gedacht:

Gruppe A: Mnemosynebecken-Plättchen: 4 Texte von 10–21 Zeilen, in denen von der Notwendigkeit des Trinkens aus einem »Becken der Mnemosyne« die Rede ist

Gruppe B: Zypressenbrunnen-Plättchen: 11 Texte von 2–5 Zeilen, in denen von der Notwendigkeit des Trinkens aus einem Brunnen bei einer Zypresse die Rede ist

Gruppe C: Reine-Seelen-Plättchen: 4 Texte von 4–10 Zeilen, in denen die verstorbene Seele sich als »Reine aus den Reinen« bezeichnet

Gruppe D: Milchbad-Plättchen: 3 Texte von 5–7 Zeilen, in denen von einem Springen oder Fallen in Milch die Rede ist

Gruppe E: Verschiedenes: 6 Texte von 1–10 Zeilen mit Bezügen auf Orphisch-Dionysisches, die sich in keine der vorigen Gruppen einordnen lassen und selbst sehr unterschiedlich sind

Gruppe F: Brief-Plättchen: 6 Texte von 1–4 Zeilen, die dem antiken Briefformular folgen

Gruppe G: Namens-Plättchen: 13 Texte, die entweder nur einen Eigennamen, nur das Wort »Myste« oder beides zusammen aufweisen

Gruppe H: 6 Plättchen ohne Text (s. dazu die Einleitung zur H-Gruppe)

3.3.2 Geographische Verteilung

Die Funde der verschiedenen Gruppen verteilen sich folgendermaßen auf die verschiedenen Gebiete (und Zeiträume; s. auch die Karte mit Einzeichnung der Fundstellen in GJ, 2):

Gruppe A = Mnemosynebecken-Plättchen:
2× Kalabrien, 1× Sizilien, 1× Thessalien (4.–3. Jh. v. Chr.)

Gruppe B = Zypressenbrunnen-Plättchen:
10× Kreta, 1× Thessalien (4.–1. Jh. v. Chr.)

Gruppe C = Reine-Seelen-Plättchen:
3× Lukanien, 1× Rom (4. Jh. v. Chr.–2./3. Jh. n. Chr.)
Gruppe D = Milchbad-Plättchen:
2× Thessalien, 1× Lukanien (4.–3. Jh. v. Chr.)
Gruppe E = Verschiedenes:
2× Makedonien, 2× Thessalien, 1× Lukanien, 1× Kampanien (6.–3. Jh. v. Chr.)
Gruppe F = Brief-Plättchen:
3× Makedonien, 3× Kreta (4. Jh. v. Chr.–1. Jh. n. Chr.)
Gruppe G = Namens-Plättchen:
7× Makedonien, 3× Achaia, 3× Elis (4.–1. Jh. v. Chr.)
Gruppe H = Leere Plättchen:
3× Kreta, 2× Sizilien, 1× Makedonien (4. Jh. v. Chr.–1. Jh. n. Chr.)

3.3.3 Karte zu den Fundorten

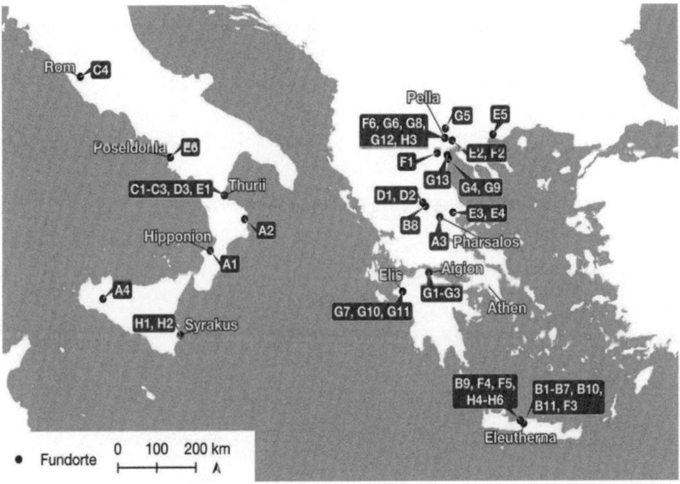

Abb. 1: Fundorte der Goldplättchen, Erstellung: F. Forster, © C. Zgoll

3.3.4 *Tabellarische Übersicht mit Daten und Fakten*

Die Angaben in den folgenden Tabellen sind hauptsächlich den Übersichten von Tzifopoulos (2010, 255–280, ergänzend Tsatsaki/ Tzifopoulos 2022, 129–133) entnommen, wo, soweit erhalten, noch weitere Details zu den archäologischen Fundkontexten zu finden sind.

A-Gruppe = Mnemosynebecken-Plättchen

Nr.	**Ort**	**Zeit**	**Form**	**Position**	**Genus**
A1	Hipponion *Kalabrien*	ca. 400 v. Chr.	rechteckig, 4× gefaltet	auf der Brust	fem.$^{?}$
A2	Petelia *Kalabrien*	4. Jh. v. Chr.	rechteckig, nachträglich$^{?}$ gefaltet, in Zylinder gerollt und an Halskette befestigt	?	fem.$^{?}$
A3	Pharsalos *Thessalien*	ca. 350 v. Chr.	rechteckig, 2× gefaltet (?)	in einer Hydria	mask.$^{?}$
A4	Entella$^{?}$ *Sizilien*	3.$^{?}$ Jh. v. Chr.	rechteckig	?	?

B-Gruppe = Zypressenbrunnen-Plättchen

Nr.	**Ort**	**Zeit**	**Form**	**Position**	**Genus**
B1	Eleutherna *Kreta*	3.–1. Jh. v. Chr.	rechteckig, gefaltet	?	?
B2	Eleutherna *Kreta*	3.–1. Jh. v. Chr.	rechteckig, gefaltet	?	?
B3	Eleutherna *Kreta*	3.–1. Jh. v. Chr.	rechteckig, gefaltet	?	?

B4	Eleutherna *Kreta*	3.–1. Jh. v. Chr.	rechteckig, in Zylinder gerollt (?)	?	?
B5	Eleutherna *Kreta*	3.–1. Jh. v. Chr.	rechteckig, in Zylinder gerollt (?)	?	?
B6	Mylopotamos *Kreta*	3.–1. Jh. v. Chr.	mundförmig, gefaltet (?)	?	?
B7	Eleutherna *Kreta*	2.–1. Jh. v. Chr.	rechteckig, gefaltet	an Zahn befestigt	?
B8	? *Thessalien*	350–320 v. Chr.	rechteckig, oben und unten abgerundet	in einer Hydria	?
B9	Sfakaki *Kreta*	2.–1. Jh. v. Chr.	rechteckig	?	?
B10	Eleutherna *Kreta*	4.–3. Jh. v. Chr.	rechteckig	?	?
B11	Eleutherna *Kreta*	3.–1. Jh. v. Chr.	rechteckig	?	?

C-Gruppe = Reine-Seelen-Plättchen

Nr.	Ort	Zeit	Form	Position	Genus
C1	Thurii *Lukanien*	4. Jh. v. Chr.	rechteckig, 1× gefaltet	nahe der Hand	?
C2	Thurii *Lukanien*	4. Jh. v. Chr.	rechteckig	nahe der Hand	?
C3	Thurii *Lukanien*	4. Jh. v. Chr.	rechteckig	nahe der Hand	?
C4	Rom	2.–3. Jh. n. Chr.	rechteckig, Ecken abgerundet	?	fem.

D-Gruppe = Milchbad-Plättchen

Nr.	Ort	Zeit	Form	Position	Genus
D1	Pelinna *Thessalien*	ca. 275 v. Chr.	Efeu-Blatt	auf der Brust	fem.
D2	Pelinna *Thessalien*	ca. 275 v. Chr.	Efeu-Blatt	auf der Brust	fem.
D3	Thurii *Lukanien*	4. Jh. v. Chr.	rechteckig, 9× gefaltet und E1 als ›Umschlag‹ darum	am Kopf	mask.?

E-Gruppe = Verschiedenes

Nr.	Ort	Zeit	Form	Position	Genus
E1	Thurii *Lukanien*	4. Jh. v. Chr.	rechteckig, um D3 als ›Umschlag‹ gefaltet	am Kopf	mask.?
E2	Agios Athanasios *Makedonien*	?	rechteckig	?	?
E3	Pherai *Thessalien*	ca. 300 v. Chr.	rechteckig	auf der Brust (?)	?
E4	Pherai *Thessalien*	ca. 300 v. Chr.	rechteckig	?	?
E5	Amphipolis *Makedonien*	4.–3. Jh. v. Chr.	rechteckig, gefaltet	auf der Brust	fem.
E6	Poseidonia *Kampanien*	6. Jh. v. Chr.	rechteckig (Silber)	?	?

F-Gruppe = Brief-Plättchen

Nr.	Ort	Zeit	Form	Position	Genus
F1	Aigai *Makedonien*	3.–1. Jh. v. Chr.	Oliven?-Blatt	?	fem.

F2	Agios Athanasios *Makedonien*	3. Jh. v. Chr.	rechteckig	?	fem.
F3	Eleutherna *Kreta*	3.–1. Jh. v. Chr.	rechteckig	?	?
F4	Sfakaki *Kreta*	1. Jh. v. Chr. – 1. Jh. n. Chr.	mundförmig	im Mund	mask.?
F5	Sfakaki *Kreta*	1. Jh. v. Chr. – 1. Jh. n. Chr.	mundförmig	am Kopf	fem.?
F6	Pella *Makedonien*	ca. 300 v. Chr.	Lorbeer- oder Myrten-Blatt	auf einer Bank	mask.

G-Gruppe = Namens-Plättchen

Nr.	Ort	Zeit	Form	Position	Genus
G1	Aigion *Achaia*	3.–1. Jh. v. Chr.	blattförmig	?	mask.
G2	Aigion *Achaia*	3.–1. Jh. v. Chr.	Myrten?-Blatt	?	mask.
G3	Aigion *Achaia*	3.–1. Jh. v. Chr.	Lorbeer- oder Myrten-Blatt	?	mask.
G4	Pydna *Makedonien*	336–300 v. Chr.	Münze	im Mund	mask.
G5	Europos *Makedonien*	ca. 300 v. Chr.	rechteckig	?	mask.
G6	Pella *Makedonien*	ca. 300? v. Chr.	münzenförmig	?	mask.
G7	Elis *Elis*	300–275 v. Chr.	blattförmig	?	fem.
G8	Pella *Makedonien*	ca. 300 v. Chr.	blattförmig	?	fem.
G9	Pydna *Makedonien*	336–300 v. Chr.	Münze	im Mund	fem.

G10	Daphniotissa *Elis*	4./3. Jh. v. Chr.	Oliven-Blatt	?	fem.
G11	Elis *Elis*	3. Jh. v. Chr.	Myrten-Blatt	unter dem Kopf	fem.
G12	Pella *Makedonien*	ca. 300 v. Chr.	Lorbeer- oder Myrtenblatt	?	fem.
G13	Methone *Makedonien*	ca. 300 v. Chr.	rechteckig	auf dem Körper	fem.

H-Gruppe = Leere Plättchen

Nr.	**Ort**	**Zeit**	**Form**	**Position**	**Genus**
H1	Syrakus *Sizilien*	5.–3. Jh. v. Chr.	rechteckig	im Mund	?
H2	Syrakus *Sizilien*	5.–3. Jh. v. Chr.	mundförmig	auf der Brust	?
H3	Pella *Makedonien*	200–150 v. Chr.	Oliven?-Blatt	Schatulle aus Holz	fem.
H4	Sfakaki *Kreta*	1–50 n. Chr.	mundförmig	am Kopf	mask.?
H5	Sfakaki *Kreta*	50–100 n. Chr.	rechteckig	auf dem Mund	fem.?
H6	Sfakaki *Kreta*	1. Jh. n. Chr.	rechteckig	Unterleib	fem.?

3.4 Unsicheres und Ausgeschiedenes

Nr. 19 GJ

Seit der Veröffentlichung einer kurzen Notiz in einem Grabungsbericht (Catling 1989, 93), in dem davon die Rede ist, in einem Grab aus hellenistischer Zeit auf der Insel Lesbos sei ein Goldplättchen mit einem »orphischen Text« gefunden worden (aufgenommen als Nr. 19 bei Graf/Johnston 2013, 28), ist es trotz verschiedener Versuche weder gelungen, von der zuständigen Museumsverwaltung eine Abschrift oder ein Foto dieses Goldplättchens zu erhalten (vgl. die Notiz in PEG II/2, S. 77 unten, und BJ, 269), noch ist es, soweit ich sehe, inzwischen publiziert worden. Dieser Fund wäre insofern von besonderer Wichtigkeit gewesen, als sich dadurch die geographische Verteilung der Goldplättchen um ein beträchtliches Stück nach Osten erweitert hätte (die östlichsten Funde bislang sind die auf Kreta). Inzwischen ist es Tzifopoulos aber gelungen, auf Nachfragen die Auskunft zu bekommen, dass es sich bei der Grabungsnotiz offenbar um ein Versehen und bei der Aufschrift auf dem betreffenden Goldplättchen nicht um einen ›orphisch-bakchischen‹ Text handle (s. dazu die Notiz bei Tzifopoulos 2010, 99, Anm. 25). Damit scheidet dieser Grabungsfund als mögliches *Orphisch-Bakchisches Goldplättchen* aus.

Nr. 36a GJ

Graf und Johnston (2013, 46) verweisen unter ihrer Nummer 36a auf eine Notiz zu einem Fund von Goldplättchen in 15 Kistengräbern aus dem 4. Jahrhundert v. Chr. im makedonischen Pella (Pariente, A., 1990 in: Bulletin de Correspondance Hellénique 14, 787: »quinze tombes à ciste du IVe s. av. J.-C., qui ont livré des épistomia en or portant gravé le nom du mort, des restes de couronnes et bijoux en or, ainsi que de⟨s⟩ fresques à représentations mythologiques«). Eine entsprechende Anfrage bei der zuständigen Ephorie von Pella hat ergeben, dass es sich dabei offenbar um unter anderen Siglen bereits erfasste Texte handelt (ich danke Elpi Naoum für diese Auskunft); so werden im Grabungsbericht aus dem Jahr 1989 die Goldplättchen F6 (= 31 GJ) und G12 (= 32 GJ) behandelt (s. Lilibaki-Akamati 1989–1991, 80 und 84), und das Goldplättchen G8 (= 34 GJ) in Lilibaki-Akamati 1992, 127 f.

Nr. 39 GJ

Der von Graf und Johnston in der ersten Auflage unter Nr. 39 angeführte Text wird von dem Autorenpaar selbst in der zweiten Auflage zurückgezogen, da der nur bruchstückhaft erhaltene Inhalt sich nach der Herstellung einer besseren Textgrundlage als zugehörig zu einer anderen Textgattung (Phylakterion = Text mit religiöser Formel zum Schutz vor Bösem) erwiesen hat (s. dazu GJ, 49).

Nr. S1a–b BJ

In der Ausgabe von Bernabé und Jiménez San Cristóbal (2008, 166 und 269) werden unter der Rubrik »Similia« zwei in einem Gräberfeld in Kalabrien gefundene, goldene Ohrringe angeführt, die vermutlich aus dem 4. Jh. v. Chr. stammen (s. dazu Ferri 1957). Auf einem Ohrring stehen die Buchstaben KOP, auf dem anderen ΛΥΣ. Das Autorenpaar erwägt, dass dahinter als Text stehen könnte Κόρ⟨ας⟩ (oder Κόρ⟨ης⟩) bzw. Λυσ⟨ίου⟩ (sc. ἱερός/ἱερά), also »der Kora (bzw.) dem (Dionysos) Lysios (heilig/geweiht bin ich)«. Auch wenn sich hier mögliche Berührungspunkte mit Text E5 ergeben (ἱερὰ Διονύσου Βακχίου εἰμί – »eine Heilige/Geweihte des Dionysos Bakchios bin ich«), spricht die Ausgestaltung als Schmuck eher gegen eine Zugehörigkeit zu den *Orphisch-Bakchischen Goldplättchen* (Geheimtexte wurden nicht als offen zeigbare Schmuckstücke konzipiert). Außerdem sind sechs Buchstaben zu wenig, um halbwegs sichere Ergänzungen vornehmen zu können; man könnte beispielsweise auch ergänzen zu Κορ⟨ώνα⟩ (oder Κορ⟨ώνη⟩) Λυσ⟨άνδρου⟩ – »Korona, des Lysandros (Tochter bin ich)«, um nur zwei Beispiele von mehreren möglichen Eigennamen anzuführen, die ähnlich früh bezeugt sind und mit Κορ- bzw. Λυσ- beginnen.

Nr. S2 BJ

Das Goldplättchen unsicherer Herkunft aus dem 4. Jh. n. Chr., das bei Bernabé und Jiménez San Cristóbal (2008, 270) ebenfalls unter der Rubrik »Similia« angeführt wird, hat inhaltlich ziemlich sicher nichts mit den *Orphisch-Bakchischen Goldplättchen* zu tun, sondern stellt den Anfang eines Gedichts dar, in dem es um die kontrastierende Gegenüberstellung zweier Sklaven in Hinblick auf deren Stellung und Verdienste geht. Das lässt sich aus einem Vergleich mit einer inschriftlich bezeugten, ausführlicheren Version des Textes auf einer Stele erschließen, die im Theater von Palmyra aufgestellt war (Inschrift Nr. 2859 in: Rey-Coquais 1967, 153 f).

Weiteres
Zu weiteren, den *Orphisch-Bakchischen Goldplättchen* entfernt ähnlichen, aber nicht zuzurechnenden Funden s. auch Plumier-Torfs et al. 1993, Bernabé/Jiménez San Cristóbal 2008, 166 f, Nr. 23 in Kotansky 1994 und Kotansky 2016, Rocca/Muscianisi 2021 und den Anhang in diesem Band.

4. Die Texte auf den Goldplättchen

4.1 Epigraphische, philologische und metrische Beobachtungen

Die Texte auf den Goldplättchen sind in sehr kleiner Majuskelschrift und in *scriptio continua*, also fortlaufend und ohne Lücken zwischen einzelnen Wörtern und Sätzen, in den Untergrund eingedrückt, eingeritzt oder hineinpunktiert (zu einem Fall, bei dem die Beschriftung möglicherweise mit Tinte erfolgt ist, s. den Kommentar zu H3). In vielen Texten werden Wörter an Zeilenenden an beliebigen Stellen getrennt und in der nächsten Zeile weitergeschrieben, um den zur Verfügung stehenden Platz maximal auszunutzen, in anderen Fällen stimmen Zeilenenden und Versenden überein (zur Metrik gleich). Aus Gründen der Platzersparnis wurde in einem Fall das Goldplättchen sogar auf der Vorder- und Rückseite beschrieben (C2), was aufgrund der durchgedrückten Buchstaben die Lesbarkeit stark erschwert.

Bis auf Ausnahmen sind die Texte oft sehr fehlerhaft geschrieben (s. auch Riedweg 1998, 363 mit Anm. 14). Dass einzelne Buchstaben fehlen und entsprechend zu ergänzen sind, ist fast durchgehend der Fall; daneben gibt es immer wieder Fälle von einzelnen überflüssigen Buchstaben, von Dittographien (A1, Z. 14; B2, Z. 1; B3, Z. 1; B4, Z. 3; C3, Z. 4a und möglicherweise C3, Z. 8) oder auch von Buchstabenvertauschungen (B7, Z. 4; C1, Z. 3; C2, Z. 4; vermutlich auch in B9, Z. 3 und B10, Z. 3); manchmal fehlen sogar ganze Wörter. Darüber hinaus lässt sich der Umstand beobachten, dass auch auf ein und demselben Goldplättchen die Orthographie manchmal nicht normiert ist, so dass dieselben Wörter teilweise unterschiedlich geschrieben erscheinen (A1, Z. 1 Μναμοσύνας neben Z. 12 Μνημοσύνης; Z. 2 κρήνα neben Z. 5 κράνας; Z. 12 πιέναι neben Z. 14 πιε⟨ῖ⟩ν für den Infinitiv desselben Verbums; für den Genitiv Plural in C2, Z. 1 καθαρῶ⟨ν⟩ neben Z. 5 κεραυνõ⟨ν⟩). Außerdem gibt es einige Fälle, wo Präpositionen bzw. Angaben der Richtung mit Akkusativ verwendet werden und dabei ein sinngemäß zu ergänzendes Verbum ausgelassen wird (vgl. A1, Z. 2; A2, Z. 1; A3, Z. 1; D1, Z. 7).

Es ist schwer zu entscheiden, ob manche scheinbaren Fehler oder Auslassungen unabsichtlichen orthographischen Schwächen zuzuschreiben sind oder ob sie zum Teil als bewusste Verschleierung oder Verschlüsselung der Inhalte anzusehen sind. Von der Fehlerhaftigkeit der Texte lässt sich nur schwer eine Vorstellung vermitteln; außerdem variiert diese von Goldplättchen zu Goldplättchen. Aber ganz ungefähr würde sich beispielsweise der Anfang von Goldplättchen B9 im Deutschen etwa so ausnehmen:

> VORDURSTWIRKLICHTROCKNETGEHTBEINDHEZU-GRUNDE
> DDMRMIRZUTRAINKENVOMBRUNNENDEMEW
> FLIEDENZURLLIKENDERZY.AS
> RESSE

Hätte man keine Vergleichstexte, dann würde man sich vor erhebliche Schwierigkeiten gestellt sehen, aus diesen Buchstaben folgenden Text zu rekonstruieren: »Vor Durst wirklich ausgetrocknet geht (meine Seele) beinahe zugrunde! | Darum (gebt) mir (Wasser) zu trinken vom Brunnen, dem ew|igfließenden, zur Linken der Zyp|-resse!«

Die längeren Texte der Gruppen A–D sind metrisch geformt und in der Regel in daktylischen Hexametern abgefasst, die immer wieder die Verwendung formelhafter Ausdrücke aus der epischen Dichtung erkennen lassen, diese aber an einen speziell kultischen Kontext und damit an rituelle Sprache anpassen – oder sogar auf ältere, kultische Vorlagen zurückgehen, die ihrerseits die Epik beeinflusst haben könnten (s. dazu Obbink 2011, 302–305, mit einer Übersicht zu intertextuellen Bezügen ebd. Anm. 45 und 49). Nur vereinzelt wird vom Hexameter-Schema abgewichen: Zeile 6 in D1 bzw. Zeile 5 in D2 ist annähernd ein daktylischer Tetrameter (mit dafür untypischer Länge am Schluss und kann daher auch anders, z. B. als trochäischer Quaternar gedeutet werden); bei Zeile 7 von C1 und C2 handelt es sich um einen daktylischen Pentameter. Metrische Fehler sind eher selten (bspw. zwei hypermetrische, also überlange Verse in A1, Z. 2 und Z. 14, in Z. 14 erklärbar durch eine Dittographie vom Vorvers, oder in D3, Z. 2). Öfters werden Schreibungen von (für die Metrik eigentlich wichtigen) Doppelkonsonanzen vernachlässigt (z. B. A1, Z. 11, B4, Z. 1 oder C3, Z. 4a ἀλ⟨λ⟩ὰ; B5, Z. 1 ἀπόλ⟨λ⟩υμαι; D1, Z. 7 ἅσ⟨σ⟩απερ), wohingegen an anderen Stellen manchmal eine ›künstliche‹, weil für das Versmaß notwendige Konsonantenverdoppelung (z. B. μμοι in A4, Z. 13) oder eine (auch sonst belegbare) Verdoppelung eines s-Lauts vor Verschlusslaut vorgenommen wird (z. B. C3, Z. 4b ἀσστεροβλῆτα und Z. 7 δεσσποίνας; s. dazu Schwyzer 1950, Bd. 1, 237 f). Häufig wird außerdem bei einem Zusammenstoß von vokalisch auslautendem mit vokalisch anlautendem Wort eine für die Herstellung eines korrekten Hexameters eigentlich nötige Vokal-Elision nicht vorgenommen (C1, Z. 4 und Z. 5; C2, Z. 5 und 6; C3, Z. 4a und 7; C4, Z. 2; D3, Z. 3 und Z. 6); vermutlich haben diejenigen, die die Texte verschriftet haben, in diesen Fällen zwar den

Hexameter richtig ausgesprochen bzw. Vokalelision oder -verschleifung vorgenommen, beim Aufschreiben aber die Wörter trotzdem nicht ›verstümmeln‹ wollen.

In manchen Fällen wird das Versschema des Hexameters absichtlich aufgegeben, in den Texten der Gruppen A–C bevorzugt am Textende (A3, Z. 9–10; in der B-Gruppe regulär nach Zeile 2; C1, Z. 7; C2, Z. 7; C3, Z. 10; C4, Z. 4), in der D-Gruppe vor allem im Mittelteil der Texte (D1, Z. 3–6; D2, Z. 3–5; D3, Z. 4–5). Wie die jeweils vorangehenden bzw. umgebenden Verse zeigen, wäre man in den meisten Fällen sehr wohl in der Lage gewesen, die betroffenen Textpartien auch hexametrisch zu gestalten; auch handelt es sich erkennbar nicht um bloße Versehen. In einigen Fällen finden sich außerdem genau dieselben nicht-hexametrischen Partien in verschiedenen Texten. Offenbar war es wichtig, diese Textpassagen nicht in ein (übliches) metrisches Gewand zu kleiden, sondern sie genauso und nicht anders wiederzugeben (zu einer möglichen metrischen Interpretation der Rufe, die sich auf ein Milchbad beziehen, als Ithyphallikoi s. den einleitenden Kommentar zur D-Gruppe der Milchbad-Plättchen, § 4.1). Ein solches Verhaftet-Sein am Wortlaut bzw. an einer bestimmten Formelhaftigkeit weist auf Sakralsprache hin; es liegt die Annahme nahe, dass es sich bei den betreffenden Partien um die Wiedergabe von besonders zentralen Sätzen oder Kultrufen im Rahmen des Initiationsrituals gehandelt haben dürfte (Zuntz 1971, 340–343; Graf in GJ, 137 f u. a.). Im Dionysos-Demeter-Kult von Lerna ist der Einsatz von Kulttexten bezeugt, die genau eine solche Mischung aus Versen und Partien in nicht metrisch geformter Sprache aufgewiesen haben sollen (Paus. 2,37,3), aufgeschrieben auf einem »aus Messing gemachten Herz« (einen Bezug auf die Goldplättchen sieht hier, nicht ganz überzeugend, Torjussen 2010, 64), und auch der ›orphische‹ Papyrus Gurôb Nr. 1 weist eine solche Mischung aus Prosa- und Verspartien auf (s. Appendix § 4). Die zentralen, aus dem Hexameter-Schema herausfallenden Passagen in den *Orphisch-Bakchischen Goldplättchen* lauten:

»Wer aber bist du? Woher aber bist du?« – »Der Ga Sohn bin ich und des Uranos, des sternenreichen!«
(B1, Z. 3–4 und die entsprechenden Zeilen in den Texten B2–B8 der B-Gruppe, leicht abgewandelt auch in B9 und B10; nur die Antwort findet sich, dann aber in das Hexameter-Versmaß eingepasst, in A1, Z. 10; A2, Z. 6; A3, Z. 8 und vermutlich A4, Z. 12)

»Als Stier bist du in Milch gesprungen, schnell bist du in Milch gesprungen, als Widder bist du in Milch gefallen! Wein hast du als glückselige Ehrengabe!«
(D1, Z. 3–6)

»Als Stier bist du in Milch gesprungen, als Widder bist du in Milch gefallen! Wein hast du als glückselige Ehrengabe!«
(D2, Z. 3–5)

»Als Zicklein bist du in Milch gefallen!«
(D3, Z. 4)

»Als Zicklein bin ich in Milch gefallen!«
(C3, Z. 10)

Dass die Texte insgesamt als feste ›Formulare‹ verwendet wurden, geht aus dem Umstand hervor, dass sie sich, wenn auch mit bestimmten Varianten, zum Teil so ähneln, dass sie verschiedenen Gruppen zugeordnet werden können. Ein solcher, durch rituelle Verwendung bedingter Formularcharakter bot den Vorteil, dass man sie in der Regel unverändert übernehmen konnte. Dazu trägt unter anderem der Umstand bei, dass Adjektive oder andere Formulierungen manchmal so gewählt sind, dass sie sowohl auf Männer als auch auf Frauen anwendbar waren (zu »gender hesitations« in den Goldplättchen s. auch BJ, 59). Regulär zweiendig ist beispielsweise das in den Texten D1 und D2 (jeweils Z. 1) verwendete Adjektiv τρισόλβιος (»dreimal Glückliche/r«); die Form τρισόλβιος (bzw. im Vokativ τρισόλβιε) konnte also sowohl für das Maskulinum als auch für das Femininum stehen. Desgleichen konnte das in etlichen Goldplättchen vorkommende, normalerweise dreiendige Adjektiv αὖος bzw. dorisch unaspiriert αὔος (»ausgetrocknet«) ebenfalls als zweiendiges Adjektiv verwendet werden, so dass die Form αὖος auch für eine Frau anwendbar war, eine Form, die tatsächlich auch in A1 (Z. 11) zum Einsatz kommt, wo der archäologische Befund auf die Bestattung einer Frau hindeutet (was wahrscheinlich macht, dass die maskuline Partizip-Form πιών in A1, Z. 15 generisch verstanden wurde). Die auch mögliche Verwendung der eindeutig femininen Form αὔη (A2, Z. 8) wiederum ist kein eindeutiger Hinweis auf eine weibliche Verstorbene (dazu gleich).

In den Zypressenbrunnen-Plättchen der B-Gruppe heißt es formelhaft fast ausnahmslos: »Der Ga Sohn (υἱός) bin ich und des Uranos« (Zeile 3 von B1–B5, B7 und B8; in B6, Z. 3 vielleicht »Tochter«, doch das ist textlich unsicher), aber der Verdacht liegt nahe, dass bei dem Formularcharakter der Texte auch in diesen Fällen »Sohn« in einem allgemeinen Sinn von »Kind« und damit auch für Frauen verwendet worden sein könnte (so auch Betz 1998, 402 mit Anm. 11); die Grabungsbefunde geben in diesen Fällen keine Hinweise auf das Geschlecht der Bestatteten. In den Texten der Mnemosynebecken-Plättchen der A-Gruppe (A1, Z. 10; A2, Z. 6; A3, Z. 8) steht an entsprechender Stelle nicht υἱός (»Sohn«), sondern παῖς (»Kind«), was eine universelle Anwendbarkeit der Texte ermöglicht.

Es gibt nur wenige formelhafte, also nicht von Vornherein namentlich und dadurch auch geschlechtlich eindeutig determinierte Texte, in denen die Geschlechtsneutralität (möglicherweise) durchbrochen wird. In Text B6 ist die Rekonstruktion τ̣υ⟨γ⟩ᾳ̣τηρ (für θυγάτηρ = »Tochter«, Z. 3) für die auf dem Goldplättchen kaum leserliche Buchstabenfolge ungewiss, und in Text A4 ist zwar von einem Heros (ἥρως, Z. 2) die Rede (für eine Heroine würde man ἡρωίς oder ἡρωίνη erwarten), aber es ist aufgrund des fragmentarischen Kontexts nicht klar, ob mit dieser Bezeichnung tatsächlich die verstorbene Seele gemeint ist; selbst wenn sie gemeint sein sollte, könnte man noch argumentieren, dass auch hier die maskuline Form stellvertretend für männliche und weibliche Heroen stehen soll. Eindeutig maskuline Formen verwenden nur die Texte C3 und D3 (vgl. C3, Z. 9 ὄλβιε, μακαριστέ und θεός; D3, Z. 2 πεφυλαγμένον, Z. 3 παθών und Z. 4 θεός), die auch in anderen Hinsichten Ausnahmeerscheinungen darstellen (v. a. Text C3). Ein Problem ergibt sich dabei in Text C3: Die maskulinen Vokativ-Formen in C3 legen den Text zunächst auf eine Verwendung für einen männlichen Verstorbenen fest (C3, Z. 9): »Glücklicher und Seliger: Ein Gott wirst du sein anstelle eines Sterblichen!« (ὄλβιε καὶ μακαριστέ, θεὸς δ' ἔσηι ἀντὶ βροτοῖο). Die im selben Text verwendete weibliche (dorische) Form καθαρά in Z. 1 (zum Bezug auf die verstorbene Person s. die Einleitung zur C-Gruppe der Reine-Seelen-Plättchen) ist dann allerdings auffällig: Wie kann ein Mann als »eine reine« bezeichnet werden?

Tatsächlich kommen mehrmals Adjektive und Wortformen vor, die eindeutig Femininum sind, so dass man denken könnte, dass diese Texte auch auf weibliche Verstorbene zu beziehen sind. Wie das eben zitierte Beispiel von Text C3 zeigt, ist hier aber Vorsicht geboten. Der scheinbare Widerspruch in C3 lässt sich lösen, wenn man berücksichtigt, dass vom Kontext des ›Jenseitsszenarios‹ her solche weiblichen Formen auf die (auch im Griechischen) weibliche Seele (ψυχή) zu beziehen sein können (vgl. bereits Zuntz 1971, 306; so entsprechend in A2, Z. 8; dort steht das feminine αὔη, »ausgetrocknet«, ebenfalls eher für die Seele als zur Bezeichnung einer verstorben Frau; vgl. auch den – freilich interpretationsbedürftigen – Anfang der Texte B9 und B10 und der C-Texte). Belege dafür, dass der oder die Verstorbene, egal ob Mann oder Frau, in den Goldplättchen als »Seele« angesehen und bezeichnet werden konnte (*pace* Obbink 2011, 298, Anm. 29 und Kotansky 2023, 201 f, Anm. 48), sind zum einen der Anfang von Text D3 (Z. 1: »Wohlan, sobald die Seele das Licht des Helios verlässt ...«), zum anderen die Bezeichnung der Verstorbenen als »Seelen der Toten« in den Texten A1 und A4 (A1, Z. 4: ψυκαὶ νεκύων, vgl. auch A4, Z. 6). Die explizite oder mitzudenkende Bezeichnung der Toten als »Seelen« lieferte eine weitere Möglichkeit, die teilweise sehr formularhaften Texte unverändert sowohl für einen verstorbenen Mann als auch für eine verstorbene Frau zu verwenden, ohne dass man dafür in den Wortlaut verändernd eingreifen musste. Auf diesem Hintergrund sind dann auch die femininen Formen καθαρά (»reine«) und ἱκέτις (»bittflehende«) in der C-Gruppe als nähere Charakterisierungen der jeweiligen verstorbenen Seele aufzufassen (s. zu dieser Thematik auch die Einleitung zur C-Gruppe der Reine-Seelen-Plättchen).

Selbst die Texte, die zeitlich und räumlich eng zusammengehören, weisen alle, soweit sich das beurteilen lässt, unterschiedliche Handschriften auf. Dies und der Umstand, dass trotz des Formularcharakters in den Texten so viele und noch dazu unterschiedliche Fehler auftreten, deuten darauf hin, dass die Goldplättchen nicht von einem am jeweiligen Kultort fest installierten Schreiber oder Schreiberteam verfasst worden sein können, denn sonst wären die Texte (und auch die Formen und Größen der Goldplättchen) normierter, fehlerfreier oder mit gleichen bzw. gleichartigeren Fehlern behaftet. Andererseits muss es eine Ursache dafür gegeben haben, dass die inhaltliche Struktur ähnlich lautender, also zu einer Gruppe gehöriger Texte, im Wesentlichen gleichgeblieben ist.

Hier gibt es verschiedene Erklärungsmöglichkeiten, von denen folgendes Szenario am plausibelsten erscheint: Da man die Erinnerung an das Wichtigste auf jeden Fall unverfälscht bewahren wollte, ohne dass man in Gefahr lief, bereits ein Detail vergessen zu haben, und weil Uneingeweihte auf keinen Fall einen Blick darauf werfen durften, liegt es sehr nahe, dass die »Erinnerungsstücke« (s. dazu oben § 2.3) während oder am Ende der Initiationsfeier angefertigt wurden, damit man diesen Schatz dann als wichtiges Unterpfand und Andenken mit sich nach Hause nehmen konnte. Dabei könnten, zumindest in manchen Fällen, Priester bzw. Mystagogen den neu Eingeweihten das Wichtigste zusammenfassend diktiert haben, was die inhaltlichen Gemeinsamkeiten zusammengehöriger Texte erklären würde. Die vielen formalen Unterschiede hingegen wie die verschiedenen Formen der Plättchen, unterschiedliche Zeilenaufteilungen und individuelle Fehler in den Texten können darauf zurückzuführen sein, dass die Mysten ihre Goldplättchen selbst beschriftet haben (ein starkes Indiz dafür liefert auch Text E4, s. den Kommentar dort) – bis auf diejenigen, die dazu nicht in der Lage waren und daher Plättchen ohne Text mitgenommen haben (s. die leeren Plättchen der H-Gruppe; Plädoyer für die Mysten als Schreiber auch bei Chrysanthou 2020, 145 und Riedweg 1998, 378, und ders. 2011, 255 f, mit der Diskussion der m. E. unwahrscheinlichen Alternative, dass erst im Todesfall bzw. anlässlich des Begräbnisses Angehörige in großer Eile nach jemandem gesucht haben, der Kenntnis von dem nötigen ›heiligen Text‹ haben und ihn aufschreiben könnte).

Es mag auch den Fall gegeben haben, dass Eingeweihte sich auf ihr bloßes Gedächtnis bzw. Auswendig-Gelerntes verlassen haben, ohne entsprechende ›Erinnerungshilfen‹ anzufertigen, ja selbst ohne ein leeres Goldplättchen als Erinnerung mitzunehmen – was einer der Gründe für die in Anbetracht all der bislang ergrabenen Friedhöfe geringe Menge an gefundenen Goldplättchen sein könnte; da mögen aber noch andere Gründe wie Fundzufälle oder Grabraub eine Rolle spielen.

4.2 Warum ›orphisch‹?

Die Debatte darüber, ob und inwiefern die *Orphisch-Bakchischen Goldplättchen* als orphische Texte anzusehen sind oder nicht, hat die Forschung lange Zeit beschäftigt und wird zum Teil immer noch als *die* zentrale Forschungsfrage in Bezug auf diese Quellen angesehen

(s. dazu ausführlich mit Bezug auf die Goldplättchen BJ, 179–205, Graf in GJ, 50–65 und Torjussen 2010, 7–46; Überblick mit weiteren Literaturhinweisen bei Schelske 2022, 73 f; s. auch Scarpi 2022). Für einen orphischen Charakter der Goldplättchen sprechen gute Gründe; um dies herzuleiten, muss man etwas ausholen.

›Die‹ griechische Religion ist ein schon in sich äußerst vielschichtiges Gebilde aus verschiedenen lokalen Kulten und Gottesvorstellungen, das zusätzlich noch von ägyptischen, levantinischen, kleinasiatischen und anderen Vorstellungen beeinflusst wurde. Trotzdem hat man schon in der Antike versucht, diesen Flickenteppich als etwas Einheitliches anzusehen und ihn auf einzelne Gründergestalten zurückzuführen. In der Regel denkt man dabei an Hesiod und Homer, die nach einem oft zitierten Diktum von Herodot als Stifter der griechischen Religion anzusehen seien; sie hätten »den Griechen die Entstehung der Götter dichterisch dargestellt, den Göttern ihre Beinamen gegeben, die Ehren und Künste unter sie verteilt und ihre Gestalten beschrieben« (Hdt. 2,53,2; Übers. H.-G. Nesselrath 2017).

Diese Aussage bezieht sich jedoch nur auf eine von zwei Seiten einer jeden Religion, auf die Seite dessen, was man von den Göttern *gedacht* und gesagt bzw. gelehrt hat, also auf die ›Theologie‹ oder ›Orthodoxie‹. Die andere Seite ist mindestens ebenso wichtig, nach Ansicht vieler für die meisten antiken Religionen sogar noch wichtiger, und sie betrifft das, was man diesen Glaubensvorstellungen gemäß *getan* hat, also die Kulte und ihre einzelnen Rituale bzw. die ›Orthopraxie‹. Hier gab es ebenfalls zwei Gestalten, die man in der griechischen Antike unter die wichtigsten Kultgründer zählte: Musaios und vor allem Orpheus, der unter anderem als Vater oder als Lehrer von Musaios (PEG II/3, Einleitung zu Musaeus fr. 20–23) und, zumindest nach einer Tradition, als Sohn des Gottes Apollon und der Muse Kalliope galt (PEG II/2 fr. 895–898) – und damit auch als Enkel der Mnemosyne, der personifizierten Göttin der Erinnerung, die in den Goldplättchen eine so wichtige Rolle spielt. Als

Kultgründer ist Orpheus für die griechische Religion eine ähnlich wichtige Gestalt wie Mose für das antike Judentum – ein Bezug, der schon in der Antike hergestellt wurde; der jüdische Schriftsteller Artapanos von Alexandria (2. Jh. n. Chr.) erklärt Mose sogar zum Lehrer von Orpheus (FGrH 726 F 3 = PEG II/3, Musaeus fr. 49 T I). In den *Fröschen* des Aristophanes werden die vier ›Religionsgründer‹ Hesiod, Homer, Orpheus und Musaios sogar einmal in einem Atemzug genannt, aber im Gegensatz zu Herodot sieht Aristophanes in Hesiod und Homer gerade keine Archegeten griechischer Gottesvorstellungen, sondern Hesiod erscheint (wegen seines Werks *Erga*) als Lehrer für den Ackerbau und Homer (wegen der *Ilias*) als Lehrer für das Kriegswesen, während Musaios als Stifter von Orakelwesen sowie Heilungsritualen und Orpheus als Gründer von Mysterienkulten beschrieben wird (Aristoph. *ran.* 1032–1036).

Ein Text, in dem sich die Bedeutung des Orpheus als Stifter verschiedenster Kulte am deutlichsten manifestiert, sind die anonym überlieferten *Argonautika des Orpheus* (Datierung umstritten, möglicherweise 4. Jh. n. Chr. oder später). Am Beginn dieses Hexametergedichts (7–39) ist von verschiedensten Kulten und einzelnen Ritualpraktiken die Rede, die Orpheus begründet haben soll. Dabei handelt es sich aber nicht um die allgemein bekannten Praktiken der öffentlich gefeierten Polis-Kulte, sondern vor allem um solche, die sich unter dem Dach des Begriffs ›Mysterienkulte‹ zusammenfassen lassen; neben den Zeus-Mysterien vom Berg Ida auf Kreta, den Demeter-Persephone-Mysterien (von Eleusis), den Mysterien von Samothrake oder den Aphrodite-Mysterien auf Zypern ist unter anderem auch von der Begründung der Dionysischen Mysterien die Rede. Dass Orpheus speziell etwas mit der Dionysos-Verehrung zu tun hat, wird sogar noch im Rahmen der rationalistischen Mythenkritik deutlich, wenn Palaiphatos den Mythos von den Bäumen, die kommen, um Orpheus' göttlichen Gesang zu hören, damit erklärt, dass dies eigentlich Frauen im Dionysoskult gewesen seien, die mit Zweigen von Bäumen in den Händen dem musizierenden

Orpheus gefolgt seien, nachdem Orpheus die Opfer für Dionysos durchgeführt habe (Palaiphatos 33). Auch an anderen Stellen wird Orpheus als ›Erfinder‹ speziell der Mysterien des Dionysos bezeichnet (Apollod. 1,15; *Anth. Pal.* 7,9,5). Dabei ist in antiker Sicht klar, dass als letzter ›Kult-Ursprung‹ natürlich der Gott Dionysos selbst anzusehen ist (vgl. *Orph. h.* 52,4: Dionysos als τελετάρχης), der nach einer anderen Version dem Thrakerkönig Charops die Geheimnisse der Mysterien anvertraut hat, über den sie dann an dessen Enkel Orpheus gelangt sein sollen. Orpheus habe dann noch Veränderungen vorgenommen, weshalb man die von Dionysos gestifteten Mysterien auch die orphischen genannt hätte (Diod. 3,65,6).

Die wesentliche Ausrichtung der Dionysischen Mysterien auf ein besseres Leben nach dem Tod ist bereits deutlich geworden. Dass als Gründer für die Dionysos-Mysterien ausgerechnet Orpheus genannt wird, ist natürlich kein Zufall, sondern hat einen wesentlichen Grund darin, dass Orpheus als ›Spezialist‹ in Sachen Unterwelt galt, ist er doch lebend in den Hades hinabgestiegen und lebend auch wieder herausgekommen, so dass er von den Verhältnissen dort aus eigener Anschauung zu berichten und zu unterrichten wusste. Nach antiken Zeugnissen soll Orpheus über seine Katabasis eine (nicht bzw. nur andeutungsweise erhaltene) Dichtung in Hexameterversen verfasst haben (PEG II/2 fr. 707–712; s. dazu ausführlich BJ, 182 mit Anm. 19 und Bernabé 2008b, 402 f; vgl. auch Mackenzie 2022, 94 f mit weiteren Hinweisen in Anm. 48), die möglicherweise die Texte auf den Goldplättchen beeinflusst haben könnte (s. BJ, 231–233). In den *Argonautika des Orpheus* (40–43) werden dementsprechend Orpheus folgende Worte in den Mund gelegt (Übers. O. Schelske 2011):

> Anderes habe ich dir aufgezählt, was ich erblickt und erfahren habe,
> als ich zum Tainaron gekommen war, hinein [in] den finsteren Hades-Pfad,
> im Vertrauen auf meine Kithara, aus Liebe zu meiner Frau.

Dabei hat es neben der rezeptionsgeschichtlich so ungeheuer wirkmächtigen Mythenvariante, nach der Orpheus' Versuch, seine Frau Eurydike aus dem Totenreich zu holen, buchstäblich auf den letzten Metern auf tragische Weise scheitert, eine andere, heutzutage kaum bekannte Mythenvariante gegeben (vgl. dazu Bowra 1952), eine Variante, die noch aus einigen antiken Quellen erschlossen werden kann, die aber in der Forschung vor allem aufgrund der irreführenden Annahme der Existenz einer allein gültigen ›Standardversion‹ normalerweise keine Rolle spielt oder dem Versuch zum Opfer fällt, abweichende Stellen anders, nämlich eben im Sinn der postulierten ›Standardversion‹ vom Scheitern zu interpretieren (s. bspw. Bernabé 2008a, 21–24). Nach dieser weniger bekannten Variante verläuft das Unternehmen so, wie man dies für einen der wichtigsten Kultgründer, gerade für einen Begründer von Mysterien mit Aussicht auf ein besseres Leben nach dem Tod, auch erwarten würde, nämlich erfolgreich (s. bspw. Eur. *Alk.* 357–362 oder Verg. *Aen.* 6,119 f). Beim Redner Isokrates ist sogar die bemerkenswerte, weil verallgemeinernde Feststellung zu finden, dass zu den Leistungen des Orpheus gezählt werden muss, dass er einer war, der »*die Toten* aus dem Hades heraufgeführt hat« (Isokr. *or.* 11,8: ἐξ Ἅιδου τοὺς τεθνεῶτας ἀνῆγεν).

Die Variante vom positiven Ausgang zeigt Orpheus als einen zweiten Dionysos. An Eurydike erweist Orpheus im Mythos prototypisch das, was er als Gründer der Dionysischen Mysterien verheißt und was der im Kult verehrte Gott vorgemacht hat, nämlich die Fähigkeit, Seelen der Eingeweihten aus den finsteren Fängen des Hades herausführen zu können (s. dazu ausführlicher § 4.9). Der griechische Geschichtsschreiber Diodoros (1. Jh. v. Chr.) zieht dementsprechend zwischen dem Abstieg des Orpheus in die Unterwelt, um Eurydike heraufzuholen, und der erfolgreichen Katabasis des Dionysos, um seine Mutter Semele von dort herauszuführen, eine explizite Parallele (Diod. 4,25,4, Übers. O. Veh 1993):

> Er beteiligte sich überdies am Argonautenzug und wagte aus Liebe zu seiner Frau den erstaunlichen Abstieg in den Hades; dort aber bestrickte er durch seinen lieblichen Gesang Persephone und konnte sie bestimmen, seine Wünsche zu unterstützen und ihm zu erlauben, daß er seine tote Frau aus dem Hades heraufführe, hierin dem Dionysos sehr ähnlich; erzählen doch die Mythen, daß jener seine Mutter Semele aus dem Hades emporgeleitete und indem er ihr Anteil an der Unsterblichkeit verschaffte, Semeles Name in Thyone änderte.

Orpheus, der wie Dionysos in die Unterwelt hinabsteigt, um eine verstorbene Seele zu befreien, der diese Katabasis schriftlich niederlegt und die Dionysischen Mysterien gründet – all das lässt es mehr als natürlich erscheinen, dass man in der Antike Orpheus als Garanten für den Wahrheitsgehalt und als prototypischen Lehrer des geheimen Wissens angesehen hat, das in den Dionysischen Mysterien im Rahmen einer Einweihung an die Mysten weitergegeben wurde (vgl. Riedweg 1998, 377; kritisch Edmonds III 2011b, 260). Dabei wird dieses Wissen auch hauptsächlich in der metrischen Form weitergegeben, in der Orpheus seine Katabasis-Dichtung geschrieben hat, nämlich in Hexameterversen, ein Versmaß, das Orpheus nach dem vorsokratischen Philosophen Kritias sogar selbst erfunden haben soll (fr. 88 B 3 Diels/Kranz).

In den *Orphisch-Bakchischen Goldplättchen* wird außerdem genau dieses Schema einer Unterweisung mit Unterweltsbezug greifbar, wenn es beispielsweise in Text A3 (Z. 1–3) heißt:

> Finden wirst du bei den Häusern des Hades nach rechts (hin) einen Brunnen, und neben diesem hingestellt eine weiße Zypresse. Du darfst dich nahe an eben diesen Brunnen nicht nähern!

Es gibt zu einer solchen Unterweisungssituation auch eine interessante, oft angeführte ikonographische Quelle, eine apulische Grabamphore des sogenannten ›Ganymed-Malers‹ (ca. 340–320 v. Chr.), auf der Orpheus stehend in einem kleinen Tempel (Naïskos) dargestellt ist, wie er auf seiner Kithara spielt, vor einem bärtigen Mann, wahrscheinlich der Verstorbene, der mit einem Stab in der rechten Hand auf einem Stuhl sitzt (LIMC VII/1 s. v. »Orpheus« Nr. 88; s. Saunders 2021, 107, mit Abb. 6.7). Dass hier eine Unterweisungsszene gemalt sein könnte, dafür spricht unter anderem der Umstand, dass der zuhörende Mann in der linken Hand eine Schriftrolle hält (zum Bezug des Orpheus zu Schriftträgern in der v. a. attischen Ikonographie s. Isler-Kerényi 2009). Damit könnte hier ins Bild gefasst sein, wie Orpheus als Kultgründer sein letztlich auf Dionysos zurückgehendes Wissen einem Priester oder Mystagogen der Dionysischen Mysterien übermittelt hat (vgl. Riedweg 1998, 377 f und ders. 2011, 253 f: Interpretation als Unterweisungsszene; BJ, 280–283: Deutung als Unterweltsszene).

In den Goldplättchen taucht an keiner einzigen Stelle der Name des Orpheus explizit auf, aber für die Menschen damals war klar: Wer im Rahmen der Dionysischen Mysterien als Lehrer auftritt und überlebenswichtige Ratschläge gibt, kann kaum ein anderer als Orpheus sein. Im *Hippolytos* des Euripides lässt der Dichter Theseus zu Hippolytos sagen (Eur. *Hipp.* 953 f): »Orpheus als Herrn habend / sei ein Bakche ... !« Man hat darüber diskutiert, ob in den *Orphisch-Bakchischen Goldplättchen* nicht eher der Priester oder Mystagoge als der eigentliche Sprecher zu denken ist, der diese Worte während der Einweihung zum Mysten spricht (s. dazu Graf in GJ, 139 f; Riedweg 2011, 253 f), aber hier wird eine Alternative aufgemacht, die so in antiker Sicht nicht existiert bzw. nicht sinnvoll ist. Das eine schließt das andere nicht aus, sondern beides wird zu einer Einheit verschmolzen: Im Vollzug des Rituals *ist* der Priester oder Mystagoge Orpheus, oder anders ausgedrückt: spricht Orpheus durch den Mund des Mystagogen – ähnlich wie man sich nach Aristoteles vorzustellen hat, dass in der *Ilias* Homers, wenn eine Figur wie Agamemnon spricht, nicht Agamemnon selbst, sondern Homer durch den Mund Agamemnons spricht (vgl. Aristot. *poet.* 3,1448a,19–24).

Die *Orphisch-Bakchischen Goldplättchen* sind also insofern ›orphisch‹, als sich die in den Texten niederschlagenden Anweisungen oder ›Lehren‹ auf Orpheus, seine Unterweltserfahrungen und die durch ihn erfolgte Gründung der Dionysischen Mysterien zurückführen lassen.

Die Kultgründungen und Lehren des Orpheus haben sich in antiker Sicht aber, wie in den *Argonautika des Orpheus* exemplarisch deutlich wird, nicht nur auf die Dionysischen Mysterien beschränkt, sondern gingen weit darüber hinaus. Orpheus ist ein Fluchtpunkt der in die Vergangenheit zurückfragenden Suche nach den Fundamenten vieler verschiedener griechischer Kulte und Gottesvorstellungen. Daher gibt es auch nicht ›die‹ orphische Religion oder ein einheitliches System ›der‹ orphischen Lehren (Torjussen 2010).

Gerade in Bezug auf die Gottesvorstellungen werden Orpheus verschiedene Lehren über die Entstehung der ersten Göttergenerationen zugeschrieben, die deutlich von der abweichen, die Hesiod in seinem ›theologischen‹ Werk, der *Theogonie*, vorgezeichnet hat, wo Chaos, Gaia, Tartaros und Eros als Urgottheiten am Anfang stehen, dann das aus Gaia und Uranos entstandene Geschlecht der Titanen mit Kronos und Rheia als Herrscherpaar folgt, aus dem wiederum die Generation der olympischen Götter hervorgeht, mit Zeus und Hera an der Spitze.

Die sogenannte ›Orphische Theogonie‹ lässt sich nicht auf einen so einheitlichen Nenner bringen, wie dies bei der eben referierten Theogonie von Hesiod der Fall ist. Es handelt sich dabei um einen in vielen verschiedenen Texten, ab dem 4. Jahrhundert v. Chr. auch handschriftlich bezeugten (Derveni-Papyrus), aber sicherlich deutlich älteren, sehr disparaten Überlieferungskomplex, der in verschiedenen Varianten tradiert ist (Überblick bei C. Zgoll 2023; einschlägig Meisner 2018; zur engen Verbindung zwischen theogonischen ›orphischen‹ Lehren mit den Dionysischen Mysterien s. Graf 2011, 64). Typisch und von Hesiod abweichend ist für orphische Theogonien etwa die Vorstellung eines am Uranfang stehenden kosmischen Eies, aus dem eine Urgottheit hervorgeht, die verschleiernd »Erstgeborene(r)« (Protogonos) oder »Erscheinende(r)« (Phanes) genannt wurde und in manchen Überlieferungen mit Eros gleichgesetzt wurde, sowie die Erzählung, dass Dionysos ein Sohn von Zeus und Persephone (nicht: von Semele) gewesen sei, der von den Titanen getötet, zerstückelt und verspeist, dann aber wieder zusammengesetzt und wiederbelebt wurde (v. a. zu Letzterem s. im Detail Johnston in GJ, 66–93 und oben § 2.7).

Tauchen solche Vorstellungen auf, spricht man von orphischem Gedankengut, und in dieser Hinsicht sind die *Orphisch-Bakchischen Goldplättchen* sehr wenig ›orphisch‹. Das verwundert nicht, da es in diesen Texten nicht um Uranfängliches, sondern ganz auf der anderen Seite der Skala eher um ›Eschatologisches‹ geht. Immerhin hat man aber ein solches, auf die ›Endzeit‹ des Verstorbenen bezogenes Goldplättchen zusammengefaltet (D3) und gewissermaßen als Briefumschlag ein anderes Goldplättchen darum herumgefaltet (E1), in dem zwar sehr kryptisch und verschlüsselt, aber doch deutlich auf solche orphischen Theogonievorstellungen Bezug genommen wird, was zeigt, dass man die in den beiden Texten greifbaren Inhalte in irgendeiner Form als zusammengehörig erachtet hat. Ein Zusammenhang zwischen orphischen Theogonievorstellungen, dem Tod des Dionysos und diesbezüglich von Orpheus überlieferten Mysterien wird vom Geschichtsschreiber Diodoros explizit hergestellt (Diod. 5,75,4):

> Dieser Gott [sc. Dionysos], so sagt man, sei auf Kreta aus (der Vereinigung von) Zeus und Phersephone entstanden; Orpheus hat im Rahmen der Mysterien überliefert, dass dieser von den Titanen in Stücke gerissen worden sei.

Es ist in der Forschung eine stark umstrittene und lang diskutierte Frage, ob hinter solchen Texten mit orphischem Gedankengut eine regelrechte ›orphische Religion‹ und damit zusammenhängend eine distinkte Gruppierung von ›Orpheus-Anhängern‹ stand (zu dem vermutlich ältesten Beleg für »Orphiker« zur Bezeichnung einer religiösen Gruppierung aus dem frühen 5. Jh. v. Chr. s. das Olbia-Knochenplättchen Nr. 1, Appendix § 3). Wenn überhaupt, dann jedenfalls nicht in dem Sinn, dass solche ›Orphiker‹ den Apollon-Sohn Orpheus als ihren hauptsächlichen Gott verehrt hätten, sondern in dem Sinn, dass sie sich an von Orpheus überliefertes (Geheim-)Wissen von bestimmten Gottheiten und ihrer Verehrung hielten. Ein ›Orphiker‹ in diesem Sinn kann man sein, wenn man in die Mysterien der Demeter von Eleusis oder in die Mysterien des Dionysos eingeweiht ist, denn beides schließt sich nicht aus, und ohne dass dahinter eine eigenständige religiöse Gruppierung stehen muss. Ein ›orphischer‹ Demeter-Myste verehrt Demeter, indem er sich an die Kunde hält, die Orpheus von Demeter und ihren Mysterien überbracht hat, und so ist es in erster Linie auch zu verstehen, wenn man von *Orphisch-Bakchischen Goldplättchen* spricht: Es handelt sich um Goldplättchen, die unter Berufung auf den Gewährsmann Orpheus Geheimwissen aus den Dionysischen Mysterien beinhalten.

4.3 Warum ›bakchisch‹?

Von der Parallelisierung des Unterweltsgangs von Orpheus mit der Katabasis des Dionysos war bereits die Rede, und auch davon, dass die Bezeichnung der Goldplättchen als ›orphisch‹ nicht auf Orpheus als Gegenstand der Verehrung, sondern als Gewährsmann und ›Ur-Mystagoge‹ abzielt. Wer im Fall der *Orphisch-Bakchischen Goldplättchen* eigentlich Gegenstand der Verehrung ist, um den Kult welcher Gottheit(en) es also eigentlich geht, war längere Zeit unklar und ist bis heute durchaus keine einfach zu beantwortende Frage. Von den Funden in den Gräbern hätte man kaum auf eine besondere Verbindung der Bestatteten zu Dionysos schließen können;

abgesehen von den Fundumständen des Grabes mit den Texten D1 und D2 (dazu gleich) hätten sich dafür nur noch Indizien aus dem Grab mit dem Text G13 gewinnen lassen, in dem Reste von Verzierungen der Bahre auf Gestalten aus dem Umkreis des Dionysos verweisen.

Weshalb also »bakchische« und nicht zum Beispiel »eleusinische« Goldplättchen? Einer der bekanntesten und wirkmächtigsten Mysterienkulte mit Bezug auf ein besseres Leben nach dem Tod waren die Eleusinischen Mysterien, mit Demeter und ihrer Tochter Kore-Persephone als hauptsächlichen Gottheiten. In den *Orphisch-Bakchischen Goldplättchen* ist zwar kaum von Demeter (E1 und E4), dafür aber häufig von Persephone die Rede, die in den Texten fast ausnahmslos »Phersephone(ia)« geschrieben wird (nur F3 hat abweichend »Ph[ers]opone«) – was die antike, emische Ableitung des Namens von *pherein* »bringen« und *phonos* »Tod« mit der Bedeutung »Todesbringerin« begünstigt (zur wissenschaftlichen Etymologie »Korndrescherin« s. Wachter 2007/2008).

Tatsächlich wurde erst allmählich und durch neue Textfunde deutlich, dass die Goldplättchen eher den Dionysischen Mysterien zuzuordnen sind (McClay 2023, 4; skeptisch, ob das für *alle* Goldplättchen vorausgesetzt werden kann, ist Torjussen 2010, von McClay nicht rezipiert). Dafür gibt es verschiedene Anhaltspunkte. Am deutlichsten wird dieser Bezug in den Texten D1 und D2, wo die entscheidenden zwei Gottheiten im selben Satz vorkommen (Z. 2); der für Orpheus stehende Priester oder Mystagoge weist da den Mysten an:

> Sage der Phersephone, dass dich der Bakchische (Gott) selbst erlöst hat!

Damit ist zugleich das Verhältnis der beiden Gottheiten geklärt: Es ist Dionysos, dem der Myste die als »Lösung« oder »Erlösung« bezeichnete Einweihung zu verdanken hat, und es ist Persephone, vor der sich der oder die Verstorbene als eingeweiht auszuweisen hat (die im Übrigen in den Eleusinischen Mysterien typischerweise gerade nicht, wie in den Goldplättchen, als Persephone, sondern als Kore angerufen wird). Dass die Goldplättchen D1 und D2, die beide in ein und demselben Grab auf der Brust einer Frau gefunden wurden, auf die Dionysischen Mysterien verweisen, wird noch zusätzlich durch ihre äußere Form als Efeublätter deutlich, denn der Efeu war eine dem Gott Dionysos heilige Pflanze (Belege bei BJ, 61 mit Anm. 2). Außerdem befand sich unter den Grabbeigaben noch die Terrakottafigur einer Mänade (Tsantsanoglou/Parássoglou 1987, 4), eine Gestalt, die ebenfalls eindeutig in einen dionysischen Kontext gehört. Durch diese klaren Bezüge lassen sich dann auch D3 und C3 als Texte aus dem Dionysoskult identifizieren, die mit D1 und D2 durch eine kryptische, dadurch aber umso auffälligere Anspielung auf ein rituelles Milchbad eng zusammenhängen (s. dazu die Einleitung zur D-Gruppe der Milchbad-Plättchen).

Ebenfalls eindeutig ist der Fall bei dem Goldplättchen E5, dessen Besitzerin sich als »Heilige des Dionysos Bakchios« bezeichnet, und vermutlich auch bei E4, wo der Name »Bakchos« am Ende von Zeile 1 zwar nur eine Ergänzung, aber eine sehr wahrscheinliche darstellt:

> Schicke mich zu den Thiasoi der Mysten! Ich habe die Geheimriten [des Bakchos] ...

Wahrscheinlich ist die Ergänzung deshalb, weil direkt davor mit dem Wort »Thiasos« ein ›Signalwort‹ fällt, das eine festliche Prozession (oder einen Festschmaus) speziell im Rahmen des Dionysoskults bezeichnet (s. oben § 2.3). Sicher bezeugt ist »Thiasos« in Text E4, wahrscheinlich zu rekonstruieren noch in Text D3 (Z. 2).

Weitere Signalworte aus dem Bereich des Dionysoskults fallen in den Texten A1 und E3. Am Ende von A1 bittet der Myste darum, den heiligen Weg beschreiten zu dürfen, »den auch die anderen gepriesenen Mysten und Bakchen beschreiten« (Z. 15 f), mit einer klaren Anspielung auf die Selbstbezeichnung der eingeweihten Dionysos-Mysten als »Bakchen«. Zum anderen wird in Text E3 (Z. 4) auf den Thyrsosstab angespielt, ein mit Weinlaub oder Efeublättern umrankter, manchmal mit einem Pinienzapfen gekrönter Stab, der als Attribut des Gottes Dionysos gilt und von seinen Anhängern gerade auch im Rahmen der festlichen Thiasoi getragen wurde.

Schließlich weist die Anrufung einer Gottheit mit dem Namen »Eubuleus« in den Reine-Seelen-Plättchen der C-Gruppe aller Wahrscheinlichkeit nach nicht auf die Eleusinischen Mysterien hin (was auch möglich wäre), sondern ist eher als Dionysos-Epiklese zu interpretieren (zu Eubuleus als Dionysos-Beiname s. die Einleitung zur C-Gruppe); damit wären auch diese Texte den Dionysischen Mysterien zuzuordnen.

Ganz sicher ist das nicht, und es mag da in der Antike auch fließende Übergänge gegeben haben. Das legt auch das Phänomen der ›Mysterienhäufung‹ nahe, die bereits bei Apuleius begegnet ist, der von sich sagt, er sei in die meisten griechischen Mysterienkulte eingeweiht gewesen. Bei den Goldplättchen ist dafür Text E4 ein eindeutiger Beleg, in dem zwei, wahrscheinlich sogar drei verschiedene Mysterien-Einweihungen reklamiert werden, in die Dionysischen (ergänzt, aber wahrscheinlich), in die Eleusinischen und in die der »Mutter des Gebirges« (s. dazu den Kommentar zu E4). Mögliche, aber keine zwingenden Indizien für eine doppelte Einweihung in die Eleusinischen und Dionysischen Mysterien kann man außerdem erkennen in der Kombination der Texte D3 und E1 (Verwendung von E1 mit orphisch-eleusinischen Bezugsmöglichkeiten als ›Umschlag‹ für den ›dionysischen‹ Text D3), in Text E3 (neben dem dionysischen Signalwort »Thyrsos« erscheint »Brimo«, ein Kultname der Persephone in Eleusis) und am Ende von Text A1, wo die Nennung des »heiligen Wegs« auf die genauso benannte, berühmte Heilige Straße hindeutet, auf der die Mysten von Athen nach Eleusis gegangen sind, um sich dort einweihen zu lassen, so dass die dann folgende Doppelung »Mysten und Bakchen« auch auf Demeter-Kore-Mysten zum einen und Bakchos-Mysten zum anderen verweisen kann. Hier werden Überschneidungsbereiche deutlich, die auf dem erwähnten Umstand beruhen, dass Orpheus als Garant für verschiedene Mysterienkulte und nach einer ›orphischen Lehre‹ Dionysos als Kind der Persephone galt, so dass Dionysos in einem *Orphischen Hymnos* auch direkt in Eleusis verortet werden kann (*Orph. h.* 42,5).

4.4 Wer spricht zu wem?

Wie schon beschrieben (§ 3.1), deutet das Beschreibmaterial der Goldplättchen auf die Wichtigkeit des Inhalts hin. Gold ist aber auch ein zu teures Material, um es als Beschreibstoff für einen Textumfang von mehreren Seiten zu nutzen. Aus finanziellen Erwägungen und aus dem Geheimhaltungsgebot heraus folgt, dass man sich beim Aufschreiben auf das Notwendigste und Wichtigste beschränkt hat, und das wiederum bedeutet, dass selbst die ausführlicheren Goldplättchen nur ausschnitthafte Einblicke in viel umfassendere Vorgänge bieten. Das Abkürzende, Ausschnitthafte ist daher ein grundlegendes Charakteristikum dieser Texte, selbst der längsten (vgl. auch BJ, 230 f).

Dass man beim Schreiben gespart hat, wird nicht nur durch solche grundsätzlichen Überlegungen plausibel, sondern es lässt sich auch aus den Goldplättchen selbst erschließen, wenn etwa innerhalb ein und derselben Textgruppe kürzere und längere Varianten überliefert sind. So sind in der A-Gruppe der Mnemosynebecken-Plättchen zweifellos die Texte A2 und A3 knappere Varianten von A1 und alle drei Texte möglicherweise eine Abkürzung von dem nur bruchstückhaft überlieferten Text A4; der Text D2 der Milchbad-Plättchen ist eine abgekürzte Version von D1; und bei den Namens-Plättchen der G-Gruppe, auf denen entweder nur ein Eigenname oder nur die Bezeichnung »Myste« steht, ist es mehr als plausibel, dass man in beiden Fällen das jeweils fehlende Element zu einer

›Vollform‹ zu ergänzen hat, die durch die Goldplättchen G1 und G2 auch explizit bezeugt ist (Eigenname *und* die Bezeichnung »Myste«). Je kürzer die Texte sind, desto mehr ist mitzudenken. Dass bedeutet im Umkehrschluss, dass für eine adäquate Interpretation vor allem die längeren Texte ergiebig sind.

Alle Goldplättchen haben unter einer literarischen Perspektive eine besondere Gemeinsamkeit, die in den komplexeren Texten deutlich hervortritt, dann aber auch analog für die kürzeren Texte bis hin zu den kürzesten Geltung beanspruchen kann: In allen Fällen handelt es sich um wörtliche Rede. Das wird selbst noch bei sehr kurzen Texten deutlich wie etwa durch den imperativischen Auftakt von Text E4: »Schicke mich zu den Thiasoi der Mysten!«, oder bei der Selbstvorstellung der Archebule in Text E5 mit den Worten »Eine Strahlende (und) Heilige des Dionysos Bakchios bin ich ...«. Nirgends sind die Texte beschreibend (»dies ist ...« oder »hier liegt ...« o. ä.), sondern immer sind sie ›sprechend‹ (»ich bin ...« oder »schicke mich ...«).

Bei etlichen der etwas längeren Texte wird deutlich, dass man weiter kommen kann bei der Frage, wer hier normalerweise zu wem und bei welcher Gelegenheit spricht. Denn in solchen etwas ausführlicheren Texten wird deutlich, dass es sich nicht nur um wörtliche Rede, sondern spezifischer um die Verschriftung einer Dialog-Situation handelt (s. Riedweg 1998, 368). Dieser Dialog, um den es geht, ist zudem situativ relativ genau verortbar. Es handelt sich, zumindest auf den ersten Blick, um einen Dialog, der in der Unterwelt stattfindet und der für die Verstorbenen von zentraler Wichtigkeit ist, da er über ihr ganzes weiteres Schicksal entscheidet.

Man kann außerdem den Charakter dieses Dialoges noch etwas genauer beschreiben: Es handelt sich um einen Dialog in einer gewissen Prüfungssituation. Die Verstorbenen treten vor die Unterweltsgottheiten oder vor stellvertretende, diesen Gottheiten zu- und untergeordnete Figuren, in der Absicht, einen besonderen Status für sich zu beanspruchen und anerkannt zu bekommen, nämlich den Status als Mysten, also als Eingeweihte in die Dionysischen (oder andere) Mysterien. Dafür müssen sie sich legitimieren, und ein zentrales Element dieser Legitimierung besteht (außer in einer besonderen Ortskenntnis) darin, dass sie bestimmte Losungsworte im Sinn von »verdichteten Glaubensinhalten« kennen und aufsagen (im Griechischen: *symbola* oder *synthēmata*), aus denen hervorgeht, dass sie über exklusives, d. h. geheimes Wissen verfügen, das so nur die in die Mysterien Eingeweihten kennen können (s. auch Herrero de Jáuregui 2011, 279). Knapp auf den Punkt gebracht wird dieser Prüfungsdialog mit der erforderlichen Antwort in den Zypressenbrunnen-Plättchen der B-Gruppe, wo es formelhaft heißt:

> »Wer aber bist du? Woher aber bist du?« – »Der Ga (= Gaia, Erdgöttin) Sohn bin ich und des Uranos (Himmelsgott)!«

Ist die Legitimierung erfolgreich, wird von den Unterweltsgottheiten (oder deren Stellvertretern) ein entsprechend positives Urteil gefällt, und das bedeutet unter anderem, dass die Eingeweihten in einen besonderen Bereich geschickt werden, wo sie ein seliges Weiterleben nach dem Tod genießen dürfen.

Die längeren Goldplättchen laufen auf diesen Prüfungsdialog als Höhepunkt zu. Etwas kürzere Texte streichen viel von dem Drumherum, z. B. von der Beschreibung der Örtlichkeiten im Hades; aber das, was übrigbleibt, ist genau diese entscheidende Dialog-Situation zwischen den Seelen der Verstorbenen und den Unterweltsmächten. Von daher kann man folgern, dass selbst die kürzesten Texte eben diesen Prüfungsdialog als *setting* der Szenerie voraussetzen, das man sich in diesen Fällen hinzudenken muss. Steht also z. B. auf einem Goldplättchen »Dexilaos. Myste« (G1), dann ist genau die Szene anvisiert, in der der verstorbene Dexilaos in der Unterwelt den Unterweltsautoritäten gegenübertritt, um sich als eingeweiht auszuweisen. Diese beiden Worte sind daher nicht einfach als nüchterne Schriftzüge auf einem Ausweisdokument, also auf einer Art ›Totenpass‹ zu interpretieren (so in Bezug auf die Goldplättchen insgesamt bspw. Merkelbach 1999, Graf in GJ, 55, Calame 2011, 204 u. a., zurückgehend auf Diels 1907), oder gar analog zu sehen zu Fuß- oder Leichenzetteln, wie sie in Leichenhäusern oft zu Identifikationszwecken an den Fußzehen Verstorbener angebracht werden, und die beim Eintreten in die Unterwelt dann wie ein Theaterticket funktionieren sollen (Johnston in GJ, 134 f), sondern als die eine Hälfte des entscheidenden Prüfungsdialoges in der Unterwelt, nämlich als Selbst-Vorstellung und Behauptung des Anspruchs auf den Status eines Mysten: »Ich, Dexilaos, bin ein Myste!«

An diesem Punkt ist man oft stehengeblieben und zu dem Ergebnis gekommen, die *Orphisch-Bakchischen Goldplättchen* seien Texte, die uns etwas über die griechischen Jenseitsvorstellungen verraten. Das tun sie freilich, aber das ist nur die halbe Wahrheit. Deutlich wird dies an den ausführlicheren Texten, bei denen eine Verkomplizierung der narratologischen Ebenen auffällt, indem noch eine zusätzliche Rede-Instanz eingeführt wird. In ihnen ist nämlich die Ansprache von jemandem festgehalten, der sagt, wie der zu erwartende Prüfungs-Dialog aussehen wird und geführt werden soll (vgl. die Mnemosynebecken-Plättchen der A-Gruppe und die Texte D1 und D2 der D-Gruppe der Milchbad-Plättchen). Die einfache wörtliche Rede in den kürzesten Texten »Ich bin …«, in etwas längeren Texten zum Prüfungs-Dialog erweitert »Wer bist du?« – »Ich bin …«, wird dadurch in den ausführlichsten Texten zu »Wenn man zu dir sagt: ›Wer bist du?‹, dann sollst du antworten: ›Ich bin …‹!« Wie bei einer Zwiebel ist der Prüfungsdialog noch einmal ummantelt von einem zweiten, einem Metadialog, der, wie bereits vermutet wurde, dann wiederum bei kürzeren Texten mitzudenken ist, aber weggelassen wurde (s. bspw. in Bezug auf die Gruppen C und D Riedweg 1998, 376; vgl. auch Edmonds III 2011b, 265; eher abwegig allerdings ist Edmonds These, dass manche Goldplättchen als Orakelbescheide auf eine Anfrage bezüglich des Weiterlebens nach dem Tod zu interpretieren seien).

Nun lässt sich aber bei diesem Metadialog eindeutig ein Wissensgefälle feststellen: Da redet jemand über Dinge, die er seinem Gegenüber deshalb mitteilt, weil er selbst Wissen darüber hat, sein Gegenüber aber nicht, mit anderen Worten: Er ›belehrt‹ sein Gegenüber, und damit lässt sich dieser Metadialog spezifischer beschreiben als eine Art der Unterweisung. Im Rahmen dieser Unterweisung wird Wissen vermittelt, das für den Empfänger von großer Wichtigkeit ist (zu sehr relativiert und damit verunklart wird der für die Goldplättchen zentrale Unterweisungscharakter durch den ›*material-religion*‹-Ansatz bei McClay 2023, 107–135, mit Verweisen auf eher entfernte Parallelen in hexametrischen Beschwörungs- und Verfluchungstexten, die meistenteils eben nicht auf Gold, sondern auf Bleitäfelchen verschriftet wurden; wichtig ist aber der Hinweis auf die entscheidende Rolle der *performance*, die bei all diesen Texten im Hintergrund mitgedacht werden muss).

Die Autorität, die aus emischer Perspektive – zumindest letztlich – hinter den Texten der komplexer gebauten *Orphisch-Bakchischen Goldplättchen* steht und Geheimnisse über die Prüfungssituation in der Unterwelt kennt und vermittelt, ist, wie bereits ausgeführt, der Unterweltsfahrer und Mysteriengründer Orpheus (§ 4.2). Es wäre aber nun absurd, sich vorzustellen, Orpheus höchstselbst würde sich dauernd am Eingang der Unterwelt aufhalten, um dort die ankommenden, verstorbenen Mysten gewissermaßen abzufangen und schnell zu unterweisen, was sie bei der gleich folgenden Prüfung zu sagen hätten. In einem solchen Fall könnte man außerdem nicht erklären, wie dieses Wissen auf das Goldplättchen gelangt sein soll, das man den Verstorbenen mit ins Grab gegeben hat; wenn Orpheus erst in der Unterwelt die Toten unterweisen würde, dann hätte man die Goldplättchen mit diesem Wissen nicht schon vor dem Tod den Toten mit ins Grab geben können. Entsprechend muss die Unterweisung *vor* dem Tod erfolgt sein. Dass zu diesem Zeitpunkt der Unterweisung der Tod noch in der Zukunft liegt, geht beispielsweise auch aus den einleitenden Worten von Text D3 hervor, wo davon die Rede ist, was zu tun ist, »sobald die Seele das Licht des Helios verlässt« (Z. 1). Die Goldplättchen in den Gräbern sind »Werke« oder »Gaben« der Mnemosyne, wie es in den Texten A1 und C4 heißt, und damit Erinnerungshilfen an etwas, was bereits zu Lebzeiten erfahren wurde. Damit bezieht sich die innere Zwiebelschale des Prüfungsdialogs zwar auf die Situation der verstorbenen Seelen nach dem Tod, die äußere Zwiebelschale des Unterweisungsdialogs aber auf eine prämortale Situation.

Daraus lässt sich folgern: Hinter den Unterweisungsworten steht zwar letztlich Orpheus als Garant für ihren Wahrheitsgehalt, aber wenn die Unterweisung über das, was nach dem Tod kommt, sinnvollerweise vor dem Tod anzusetzen ist, dann ist es Orpheus in der Gestalt eines Priesters oder Mystagogen, der diese Unterweisung vornimmt; und wie bereits erwähnt, verschmilzt aus antiker Sicht beides zu einer Einheit gerade dann, wenn es um Handlungen im Rahmen eines Rituals geht. Ein solcher Vorgang der Unterweisung kann sinnvollerweise nur im Rahmen der Initiationsfeier zu verorten sein, durch die der Myste in die postmortalen Geheimnisse eingeführt wird (vgl. auch Riedweg 1998, 378; anders Calame 2011, 218: Worte des Priesters beim Begräbnis).

4.5 Erfahrung und Schau

›Unterweisung‹ oder gar ›Lehrvortrag‹ hört sich allerdings sehr akademisch an. Aus keiner einzigen antiken Quelle geht hervor, dass es für die Mysten bereits vor der Feier der eigentlichen Initiation eine Art vorbereitenden ›Theorielehrgang‹ gegeben haben könnte. Dagegen spricht allein schon der Umstand, dass man einen Eid ablegen musste, die Kultgeheimnisse nicht zu verraten, und dass nach den Quellen zu schließen dieser Eid eben während der Einweihung geleistet wurde – nicht vorher (vgl. bspw. Sopatros 20,8). Erst und nur im Rahmen der Initiationsfeier selbst und nach Leistung des

Geheimhaltungseids hat man erfahren, was es zu erfahren galt (s. dazu mit Belegen Burkert 1990, 59, mit Anm. 13).

Mit dem Stichwort »Erfahrung« ist man schon bei dem nächsten Punkt, dessen Wichtigkeit kaum zu überschätzen ist: Man hat das, was es dabei zu ›lernen‹ gab, gerade nicht gelernt, sondern *erfahren*, und zwar ganzheitlich erfahren, mit Geist, Seele und Körper, wie es beispielsweise auch deutlich auf dem Goldplättchen D3 (Z. 3) formuliert wird:

> »Erfahren hast du das Widerfahrnis, das du noch nie vorher erfahren hattest!«

Entsprechend hat dies zusammenfassend auch Aristoteles auf den Punkt gebracht, wenn er schreibt, »dass diejenigen, die eingeweiht werden, nicht etwas lernen, sondern etwas erfahren müssen« (Aristot. fr. 15 Rose = Synesius *Dion* 8,6 Treu: τοὺς τελουμένους οὐ μαθεῖν τι δεῖν ἀλλὰ παθεῖν). Mögen die antiken Zeugnisse auch noch so verschwiegen sein hinsichtlich der genauen Abläufe und Details der Initiationsfeiern der verschiedenen Mysterienkulte, so geht doch aus vielen Quellen hervor, dass an den Mysten heilige Handlungen vollzogen wurden und die Mysten selbst heilige Handlungen vorgenommen haben, und dass im und durch das Tun und Erfahren das ›vermittelt‹ wurde, was Uneingeweihten nicht verraten werden durfte.

Eine Deutung der Goldplättchen als Ritualtexte hat die Forschung fast von Anfang an begleitet, wurde angefochten, scheint sich aber trotz anderer Deutungsversuche immer mehr durchzusetzen (vgl. Albinus 2000, 148; Torjussen 2010 passim, zusammenfassend 251 f; s. in dieser Richtung und mit weiteren Argumenten, aber noch vorsichtig und offenbar ohne Kenntnis von Torjussen 2010, das sehr gute Kapitel »A katabatic mystery?« bei Chrysanthou 2020, 177–191). Oft wurde eine solche Deutung aber nur für Teile der Texte wie einzelne Sätze oder Ausrufe postuliert und wenn, dann oft in Hinblick auf ein Begräbnisritual, in der Regel nicht für die Texte in ihrer Gesamtheit und nur teilweise mit Bezug auf ein Initiationsritual und die dabei vorauszusetzenden Abläufe und Erfahrungen.

Was wurde da erfahren? Jede Initiation ist eine Art ›Sterben‹ und ›Neu-geboren-Werden‹. Im Fall der Dionysischen Mysterien aber ging es nicht, wie bei vergleichbaren *rites de passage*, um Todesdurchgänge in einem allgemeineren Sinn, wie zum Beispiel beim Übergang vom Kindes- zum Erwachsenenalter, vom ledigen zum verheirateten Menschen oder vom Mann zum Krieger, sondern um den wirklichen Tod, um den Tod am Lebensende des Menschen. Das bedeutet, dass man im Rahmen der Einweihung in die Dionysischen Mysterien aus antiker Sicht nicht nur irgendwie übertragen oder rein symbolisch ›eine Todeserfahrung gemacht hat‹, sondern dass man diesen Durchgang vorausgreifend in all seiner erschütternden und erschreckenden Tiefe ›durchleben‹ musste, auch wenn das aus heutiger Sicht schwer vorstellbar sein mag. Hierin liegt auch der tiefere Grund, warum man letztlich dann doch nur eher oberflächliche, da sehr allgemeine und abstrakte Parallelen zwischen den Goldplättchen und Epitaphien, also poetisch geformten Texten auf Grabmonumenten, beobachten kann (McClay 2023, 77–106), und vor allem, warum man die Goldplättchen manchmal mit einer ›Begräbnisliturgie‹ in Zusammenhang bringen wollte: Die Initiation *gleicht* in vielen Punkten einem ›Begraben-Werden‹, sie ist ein Todesdurchgang, aber der rituelle Kontext dieses ›Todes‹ *ist* nicht eine Begräbnisliturgie, sondern der Todesdurchgang im Rahmen der Initiation (vgl. auch Obbink 2011, 297).

Hier ist auch nochmals in Erinnerung zu rufen, dass ›Sterben‹ nicht primär mit einem Zustands-, sondern mit einem Ortswechsel verbunden wurde (§ 2.5). Man stirbt nicht, indem man ›stirbt‹, sondern indem man in das Totenreich *geht*. Plutarch vergleicht dementsprechend die Wege und Erfahrungen der Seele nach dem Tod direkt mit den Erfahrungen der Mysten bei einer Initiation (Plut.

De anima fr. 178 Sandbach; zu Bezügen auf die Dionysischen wahrscheinlich eher als auf die Eleusinischen Mysterien s. Chrysanthou 2020, 180–183):

> Dann aber erfährt sie [sc. die Seele] ein Widerfahrnis wie die, die durch große Mysterien in Geheimriten eingeweiht werden – deswegen gleichen sich ›Sterben‹ (τελευτᾶν) und ›Eingeweiht-Werden‹ (τελεῖσθαι) sowohl vom Wort als auch von der Sache her –: mehrfaches Umherirren zuerst und ermüdendes Im-Kreis-Laufen und ängstliches Gehen durch irgendwelche Dunkelheiten ohne Ende, dann, unmittelbar vor dem Ende, all die Schrecklichkeiten: Schaudern und Zittern und Angstschweiß und Entsetzen.

Auf dem Hintergrund dieser Ausführungen ist es möglicherweise nicht einmal eine rein boshafte Erfindung oder Übertreibung, wenn von den Abläufen bei der nächtlichen Initiationsfeier der römischen Bacchus-Mysten berichtet wird, die Mysten seien an eine »Maschine« gefesselt und von dieser in eine finstere Tiefe hinabgerissen worden (Liv. 39,13,13). Nicht überall muss es so drastisch zugegangen sein, und selbst in Hinblick auf das von Livius Berichtete mag man einiges als Übertreibung abtun, aber es dürfte deutlich geworden sein, dass auch der ›Unterweisungsdialog‹ in den *Orphisch-Bakchischen Goldplättchen* nicht einfach als harmloser Lehrvortrag vorzustellen ist, dem man als Myste gemütlich zuhört, sondern als ein durchaus beängstigendes Kultgeschehen im Rahmen der Initiation, in das der Myste gänzlich involviert war.

Aus dem Gesagten ergibt sich, dass es eine völlig anachronistische Perspektive wäre, sich vorzustellen, die Dionysos-Mysten würden bei ihrer Initiation wie in einem Schulzimmer oder gleichsam in den Bänken einer Kirche sitzen und aufmerksam auf das hören und schauen, was ihnen da geboten wird. Wenn in den *Orphisch-Bakchischen Goldplättchen* davon die Rede ist, dass der Myste nach dem Tod in der Finsternis des Hades nach einem »Becken der Mnemosyne« suchen muss, dass er dort »Wächter« finden wird und was er im sich anschließenden, alles entscheidenden Dialog zu sagen hat, dann ist das nicht so sehr ein belehrender Vorausblick auf Ereignisse, die sich später einmal im Hades vollziehen werden, als vielmehr ein Rückblick auf ein Geschehen, das sich *während der Initiation* vollzogen hat. In einem Mysterienkult mit Ausrichtung auf eine ›Wiedergeburt‹ im Rahmen eines Todesdurchgangs ist dieses Geschehen als eine vorausgreifende Todeserfahrung zu verstehen, konzipiert als eine Katabasis in die Unterwelt, der eine Anabasis folgt, ein Wiederaufstieg, der aus der Unterwelt wieder herausführt. Die Hoffnung auf einen positiven ›Ausgang‹ in einem durchaus wörtlichen Sinn war es, welche die Menschen angetrieben hat, diesen Todesdurchgang schon zu Lebzeiten auf sich zu nehmen und dadurch gewissermaßen einzuüben, und sie hatten dafür Vorbilder, denn auch der große Heros Herakles und selbst ein Gott wie Dionysos sollen sich auf ihre Abstiege in die Unterwelt dadurch vorbereitet haben, dass sie sich vorher in die Eleusinischen Mysterien haben einweihen lassen (Ps.-Plat. *Ax.* 371e).

Wenn man damit Ernst macht, dass es sich bei den Initiationsvorgängen der Dionysischen Mysterien um ein Geschehen mit einem Todesdurchgang und nicht um einen Vortrag über ›Jenseitslehren‹ gehandelt hat, dann lassen sich somit die Schilderungen auf den *Orphisch-Bakchischen Goldplättchen* als *Darstellungen ritueller Abläufe während der Initiation* begreifen: Dann wird tatsächlich und ›handgreiflich‹ dem suchenden Mysten in der Finsternis der Einweihungsnacht in einem heiligen Bezirk der Weg zu einem »Wasserbecken der Mnemosyne« gewiesen, vor dem kultische Repräsentanten von Unterweltswächtern stehen, die den Mysten nach dem Wer und Woher fragen, und denen der Myste dann die Antwort erteilt, die der Mystagoge oder Priester vorgegeben hat, woraufhin die ›Wächter‹ im Ritual sich zurückziehen, um von den Unterweltsgottheiten den endgültigen ›Zulassungsbescheid‹ einzuholen, dann dem Mysten aus dem Mnemosynebecken Wasser zu trinken geben und so fort. Das Geschehen, das man nach dem Tod erhofft, wird während der Initiation vorausgreifend im Ritual – wo auch sonst? – nicht dadurch *gelernt*, dass man zuhört, sondern dadurch *erfahren*, dass es sich an einem vollzieht. Jeder Myste der Dionysischen Mysterien stirbt einen doppelten Tod, den Initiationstod und den Tod am Lebensende.

4.6 Kulttopographie – Unterweltstopographie

Ein kultisches Geschehen wie die Initiation in die Mysterien von bestimmten Gottheiten setzt die Anwesenheit dieser Gottheiten voraus, in welcher Manifestationsform auch immer. Anwesenheit von Göttern wiederum meint im Rahmen eines Rituals nicht ein Vorhandensein als rein dekorative Elemente oder bloße Symbole, sondern eine als wirklich vorgestellte Anwesenheit; die Götter nahmen in antiker Vorstellung aktiv an dem rituellen Geschehen teil. Dazu kommt, dass dieses kultische Geschehen sich nach den antiken Zeugnissen nicht in einem Unterrichtsraum, sondern in einem heiligen Bereich vollzogen hat. Die jeweiligen Götter und ihnen zugeordnete Gestalten, ob nun in Statuen oder Priestern bzw. Priesterinnen oder anderem Kultpersonal manifestiert, agieren in einem Tempel oder in einem sakralen Bezirk wie einem heiligen Hain, und zwar in einer Umgebung, die angemessen ausgestattet ist und auf diese Weise bereitstellt, was für den Kultablauf nötig ist. Dazu gehören neben vielem anderen auch geeignete und zum Kultablauf passende topographische Gegebenheiten wie z. B. eine Quelle, Bäume, Höhlen und Ähnliches, alles in der Regel nicht einfach naturbelassen, sondern baulich eingefasst oder verändert und dadurch herausgehoben. Wenn es nun wie im Fall der Dionysischen Mysterien bei der Initiation wesentlich um eine vorausgreifende Erfahrung der Ankunft in der Unterwelt ging, dann ist es mehr als naheliegend, dass die kulttopographischen Gegebenheiten die ›Landschaft‹, in der man sich zurechtfinden sollte, in geeigneter Weise widergespiegelt und sie auf diese Weise zu einem als real empfundenen Unterweltsbereich gemacht haben, um die Erfahrungen zu unterstützen und zu intensivieren, die es dabei zu machen galt.

Damit gelangt man zu der plausiblen Annahme, dass in entsprechenden Mysterien-Heiligtümern oder heiligen Hainen Bereiche existierten, die Unterweltsgegebenheiten und -szenarien repräsentierten – sicherlich in sehr unterschiedlich ausgeprägten Formen (vgl. Chrysanthou 2020, 183; zur Plausibilität dieser Annahme für Gegebenheiten auf Kreta s. Tzifopoulos 2011, 195–198). Auf diese Weise lässt sich jedenfalls eine Merkwürdigkeit erklären, die bei der Interpretation der *Orphisch-Bakchischen Goldplättchen* für Probleme sorgt. Denn in manchen Fällen ist zu beobachten, dass topographische Details bei der Beschreibung des Szenarios, das die Verstorbenen im Jenseits erwartet, sich zum Teil gegenseitig eindeutig widersprechen, und das sogar innerhalb ein und derselben Textgruppe. So sprechen die Mnemosynebecken-Plättchen der A-Gruppe von einem Brunnen mit einer weißen Zypresse, den es in der Unterwelt auf jeden Fall zu meiden gilt und der sich nach dem Eintritt in den Hades entweder zur *Rechten* oder zur *Linken* befinden soll, was sich gegenseitig ausschließt – aber beide Angaben finden sich in den Texten (rechts: A1, A3, A4; links: A2). In den Zypressenbrunnen-Plättchen der B-Gruppe heißt es wiederum im Gegensatz zur A-Gruppe, dass man gerade den Brunnen mit der Zypresse suchen und aus ihm trinken soll. Nicht ganz so widersprüchlich, aber doch etwas verwirrend wirkt es außerdem, wenn man in den Zypressenbrunnen-Plättchen der B-Gruppe einen Brunnen »zur Rechten« finden soll, »wo eine Zypresse steht« (B1–B8), in zwei Texten derselben Gruppe aber der Brunnen »zur Linken der Zypresse« steht (B9–B10).

Solche sich zum Teil widersprechenden Überlieferungen über die Topographie im Jenseits finden eine Erklärung, wenn man sie auf unterschiedliche Gegebenheiten in verschiedenen Heiligtümern zurückzuführt (zu anderen Erklärungsversuchen s. BJ, 23; Johnston in GJ, 108 und 111; Torjussen 2010, 61–63 und 71 f). Hier musste man die Beschreibung natürlich den jeweiligen topographischen Gegebenheiten anpassen, die schon aufgrund jeweils unterschiedlicher natürlicher Gegebenheiten vor Ort kaum in jedem Heiligtum völlig gleich gewesen sein können und die sich zudem im Lauf von Jahrhunderten auch in ein und demselben Heiligtum geändert haben können – und wenn nicht die Gegebenheiten selbst, so kann sich beispielsweise der Umstand geändert haben, von welcher Seite aus man das Heiligtum oder einen bestimmten Bereich in demselben betreten hat. Eine Bestätigung finden diese Überlegungen dadurch, dass die genannten widersprüchlichen Angaben nicht auf Goldplättchen zu verzeichnen sind, die von demselben Fundort und aus derselben Zeit stammen, sondern dass diese Widersprüche nur zwischen Goldplättchen von verschiedenen Fundorten oder aus verschiedenen Zeiten bestehen. So lokalisieren beispielsweise sämtliche Goldplättchen, die aus dem 3.–1. Jahrhundert v. Chr. aus Eleutherna auf Kreta stammen, den Brunnen mit der Zypresse rechts (B1–B7), während sich die Lokalisierung »zur Linken der Zypresse« in einem Goldplättchen aus Eleutherna findet, das etwa 100 Jahre älter ist (B10, 4.–3. Jh. v. Chr.), und sonst nur noch in einem weiteren Goldplättchen aus einer anderen kretischen Siedlung (B9, Sfakaki bei Rethymnon).

Die Annahme, dass im antiken Griechenland Kulte mit einem Bezug zur Unterwelt in Heiligtümern ausgeübt wurden, die von den topographischen Gegebenheiten her entsprechend ›unterweltsaffine‹ Merkmale aufwiesen, lässt sich auch durch andere Belege abstützen. So befand sich bei der boiotischen Stadt Lebadeia ein in der Antike berühmtes Totenorakel, das unser Gewährsmann Pausanias nicht nur gesehen, sondern nach eigener Aussage sogar persönlich konsultiert hat (Paus. 9,39,5–14). Man hat in der Forschung inzwischen herausgearbeitet, dass die dort belegten Kultpraktiken in vielen Punkten auffällig mit Elementen übereinstimmen, die auch für

Mysterienkulte typisch sind (Bonnechere 2003; vgl. auch Edmonds III 2011b, 261; Albinus 2000, 143–145). Bei diesem Totenorakel hat man nicht eine Anfrage in Form einer Tonscherbe oder eines Papyrusstreifens an die Priester übergeben, damit diese dann den dort verehrten Gott Trophonios konsultierten und am nächsten Tag den Orakelbescheid aushändigten, sondern jeder Mensch, der das Orakel befragen wollte, musste selbst in eine die Unterwelt repräsentierende Höhle hinabsteigen. Zwar war das ein Abstieg in einem gewissermaßen geschützten Rahmen, sowohl durch das anleitende Kultpersonal als auch durch die rituell begleitenden Maßnahmen; trotzdem aber war es ein ›vorgezogener Tod‹, ein wirklicher Abstieg in den Bereich des »gefühllosen und unerbittlichen Hades« (Hom. *Il.* 9,158; vgl. auch Nonn. *Dion.* 11,304–307; zum Tod als Orts-, nicht als Zustandswechsel s. § 2.5).

Aber auch alle Abläufe sonst spielen sich im Trophonios-Orakel von Lebadeia in einer sakralen, nach verschiedenen Örtlichkeiten differenzierten ›Landschaft‹ ab, die den komplexen Ritualabläufen entspricht und diese unterstützt: Es gibt ein Haus, in dem eine bestimmte Anzahl an vorbereitenden Tagen verbracht wird, und im nahegelegenen Fluss Herkyna waren mehrere Reinigungsbäder zu absolvieren. Die eigentliche Konsultation findet – wie die Einweihungsfeiern in den Mysterienkulten – nachts statt und beginnt damit, dass zwei »Hermai« genannte Knaben vom Kultpersonal die Klienten (jeweils einzeln) zum Fluss führen und sie dort waschen und salben, woraufhin sie Priestern übergeben werden, die sie zu zwei im heiligen Bezirk gelegenen Quellen führen, aus denen sie trinken müssen, eine mit einem Vergessen bringenden Wasser (»Wasser der Lethe«), die andere mit einem Wasser, das der Erinnerung dienen soll (»Wasser der Mnemosyne«). Dann werden sie vor ein geheimes Kultbild in einem heiligen Hain geführt, vor dem sie beten müssen, und erst dann steigen sie zur eigentlichen Orakelstätte hinauf, die sich auf einem Hügel über dem Hain befindet.

Dort wurde ein künstlicher »Erdschlund« angelegt, in den

keine Treppe hinabführt, sondern in den man allein und mit Hilfe einer Leiter hinabsteigen muss. Unten angekommen gelangt die das Orakel konsultierende Person dann durch ein schmales Loch in das Allerheiligste, wo verschiedene Erfahrungen in Form von Visionen oder Auditionen stattfinden. Diese werden im Nachhinein mit Hilfe der Priester gedeutet, nachdem sie den Klienten wieder in Empfang genommen und zu einem nahegelegenen Ort geführt haben, wo sie ihn auf einen »Thron der Mnemosyne« gesetzt haben. Danach wird der noch völlig benommene, von Angst und Entsetzen gepackte und geschwächte Mensch von seinen Angehörigen zurück zu dem ›Vorbereitungs-Haus‹ nicht gebracht, sondern sogar getragen. Dass all das in antiker Sicht im wahrsten Sinn des Wortes todernst, also ein wirklicher Gang in den Bereich des Todes war, wird noch durch eine Nebenbemerkung des Pausanias unterstrichen, mit der er versichert, dass bisher niemand von den »Hinabgestiegenen« bei dieser Unterweltsfahrt ums Leben gekommen sei – bis auf einen Frevler, der versucht hatte, das Heiligtum durch Raub zu entweihen.

Es dürfte deutlich geworden sein, dass das ›ganzheitliche‹ Erleben des Orakelrituals durch die kulttopographischen Gegebenheiten nicht nur marginal, sondern wesentlich mitbestimmt wurde. Wenn so etwas schon für eine Orakelstätte belegt werden kann, in der es ›nur‹ darum ging, Wissen aus der Unterwelt zu erlangen, dann ist das umso mehr für die antiken Mysterienkulte anzunehmen, bei denen es zentral um einen vorausgreifenden Todesdurchgang ging. Auch für die Eleusinischen Mysterien sind etwa abgesehen von dem großen Heiligtum, dem Telesterion, weitere wichtige ›Landmarken‹ im Bezirk des Heiligtums von Eleusis bezeugt, die von den Mysten abgeschritten wurden, von dem Kallichoros-Brunnen am Eingang über den sogenannten »Freudlos-Fels«, auf dem Demeter in Trauer um ihre verlorene Tochter Kore-Persephone gesessen haben soll, bis hin zu einer noch heute begehbaren Höhle mitten im heiligen Bezirk, die als Zugang zur Unterwelt angesehen wurde (vgl. Schol. ad Aristoph. *Equ.* 785a Koster), und auch im Rahmen der Dionysischen Mysterien spielten sowohl künstlich erbaute als auch natürliche Höhlen nachweislich eine wichtige Rolle (s. Boyancé 1960/1961; Merkelbach 1988, 63–66; Burkert 1990, 85; vgl. auch das Amt der »Höhlenwächter« in der dionysischen Kultgemeinschaft bei Rom, § 2.2).

4.7 Zur Gesamtinterpretation: Ein Doppelspiegelszenario

Aus den vorangegangenen Ausführungen ergibt sich, dass sich aus den *Orphisch-Bakchischen Goldplättchen* Informationen in Bezug auf gleich zwei nur auf den ersten Blick völlig unterschiedliche Bereiche gewinnen lassen. Lässt man die schon allein wegen des Geheimhaltungsgebots weniger wahrscheinliche Deutung beiseite, nach der es sich bei diesen Texten zumindest teilweise um Bruchstücke einer ›Begräbnisliturgie‹ gehandelt haben könnte (vgl. Calame 2011; Pitombo Bacelar 2020, 16 f u. a.; diskutiert auch bei Riedweg 2011; ablehnend sowohl Graf in GJ, 158–166 als auch Chrysanthou 2020, 190), so hat man in der Forschung vielfach und ausführlich vor allem darüber diskutiert, ob es sich bei diesen Texten um wichtige Quellen für die Jenseitsvorstellungen der Griechen, also um ›Jenseitstexte‹ handelt, oder ob sich daraus Folgerungen für die Mysterieninitiation ziehen lassen und sie daher eher als ›Initiationstexte‹ anzusehen sind. Die Lösung lautet nach den bereits angestellten Überlegungen, wie nicht selten in solchen schwierigen Fällen: Sie sind beides. In diesen Texten werden beide Ebenen überblendet, was einerseits erklärt, dass jede Seite – völlig zurecht – viele und gute Argumente für die eigene Position reklamieren konnte, was andererseits aber zu einer letztlich nicht zielführenden Polarisierung geführt hat, denn *beide* Aspekte stecken in den Texten.

Allerdings gibt es dabei eine Gewichtung: Der eigentliche Dreh- und Angelpunkt ist die Initiation. Der Tod am Lebensende muss im Initiationstod immer schon inbegriffen bzw. vorweggenommen sein, wenn der Initiationstod sinnvoll auf den echten Tod vorbereiten soll. Umgekehrt besteht diese Notwendigkeit nicht: Der Tod am Lebensende muss nicht und kann auch keine Rückwirkung haben auf das Leben vorher oder auf die Initiation. Daher ist eine Zweidimensionalität bei Initiationstexten eine notwendige Bedingung für ihr ›Funktionieren‹, bei Jenseits- oder Totentexten aber nicht.

Wenn der Tod und das Neu-geboren-Werden im Rahmen der Initiation den Tod und das Neu-geboren-Werden am Lebensende vorwegnimmt, dann hat das außerdem zur Folge, dass sich das eine nicht mehr völlig vom anderen trennen lässt, denn beides beeinflusst sich gegenseitig. Wie bei einem Doppelspiegel spiegelt sich der Tod am Lebensende im Initiationstod und umgekehrt, beide Seiten sind gebend und nehmend – mit einer Priorität der ›rituellen Realität‹. Gerade *im Ritual* der Initiation fallen die verschiedenen, in den Texten zu beobachtenden Zeitebenen zusammen, die man in der Forschung (vergeblich) eindeutig entweder der Initiation *oder* der Ankunft in der Unterwelt (oder dem Begräbnistag) *oder* der fernen Zukunft eines glückseligen Weiterlebens zuordnen wollte (vgl. Riedweg 1998, 374 f; McClay 2023, 49–52).

Das hilft bei der Erklärung von einigen Merkwürdigkeiten in den gefundenen Texten. In den Goldplättchen heißt es beispielsweise, dass der verstorbene Eingeweihte sich wünscht, zu den »Thiasoi«, also den Festumzügen oder Festschmäusen der Mysten geschickt zu werden (E4, Z. 1), oder dass die Verstorbenen dieselben »Weihefeiern« erwarten, wie sie die anderen glückseligen Mysten feiern (D1, Z. 7; Ähnliches möglicherweise mit Ergänzung auch in A2, Z. 11: »[Weihen] durchführen«). Auch in den *Fröschen* des Aristophanes ist davon die Rede, dass die Seelen der verstorbenen Eingeweihten in der Unterwelt »Mysterien feiern« (Aristoph. *ran.* 159), im pseudo-platonischen Dialog *Axiochos* wird betont, dass die in die Mysterien Eingeweihten auch dort, also im ›Jenseits‹, ihre heiligen Riten durchführen (Ps.-Plat. *Ax.* 371d, s. dazu den Kommentar von Männlein-Robert/Schelske 2012, 88 f), und von der Seele eines verstorbenen Eingeweihten im Reich der weiterlebenden ›Toten‹ heißt es bei Plutarch (Plut. *De anima* fr. 178 Sandbach):

> Im Zuge dieser (Feierlichkeiten) geht der schon ganz Vollendete und Eingeweihte, frei geworden und ungebunden, umher, feiert bekränzt die Geheimriten und ist in Gemeinschaft mit frommen und reinen Menschen.

Das bedeutet sicher nicht, dass man sich vorgestellt hat, dass die Eingeweihten nach ihrem Tod noch einmal eine Initiationsfeier mit einem Todesdurchgang oder viele davon durchmachen; die eindeutig sakrale Terminologie ist vielmehr darauf zurückzuführen, dass in die Unterweltsszenerie genau das hineingespiegelt wird, was sich am Ende der Initiationsfeier zu Lebzeiten ereignet, nämlich die Feierlichkeiten im direkten Anschluss an die Einweihungszeremonie, die ihrerseits wiederum vorausgreifend das vollziehen, was man sich für nach dem Tod erhofft hat (vgl. Jiménez San Cristóbal 2015, 118: »The ritual *thiasos* brings forward the infernal *thiasos*«; vgl. auch Pitombo Bacelar 2020, 38: »temporaire dans ce monde-ci et définitive dans l'au-delà«).

Ein ähnlich interpretationsbedürftiger Fall liegt bei dem Jubelruf vor, der den Text auf dem Goldplättchen D1 eröffnet:

> »Jetzt bist du gestorben, und jetzt bist du geboren worden, dreimal Glückliche(r), am heutigen Tag!«

Es bereitet Schwierigkeiten, diesen Jubelruf – wie dies in der Forschung unter anderem vorgeschlagen wurde – auf das »Jetzt und Heute« des Begräbnistages zu beziehen und das Neu-geboren-Werden einfach mit einem Weiterleben nach dem Tod gleichzusetzen, denn das wäre noch lange kein Grund, jemanden glücklich zu preisen. Der Übergang vom Leben in den Tod trifft jeden Menschen, und ein Übergang vom Erdenleben zu einem Weiterleben im ›Jenseits‹ wäre in der Antike an sich noch kein Grund, jemanden glücklich zu preisen: Diesen Übergang vollziehen alle, und bei weitem nicht alle werden dadurch glücklich. Im Rahmen der Initiation jedoch stirbt man und wird *als Gott* neu geboren (s. dazu § 4.8), und das ist ein mehr als hinreichender Grund, den Betreffenden am Ende des Rituals, im *kultischen* Jetzt und Hier, glücklich zu preisen. Im Tod wird die vorausgreifende Vergöttlichung der Initiation vollends verwirklicht (dazu gleich); der entscheidende Ausgangspunkt ist aber die Initiation. Von der Initiation ausgehend wird das Geschehen in den Tod vorausgespiegelt (nicht umgekehrt).

Es ist also nicht so, dass die Goldplättchen eine imaginierte Unterweltssituation schildern, von der Rückschlüsse auf konkrete Vorgänge bei der Initiation zu ziehen reichlich spekulativ wäre, sondern es ist genau umgekehrt: Die Goldplättchen schildern ein konkretes Initiationsgeschehen, das die erwarteten Vorgänge in der Unterwelt vorwegnimmt. Dieses erwartete Geschehen nach dem Tod wird im Rahmen der Initiation vorwegnehmend vermittelt, dargestellt, durchlebt und abschließend zur Erinnerung auf einem Textträger in wesentlichen Punkten festgehalten als ein »Werk der Mnemosyne«, das den Verstorbenen die Erinnerung an das wiederbringen soll, was sie im Rahmen der Initiation bereits durchlebt haben. Will man die *Orphisch-Bakchischen Goldplättchen* kurz charakterisieren, sind sie daher in erster Linie Mysterientexte (spezieller: Initiationstexte) und erst in zweiter Linie Jenseitstexte – nicht umgekehrt. Funktional dienen sie als Erinnerungsstützen zur Erlangung eines guten Schicksals im Jenseits; zu verorten sind sie aber primär im vorausgreifenden Vollzug dieses ›Zukunftsmythos‹ im Hier und Jetzt der Riten, die im Rahmen der Initiation vollzogen werden.

Dadurch halten wir mit den *Orphisch-Bakchischen Goldplättchen* etwas sehr Wertvolles in Händen. Diese Texte liefern uns nicht nur vereinzelte Informationen darüber, wie sich Eingeweihte eine mögliche Zukunft in der Unterwelt vorgestellt haben, sondern bruchstückhafte Angaben darüber, was in der kultischen Gegenwart einer Mysterieninitiation konkret gesagt und getan wurde. Sie überliefern auf diese Weise etwas vom Innersten und Geheimsten, was es im Kontext dieser Mysterienkulte gab und das preiszugeben unter Todesstrafe verboten war (zu den Goldplättchen als streng esoterische Schriften s. auch Betz 1998, 400). Anders gesagt bedeutet dies: Wir wissen durch die Funde der Goldplättchen heute als Nicht-Eingeweihte mehr von den Dionysischen Mysterien als viele, nicht eingeweihte Menschen der Antike.

4.8 Der tiefere Sinn: Vergöttlichung

Denkt man an Mysterienkulte und ihre Verheißungen, dann steht zunächst die Aussicht auf ein besseres Weiterleben nach dem Tod im Zentrum. Vielleicht nicht in allen Mysterienkulten, zumindest in den Dionysischen Mysterien kommt aber noch etwas Entscheidendes hinzu, das aus moderner Perspektive übertrieben, angesichts üblicher religiöser Anschauungen in der Antike überraschend anmutet (Edmonds III 2004, 92: »seems to violate the most fundamental dichotomy of Greek religion, the distinction between mortal and immortal«) und daher versuchsweise auch relativiert wurde. Aber die Mehrzahl der Texte ist hier eindeutig: Die Eingeweihten der Dionysos Mysterien werden zu Göttern. Es geht um eine Einweihung, die am griechischen Wort *teletē* gemessen eine, so wörtlich, »Vollendung« in Form einer Vergöttlichung darstellt (Burkert 1990, 76 sieht als eigentliches Ziel der Mysterien lediglich das Erleben einer »Begegnung mit dem Göttlichen« bzw. eine »Bewußtseinsveränderung«; Relativierung einer Vergöttlichung auch bei BJ, 178; Johnston in GJ, 115 f; Pitombo Bacelar 2020, 37 f; nur auf manche Goldplättchen zutreffend nach Scarpi 2022).

In der griechisch-römischen Antike ist der Abstand zwischen Menschen und Göttern nicht unüberwindbar. Wie sich die Reise vom Land der Lebenden in die Bereiche der Weiterlebenden als ein graduelles Sich-Entfernen und Immer-ferner-Werden ausnimmt, nicht als ein plötzlicher Sprung von einem ›Diesseits‹ in ein ›Jenseits‹, so gibt es auch zwischen Göttern und Menschen fließende Übergänge und ›Zwischenränge‹, von Hochgöttern über niedrigere, aber immer noch sehr mächtige Götter, kleinere Bereichsgottheiten wie Flussgötter, Baum- oder Quellnymphen, Halbgötter oder göttliche Menschen bzw. Heroen bis hin zu Menschen. Dass man prinzipiell vom Menschen zum Gott werden kann, zeigen mehrere Mythen, man denke etwa an die Menschen des ›Goldenen Zeitalters‹, die nach ihrem Tod zu *daimones* werden (vgl. Edmonds III 2004, 93 f), oder an die Vergöttlichung von Herakles.

Zu Herakles abzuschweifen ist aber im Kontext der Dionysischen Mysterien nicht nötig, denn gerade um die Gestalt des Gottes Dionysos sammelt sich eine ungewöhnlich hohe Anzahl von Mythen, die speziell um das Thema ›Überwindung von Tod und Sterblichkeit und Erlangen von Göttlichkeit‹ kreisen. So wird er selbst zum ersten Mal schon pränatal vor dem Tod gerettet, denn als Zeus der schwangeren Semele auf ihre Bitte hin in Gestalt eines Blitzes beiwohnt, stirbt Semele, und Zeus rettet Dionysos dadurch, dass er das noch ungeborene Kind in seinen Schenkel einnäht und es bis zur Geburt selbst austrägt. Als Kind wird Dionysos vor der tödlichen Bedrohung durch Hera abermals von Zeus durch die zeitweise Verwandlung in ein junges Ziegenböckchen bewahrt, so wie er später auch dem Ungeheuer Typhon durch eine Verwandlung in einen Ziegenbock entgeht und der Tötung durch Lykurgos durch einen Sprung in das Meer, wo Thetis ihn aufnimmt. Dionysos' Tante Ino, die ihn nach dem Tod seiner Mutter Semele aufzieht, und Inos Sohn Melikertes werden von Menschen zu unsterblichen Meeresgottheiten; Dionysos holt seine verstorbene Mutter Semele aus der Unterwelt und macht sie zur unsterblichen Göttin, und er erhebt die sterbliche Ariadne zu seiner von da an unsterblichen Göttergemahlin (zumindest nach Hes. *theog.* 949). Nach einer bestimmten, bereits erwähnten (§ 2.7) orphischen Überlieferung muss Dionysos schließlich selbst sterben, indem er von den Titanen zerrissen wird, und gelangt erst durch diesen Tod hindurch zu einer von da an unangefochten unsterblichen Göttlichkeit.

Es boten sich in den Dionysischen Mysterien also gleich mehrere verschiedene Anknüpfungspunkte für die Vorstellung einer Vergöttlichung der Mysten an. An ein paar wenigen Stellen findet sich in den Goldplättchen die allem Anschein nach auch für die Mysten verwendete Bezeichnung als (vergöttlichte) »Heroen« (A2, Z. 11 und möglicherweise noch A4, Z. 2 und E1, Z. 9). Hierzu gibt es zwei interessante Anknüpfungspunkte. Zum einen findet sich auf der bereits erwähnten Inschrift der Mitglieder der Dionysos-Mysten auf einem Landgut bei Rom als einer der obersten Einträge ein »Heros«, und man konnte zeigen, dass sich dieser Eintrag nicht auf einen bereits verstorbenen, als Heros verehrten Menschen bezieht, sondern als Titel zu interpretieren ist, der auf einen besonders hohen Rang in der kultischen Hierarchie der Dionysos-Mysten abzielt (IGUR I Nr. 160, Tafel 1, Kolumne A, Zeile 3; beide Alternativen schließen sich freilich nicht zwingend gegenseitig aus). Zum Zweiten befand sich über dem Grab mit dem Goldplättchen-Doppelfund, in dem sich der in den Text E1 eingeschlagene Text D3 befand, ein Grabhügel mit acht Schichten, von denen jede aus Asche, Kohle und verbrannten Keramikscherben bestand und jeweils mit einer Erdschicht überdeckt worden war, was auf Opfergaben und Rituale im Rahmen eines Heroenkults hindeutet (s. Edmonds III 2011a, 41).

Sind die Hinweise auf eine ›Heroisierung‹ der Dionysos-Mysten in den Goldplättchen eher spärlich und vermutlich nur auf spezielle Fälle beschränkt, so ist an mehreren Stellen explizit und allgemein davon die Rede, dass die Mysten aus sterblichen Menschen zu Göttern werden wollen bzw. tatsächlich zu Göttern werden:

> »Auch ich, ich bitte, von eurem glücklichen Geschlecht zu sein!« (C1–C3, Z. 3)

»Glücklicher und Seliger: Ein Gott wirst du sein anstelle eines Sterblichen!« (C3, Z. 9)

»Ein Gott bist du geworden aus einem Menschen!« (D3, Z. 4)

»Caecilia Secundina, nach der Satzung geh, (die du) eine göttliche (Seele) geworden (bist)!« (C4, Z. 4)

Genau in dieser Richtung ist auf diesem Hintergrund auch der auf mindestens 12 Goldplättchen überlieferte, zentrale Satz bzw. das ›Losungswort‹ zu verstehen, das die Mysten bei der Initiation mitgeteilt bekommen und womit sie sich in der Unterwelt als eingeweiht legitimieren sollen (zur Diskussion s. auch BJ, 39–44, zum Teil aber mit anderen Folgerungen; vgl. auch Scalera McClintock 2016, 74 f):

Γῆς παῖς εἰμι καὶ Οὐρανοῦ ἀστερόεντος.
»Der Ge (= Gaia) Kind bin ich, und des Uranos, des sternenreichen!«
(A1–A4, B1–B8, ähnlich B9 und – fragmentarisch – B10)

Bei näherem Zusehen wird deutlich, dass hier ein Bezug auf den großen ›Theologen‹ unter den griechischen Dichtern, auf Hesiod, vorliegt, denn das ›Losungswort‹ entpuppt sich als ein inhaltlich deckungsgleiches, darüber hinaus in Teilen sogar wörtlich übernommenes Zitat aus der Anfangspartie der hesiodeischen *Theogonie* (Hes. *theog.* 105 f, angeredet sind die Musen):

κλείετε δ' ἀθανάτων ἱερὸν γένος αἰὲν ἐόντων,
οἳ Γῆς ἐξεγένοντο καὶ Οὐρανοῦ ἀστερόεντος.
»Preist aber das heilige Geschlecht der ewig seienden Unsterblichen,
die der Ge entstammten und dem Uranos, dem sternenreichen!«

Das, was der Myste mit dem oben genannten Losungswort für sich reklamiert, stellt sich durch den Bezug auf Hesiod heraus als die Behauptung, nunmehr auch zum »heiligen Geschlecht der Unsterblichen« (ἀθανάτων ἱερὸν γένος αἰὲν ἐόντων), also der Götter zu gehören, denn die Umschreibung »die von Ge und Uranos Geborenen« ist, wie der Kontext bei Hesiod zeigt, nichts anderes als eine Umschreibung für die *Gesamtheit* der Götter – nicht nur für die Titanen. Ein Bezug speziell auf den Mythos, nach dem Dionysos von den Titanen zerrissen wurde, ist weder hier noch an anderen Stellen in den Goldplättchen zwingend (vgl. auch McClay 2023a, 132–135 und 138 f) oder überhaupt wahrscheinlich. Wahrscheinlich ist er deswegen nicht, weil es äußerst unvorteilhaft wäre, sich in einer entscheidenden Prüfungssituation und ausgerechnet in Anwesenheit von Persephone einer Abstammung von den Titanen zu rühmen, wenn man in den Titanen speziell die Mörder von Persephones Sohn Dionysos erblickt haben sollte (s. dazu § 2.7; einen Erklärungsversuch, der die Ungereimtheiten eigentlich erst richtig aufdeckt, unternimmt Merkelbach 1999, 7). Das entscheidende ›Losungswort‹ läuft außerdem nicht auf die allgemeine Aussage hinaus, dass alle Menschen letztlich göttlichen Ursprungs sind (so McClay 2023a, 141), sondern auf die sehr exklusive Behauptung, dass speziell die Eingeweihten ›Gotteskinder‹ und damit selbst Götter sind. Dass der entscheidende Satz mit der Behauptung einer Abstammung von Ge und Uranos vor allem darauf abzielt, eine Göttlichkeit für sich zu reklamieren, wird auch durch die oben bereits angeführten Stellen bestätigt, in denen der Myste sich wünscht, zum »glücklichen Geschlecht« der Götter gehören zu dürfen (C1–C3, Z. 3).

Der Gedanke einer Vergöttlichung der Eingeweihten spielt somit in den Dionysos-Mysterien eine zentrale Rolle. Die Vergöttlichung ist das, worauf die Einweihung zuläuft und worin sie gipfelt. Dieser Gedanke der Vergöttlichung ist in *allen* vier längeren Textgruppen A, B, C und D, die das Hauptcorpus der *Orphisch-Bakchischen Goldplättchen* ausmachen, vorhanden und wird jeweils besonders hervorgehoben.

Wenn es wie in Text D3 (Z. 4) heißt: »Ein Gott bist du geworden aus einem Menschen!«, dann stellt sich allerdings abschließend die Frage: Wird der Myste tatsächlich bereits während der Initiation zum Gott? Wenn ja, dann ergibt sich daraus nämlich folgendes Problem: Warum muss er dann noch sterben, wenn er doch schon während der Einweihung zum Gott geworden ist?

Dadurch, dass der Myste bei der Initiation vorausgreifend das erfährt und erlebt, was ihn nach dem Tod erwartet, stirbt er zweimal, durchläuft er zweimal eine Schwellensituation und eine damit verbundene Transformation, und dadurch ersteht er auch zweimal zu einem neuen Leben. Bei der Initiation geschieht dies vorausgreifend, aber bereits gültig und wesensverändernd; nach dem Tod kommt das bereits Angelegte aber erst vollends zum Tragen. Diese Ambivalenz eines ›Schon und Noch-Nicht‹ spiegelt sich auch in den Goldplättchen wider, wenn es einmal heißt: »Ein Gott *wirst du sein* anstelle eines Sterblichen!« (›Noch-Nicht‹, C3, Z. 9), ein anderes Mal: »Ein Gott *bist du geworden* aus einem Menschen« (›Schon‹, D3, Z. 4). Die Eingeweihten schweben gewissermaßen in einem Zwischenstadium, wodurch sich auch gut die Mischung aus Furcht und Ehrfurcht einerseits und durchaus selbstbewusstem Auftreten andererseits erklären lässt, die in den Goldplättchen zu beobachten ist (gut herausgearbeitet bei Herrero de Jáuregui 2011, 286–288).

Man kann diese Ambivalenz durch logische Überlegungen nicht völlig auflösen, aber vielleicht folgendermaßen auf den Punkt bringen: Von der Initiation hängt alles ab, aber sie ist noch nicht alles. Ein ungefähres Analogon mag das erhellen: Mit der Initiation erhält man gewissermaßen eine neue ›göttliche Staatsbürgerschaft‹ und damit das Recht, mit Göttern im Reich der Götter wohnen zu dürfen, also den ›Göttlichkeitsstatus‹. Trotzdem muss man erst noch in das Reich der Götter gelangen und sich bei der Einreise als ›einreiseberechtigt‹ ausweisen, bevor man in den vollgültigen Genuss all dessen gelangt, was mit dem Erreichen des Göttlichkeitsstatus bereits garantiert war.

Die Aussagen zu einer Vergöttlichung der Mysten in den *Orphisch-Bakchischen Goldplättchen* haben gewichtige Konsequenzen für die religionshistorische Forschung. Aufgrund der relativen Neuigkeit der Texte haben diese Konsequenzen allerdings bislang über spezielle Publikationen zu den Goldplättchen hinaus so gut wie keine Beachtung gefunden. Das gilt für einschlägige Lexika von Anfang an bis heute, sei es nun *Paulys Realencyclopädie der classischen Altertumswissenschaft* und das entsprechende moderne, aktualisierte Pendant *Der Neue Pauly*, Roschers *Ausführliches Lexikon der griechischen und römischen Mythologie*, das *Reallexikon für Antike und Christentum*, das *Handbuch religionswissenschaftlicher Grundbegriffe*, die dritte oder vierte Auflage von *Religion in Geschichte und Gegenwart* oder Band II des *Thesaurus Cultus et Rituum Antiquorum*, um nur einige der renommiertesten Beispiele zu nennen: In all diesen Werken ist unter dem Stichwort »Apotheose« (oder »Vergöttlichung« o. ä.) immer von der Vergöttlichung von *Herrschern* und in manchen Fällen noch von der Vergöttlichung *mythischer Personen* (wie Dionysos, Herakles oder Asklepios) die Rede; nie aber wird die Vergöttlichung von *Privatpersonen* ins Auge gefasst oder auch nur als Möglichkeit diskutiert. Zum Spektrum griechisch-römischer eschatologischer Vorstellungen gehört aufgrund der *Orphisch-Bakchischen Goldplättchen* aber auch die Möglichkeit einer Vergöttlichung ›normaler Menschen‹ – zumindest dann, wenn sie sich in die Dionysischen Mysterien einweihen ließen. In diesem Punkt wären entsprechende Lexikonartikel neu zu schreiben.

4.9 Die Aussicht: Glückseliges Weiterleben

Wenn der Myste bei der Initiation ein erstes Mal gestorben ist und damit den ›Göttlichkeitsstatus‹ erreicht hat, wenn er dann ein zweites Mal gestorben ist und sich in der Unterwelt erfolgreich als eingeweiht und als göttlich ausgewiesen hat – was passierte dann, wie hat man sich das Weiterleben der vergöttlichten Mysten vorgestellt?

Da eine primäre Funktion der Goldplättchen darin bestand, den Verstorbenen zu helfen, eine schwierige Prüfungssituation zu überstehen, nicht aber, die zu erwartenden Seligkeiten auszumalen (und auch aus Platz- und Kostengründen), schweigen sich die Texte darüber weitgehend aus und geben allenfalls Andeutungen. So ist etwa in Text A1 von einem »heiligen Weg« die Rede (Z. 15 f), den die Mysten dann beschreiten dürfen, und es ist klar, dass ein heiliger Weg entsprechend zu einem heiligen Ort führen muss – aber das wird dort nicht weiter ausgeführt. An anderer Stelle werden dafür die »heilige Wiese« (E3, Z. 4) beziehungsweise, etwas ausführlicher, die »heiligen Wiesen und Haine der Phersephoneia« (D3, Z. 6) genannt, und zweimal ist von den »(Wohn-)Sitzen der Makellosen« die Rede (C1 und C2, Z. 7). Dort wird in Gemeinschaft mit anderen vergöttlichten Eingeweihten gefeiert; von der dabei verwendeten sakralen Sprache, die auf die Initiationsfeierlichkeiten zurückverweist, war bereits die Rede (§ 4.7). Ein entsprechendes, nur deutlich ausführlicheres Bild liefern die *Frösche* des Aristophanes; auch dort ist mit teilweise religiöser Terminologie von Musik, Gesängen, Tanz, Wohlgerüchen und Festlichkeiten auf blumenreichen Wiesen die Rede (zu einem nächtlichen Mahl bei den Eleusinischen Mysterien s. bspw. Ov. *fast.* 4,535 f). Und in dem bereits angeführten Plutarch-Fragment (§ 4.5) heißt es in direktem Anschluss an die Schilderung der Schrecken, die man bei der Initiation (und beim Tod) auszustehen hat (Plut. *De anima* fr. 178 Sandbach):

> Hierauf aber scheint ein ganz wunderbares Licht entgegen, und reine Orte und Wiesen stehen zum Empfang bereit, voll von Klängen, Reigentänzen und Feierlichkeiten sakraler Gesänge und heiliger Erscheinungen.

Dabei ergibt sich aber nun ein nicht eben kleines Problem: Aus vielen antiken Quellen und auch aus den Goldplättchen selbst geht eindeutig hervor (vgl. A1, Z. 9 und D3, Z. 1), dass man sich den Hades, in den auch die Seelen der verstorbenen Eingeweihten hinabsteigen müssen, als einen finsteren Ort vorgestellt hat, wo nie die Sonne scheint. Diese Sicht war so fest verankert, dass selbst Homer, der in der *Odyssee* das Reich der Toten am äußersten Rand der Welt lokalisiert, wo ja theoretisch die Sonne scheinen könnte, nachdrücklich betont, dass ihre Strahlen noch nicht einmal bis zu dem Land der vorgelagerten Kimmerier dringen, wo andauernd Nacht herrscht (Hom. *Od.* 11,14–19). Wie aber soll man sich, wie konnten sich gerade die so sonnenverwöhnten Griechen ein glückseliges und göttliches Leben in ewiger Finsternis vorstellen?

Das Problem verschärft sich sogar noch etwas dadurch, dass ein Ort normalerweise erst und gerade durch göttliche Anwesenheit zu einem *heiligen* Ort wird, so dass zu erwarten ist, dass die Mysten in der Unterwelt in einer Gemeinschaft mit Göttern vorgestellt worden sind. Man könnte einwenden, dass die vergöttlichten Eingeweihten selbst bereits hinreichend für die Göttlichkeit der »heiligen Wiesen« sorgen würden, aber es ist tatsächlich verschiedentlich davon die Rede, dass die Mysten mit *anderen Göttern* zusammen zu sein hofften. So heißt es etwa bei Platon explizit, dass nach den Lehren der Mysterien die »Reinen« und Eingeweihten, wenn sie in der Unterwelt eingetroffen sind, im Kreis der Götter wohnen dürfen (Plat. *Phaid.* 69c), in den *Fröschen* des Aristophanes besingt der Chor der Mysten in der Unterwelt den Dionysos, der »in diesen (Wohn-)Sitzen hier wohnt« (Aristoph. *ran.* 323 f; vgl. auch die Anrufung des »chthonischen Dionysos« in *Orph. h.* 53,1), und in Bezug auf die Eleusinischen Mysterien ist die Rede von der »durch die Mysterien vermittelten Gemeinschaft mit den Göttinnen« (Sopatros 20,4, Übers. M. Weißenberger 2010).

Die Lösung des Problems besteht bei Aristophanes vorerst einmal darin, dass Dionysos den Mysten in der Finsternis des Hades und während der nächtlichen, von Fackeln erhellten »Weihefeiern« aufstrahlt als ein »lichtbringender Stern« (φωσφόρος ἀστήρ, 343).

Ähnlich astral beschrieben wird Dionysos in der *Antigone* des Sophokles (1147) als »Anführer des Chors der Sterne« (χοράγ' ἄστρων) und in der Tragödie *Oedipus* von Seneca, wo der Gott im Rahmen einer hymnischen Anrufung als »leuchtende Himmelszier« (*lucidum caeli decus*, 405) bezeichnet wird und als ein Gott, der mit »sternengleichem Antlitz« die düster-drohenden Nebel des Erebus durchbrechen soll (410 f: *vultu sidereo discute nubila / et tristes Erebi minas*; vgl. auch Nonn. *Dion.* 7,97–99).

Möglicherweise deuten solche Textstellen auf die Vorstellung von der Anwesenheit des Dionysos als einer Art ›Ersatzsonne‹ in der Unterwelt hin (s. dazu auch Chrysanthou 2020, 184–188), und dabei könnte man es bewenden lassen: Die Mysten feiern im Schein von Fackeln und im Glanz des Gottes, der die Finsternis des Hades vertreibt, eine in Ewigkeit währende Weihefestnacht. Vielleicht haben manche Menschen sich das auch tatsächlich so vorgestellt.

In den *Fröschen* des Aristophanes fallen allerdings einige Andeutungen auf, die Fragen aufwerfen (vgl. mit Literaturhinweisen Jiménez San Cristóbal 2015, 110 f). Dionysos wird zunächst zur fackelerleuchteten Wiese gerufen, wo die heiligen Eingeweihten tanzen (323–349). Dann ist aber plötzlich noch von einer weiteren Bewegung bzw. Ortsveränderung die Rede; plötzlich ruft der Chor der Mysten, Dionysos solle voranschreiten und sie »herausführen« zu einem blumen- und wasserreichen Grund (351 f). Es ist offenbar von weiteren, *anderen* Wiesengründen die Rede, zu dem sich die Mysten unter der Leitung des Dionysos aufmachen (372–374a). Dabei soll der Gott ohne Mühe einen »weiten Weg vollenden« und den Chor der Mysten »geleiten« (401–403). Sollte das darauf hindeuten, dass manche sich vorgestellt haben, dass der Tod die Mysten hineintaucht in die ›Nacht‹ des Hades, so wie sie bereits während der Einweihung in die Todeserfahrung der Initiations-Nacht gehen mussten, dass dann aber nach dieser Nacht als Durchgang durch den Tod bzw. den Hades ein Wieder-Auftauchen ins Licht und damit in ein neues Leben stand? Dann könnte es im ›Jenseits‹ *zwei* positiv konnotierte Orte für die Eingeweihten gegeben haben, einen Festplatz auf den »heiligen Wiesen« und in den »heiligen Hainen« der Persephone (D3, Z. 6), hell erleuchtet durch die Feiern der ankommenden, nach der Prüfung zugelassenen Mysten, umgeben von einer sonst finsteren Hades-Landschaft – dann aber noch einen weiteren, davon noch einmal zu unterscheidenden Ort, der nach der Feier der überstandenen ›Todesinitiation‹ und ihrer Prüfungen zum endgültigen »Wohnsitz der Makellosen« wurde (C1 und C2, Z. 7).

Dann könnte es, wie Aristophanes anzudeuten scheint, neben dem Seelengeleiter, dem Psychopompos Hermes, der die Seelen nach dem Tod in den Hades *hineingeführt* hat, für die vergöttlichten Mysten zusätzlich noch Dionysos als ›Mystopompos‹, also als Mystengeleiter gegeben haben, der die Eingeweihten mit himmlischem Glanz und als voranschreitender Fackelträger in festlichem Zug, ähnlich wie bei den Festumzügen (Thiasoi) der Mysten zu Lebzeiten, aus den finsteren Bereichen des Hades wieder *herausgeführt* hat. Wohin? Wir wissen es nicht. In Bereiche wie das ›Elysische Gefilde‹ oder zu den ›Inseln der Seligen‹ oder in den Himmel zu den Sternen (vgl. dazu mit z. T. problematischen Kombinationen Kotansky 2023, 212–228), so wie er nach Seneca die vergöttlichte Ariadne in den Himmel geleitet hat (Sen. *Oed.* 497: *ducitur magno nova nupta caelo*)? Dann hätten die Mysten wirklich wieder ein Leben im Licht der Sonne führen können. Dass dies zumindest ein tiefer Wunsch gewesen sein dürfte und von manchen tatsächlich so vorgestellt wurde, zeigt das Ende eines Chorlieds in Aristophanes' *Fröschen* (vgl. auch Pind. *Thren.* 7, fr. 129 Maehler), das man als so packend empfunden hat, dass man es als Exzerpt auch als Inschrift auf der Insel Rhodos gefunden hat (s. Matijašić 2014, 135–137). Da singen die Mysten von sich, sich von den übrigen Weiterlebenden abhebend und in Hinblick auf den Sonnengott Helios (Aristoph. *ran.* 454–456):

Nur für uns alleine nämlich scheint
Helios und sein heiterer Glanz,
die wir eingeweiht worden sind!

TEXTE MIT ÜBERSETZUNG UND KOMMENTAR

1. A-GRUPPE: MNEMOSYNEBECKEN-PLÄTTCHEN

1.1 Mnemosyne

Zur A-Gruppe der Mnemosynebecken-Plättchen gehören die ausführlichsten Texte auf den *Orphisch-Bakchischen Goldplättchen*. In ihnen spielt die personifizierte Göttin der Erinnerung, Mnemosyne, eine zentrale Rolle, und zwar in doppelter Hinsicht: Zum einen ist sie wichtig für die Erinnerung an die Initiation, zum anderen ist sie wichtig als Spenderin eines Tranks, der in der Unterwelt den Seelen der Verstorbenen zugutekommen soll. Beide Punkte sind voneinander zu unterscheiden, hängen aber eng miteinander zusammen: Die Erinnerung an das bei der Initiation Erfahrene ist eine unabdingbare Voraussetzung dafür, dass man in der Unterwelt die Stelle mit dem Wasser der Erinnerung findet, das Mnemosynebecken. Von einem solchen »Becken der Mnemosyne« ist in der griechischen Überlieferung nur in den *Orphisch-Bakchischen Goldplättchen* die Rede (Tortorelli Ghidini 2006, 121).

Die Erinnerung an das bei der Initiation Erfahrene und Gelernte manifestiert sich in den Goldplättchen selbst; sie sind ein »Werk« (A1, Z. 1; vgl. A2, Z. 12) oder eine »Gabe« (C4, Z. 3) der Mnemosyne (zu den Goldplättchen als *monumenta* bzw. *memoracula* und damit als Mitbringseln aus der Initiation s. die Einführung § 2.3). In der A-Gruppe findet man diese Charakterisierung der Goldplättchen als ›Erinnerungsstücke‹ entweder überschriftartig über dem nachfolgenden Text (A1, Z. 1), oder, in derselben Funktion, als Textunterschrift (A2, Z. 12). Eine wichtigere als diese formale, weil tiefergehende *inhaltliche* Funktion besteht in der Zuschreibung des zu Erinnernden bzw. zur Erinnerung Aufbewahrten an die Göttin Mnemosyne, die mit ihrer Göttlichkeit für die Richtigkeit und den

Wahrheitsgehalt der gespeicherten Erinnerung bürgt. Es sind nicht die Mysten, die sich selbst erinnern, sondern die Göttin Mnemosyne, die den Mysten sich erinnern hilft.

In religiöser Hinsicht kann die Göttin Mnemosyne als ›Schwester‹ der Mysten angesehen werden, denn nach der üblichen Genealogie ist sie eine Tochter von Gaia (bzw. Ge) und Uranos, und dies entspricht genau dem geheimen ›Losungswort‹, an das die Mysten sich nach ihrem Tod unbedingt erinnern müssen und mit dem sie sich als Kinder von Ge und Uranos bezeichnen (A1, Z. 10 u. a.; s. dazu die Einführung § 4.8). Dazu passt, dass in einem *Orphischen Hymnos* die Mysten die Göttin Mnemosyne im Gebet mit folgenden Worten anrufen (*Orph. h.* 77,9 f):

> Wohlan, selige Göttin, erwecke in den Mysten Erinnerung
> an die hochheilige Einweihung, Vergessen (*lēthē*) aber schicke von ihnen fort!

Der Besitz dieser ›Erinnerungsstücke‹ der Mnemosyne ist für die Seelen der verstorbenen Eingeweihten kostbar, denn er bewahrt sie vor einer großen Gefahr, von der ebenfalls nur in den Mnemosynebecken-Plättchen der A-Gruppe die Rede ist, und zwar vor dem Trinken aus einer ›falschen‹ Quelle. Man hat sich vorgestellt, dass die Seelen unter der Führung von Hermes nach dem Tod eine lange Reise zu den Bereichen der Verstorbenen auf sich nehmen müssen und dabei vor Durst fast zugrunde gehen (s. § 2.5 in der Einführung), was in den Texten der Zypressenbrunnen-Plättchen der B-Gruppe stark betont wird. Das Erste, wonach sich die Seelen nach ihrer Ankunft umsehen, ist daher eine Wasserstelle.

1.2 Zwei Wasserstellen

Das scheint auch kein Problem zu sein, denn es gibt eine, die sofort ins Auge fällt. Neben dieser Wasserstelle steht nämlich eine sehr ungewöhnliche Zypresse, die mit λευκός näher bezeichnet wird, das übliche Adjektiv zur Bezeichnung der Farbe Weiß. In Hinblick auf eine Pflanze in unterweltlichem Kontext, die nie das Licht der Sonne erblickt hat, könnte diese Beschreibung auf etwas Ausgeblichenes, Bleiches oder Fahles hindeuten; aber auch die Übersetzung »strahlend« oder »hell« wäre möglich (zu verschiedenen Erklärungsversuchen s. Johnston in GJ, 109 und BJ, 25–28, wo allerdings die »weiße Zypresse« am Brunnen mit dem *negativen* Wasser der A-Gruppe mit der Zypresse mit dem *positiven* Wasser des »ewigfließenden Brunnens« der B-Gruppe überblendet wird; zur darin liegenden Problematik s. die Einleitung zu den Zypressenbrunnen-Plättchen der B-Gruppe). Trotzdem oder gerade wegen ihrer weißlich-leuchtenden Fahlheit stellt diese Zypresse in der A-Gruppe der Mnemosynebecken-Plättchen aber offenbar, so die Vorstellung, eine so auffällige Landmarke dar (zur »weißen Zypresse« vor allem als Landmarke in der Unterwelt, nicht als Hinweis auf einen ›Lebensbaum‹ o. ä. s. Edmonds III 2010a), dass die Seelen der Verstorbenen alle zu der Wasserstelle hinströmen, die sich neben dieser Zypresse befindet – alle bis auf diejenigen, die aufgrund der Einweihung in die postmortalen Geheimnisse wissen, dass man das Wasser aus dieser Wasserstelle auf keinen Fall zu sich nehmen sollte.

Es fällt zwar an keiner Stelle der Name, aber sowohl aus dem antithetischen Kontrast mit der anderen Wasserstelle der Mnemosyne, nach der die Eingeweihten stattdessen suchen sollen, als auch auf dem Hintergrund anderer antiker Quellen ist klar, dass es sich bei dem Wasser, das neben der weißen Zypresse entspringt, um das Wasser der Lethe, also des Vergessens handeln muss (vgl. Jiménez San Cristóbal 2011 mit Hinweisen auf weitere Literatur, allerdings mit der zusätzlichen, jedoch problematischen und eher unwahrscheinlichen Annahme, dass es um ein Vergessen dessen gehe, was die Seele bei der Initiation gelernt hat, um dann wiedergeboren zu werden). In den *Dionysiaka* des Nonnos wird im Zuge einer Anspielung auf Dionysos-Mysterien einmal ein expliziter Bezug zu Lethe hergestellt, wenn von pantomimischen Tänzen die Rede ist, die ein sterbender Dionysos-Anhänger nunmehr direkt vor Hades, Lethe und Persephone aufführen soll (Nonn. *Dion.* 30,121–125), und auch in dem oben zitierten, orphischen Mnemosyne-Hymnos wird Lethe explizit erwähnt.

Die Texte der Mnemosynebecken-Plättchen machen einen starken Gegensatz auf zwischen dieser Wasserstelle der Lethe und derjenigen der Mnemosyne, wobei beide Wasserstellen antithetisch aufeinander bezogen sind (s. dazu auch Tortorelli Ghidini 2011):

Wasser vom Zypressenbrunnen	**Wasser vom Mnemosynebecken**
leicht zu finden	erfordert längere Suche
gut sichtbar (weiße Zypresse)	schlecht sichtbar (in düsterer Finsternis)
unbewacht	von Wächtern bewacht
erfordert kein ›Losungswort‹	erfordert ein ›Losungswort‹
keine Herrscher-Erlaubnis nötig	Herrscher-Erlaubnis nötig
bringt Vergessen	bringt Erinnerung

Die Wasserstelle neben der Zypresse wird überwiegend mit dem griechischen Wort κρήνη (»Quelle, Brunnen«) bezeichnet, die mit dem Wasser der Mnemosyne mit λίμνη (»See, Becken«), wobei diese Verteilung nicht streng systematisch durchgehalten wird. Zu einer leichten Konfusion der beiden Wasserstellen kommt es in A2, Z. 4; im parallelen Text A3 wird in Bezug auf das Mnemosyne-Wasser zwar tatsächlich einmal von κρήνη gesprochen, allerdings ganz am Textende, wo auch die Metrik nicht mehr stimmt (A3, Z. 10), während mitten im Text wie auch meist sonst λίμνη verwendet wird (Z. 4). In Text A4 schließlich wird sowohl die Wasserstelle bei der Zypresse als auch die der Mnemosyne mit dem Wort »Becken« (λίμνη) näher bezeichnet (Z. 4 f, 8 und 14).

Man hat die Wahl, ob man als Übersetzer eher die Assoziation von natürlichen Wasserstellen evoziert, indem man κρήνη mit »Quelle« bzw. λίμνη mit »See« übersetzt, wie dies oft in Hinblick auf die ›Landschaft‹ einer imaginierten Unterwelt geschieht, oder ob man sich bei κρήνη für »Brunnen« bzw. bei λίμνη für »Wasserbecken« und damit eher für baulich eingefasste Wasserstellen entscheidet, wodurch man auch an kulttopographische Gegebenheiten denken kann. In den griechischen Begriffen steckt beides (zu λίμνη für ein künstliches Wasserbecken s. bereits Hdt. 1,185,4); es ist sogar so, dass κρήνη als Bezeichnung einer von Menschenhand eingefassten Wasserstelle gerade in einen Gegensatz zu einer naturhaft belassenen Quelle gesetzt werden kann, die dann im Griechischen mit πηγή bezeichnet wird (Thuk. 2,15,5). Gerade in den Mnemosynebecken-Plättchen der A-Gruppe wird die Einbettung der postmortalen Ereignisse in den Rahmen der Initiation besonders deutlich, denn hier ist der Prüfungsdialog in der Unterwelt klar eingebettet in den ›Unterweisungsdialog‹, der während der Initiation stattgefunden hat. In der Einführung (§ 4.5 und § 4.6) war ausführlicher davon die Rede, dass die Mysten die Informationen zu diesen Wasserstellen im Rahmen ihrer Initiation nicht in Form eines Lehrvortrags in einem Unterrichtsraum mitgeteilt bekommen haben, sondern dass sie die Todeserlebnisse der Seele im Ritual vorwegnehmend durchlebt haben durch entsprechende Handlungen in einem heiligen Bezirk, der auch räumlich, in welcher Form auch immer, die topographischen Gegebenheiten der Unterwelt antizipiert hat. Wasserstellen in griechischen Heiligtümern waren in der Regel baulich eingefasst, wie man dies beispielsweise noch gut am Kallichoros-Brunnen des für die Eleusinischen Mysterien zentralen Demeter-Kore-Heiligtums in Eleusis sehen kann (vgl. auch die Kastalische Quelle im Heiligtum von Delphi u. a.). Entsprechend wurden für κρήνη und λίμνη hier die Übersetzungen »Brunnen« bzw. »Becken« gewählt, um nicht aus den Augen zu verlieren, dass die imaginierte Landschaft der Unterwelt ihr reales Pendant in der sakralen Landschaft des Initiationsheiligtums hatte. Mit eben diesen kulttopographischen Gegebenheiten, die je nach Einweihungsort variieren konnten, dürfte auch der ansonsten schwer zu erklärende Widerspruch zusammenhängen, dass nach manchen Texten sich der Brunnen bei der Zypresse »zur Rechten der Häuser des Hades« (A1, Z. 2, vgl. auch A3, Z. 1; A4, Z. 4), nach A2 (Z. 1) aber auf der linken Seite befindet (ähnliche Widersprüche auch in der B-Gruppe; s. dazu § 4.6 in der Einführung).

1.3 Zwei Bereiche der Erinnerung

Es gibt zwei Bereiche der Erinnerung, die wichtig sind: zum Ersten die Erinnerung an die Initiation (das »Werk der Mnemosyne«, s. oben), zum Zweiten die Erinnerung, die das Trinken aus dem Mnemosynebecken gewährleistet. Die Frage ist, worauf sich diese zweite Erinnerung bezieht, also welche Art der Erinnerung die verstorbenen Seelen durch das Trinken aus dem Becken der Mnemosyne gewinnen sollen und welche Erinnerung im Gegensatz dazu die anderen Seelen, die aus dem Brunnen bei der Zypresse trinken, verlieren, und zwar offenbar in beiden Fällen für immer. Die Erinnerung an die Initiation kann nicht gemeint sein, denn sie ist, wie bereits ausgeführt, die *Voraussetzung* dafür, dass man zum Becken der Mnemosyne gelangt. Der Gefahr, dass man dies vergessen könnte, begegnet man entweder durch Auswendig-Lernen allein (s. § 4.1 der Einführung) oder zusätzlich dadurch, dass man den Verstorbenen die Goldplättchen mit auf ihre Reise gibt, mit deren Hilfe die Anweisung, wie man zum ›Erinnerungsbrunnen‹ gelangt, erinnert werden kann. Da sich auf den Goldplättchen selbst keinerlei weitere Hinweise finden, zu welcher zweiten Art der Erinnerung das Wasser aus dem Becken der Mnemosyne dienen soll und welche Gefahr das Wasser beim Zypressenbrunnen birgt, muss man andere Quellen zu Rate ziehen.

Eine aufschlussreiche, parallele Konstellation von zwei gegensätzlichen Wasserstellen, die etwas mit Erinnern bzw. Nicht-Erinnern zu tun haben, findet sich im Bezirk des Trophonios-Totenorakels bei Lebadeia in Boiotien, von dem in der Einführung bereits ausführlicher die Rede war (§ 4.6). Die Ratsuchenden haben dort eine eigene Art der ›Totenwelt‹ betreten, die sich nachweislich in kulttopographischen Gegebenheiten widergespiegelt hat. Nach Pausanias hat es im heiligen Bezirk des Orakels eine Quelle mit dem Wasser der Lethe gegeben, die das Vergessen von allem bisher Gedachten bewirken sollte. Eine zweite, dort ebenfalls in der Nähe entspringende Quelle der Mnemosyne hatte eine spezielle, auf die Funktion als Totenorakel zugespitzte Funktion; sie sollte helfen, sich an das zu erinnern, was man während der nächtlichen Konsultation des Totenorakels erleben würde (Paus. 9,39,7 f; zu den signifikanten Unterschieden zwischen der Mnemosyne-Konzeption in den Goldplättchen und derjenigen des Trophonios-Orakels s. McClay 2023, 43). Aber das, was die Lethe-Quelle im Trophonios-Orakel bewirken sollte, deckt sich ziemlich genau mit Darstellungen in anderen Texten, wie beispielsweise bei der Schilderung des Zustands der verstorbenen Seelen, den Homer im 11. Buch der *Odyssee* beschreibt: Sie haben offensichtlich alle Erinnerungen an ihr vorheriges Leben verloren, und selbst als die Seele der verstorbenen Antikleia direkt vor Odysseus steht, der als Lebender ins Totenreich kam, ist sie nicht in der Lage, ihn als ihren Sohn zu erkennen und mit ihm zu reden; erst ein Trank, in diesem Fall vom Blut der von Odysseus geopferten Schafe, ermöglicht eine Wiedererinnerung, damit ein Wiedererkennen und einen Austausch von ihrer Seite (Hom. *Od.* 11,140–153; vgl. auch die Bezeichnung der Verstorbenen als νεκροὶ ἀφραδέες in *Od.* 11,475 f, was bedeutet, dass sie der Wahrnehmung, des Denkens und Sprechens beraubt sind).

Es ist nicht zwingend, aber aufgrund von diesen Parallelen und von weiteren Quellen wie Grabinschriften sehr wahrscheinlich, dass auch in den *Orphisch-Bakchischen Goldplättchen* der Verlust der Erinnerung an die eigene Vergangenheit zu befürchten stand, wenn die Seelen einmal aus dem Brunnen bei der weißen Zypresse getrunken haben, wohingegen das Wasser aus dem Becken der Mnemosyne genau vor einem solchen umfassenden Gedächtnisverlust zu bewahren schien (so auch Johnston in GJ, 119 f; zur Assoziation zwischen den beiden glückverheißenden Örtlichkeiten λίμνη und λειμών, dem Mnemosynebecken und der heiligen Wiese, wo sich die seligen Eingeweihten aufhalten, s. Tortorelli Ghidini 2011, 181 f). Für die unglücklichen Seelen, die den Trank des Vergessens getrunken haben, hat es nach anderen Zeugnissen im Totenreich dann auch einen entsprechenden Aufenthaltsort gegeben, eine »Ebene der Lethe« (τὸ τῆς Λήθης πεδίον, vgl. Aristoph. *ran.* 186; Plat. *rep.* 10,621a), oder, um einen der frühesten Belege zu nennen, sogar »Häuser der Lethe« (Λήθης δόμοι, vgl. Simonides, 6./5. Jh. v. Chr., *Anth. Pal.* 7,25,6).

Der erste, wichtige Bereich, in dem Erinnerung (Mnemosyne) für die Mysten eine entscheidende Rolle spielt, ist also die Erinnerung an das bei der Initiation Gelernte und Erfahrene; der zweite Bereich ist die Erinnerung an die eigene Vergangenheit, die man durch das Trinken vom Becken der Mnemosyne wiederzuerlangen oder zu bewahren hofft.

1.4 Die Wächter

Das Mnemosynebecken erscheint in den Texten der A-Gruppe als mehrfach abgeschottet: Es ist offenbar schwer zu finden, durch keine auffällige Pflanze markiert wie der Brunnen bei der weißen Zypresse, und noch zusätzlich bewacht. Für die in diesem Zusammenhang genannten ›Wächter‹ gibt es in der Antike sonst, soweit ich sehe, keine Belege, jedenfalls keine, die speziell das Amt von Mnemosynebecken-Wächtern in der Unterwelt betreffen oder diesem ähneln. Es ist eine eher vage Andeutung des vorsokratischen Philosophen Heraklit überliefert, nach der manche nach dem Tod zu »Wächtern über Lebende und Tote« werden (fr. 73 Marcovich = fr. 22 B 63 Diels/Kranz), aber aus anderen Parallelen geht hervor, dass man unter solchen ›Wächterdämonen‹ in erster Linie persönliche Schutzgottheiten zu verstehen hat, die die Lebenden beschützen und geleiten (Hes. *erg.* 121–123; Plat. *rep.* 10,620d f; Ael. Aristid. *or.* 3,188 f) – und damit haben sie eine doch sehr andere Funktion als die fest stationierten und eher abweisenden als helfenden Wächterfiguren in den Goldplättchen. Ob sich ein Bezug zu einer Stelle im Derveni-Papyrus herstellen lässt (col. 6,2 f bzw. col. 46,3 f = § 17,3 f Janko), wo von »Dämonen« die Rede ist, die für Seelen von Verstorbenen zu einem Hindernis werden können, ist ebenfalls unsicher (s. dazu den Kommentar von Kotwick 2017, 143 f), doch hat man es hier zumindest mit einem Text mit einem ebenfalls ›orphischen‹ Hintergrund zu tun. Offenbleiben muss auch, ob es eine Verbindung zu dem kultischen Amt der »Höhlenwächter« geben könnte, das auf einer in der Nähe von Rom gefundenen Inschrift einer Kultgemeinschaft von Dionysos-Mysten bezeugt ist (IGUR I Nr. 160, Tafel 3, col. 2,28, s. Einführung § 2.2)

Es fällt auf, dass die Frage der Wächter, in welcher Absicht die verstorbene Seele zum Mnemosynebecken kommt, nur zur Hälfte mit der Antwort harmoniert, die gegeben wird. Denn als Antwort wird nicht gleich gegeben, »um vom Becken der Mnemosyne zu trinken« oder »weil ich am Verdursten bin«, sondern es folgt vorher noch die auch in der B-Gruppe so zentrale Legitimationsformel »Der Ge Kind bin ich, und des Uranos, des sternenreichen« (s. dazu die Einführung § 4.8), also streng genommen die Antwort auf die Frage »Wer bist du?« bzw. »Welchen Status beanspruchst du für dich?« Diese in den Mnemosynebecken-Plättchen der A-Gruppe fehlende Frage »Wer bist du?« wiederum ist Standard in den Zypressenbrunnen-Plättchen der B-Gruppe. Das deutet (wie anderes) auf den abkürzenden Charakter der Texte auf den Goldplättchen hin; in beiden Textgruppen dürfte vorauszusetzen sein, dass man die jeweils nicht explizit ausgedrückte Frage aus den Kontexten bzw. Antworten jeweils mitzudenken hat.

In Text A1 (Z. 13) und wohl auch zu ergänzen in Text A4 (Z. 16) wird ein darauffolgender Zwischenschritt erwähnt, der sonst auf den Goldplättchen nicht überliefert wird, der aber wohl ebenfalls in der Regel mitzudenken ist. Nach der Legitimation der Mysten durch Aufsagen des ›Losungsworts‹ entfernen sich die Wächter, um der obersten Autorität in der Unterwelt eine entsprechende Meldung zu machen (Persephone oder Hades, s. dazu den Kommentar zu A1, Z. 13). Hier ist einiges implizit zu ergänzen, denn wenn die inzwischen offenbar zurückgekehrten Wächter erst nach dieser Meldung den Mysten Wasser aus dem Mnemosynebecken reichen, dann bedeutet dies, dass ein solcher positiver Ausgang von einer ›höchstrichterlichen‹ Entscheidung der obersten Unterweltsautorität abhing (s. dazu und zu Problemen der Textherstellung auch BJ, 48). Das wiederum bedeutet, dass selbst nach Aufsagen des ›Losungsworts‹ das anhängige ›Verfahren‹ noch nicht endgültig entschieden war. In der Einführung war bereits davon die Rede (§ 2.6), dass eine Möglichkeit, die selbst zu diesem Zeitpunkt noch zu einem negativen Ausgang hätte führen können, darin bestand, dass der Myste durch ein Vergehen wie z. B. durch einen Verrat der Kultgeheimnisse die Götter erzürnt haben könnte.

Sehr sparsam gehen selbst die langen Texte der Mnemosynebecken-Plättchen schließlich mit Andeutungen um, die das weitere Schicksal der Seelen betreffen, wenn sie sich erfolgreich legitimiert und aus dem Becken der Mnemosyne getrunken haben. Sie beschreiten einen »heiligen Weg« (A1, Z. 15 f) und dürfen dann mit anderen »Heroen« herrschen oder feiern (je nach Ergänzung in Z. 11 von A2) – alle weiterführenden Informationen muss man außerhalb suchen (s. dazu die Einführung § 4.9). Zur Diskussion und begründeten Ablehnung der eher unwahrscheinlichen Annahme, dass am Ende des »heiligen Weges« noch einmal eine zweite Prüfungs- und Legitimationssituation zu ergänzen ist s. Johnston in GJ, 129–131 (zwei Prüfungen, eine vor Persephone, eine vor der Zulassung zu den heiligen Wiesen der Persephone vor Wächtern, rekonstruiert für den vermuteten ›Archetyp‹ hinter den Goldplättchen Riedweg 2011, 247).

1.5 Texte der A-Gruppe

A1: Italien (Hipponion, Kalabrien), ca. 400 v. Chr.

1 Μναμοσύνας τόδε ἔργ'ον, ἐπεὶ ἂμ μέλλῃισι θανε⟨ῖ⟩σθαι·
2 εἰς Ἀΐδαο δόμο⟨υ⟩ς εὐήρεας, ἔστ' ἐπὶ δ⟨ε⟩ξιὰ κρήνα,
3 πὰρ δ' αὐτὰν ἑστακῦα λ̣ευκὰ κυπάρισ⟨σ⟩ος·
4 ἔνθα κατερχόμεναι ψυ̣καὶ νεκύων ψύχ̣ονται.
5 ταύτας τᾶς' κράνας μηδὲ σχεδὸν ἐνγύθ̣εν ἔλθῃ⟨ι⟩ς.
6 πρόσθεν̣ δ̣ὲ εὑρήσεις τᾶς Μναμοσύνας ἀπὸ λίμνας
7 ψυχρὸν ὕδωρ προρέον· φύλακες δὲ ἐπύπερθεν ἔασι.
8 ο̣ἵ δέ σε εἰρήσονται ἐν⟨ὶ⟩ φρασὶ πευκαλίμαισι
9 ὅ̣⟨τ⟩τι δὴ ἐξερέεις Ἄιδος σκότος ὀρφ̣⟨ν⟩ήεντος.
10 εἶπον· ›Γ̣ῆς παῖ⟨ς⟩ ε⟨ἰ⟩μι καὶ Ο⟨ὐ⟩ρανο⟨ῦ⟩ ἀστερόεντος·
11 δ̣ίψαι δ' ε⟨ἰ⟩μ' αὖος καὶ ἀπόλλυμαι· ἀλ⟨λ⟩ὰ δότ' ὦ⟨κα⟩
12 ψυχρὸν ὕδωρ πιέναι τῆς Μνημοσύνης ἀπὸ λίμ⟨να⟩ς.‹
13 καὶ δὴ τοὶ ἐρέο⟨υ⟩σιν {ι}ὑποχθονίωι βασιλῆϊ·
14 καὶ {δή τοι} δώσο⟨υ⟩σι πιε⟨ῖ⟩ν τᾶς Μναμοσύνας ἀπ̣ὸ λίμνα̣ς.
15 καὶ δὴ καὶ σὺ πιὼν ὁδὸν ἔρχεα⟨ι⟩ ἅν τε καὶ ἄλλοι̣
16 μύσται καὶ βάχχοι ἱερὰν στείχο⟨υ⟩σι κλε⟨ε⟩ινο̣ί̣.

1 Von der Mnemosyne (ist) dieses Werk hier, sobald (jemand) dazu bestimmt ist, zu ste⟨r⟩ben.
2 »Zu des Hades Häuse⟨r⟩n, den gut gefügten (gelangt), ist zur R⟨e⟩chten ein Brunnen,
3 und neben diesem steht eine weiße Zypres⟨s⟩e.
4 Wenn sie da heruntergekommen sind, erfrischen sich die Seelen der Toten.
5 In die nächste Nähe von eben diesem Brunnen darfst du nicht geh⟨e⟩n!
6 Vorher sollst du finden ein vom Becken der Mnemosyne
7 hervorfließendes kaltes Wasser; oben darüber aber sind Wächter.
8 Die aber werden dich fragen mi⟨t⟩ strenggefügtem Sinn,

9 wes⟨h⟩alb du denn durchsuchst des Hades Finsternis, des düs⟨t⟩eren.
10 Sprich: ›Der Ge Kin⟨d⟩ bin ⟨i⟩ch, und des Urano⟨s⟩, des sternenreichen.
11 Vor Durst aber b⟨i⟩n ich ausgetrocknet und gehe zugrunde. Dar⟨u⟩m gebt (mir) sch⟨nell⟩
12 kaltes Wasser zu trinken von Mnemosynes Bec⟨ke⟩n!‹
13 Und unverzüglich werden diese (es) dem unterirdischen König mel⟨d⟩en.
14 Und sie werden {(dir) unverzüglich} zu trink⟨e⟩n geb⟨e⟩n vom Becken der Mnemosyne.
15 Und so gehs⟨t⟩ denn auch *du*, getrunken habend, den Weg, den auch die anderen
16 gepri⟨e⟩senen Mysten und Bakchen beschre⟨i⟩ten, den heiligen!«

Kommentar

Eine Fotografie des Goldplättchens findet man als Abbildung 2 in diesem Band. Die erste Zeile kann als eine Art Überschrift aufgefasst werden, die den Text auf dem Goldplättchen bzw. das Goldplättchen insgesamt wahrscheinlich (s. dazu unten) als »Werk« der Mnemosyne bezeichnet. Im weiteren Leben und im Fall des eintretenden Todes soll dieses Werk der Mnemosyne dem oder der Verstorbenen ermöglichen, sich daran zu erinnern, wie man das Wasser der Mnemosyne erlangen kann, durch eine detaillierte Anweisung zu den Örtlichkeiten und Persönlichkeiten, die im Kontext des Beckens der Mnemosyne in der Unterwelt wichtig sind (zu Weiterem s. die Einleitung zur A-Gruppe).

Auf dem Goldplättchen aus Hipponion, einem der ältesten Zeugnisse der bisher gefundenen *Orphisch-Bakchischen Goldplättchen*, wird für Ω, OΥ und O unterschiedslos O, und für H, EI und E ausnahmslos E geschrieben; in der hier gebotenen Transkription des

Texts wurden vom Original abweichend an passenden Stellen E/O durch H/Ω ersetzt bzw. an die Standardschreibung angepasst, nicht aber das nach dem Vorbild des dorischen Dialekts öfters (aber nicht systematisch) beibehaltene A (statt H, also z. B. im Text »Mnamosyna« statt »Mnemosyne«, außer in Z. 12, also unsystematisch). H ist als Äquivalent für den Buchstaben Eta inexistent, wird dafür aber als Buchstabe für den Lautwert /h/ eingesetzt (Z. 6: ΗΕΥΡΕΣΕΙΣ; Z. 15: ΗΟΔΟΝ, Z. 16: ΗΙΕΡΑΝ, aber nicht bei ὕδωρ, Z. 7 und 12; fehlende Aspiration liegt auch vor bei ὑπό in Z. 13 und bei ἐπύπερθεν statt ἐφύπερθεν, Z. 7).

Der Text ist in daktylischen Hexametern abgefasst, und die Zeilen auf dem Goldplättchen entsprechen den Versen; eine vermutlich nicht beabsichtigte Überlänge des Hexameters liegt in Zeile 14 vor, eine vielleicht absichtliche Überlänge (ein Heptameter) in Zeile 2. Hiate (ohne Fälle mit Hiatkürzung) werden des Öfteren geduldet (Z. 1 τόδε ἔργον; Z. 6 δὲ ἑυρήσεις; Z. 8 σε εἰρήσονται; Z. 13 τοὶ ἐρέουσιν). Öfters findet sich ein einzelner Konsonant statt Doppelkonsonanz, was für die Bildung einer Positionslänge und damit für die Metrik eigentlich erforderlich wäre (Z. 11 ἀλ⟨λ⟩ὰ; Z. 3 κυπάρισ⟨σ⟩ος; Z. 9 ὅ⟨τ⟩τι).

Mehrfach finden sich Wörter und Wendungen aus der gehobenen Sprache epischer Dichtung wie etwa φρασὶ πευκαλίμαισι (»mit strenggefügtem Sinn«: Z. 8, vgl. Hom. *Il.* 8,366), Ἄιδος σκότος ὀρφνήεντος (»des Hades Finsternis, des düsteren«: Z. 9, vgl. Quint. Smyrn. 3,657) oder Οὐρανοῦ ἀστερόεντος (»des Uranos, des sternenreichen: Z. 10, vgl. Hes. *theog.* 106). Dieser archaische Stil ist einer von mehreren Hinweisen auf Orpheus als ›Ur-Autor‹ und Gewährsmann, der Dichtungen mit Unterweltsbezug ebenfalls im Hexameter verfasst haben soll (s. dazu die Einführung § 4.2).

1 Μναμοσύνας τόδε ἔργ'ον: Das dritte Wort ist in der Lesung seit langem und nach wie vor umstritten; zu sehen ist auf dem Goldplättchen eindeutig EPION. Unverändert ist diese metrisch

wie inhaltlich problematische Lesung interpretierbar entweder als ἔριον (ionisch-episch auch εἴριον) = »Wolle« oder als ἤριον = »Erdhügel, Grabhügel, Grab«, da die E-Laute Epsilon und Eta auf dem Goldplättchen in der Regel nicht unterschieden, sondern einheitlich mit Epsilon geschrieben werden. Hier gibt es aber metrische Schwierigkeiten: Wenn man von einer Synalöphe ausgeht (τοδε‿εριον), müsste in beiden Fällen das eigentlich kurze ι lang gemessen werden, und im Fall von ἤριον müsste man zusätzlich das eigentlich lange η kurz messen. Da der Text metrisch öfter Hiate zulässt, wäre mit Hiat und einer freilich ungewöhnlichen Synizese bei ιο auch die Lesung τοδεʰ ἤρι͜ον (für EPION) denkbar. Aber dann gibt es formal und inhaltlich ein Problem mit dem Fortgang, denn die durch Synizese entstehende lange Silbe würde das Versmaß zerstören, und die Aussage »Von der Mnemosyne ist dieses Grab hier, sobald ⟨jemand⟩ dazu bestimmt ist, zu sterben« ergibt wenig Sinn. Sobald ein Eingeweihter stirbt, braucht er von der »Erinnerung« ein »Werk der Erinnerung«, nicht ein Grabmal (das haben alle); Mnemosyne ist nicht die Herrin des Grabes, sondern der Erinnerung, und sie als Beschützerin des Grabes anzusehen für jemanden, der erst noch sterben wird (ἐπεὶ ἂμ μέλληισι θανε⟨ῖ⟩σθαι), ist wenig plausibel (Lesung ἤριον dennoch verteidigt bei Torjussen 2010, 156 f und McClay 2023, 80 f mit Verweisen auf weitere Verfechter in Anm. 17; etwas zurückgenommen McClay 2023a, 125, Anm. 16). Es wurden hier noch andere Vorschläge gemacht wie die Reparatur einer Buchstabenvertauschung von EPION zu ἱερόν (Pugliese Carratelli 1993), oder die Annahme der ionischen Form ἱρόν (mit langem Iota) für ἱερόν (Di Benedetto 2004; Tortorelli Ghidini 2006), aber das führt zu inhaltlichen, epigraphischen (fehlende Aspiration, vgl. HIEPAN in Z. 16) und im Fall von ἱερόν zu metrischen Problemen. Der Vorschlag von Giannobile/Jordan 2008, 294 für den ›Archetyp‹ des Texts (Μνημόσυνον τόδ' ἄειρον – »This reminder take up«) bleibt spekulativ und würde, auf

A1 angewendet, einen doppelten Eingriff in den überlieferten Text erforderlich machen. Für weitere Vorschläge sei hier auf den textkritischen Apparat bei Bernabé und auf die Diskussionen bei Tortorelli Ghidini 2006, 114–116 und Torjussen 2010, 154–157 verwiesen. Die Plausibilität der Rekonstruktion ἔργ'ον wird durch C4, Zeile 3 bestätigt, wo parallel ähnlich von »dieser Gabe der Mnemosyne« (Μνημοσύνης τόδε δῶρον) die Rede ist. Der Hiat bei τόδε ἔργον erklärt sich dann u. a. durch ausgefallenes Digamma (*Ϝεργον*). Da der obere Balken des Buchstabens Γ in Text A1 z. B. in Zeile 5 eher kurz ausfällt, so dass die Buchstabenformen der Großbuchstaben I und Γ nicht sehr unterschiedlich sind, liegt die Annahme nahe, dass der obere Querbalken beim Beschreiben vergessen wurde (so dass I statt Γ entstand). Dass bei der Verschriftung auf diesem Goldplättchen Fehler unterlaufen sind, zeigt jedenfalls auch die eindeutige Verschreibung in Zeile 5 (TAP statt TAΣ).

ἐπεὶ ἂμ μέλλησι θανε⟨ῖ⟩σθαι: Problematisch scheint auf den ersten Blick die 3. Person Singular μέλλησι zu sein, da sonst im Text der oder die Verstorbene in der 2. Person Singular angeredet wird (entsprechend korrigieren Giannobile/Jordan 2008, 294 den Text zu ἐπὴν μέλλῃς θανέεσθαι und übersetzen »whenever you are about to die«). Das muss aber nicht problematisch sein, wenn man den Eingangsvers als eine Art Überschrift deutet; dafür spricht auch, dass in Text A2 vermutlich derselbe Text (dort nur fragmentarisch) offenbar als Textunterschrift und damit funktional gleich eingesetzt wurde (A2, Z. 12). Natürlich kann sich μέλλησι inhaltlich kaum auf Mnemosyne oder auf ἔργον beziehen, aber mit Zuntz (1976, 135) ist hier ein [τις] mitzudenken (»wenn zu erwarten ist, dass [jemand] stirbt«); vgl. eine parallele Ellipse in Plat. *rep.* 2,264c ἐάν τέ τινα ἐχθρὸν πημῆναι ἐθέλῃ (»wenn [jemand] irgendeinem Feind Schaden zufügen will«).

ἂμ μέλλησι: Statt ἂν μέλλησι steht auf dem Plättchen entweder eine Verschreibung (Dittographie des folgenden μ) oder eine bewusste Konsonanten-Assimilation zu ἂμ μέλλησι, analog zum Phänomen bei der Präposition ἀνά (verkürzt ἄν, vor Labialen ἄμ); ein ähnliches Phänomen in Texten der B-Gruppe bei der Junktur πιέμ μοι (statt πιέν μοι).

2 εἰς Ἀίδαο δόμο⟨υ⟩ς: In den Goldplättchen finden sich auch an anderen Stellen Präpositionen mit einem Akkusativ der Richtung, die ein entsprechend zu ergänzendes Verbum auslassen, vgl. A2, Z. 1; A3, Z. 1; D1, Z. 7. Anders Bernabé/Jiménez San Cristóbal (2008, 19 mit Anm. 40), wo der Richtungsakkusativ auf das Verbum »sterben« bezogen wird (»to die towards Hades«).

ἐπὶ δ⟨ε⟩ξιὰ: Zur Lesung δ⟨ε⟩ξιὰ s. Pugliese Carratelli 2001, 39: »lo Ξ di ΔΕΞΙΑ sembra sovrapposto ad un E«. Der Vers hat Überlänge; ein korrekter Hexameter wäre z. B. dann möglich, wenn δ⟨ε⟩ξιὰ fehlen würde; allerdings ist das noch keine Lösung zur Reparatur des Hexameters, da ἔστ' ἐπὶ κρήνα keinen Sinn ergibt. Überlänge hat auch der Vers in Z. 14 (dort aber erklärbar als Dittographie aus der Vorzeile).

κρήνα: Nach diesem Wort und nach dem Ende von Zeile 3 sind auf dem Goldplättchen noch 3–4 vereinzelte Buchstaben ohne Zusammenhang zu sehen (T, A und O sind gut zu erkennen), die nach Guarducci 1985, 389 (so auch Janko 2016, 111) von einer früheren Nutzung des Goldplättchens herrühren könnten, das dann geglättet und für neue Zwecke wiederverwendet wurde.

3 ἑστακῦα: Dorische und verkürzte Form des Partizips Perfekt Medium von ἵσταμαι (ἑστηκυῖα; vgl. ἑστηκυῖαν in A2, Z. 2). Im vorliegenden, bis auf das vorletzte Metrum auffällig spondeischen Hexameter ist die eigentlich kurze letzte Silbe von ἑστακῦα als *brevis in longo ante caesuram* zu interpretieren.

λ̣ευκὰ κυπάρισ⟨σ⟩ος: Zur »weißen Zypresse« s. die Einleitung zur A-Gruppe.

4 ψυ̣καὶ νεκύων ψύκ̣ονται: Schreibweise mit »κ« auf dem Goldplättchen (statt ψυχαὶ ... ψύχονται). Das Wortspiel bzw. die *figura etymologica* kann man in der Übersetzung nicht nachahmen; im Griechischen ist es durch die Wortanklänge klar und folgerichtig, dass die verstorbenen »Seelen« (*psychai*) sich »beseelen« i. S. v. »erfrischen« oder »abkühlen« (*psychontai*; zur Diskussion von Übersetzungsvorschlägen s. Tortorelli Ghidini 2006, 120 f). Darüber hinaus in dieser Zeile eine Anspielung auf die Reinkarnationslehre zu sehen i. S. v. »sich *wieder* beseelen«, ist eine Überinterpretation (Merkelbach 1999, 4 und 9; Tortorelli Ghidini 2006, 43 f).

5 τᾶς[!]: Auf dem Goldplättchen steht TAP.

σχεδὸν ἐνγύθ̣εν: Schreibung ἐνγύθεν für ἐγγύθεν. Die auffällige Doppelung »in die nächste Nähe« zielt auf eine Verstärkung der Warnung (anders formuliert könnte man sagen »dieser Quelle darfst du dich nicht einmal annähern«), u. a. auch um der Gefahr zu entgehen, bei dem drängenden Durst doch der Versuchung zu erliegen, aus der ›falschen‹ Wasserstelle zu trinken.

6 εὑρήσεις: Das Futur ist ein (positives) Pendant zu dem Prohibitiv μηδὲ ... ἔλθηι̣ς von Zeile 5.

7 ψυχρὸν ὕδωρ: Durch das Adjektiv klingt im Griechischen bei der Junktur »kaltes (*psychron*) Wasser« so etwas wie »Wasser für die Seelen« (*psychai*) an. Vielleicht ist es kein Zufall, dass in einem längeren Sappho-Fragment, das möglicherweise auf Aphrodite-Mysterien Bezug nimmt, das (eindeutig positiv konnotierte) Wasser des Brunnens im Aphrodite-Heiligtum auch durch das Adjektiv »kalt« näher charakterisiert wird, vgl. fr. 2,5 f (Voigt bzw. Neri): ἐν δ' ὔδωρ ψῦχρον κελάδει δι' ὔσδων / μαλίνων – »Drinnen [sc. im Heiligtum] aber rauscht kaltes Wasser zwischen den Zweigen / der Apfelbäume ...«

ἐπύπερθεν: Nicht aspirierte Kombination aus ὕπερθεν (»von oben, darüber, oberhalb«) mit ἐπί (»oben auf, darüber«), und damit eine ähnliche Überdetermination wie σχεδὸν ἐνγύθεν in Zeile 5. Möglicherweise spielt hier aber auch die epische Technik der Tmesis mit herein, und ἐπί wäre zu ἔασι zu ziehen (ἔπειμι = »vorstehen, vorgesetzt sein«): Die Wächter sind als »Vorsteher« bzw. Aufseher über den Ausfluss aus dem Becken der Mnemosyne eingesetzt. Text A2, Z. 5 hat an dieser Stelle ἐπίπροσθεν (»nahe, dicht davor, im Weg stehend«).

ἔασι: Epische Form für εἰσίν (mit langem Alpha).

8 φρασί: Dorische Form des Dativs Plural von φρήν (statt attisch φρεσί).

πευκαλίμαισι: Episches Adjektiv mit archaisierendem Klang, das wörtlich so viel wie »dicht/kompakt zusammengefügt« bedeutet, bei Homer nur benutzt in der wiederholten (und auch hier gebrauchten) Wendung φρεσὶ πευκαλίμῃσι (Hom. *Il.* 8,366 u. ö.). Im vorliegenden Kontext ist hier wohl am ehesten gemeint, dass die Wächter »festen = unnachgiebigen/strengen Sinnes« sind.

9 ὸ̣⟨τ⟩τι: ὅτι, episch auch ὅττι oder ὄττι (»warum, weshalb«).

ὀρφ̣⟨ν⟩ήεντος: ὀρφνήεις ist ein poetisches Adjektiv für ὀρφνός = »dunkel, düster«; die ganze Wendung Ἄιδος σκότος ὀρφνήεντος klingt dadurch und durch die pleonastische Ausdrucksweise nach einem episch gehobenen Ton. Mit der Folgezeile zusammen ergibt sich ein antithetischer Kontrast zwischen den beiden in gleicher Weise betont an das Versende gesetzten, gleich ausklingenden Adjektive ὀρφνήεντος (»finster«) – ἀστερόεντος (»sternenreich«).

10 εἶπον· Γ̣ῆς παῖ⟨ς⟩ ε⟨ἰ⟩μι: Die Zeile ist teilweise kaum leserlich und hat daher zu verschiedenen Textrekonstruktionen geführt; nach vergrößerter Ansicht des neu aufbereiteten, ausgezeichneten Fotos bei Antinozzi et al. 2020, 1553 ist aber sehr wahrscheinlich ΕΙΠΟΝΓ̣Ε̣ΣΠΑΙΕΜΙ zu rekonstruieren (vgl. bereits Tortorelli Ghidini 2006, 123).

O⟨ὐ⟩ρανο⟨ῦ⟩ ἀστερόεντος: Auch hier wieder eine epische Wendung, vgl. Hesiod *theog.* 105 f, wo es vergleichbar von den Geschlechtern der unsterblichen Götter heißt (angeredet sind die Musen): κλείετε δ᾽ ἀθανάτων ἱερὸν γένος αἰὲν ἐόντων, / οἳ Γῆς ἐξεγένοντο καὶ Οὐρανοῦ ἀστερόεντος – »Preist aber das heilige Geschlecht der ewig seienden Unsterblichen, / die der Ge entstammten und dem Uranos, dem sternenreichen«. Dieser erste Teil der Antwort geht nicht direkt auf die Frage der Wächter ein, sondern stellt eine Art Nachweis über die eigene Identität bzw. Stellung dar, um sich für das dann vorgetragene Ansinnen als berechtigt auszuweisen (s. dazu ausführlicher die Einleitung zur A-Gruppe und die Einführung § 4.8). Zur besonderen metrischen Gestaltung dieses entscheidenden Losungsworts (sonst gemiedene Dihärese vor O⟨ὐ⟩ρανο⟨ῦ⟩ in Kombination mit der bukolischen Dihärese danach) s. Porta 1999, 328.

11 αὖος: αὖος (»trocken, ausgedörrt«, im Attischen aspiriert αὗος) ist in der Regel ein dreiendiges Adjektiv (für Maskulinum, Femininum und Neutrum jeweils andere Formen), so dass aus dieser Textstelle hervorgehen könnte, dass dieses Goldtäfelchen einem Mann ins Grab gegeben wurde, da die Form αὖος Maskulinum ist. Das Täfelchen lag aber auf der Brust eines Skeletts, das vermutlich das einer Frau war. Tatsächlich ist αὖος auch als zweiendiges Adjektiv belegt (gleiche Endung für Maskulinum und Femininum, eine zweite Endung für Neutrum), was zu der Formelhaftigkeit der Goldplättchen auch besser passt; das Adjektiv ist gewählt, weil es geschlechtsneutral verwendet werden kann. In der Parallele in Text A2, Z. 8 steht die feminine Form, aber auch dort eher als Bezeichnung für die Seele, nicht zur Be-

zeichnung des Geschlechts der verstorbenen Person (s. zu dieser Genderthematik ausführlicher die Einführung § 4.1). Zu einem Rastplatz neben einem »Stein des Ausgedörrt-Seins« (παρὰ τὸν Αὑαίνου λίθον) in der Unterwelt s. Aristoph. *ran.* 194 f.

ἀλ⟨λ⟩ὰ: ἀλλά ist normalerweise adversativ (»aber«), wird aber dann, wenn es (wie hier) in einer Rede von einer Darlegung zu einer Aufforderung überleitet, in der Bedeutung »darum« verwendet (denkbar wäre bei Aufforderungen auch die Bedeutung »nun, wohlan«).

12 πιέναι: Ungewöhnlichere epische Infinitivform zu πίνω, obwohl zwei Zeilen später der bei Homer bezeugte Infinitiv πιεῖν gebraucht wird.

λίμ⟨να⟩ς: Ergänzung aufgrund der Parallele am Ende von Zeile 14. Auf dem guten Foto von Antinozzi et al. 2020, 1553 ist nach einem Faltknick des Goldplättchens noch ein Sigma halb erkennbar.

13 καὶ δὴ τοὶ: Die Kombination καὶ δή steht oft im Sinn von »sogleich« (s. Menge et al. 1999, 352); selten ist der Fall einer Verstärkung dieser Wendung durch enklitisches τοι (καὶ δή τοι: vgl. Apoll. Rhod. 2,841), womit die Unverzüglichkeit der Meldung an den König der Unterwelt noch einmal unterstrichen würde; etwas wahrscheinlicher ist die Interpretation von TOI als Pronomen der dritten Person Plural (Janko 2016, 120).

τοὶ ἐρέο⟨υ⟩σιν: Hiat.

ἐρέο⟨υ⟩σιν: Das direkte Objekt ist hier zu ergänzen (am ehesten: »es«, also die Wächter werden dem Hades Meldung machen vom Ansinnen der angekommenen Seele). Andere Editoren lesen hier ΕΛΕΟΣΙΝ, aber auf dem Foto von Antinozzi et al. 2020, 1553 ist deutlich zu sehen, dass der zweite Buchstabe kein Λ sein kann; es ist viel eher ein (oben etwas verkümmertes) Ρ, also ΕΡΕΟΣΙΝ.

βασιλῆϊ: Bernabé ergänzt in Anlehnung an West (1975) die Buchstabenfolge ΒΑΣΙΛΕΙ zu βασιλεί⟨αι⟩ (»der Königin«; s. dazu auch BJ, 48 f). Da der Text durchgehend E-Laute mit Epsilon schreibt, ist die einfachste Lösung, die alte (epische) Dativ-Form βασιλῆι (»dem König«) zu rekonstruieren. Für die Lösung βασιλεί⟨αι⟩ »der Königin« von West und Bernabé spricht, dass in den Goldplättchen C1 und C2 (Z. 6 f) Persephone als diejenige erscheint, welche die Seelen zu den Bereichen der Eingeweihten schickt, dass in den Texten F1 und F6 Persephone allein (ohne Hades/Pluton) adressiert wird, während der Unterweltskönig normalerweise nicht allein genannt wird (möglicherweise in F2, aber das ist nicht sicher), und dass in den *Orphischen Hymnen* Persephone einmal angerufen wird als ὑποχθονίων βασίλεια (im Vokativ, nicht im Dativ, und außerdem beschreibt das Adjektiv in diesem Fall nicht die Königin selbst, sondern ihre Untergebenen: *Orph. h.* 29,6). Gegen Wests und Bernabés Lösung spricht, dass die Beispiele dieser anderen Stellen nicht aus den zusammengehörenden Texten der A-Gruppe stammen, dass es generell problematisch ist, die Texte zu sehr zu vereinheitlichen, dass die Lesung βασιλῆϊ inhaltlich möglich ist und keinen Eingriff in den Textbestand erforderlich macht, und dass auf dem Goldplättchen gerade an dieser Stelle am Ende der Zeile noch ausreichend freier Platz zur Verfügung stand, so dass man leicht ΒΑΣΙΛΕΙΑΙ hätte schreiben können, dies aber (wahrscheinlich) bewusst nicht getan hat. Für die Deutung der ablaufenden Geschehnisse spielt es freilich keine allzu große Rolle, ob die Meldung der Wächter an Persephone oder an Hades (oder an beide) ergeht; in jedem Fall muss eine oberste Unterweltsinstanz eine endgültige Entscheidung über das Schicksal der angekommenen Seele fällen (s. dazu die Einleitung zur A-Gruppe).

14 {δή τοι}: Von Bernabé als Versehen getilgt. Das ist nicht nur plausibel als versehentliche Dittographie von der Vorzeile, sondern auch deshalb, weil erst durch diese Tilgung der Vers zu einem Hexameter wird. Giannobile/Jordan 2008, 289, Anm. 6, vermuten anstelle von τᾶς Μναμοσύνας als Text im ›Archetyp‹ θείης (vgl. A2, Z. 10).

ἀπὸ̣ λίμνα̣ς̣: Das O ist aufgrund des Faltknicks nur halb zu sehen; die letzten drei Buchstaben von ΛΙΜΝΑΣ sind (schwer leserlich) am rechten Rand seitlich nach oben geschrieben.

15 καὶ δὴ καὶ: Giannobile/Jordan 2008, 288 lesen hier fälschlich και δε τοι; auf dem Goldplättchen ist aber klar die Buchstabenfolge ΚΑΙΔΕΚΑΙ zu erkennen. Am Ende des Texts häuft sich der Einsatz von καί, dreimal am Zeilenanfang (Z. 13–15), einmal an zweiter Position in Zeile 16, dann nochmals an dritter und vorletzter Stelle hier in Zeile 15, was dem Textende eine ganz eigene, vorwärtsstrebende Dynamik verleiht (zur Beobachtung eines »linking phonetic echo« der Zeilenanfänge 13–16 s. auch Watkins 1995, 282). Mit καὶ δὴ καὶ σύ ἔρχεα⟨ι⟩ wird das besondere Los der eingeweihten Person auch sprachlich besonders hervorgehoben: »und so gehst denn insbesondere auch *du* …« (zur Übersetzung von καὶ δὴ καί s. Menge et al. 1999, 352).

καὶ … καὶ … τε καὶ: Das Moment des »auch« (»*auch* du«; »*auch* die anderen«) und damit der Zugehörigkeit zum Kreis der Eingeweihten wird stark betont.

ἔρχεα⟨ι⟩: Episch-ionische Form für die 2. Person Singular Präsens Indikativ Mediopassiv in futurischer Bedeutung (vgl. das Futur in der Vorzeile).

16 μύσται καὶ βάχχοι: Das καί ist eher als ein explikatives als ein additives »und« zu interpretieren, so dass der Ausdruck »Mysten und Bakchen« wohl als Hendiadyoin für »bakchische Mysten« anzusehen ist, auch wenn nicht ganz ausgeschlossen werden kann, dass hier zwei unterschiedliche Gruppen gemeint sein könnten, Eingeweihte in die Eleusinischen und die Dionysischen Mysterien (s. dazu auch die Einführung § 4.3 und Johnston in GJ, 120 f), oder Eingeweihte in unterschiedlichen Graden der Vollkommenheit (s. dazu BJ, 52 f). Zum eindeutigen Bezug der Bezeichnung »Bakchen« auf den Dionysoskult s. Torjussen 2010, 50.

βάχχοι: Schreibweise mit »χ« auf dem Goldplättchen (statt βάκχοι). Mit dem Wort »Bakchen« liegt ein deutlicher Bezug auf den Dionysischen Mysterienkult vor.

ἱερὰν: Auffällig ist die ansonsten im Text sonst so nicht vorkommende weite Sperrung ὁδὸν ... ἱερὰν; durch dieses Hyperbaton wird das Adjektiv besonders hervorgehoben. Die ἱερὰ ὁδός ist eine feste Bezeichnung für die »Heilige Straße«, welche die Mysten bei der Einweihung in die Großen Eleusinischen Mysterien von Athen nach Eleusis beschreiten (Paus. 1,36,3); es gab aber in Griechenland auch andere »Heilige Straßen« (Hdt. 6,34,2: nach Delphi; Paus. 5,25,7: von Elis nach Olympia), so dass der Bezug auf Eleusis weder eindeutig noch zwingend ist (s. dazu BJ, 50–52).

κλε⟨ε⟩ιν̣ο̣ί̣: Die letzten drei Buchstaben sind nach Pugliese Carratelli (1993, 20) »incise lungo il margine destro«, was auch mit sehr guten Fotos nur schwer nachvollziehbar ist. Zum erreichten neuen Status als »gepriesener« Mensch und zur Vergleichbarkeit mit Initiationsritualen für den Übergang vom Knaben- zum Mannes-Status s. McClay 2021, zu einem möglichen Bezug des Adjektivs auf das Thema »Erinnerung« bzw. Mnemosyne ders. 2023, 59. Nach McClay (2023, 55–76) soll die Mnemosyne-Thematik der Goldplättchen Parallelen aufweisen »with the theme of memory as they play out in Sappho and Theognis« (ebd. 63), wo die Erinnerung an Mitglieder der jeweiligen »poetic group« (ebd. 57) gekoppelt sei an eine dichterische Performanz (ebd. 62: »Both Sappho and Theognis thus connect memory to ongoing poetic performance within a specific group«); in den Goldplättchen, so McClay, kreieren auf ähnliche Weise »the surviving cult participants … a mirror of themselves, imagining in idealized form their own durability and distinctive character« (ebd. 76). In den Goldplättchen steht aber nirgends der Gedanke an eine Berühmtheit der eigenen Gruppe oder gar des eigenen Ichs vor und nach dem Tod durch dichterisch verherrlichende Performanz im Vordergrund, sondern an erster Stelle steht im Rahmen ritueller Performanz die Hoffnung auf eine wesensverändernde Aufnahme in die Schar der »Berühmten«; es geht nicht um ein Erinnert-Werden oder Berühmt-Werden bei den Menschen (»*kleos* in social memory«, ebd. 62) als Selbstzweck, sondern um Erinnerung als Mittel zum Zweck für ein Feiern mit den Göttern.

A2: Italien (Petelia, Kalabrien), 4. Jh. v. Chr.

1 Εὑρήσ̣εις δ' Ἀΐδαο δόμων ἐπ' ἀριστερὰ κρήν|ην,
2 πὰρ δ' αὐτῆι λευκὴν ἑστηκυῖαν κυπάρισσον.|
3 ταύτης τῆς κρήνης μηδὲ σχεδὸν ἐμπελάσειας.|
4 εὑρήσεις δ' ἑτέραν, τῆς Μνημοσύνης ἀπὸ λίμνης|
5 ψυχρὸν ὕδωρ προρέον· φύλακες δ' ἐπ⟨ί⟩προσθεν ἔασι.|
6 εἰπεῖν· ›Γῆς παῖς ε⟨ἰ⟩μι καὶ Οὐρανοῦ ἀστερόεντο⟨ς⟩.
7 αὐτὰρ ἐμ|οὶ γένος οὐράνιον; τόδε δ' ἴστε καὶ αὐτοί.
8 δίψηι δ' εἰμὶ αὖ|η καὶ ἀπόλλυμαι· ἀλλὰ δότ' αἶψα
9 ψυχρὸν ὕδωρ προρέ|ον τῆς Μνημοσύνης ἀπὸ λίμνης.‹
10 καὐτ[οί σο]ι δώ̣σουσι | πιεῖν θείης ἀπ[ὸ λίμ]νης.
11 καὶ τότ' ἔπειτα [τέλη σὺ μεθ'] ἡρώε|σσιν ἀνάξει[ς].
vel:
11 καὶ τότ' ἔπειτ' ἄ[λλοισι μεθ'] ἡρώε|σσιν ἀνάξει[ς].
12 [Μνημοσύ]ν̣ης τόδε ἔ̣[ργον, ἐπεὶ ἂν μέλληισι] | θανεῖσθα̣[ι.
13 … τ]όδε γρα[… |
14 … ΠΟ̣ΓΛΩΣΥ̣ΠΑ[.]Ω̣ σκότος ἀμφικαλύ̣ψας.

1 »Finden wirst du aber, nach der linken Seite der Häuser des Hades hin(gewendet), einen Brunnen,

2 und neben diesem hingestellt eine weiße Zypresse.

3 Mögest du nicht in die Nähe von eben diesem Brunnen kommen!

4 Du sollst aber einen anderen finden: Vom Becken der Mnemosyne

5 hervorfließendes kaltes Wasser; Wächter aber sind d⟨i⟩cht davor.

6 Sage: ›Der Ge Kind b⟨i⟩n ich, und des Uranos, des sternenreiche⟨n⟩!

7 Indes, (bin) ich von himmlischem Geschlecht? Dies aber wisst ja insbesondere ihr.

8 Vor Durst aber bin ich ausgetrocknet und gehe zugrunde. Darum gebt (mir) schnell

9 kaltes Wasser, hervorfließend vom Becken der Mnemosyne!‹

10 Und sie selb[st] werden [di]r zu trinken geben vo[m] göttlichen [Bec]ken.

11 Und [du,] du wirst da dann [mit den] Heroen [Weihen] durchführe[n].«

oder:

Und da wirst du dann [mit andere]n Heroen herrsche[n]!«

12 [Von der Mnemosy]ne (ist) dieses W[erk hier, sobald (jemand) dazu bestimmt ist,] zu sterbe[n.

13 ... d]ieses schreib[...

14 ... POGLŌSYPA[.]Ō Finsternis ringsum umhüllt.

Kommentar

Eine Fotografie des Goldplättchens findet man als Abbildung 3 in diesem Band. Das Goldplättchen stammt aus dem 4. Jahrhundert v. Chr., wurde (vielleicht erst nachträglich) gefaltet und aus unbekannten Gründen in einen Zylinder an einer Kette gesteckt (wovon auch die Beschädigungen herrühren), die aus dem 2./3. Jahrhundert *nach* Christus stammt. Die Gründe dafür sind unbekannt; die Vermutung, dass jemand das Goldplättchen später aus dem Grab entfernt, es eingerollt, an einer Kette befestigt und dann wieder in das Grab zurückgelegt hat (so Chrysanthou 2020, 114 f), wirft eher Probleme und Fragen auf, als dass sie eine befriedigende Antwort darstellt.

Die abschließenden Zeilen 12–14 sind auffällig, da sie nach der Klimax von Zeile 11 offenbar einen Abspann bringen, der auf einen Paratext hindeutet, der auch als eine Art Überschrift oder Einleitung hätte stehen können. Das wird durch einen Vergleich mit A1, Z. 1 und A4, Z. 3 erhärtet, wo textliche Parallelen gerade einleitend am Anfang stehen. Dieser Abspann stuft das Goldplättchen insgesamt als Werk der Mnemosyne ein (wenn die Ergänzungen so stimmen), hat vielleicht noch einen Hinweis auf den Schreiber des Textes beinhaltet (vgl. die Buchstabenreste in Z. 13; bedauerlich, dass hier nicht mehr erhalten ist) und hat möglicherweise noch eine allgemeine Beschreibung der Unterwelt oder der Situation der Seelen in der Unterwelt geliefert, die von Finsternis gekennzeichnet ist (Z. 14: σκότος ἀμφικαλύψας).

Nur in den Zeilen 2–5 stimmen die Zeilen auf dem Goldplättchen jeweils mit einem Hexametervers überein; ansonsten werden Zeilenumbrüche mitten in den Versen vorgenommen.

1 Εὑρήσ̣εις: Etliche von den ersten Buchstaben sind selbst auf guten Fotos kaum erkennbar, so dass man sich auf die Transliteration früherer Editoren verlassen muss, die das Goldplättchen im Original und in einem vielleicht besseren Zustand vor Augen hatten; ein doppeltes ΣΣ, wie von den meisten Editoren angegeben, ist für mich nicht erkennbar.

ἐπ' ἀριστερὰ: Zu Präpositionen mit einem Akkusativ der Richtung, die ein entsprechend zu ergänzendes Verbum auslassen s. auch A1, Z. 2; A3, Z. 1; D1, Z. 7.

4 ἑτέραν: Vom Kontext her ist ἑτέραν (»einen anderen«) sinngemäß auf das direkt davor erwähnte κρήνη (»Brunnen«) zu beziehen; dadurch ergibt sich allerdings eine Inkonsistenz zum Folgenden, wo es nicht mehr um κρήνη, sondern um λίμνη (»Becken«) geht. Im Griechischen fällt die Inkonsistenz noch weniger auf, da beide Substantive dasselbe Geschlecht (Femininum) aufweisen: Die verstorbene Seele soll nicht in die Nähe der brunnenartigen Wasserstelle kommen, sondern eine andere (sc. Wasserstelle) finden, nämlich das Wasser, das aus der beckenartigen Wasserstelle der Mnemosyne hervorfließt.

5 ἔασι: Epische Form für εἰσίν (mit langem Alpha).

6 εἰπεῖν: Der Infinitiv wird v. a. auch in den homerischen Epen manchmal als Imperativ verwendet (i. S. v. »zu sagen ist …«); vgl. auch D1, Z. 2.

7 Eine schwere Zeile, die unterschiedlich übersetzt werden kann. Sie findet sich in den Goldplättchen nur noch in zwei weiteren Fällen, nur vermutlich noch in Text A4 (Z. 15, dort aber zu einem Großteil nur ergänzt, erhalten sind dort nur die ersten sechs Buchstaben αὐτὰρ ἐ[…]; nur der erste Satzteil wird außerdem noch in Text B8 (Z. 5) überliefert. Fasst man die erste Satzhälfte *nicht*, wie hier neu vorgeschlagen, als Fragesatz auf, dann ist es, egal ob man αὐτάρ wie üblich adversativ (»aber, indes, jedoch«) oder abschwächend i. S. v. »und« übersetzt, in beiden Fällen schwierig, einen Sinn zu erkennen. Der Fall A »Ich bin Kind von Ge und Uranos – *aber* ich habe Uranos-Abstammung« würde ähnlich wenig Sinn ergeben wie Fall B »Ich bin Kind von Ge und Uranos – *und* ich habe Uranos-Abstammung.«

Eine vorgeschlagene Lösung besteht darin, die vorliegende Zeile 7 daher als einen späteren Zusatz anzusehen (vgl. bereits Zuntz 1971, 366) bzw. als Beleg für eine abweichende, mit anderen Goldplättchen nicht kompatible Sichtweise, was im Prinzip auf dasselbe hinausläuft (so McClay 2023, 18 und ders. 2023a, 139 f). Das ist möglich, würde aber voraussetzen, dass man trotz der ›todernsten‹ Angelegenheit die eben beschriebene Widersprüchlichkeit bei einer so zentralen Aussage schlichtweg in Kauf genommen hat.

Eine andere Lösungsmöglichkeit besteht in der von den meisten Forscherinnen und Forschern getroffenen Annahme, dass hinter dieser Zeile die auch sonst mitzudenkende Aussage steht: »Ich bin Kind von Ge und Uranos – aber das, was dabei wirklich zählt und entscheidend ist, das ist, dass ich Uranos-Abstammung habe.« Dabei gibt es aber ein Problem: Wenn das zutreffen sollte, würde die *entscheidende* Aussage auf die Behauptung der Uranos-Abstammung hinauslaufen, und da wäre es – bei aller Konzession an die abkürzende Ausdrucksweise der Goldplättchen – vollkommen unverständlich, warum dann in so gut wie allen anderen Texten, in denen die Formel »Ich bin Kind von Ge und von Uranos, dem sternenreichen« so oder ähnlich auftaucht (insgesamt mindestens neun Texte, unsichere bzw. fragmentarische Fälle nicht mit eingerechnet), genau *dieser* Zusatz weggelassen worden sein sollte, wenn er denn wirklich die eigentlich entscheidende Aussage gewesen wäre (A1, A3, B1–B7).

Hinter der Deutung, dass der Myste zwar von der Erdgöttin Ge (= Gaia) und vom Himmelsgott Uranos abstammt, dass er durch die Initiation aber das Irdische abgelegt und nur noch das Himmlische behalten hätte, steckt außerdem eine eher philosophisch angehauchte, dualistische Anthropologie mit einem Gegensatz zwischen irdischem Körper und himmlischer Seele (in diesem Sinn bspw. interpretiert bei Janko 1984, 95; Herrero de Jáuregui 2011, 284–286; Chrysanthou 2020, 136–139). Ein solcher Leib-Seele-Dualismus lässt sich aber innerhalb der Goldplättchen sonst nirgends festmachen. Darüber hinaus wäre es sehr erstaunlich, wenn das entscheidende und geheime Losungswort für die Eingeweihten nur auf eine dualistische Sicht auf den Menschen hinauslaufen würde, die auch anderweitig bekannt war; viel passender, da von einem völlig anderen Kaliber, ist die Behauptung einer Göttlichkeit. Es ist gerade die doppelte Herkunft »von Ge *und* Uranos«, die entscheidend ist, denn sie zielt auf die Behauptung einer den Eingeweihten zukommenden Göttlichkeit, wie die Anspielung auf Hesiod in der Vorzeile deutlich macht (s. den Kommentar zu A1, Z. 10 und die Einführung § 4.8). Wenig überzeugend ist schließlich auch der Vorschlag, hinter dem Satz Γῆς παῖς εἰμι καὶ Οὐρανοῦ ἀστερόεντος nur die schlichte Aussage erblicken zu wollen, dass die verstorbene Seele »von der Oberwelt kommt«, also daher, wo es einen Erdboden und den gestirnten Himmel darüber gibt (Scullion 2018, 85 f) – eine vergleichsweise so banale Feststellung ist im Kontext einer Prüfungssituation mit der Erfordernis einer Legitimation durch ein spezielles Losungswort erst recht nicht zu erwarten.

Daher zielt die Junktur *γένος οὐράνιον* nicht im engeren Sinn auf ein »Uranos- bzw. himmlisches Geschlecht«, sondern im weiteren Sinn auf ein »göttliches Geschlecht«, und *αὐτάρ* ist, wie auch sonst in Dialogen belegbar, hier eher als Innehalten zu verstehen, das dem Gespräch, in diesem Fall in Form einer vorsichtigen Frage, eine leicht andere Wendung gibt (nicht als Gegensatz wie in – ansonsten durchaus zu Recht vergleichbaren – Homerstellen wie Hom. *Il.* 20,208 oder 21,187, s. dazu Herrero de Jáuregui 2011, 283 f, wo der Gegensatz inhaltlich klar wird durch eine Gegenüberstellung à la »du bist ..., *ich aber* bin ...«). Eine solche überleitende (nicht: adversative) Einleitung eines Satzes durch *αὐτάρ*, und zwar ebenfalls eines Fragesatzes, findet sich beispielsweise bei Euripides (Eur. *Hec.* 258; vgl. auch Plat. *Phaidr.* 227b).

Die Interpretation als Fragesatz macht dann auch den Fortgang der Zeile verständlich: Die Seele der verstorbenen Person fragt die Wächter sinngemäß, ob ihr denn nun der durch die Initiation erlangte ›Göttlichkeitsstatus‹, den sie mit dem ›Losungswort‹ der Vorzeile (»Ich bin Kind von Ge und Uranos«) für sich reklamiert hat, auch wirklich in vollem Umfang und letztgültig zuerkannt wird, und stellt dies dann der Einsicht der Wächter anheim, also paraphrasiert: »Indes, habe ich die himmlische (= göttliche) Abstammung und damit die Göttlichkeit nun auch wirklich und endgültig, steht sie mir zu? Das weiß niemand anderes besser als ihr« (zu dem Nachsatz vgl. Demosthenes *or.* 15,17: καὶ τοῦτο μὲν ἴστε καὶ αὐτοί – »und das wisst ihr ja auch selbst« i. S. v. »das muss ich euch ja nicht sagen«). Die endgültige Entscheidung liegt damit bei den Unterweltsautoritäten, die aber als bereits Wissende angesprochen und zugleich überzeugt werden sollen.

Dass die vorliegende Zeile so zu verstehen ist, zeigt im Übrigen auch die leicht andere Positionierung dieser Zeile in Text A4 (Z. 15 f), denn dort folgt, wenn die Ergänzungen stimmen, unmittelbar darauf die Meldung der Wächter an die oberste Unterweltsinstanz, die dann, wie implizit zu ergänzen ist, einen entsprechend positiven Bescheid erteilt, da danach (Z. 17) das Trinken aus dem göttlichen Becken (der Mnemosyne) freigegeben wird:

αὐτὰρ ἐ[μοὶ γένος οὐράνιον; τόδε δ' ἴστε καὶ αὐτοί.‹]
καί τοι δὴ [ἐρέουσιν ὑποχθονίωι βασιλῆϊ]

›Indes, [(bin)] i[ch von himmlischem Geschlecht? Dies aber wisst ja insbesondere ihr.‹]
Und sie [werden es] gewiss [dem unterirdischen König melden.]

8 αὔη: Das Adjektiv im Femininum deutet nicht in erster Linie darauf hin, dass es um eine verstorbene *Frau* geht (das Geschlecht ist vom Grabungskontext her nicht eindeutig bestimmbar), sondern um eine verstorbene *Seele*. In A1, Z. 11 wird dasselbe Adjektiv in demselben Kontext wahrscheinlich als zweiendiges Adjektiv behandelt; daher steht *αὖος* dort nicht für das Maskulinum, sondern ebenfalls für das Femininum (s. Kommentar dort und die Einführung § 4.1).

ἀλλὰ: Zur Übersetzung »darum« s. den Kommentar zu A1, Z. 11.

10 *ἀπ[ὸ λίμ]νης*: Trotz der leichten Konfusion in Bezug auf die verschiedenen Wasserstellen in Z. 4 (*ἑτέραν* [sc. *κρήνην*]) ist es wahrscheinlicher, dass hier die für das Mnemosynebecken bereits in Z. 4 verwendete Bezeichnung als *λίμνη* (nicht als *κρήνη*) zu ergänzen ist (s. Tortorelli Ghidini 2006, 126 und 2011, 182 f; anders Bernabé u. a.).

11 Bernabé ergänzt die Textlücke nach Kaibel zu *ἄ[λλοισι μεθ']*, ein Vorschlag, dem etliche Editoren gefolgt sind; Edmonds III (2011c) ergänzt zu [*τέλη σὺ μεθ'*]. Für beide Vorschläge gibt es Pros und Contras. In die Lücke passen nach dem Foto und der Umzeichnung bei Pugliese Carratelli 1993, 32 f etwa 6–7, vielleicht auch noch 8, maximal aber 9 Buchstaben (Leerräume zwischen Wörtern werden nirgends gelassen; 9 Buchstaben schon eher grenzwertig). Da ein Iota im Vergleich weniger Platz benötigt als andere Buchstaben, passt daher die (mit zwei Iotas operierende) Ergänzung [ΛΛΟΙΣΙΜΕΘ] eher in die Lücke als [ΤΕΛΗΣΥΜΕΘ]. Aufgrund der Größe der Lücke ist somit zwar die vorgeschlagene Ergänzung *ἄ[λλοισι μεθ']* etwas wahrscheinlicher, aber Buchstaben können auch sehr eng oder überlappend geschrieben (oder sogar gänzlich ausgelassen) sein, und vor allem lässt sich in den Goldplättchen (und auch sonst) inhaltlich keine Parallele dafür anführen, dass die Eingeweihten im Jenseits »herrschen« (von *ἀνάσσειν*; s. dazu Edmonds III 2011c, 187). Speziell die Junktur *τέλη ἀνάγειν* i. S. v. »Weihen durchführen« ist wiederum *sprachlich* zwar sonst nicht belegt (noch am nächsten kommen *ἀνάγουσι ὁρτὴν τῷ Διονύσῳ οἱ Αἰγύπτιοι* in

Hdt. 2,48,2 und ἄξομεν ... τὰς ἄλλας τελετὰς τὰς τῶν θεῶν, Aristoph. *Pax* 418 f), hat *inhaltlich* aber Parallelen in anderen Texten, nach denen die Eingeweihten auch im Jenseits weiterhin Mysterienfeste feiern (s. D1, Z. 7; E4, Z. 1 und die Einführung § 4.7), so dass dieser Ergänzungsvorschlag von Edmonds III etwas wahrscheinlicher ist.

ἡρώεσσιν: Zur Bezeichnung von verstorbenen vergöttlichten Eingeweihten als »Heroen« vgl. noch A4, Z. 2 und E1, Z. 9 (s. auch die Einführung § 4.8).

12 Je größer die Lücken, desto unsicherer werden die Ergänzungen; der hier vorgelegte Vorschlag folgt Bernabé und orientiert sich an Text A1, Z. 1 (für Einzelheiten s. den Kommentar dort). In die Lücke nach ἀνάξει[...] passen etwa 9–11 Buchstaben, also etwas mehr als bei der dennoch sehr wahrscheinlichen Ergänzung [ς Μνημοσύ]νης; in die Lücke nach τόδε passen plus/minus 15 Buchstaben, aber manche Buchstaben können auch gequetscht geschrieben oder sogar ausgelassen worden sein.

13 τ]όδε γρα[...: Comparetti 1910, 32 liest und ergänzt τοδ' ἔγραψεν und ergänzt als mögliches Subjekt Orpheus. Zu weiteren Ergänzungsvorschlägen s. die nächste Zeile und den textkritischen Apparat bei Bernabé.

14 Die schwer lesbaren Buchstaben sind am rechten Rand von unten nach oben geschrieben. Zu verschiedenen Lesungs- bzw. Ergänzungsvorschlägen s. den textkritischen Apparat in BJ, 252 und die ausführliche Diskussion bei Janko (2016, 109 f). Das Fragment »Finsternis ringsum umhüllt« (σκότος ἀμφικαλύψας) hat eine Parallele in A4, Z. 3, aber in beiden Fällen ist es schwer, mehr als eine allgemeine Beschreibung des Hades dahinter zu vermuten. Janko vermutet hinter den Zeilen 12–14 den Anfang des von ihm vorausgesetzten ›Archetyps‹, den er mit Ergänzungen folgendermaßen wiederherstellt und übersetzt (Janko 2016, 123 f; vgl. ähnlich BJ, 2008, 11 und 55):

Μνηˈμοσύνης τόδε ἔργον· ἐπεὶ ἂν μέλληισι θανεῖσθαι,
[ἐν χρυσίωι] τόδε γραψ̇[άσθω μ]εμνημέ⟨ν⟩ος ἥρως,
[μὴ τόν γ᾽ ἐκ]πάˈγλως ὑ̣πά[γ]ο̣[ι] σκότος ἀμφικαλύψας.

This is the task of Memory. When a hero faces death,
[let him] recall and get this graved [on gold],
[lest] the murk cover [him] and lead [him] down in dread.

A3: Thessalien (Pharsalos), ca. 350 v. Chr.

1 Εὑρήσεις Ἀΐδαο δόμοις ἐνδέξια κρήνην,
2 πὰρ δ᾽ αὐτῆι | λευκὴν ἑστηκυῖαν κυπάρισσον.
3 ταύτης τῆς κρήνης | μηδὲ σχεδόθεν πελάσηισθα.
4 πρόσσω δ᾽ εὑρήσεις τὸ Μνη|μοσύνης ἀπὸ λίμνης
5 ψυχρὸν ὕδωρ προ⟨ρέον⟩, φύλα{ι̣}κες{ι} | δ᾽ ἐπύπερθεν ἔασιν.
6 οἵ δέ σ⟨ε⟩ εἰρήσονται ὅ τι χρέος | εἰσαφικάνεις.
7 τοῖς δὲ σὺ εὖ μάλα πᾶσαν ἀληθείηνˈ | καταλέξαι. {ιι}
8 εἰπεῖνˈ· ›Γῆς παῖς εἰμι καὶ Οὐρανοῦ ἀσ̣τ⟨ερόεντος⟩ {ω},|
9 Ἀστέριος ὄνομα, δίψηι δ᾽ εἰμ᾽ αὖος· ἀλλὰ δότε μοι|
10 πιέν᾽ ἀπὸ τῆς κρήνης.‹

1 »Finden wirst du bei den Häusern des Hades nach rechts (hin) einen Brunnen,
2 und neben diesem hingestellt eine weiße Zypresse.
3 Du darfst dich nahe an eben diesen Brunnen nicht nähern!
4 Weiter vorn aber wirst du finden das vom Becken der Mnemosyne
5 hervor⟨fließende⟩ kalte Wasser; oben darüber aber sind Wächter.
6 Die aber werden di⟨ch⟩ fragen, mit welcher Forderung du herankommst.
7 *Du* aber, lege diesen gut die volle und ganze Wahrheit dar!

8 Sage: ›Der Ge Kind bin ich, und des Uranos, des stern⟨enreichen⟩.

9 Asterios (ist mein) Name. Vor Durst aber bin ich ausgetrocknet. Darum gebt mir

10 zu trinken von dem Brunnen!‹«

Kommentar

In all den ersten vier Gruppen A-D mit längeren Texten kommt nur noch ein einziges Mal ein Text vor, in dem der Eigenname der verstorbenen Person genannt wird, und das ist das im Vergleich zu allen anderen Fällen sehr spät zu datierende Goldplättchen C4 (2./3. Jh. n. Chr.; genannt wird dort Caecilia Secundina). Dagegen hat man es mit dem Goldplättchen A3 mit einem der frühesten Zeugnisse zu tun (4. Jh. v. Chr.). Schon diese Beobachtung lässt zweifeln, ob das hier in A3 fallende Wort »Asterios« tatsächlich als Eigenname zu interpretieren ist. Zieht man das *Lexicon of Greek Personal Names* (LGPN) zu Rate, so zeigt sich, dass abgesehen von dem Goldplättchen A3 die frühesten Belege (4 Stück) für »Asterios« als Eigenname erst aus der römischen Kaiserzeit (ab 31 v. Chr.) und alle weiteren Belege erst aus dem 3./4. Jahrhundert n. Chr. oder später stammen.

Das eröffnet die wahrscheinlichere Möglichkeit, dass es sich bei »Asterios« (»Der/die von den Sternen«) um einen Kultnamen für eine Eingeweihte oder einen Eingeweihten handeln könnte (so auch BJ, 44 f), der die Herkunft von Ge und vom »sternenreichen« Uranos noch unterstreichen soll und als auch zweiendig belegtes Adjektiv geschlechtsneutral auf Männer oder Frauen gleichermaßen angewendet werden konnte. Dass es sich um einen Kultnamen handeln könnte, wird außerdem noch durch die Beobachtung gestützt, dass »Asterios (ist mein) Name« *direkt* im Anschluss an den zentralen, die jeweilige Person als eingeweiht legitimierenden Satz »Der Ge Kind bin ich, und des Uranos, des stern⟨enreichen⟩« folgt, wo in anderen Texten manchmal ein Zusatz erfolgt, der ebenfalls als Unterstreichung göttlicher Herkunft zu verstehen ist (A2, Z. 7; B8, Z. 5).

Die Auffälligkeiten häufen sich am Ende des Textes ab Zeile 9 mit der Nennung von »Asterios«, da ab hier auch die Metrik gestört ist; jedenfalls handelt es sich in den Zeilen 9–10 nicht mehr wie vorher um Hexameterverse. Würde man ergänzen zu ⟨δ'⟩ ὄνομα, ließe sich zumindest der Anfang von Zeile 9 noch hexametrisch lesen, aber bereits ab der dritten Silbe von ὄνομα bricht der Hexameter-Rhythmus ab. Man könnte diese dritte Silbe noch als *brevis in longo ante caesuram* und damit als lange Silbe zählen, aber ab ἀλλὰ δότε μοι passt definitiv nichts mehr ins Hexameter-Schema. In Text A4, Z. 13 wird an vergleichbarer Stelle bei ἀλλὰ δότε μμοι durch einen metrisch künstlichen Eingriff eine Positionslänge erzeugt, so dass dort das Versende hexametrisch gelesen werden kann; hier in A3 aber müsste man noch zusätzlich zwei überzählige Silben tilgen.

5 φύλα{ι̣}κες{ι}: Die Lesung ergibt sich vermutlich aus einer Überschreibung von φυλακοί (s. dazu A4, Z. 9) durch φύλακες (Janko 2016, 114).

7–8 ἀληθείην!: Auf dem Goldplättchen steht ΑΛΗΘΕΙΗΙ. Hier ist die (bislang) einzige Stelle, an der in den Goldplättchen das Wort »Wahrheit« auftaucht, das hingegen auf den Knochenplättchen aus Olbia eine zentrale Rolle spielt (s. Appendix § 3). Die Wahrheit kann der Eingeweihte nur sagen, wenn er sie nicht vergessen hat, und damit könnte hier eine Anspielung auf die erste Wasserstelle vorliegen, die es unbedingt zu meiden gilt, und mit der das Wasser der Lethe, also »des Vergessens« gemeint ist (s. dazu die Einleitung zur A-Gruppe), denn im Griechischen klingt bei dem Wort »Wahrheit« das Wort »Lethe« in verneinter Form als »Nicht-Vergessen« an (*a-lēthe-ia*, also Lethe mit *alpha privativum*; vgl. auch Chrysanthou 2020, 192).

εἰπεῖν!: Auf dem Goldplättchen steht nach καταλέξαι ΙΙΕΙΠΕΙΓ.

A4: Sizilien (Entella[?]), 3.[?] Jh. v. Chr.

col. I 1 [ἐπεὶ ἂν μέλ]λῃσι θανεῖσθαι
2 [μ]εμνημέ⟨ν⟩ος ἥρως
3 [ ]σκότος ἀμφικαλύψας[!]
4 [Εὑρήσεις Ἀΐδαο δόμοις ἐν]δεξιὰ λίμνην,
5 [πὰρ δ’ αὐτῆι λευκὴν ἑστη]κῦαν[!] κυπάρισσον.
6 [ἔνθα κατερχόμεναι ψυ]χαὶ νεκύων ψύχονται.
7 [ταύτης τῆς λίμνης μη]δὲ σχεδὸν ἐ⟨μ⟩πελάσ⟨ασ⟩θαι.
8 [πρόσθεν δὲ εὑρήσεις τῆς] Μνημοσύνης ἀπὸ λίμνης
9 [ψυχρὸν ὕδωρ προρέον·] φυλακοὶ δ'' ἐ'πύ'πε⟨ρ⟩θ⟨εν ἔ⟩ασιν.
10 [οἵ δέ σε εἰρήσονται ἐνὶ] φρασὶ πευκαλίμησιν,
11 [ὅττι δὴ ἐξερέεις Ἄιδος σκότο]ν[!] ὀρ'φ{ο}νήεντα.
12 [εἶπον· ›Γῆς παῖς εἰμὶ καὶ] Οὐρανοῦ ἀστερόεντος.
13 [δίψαι δ’ εἰμὶ αὖος καὶ ἀπόλλ]υμαι· ἀλλὰ δότε μμοι
14 [ψυχρὸν ὕδωρ πιέναι τῆς] Μνημοσύνης ἀπὸ λίμνης.
col. II 15 αὐτὰρ ἐ[μοὶ γένος οὐράνιον; τόδε δ’ ἴστε καὶ αὐτοί.‹]
16 καὶ τοὶ δ'ή'[!] [ἐρέουσιν ὑποχθονίωι βασιλῆϊ]
17 καὶ τότε τ[οι δώσουσι πιεῖν θείης ἀπὸ λίμνης]
18 καὶ τότε δ[ὴ
19 σύμβολα φ[άθι[?]
20 καὶ Φε[ρσεφόνη[?]
21 σεμ̣[

1 [sobald (jemand) dazu be]stimmt ist, zu sterben
2 [E]rinnerung erlangt habe⟨n⟩der Heros
3 [ ]Finsternis ringsum umhüllt
4 [»Finden wirst du bei den Häusern des Hades nach] rechts (hin) ein Becken,
5 [und neben diesem hinges]tellt [eine weiße] Zypresse.
6 [Wenn sie da heruntergekommen sind,] erfrischen sich die [See]len der Toten.
7 [Du sollst dich] nahe an [eben dieses Becken ni]cht a⟨n⟩nä⟨he⟩rn!

8 [Vorher aber sollst du finden ein] vom Becken der Mnemosyne
9 [hervorfließendes kaltes Wasser;] oben da⟨r⟩üb⟨er⟩ aber ⟨s⟩ind Wächter.
10 [Die aber werden sofort dich fragen mit] strenggefügtem Sinn,
11 [weshalb du denn durchsuchst des Hades Finsterni]s, die düstere.
12 [Sprich: ›Der Ge Kind bin ich, und] des Uranos, des sternenreichen.
13 [Vor Durst aber bin ich ausgetrocknet und gehe zugr]unde. Darum gebt mir
14 [kaltes Wasser zu trinken vom] Becken der Mnemosyne!
15 Indes, [(bin)] i[ch von himmlischem Geschlecht? Dies aber wisst ja insbesondere ihr.‹]
16 Und diese [werden es] gewiss [dem unterirdischen König melden.]
17 Und dann [werden sie] d[ir zu trinken geben vom göttlichen Becken.]
18 Und dann (wirst du) g[ewiss …
19 (Die folgenden) Losungsworte s[prich?: …
20 Und Phe[rsephone? …
21 ehr[würdig? … (*oder*: Sem[ele? …)«

Kommentar

Es sind Parallelen zu den Texten A1, A2 und A3 erkennbar, welche die vorgeschlagenen Ergänzungen des sehr lückenhaften Textes wahrscheinlich machen; sicher sind sie nicht. Auch die Datierung ist unsicher; in Frage kommt auch eine frühere Datierung in das 4. Jahrhundert v. Chr. (Janko 2016, 106). Für das in Privatbesitz befindliche und von Frel (1994) erstmals edierte Goldplättchen existieren weder Zeichnungen noch Fotografien (GJ, 17; Janko 2016, 101); die Annahme einer Fälschung ist aber eher unwahrscheinlich (Janko 2016, 106). Der Text verteilt sich nach Frel auf zwei Kolumnen; Kolumne I geht von Zeile 1–14, Kolumne II von Zeile 15–21.

1 Ergänzung [ἐπεὶ ἂν μέλ] nach A1.

2 μ]εμνημέ⟨ν⟩ος: Das Partizip kann intransitiv oder transitiv sein, also »sich erinnert habend« bzw. »eingedenk (seiend)«, oder »(etw.) in Erinnerung gebracht habend«. Auf dem Hintergrund der dringenden Empfehlung in den Texten A1–A3, Wasser aus dem Becken der Mnemosyne zu suchen, ist es wahrscheinlicher, dass das Partizip hier intransitiv zu interpretieren ist i. S. v. »Heros, der Mnemosyne bzw. Erinnerung (wieder)erlangt hat«. Zu Implikationen, Bezügen auf die epische Tradition und zur Interpretation dieses Satzfragments s. McClay 2023, 47–55.

ἥρως: Zur Bezeichnung von verstorbenen vergöttlichten Eingeweihten als »Heroen« vgl. noch A2, Z. 11 und E1, Z. 9; s. dazu auch die Einführung § 4.8.

3 ἀμφικαλύψας[!] (Text nach Bernabé u. a.: ἀμφικαλύψαι): Textrekonstruktion in Anlehnung an A2, Z. 14.

4 [Εὑρήσεις Ἀΐδαο δόμοις ἐν]: Ergänzung nach A3, Z. 1.

λίμνην: λίμνην steht sonst eher als Bezeichnung für das Becken der Mnemosyne. Da im erhaltenen Textbestand von A4 aber nirgends κρήνη vorkommt, könnte es sein, dass noch zweimal von einer λίμνη die Rede war (einmal mit weißer Zypresse zur Rechten und zu meiden, einmal mit Mnemosyne-Wasser und zu erstreben).

5 [πὰρ δ' αὐτῆι λευκὴν ἑστη]κῦαν[!]: Ergänzung nach A3, Z. 2; Lesung bei Frel: ἑστη]κῦαι.

6 [ἔνθα κατερχόμεναι ψυ]: Ergänzung nach A1, Z. 4.

7 [ταύτης τῆς λίμνης μη]: Ergänzung nach A3, Z. 3, aber λίμνης statt κρήνης (s. dazu Kommentar zu Z. 4).

8 [πρόσθεν δὲ εὑρήσεις τῆς]: Ergänzung nach A1, Z. 6.

9 [ψυχρὸν ὕδωρ προρέον]: Ergänzung nach A1, Z. 7.

φυλακοί: Ionische Pluralform von φυλακός (*lectio difficilior*) anstelle des Plurals φύλακες von φύλαξ (s. dazu die Erklärung im textkritischen Apparat von Bernabé 2005 und Janko 2016, 114).

δ¦' ἐ¦πύ¦πε⟨ρ⟩θ⟨εν ἕ⟩ασιν: So der Text bei Bernabé nach Riedweg und Cassio; Frel hat hier die unklare und metrisch nicht aufgehende (aber z. B. von Edmonds III übernommene) Lesung θ' ὑποπέθασιν.

10 [οἳ δέ σε εἰρήσονται ἐνὶ]: Ergänzung nach A1, Z. 8.

11 [ὅττι δὴ ἐξερέεις Ἄιδος σκότο]: Ergänzung nach A1, Z. 9.

σκότο]ν¦ ὀρ¦φ{ο}νήεντα: Nach Frel steht auf dem Goldplättchen ΜΟΥΦΟΝΗΕΝΤΑ; zur Lesung von σκότο]ν¦ ὀρ¦φ{ο}νήεντα als Akkusativ Maskulinum s. Janko 2016, 116.

12 [εἶπον· Γῆς παῖς εἰμὶ καὶ]: Ergänzung nach A1, Z. 10.

13 [δίψαι δ' εἰμὶ αὖος καὶ ἀπόλλ]: Ergänzung nach A1, Z. 11.

μμοι: Konsonantenverdoppelung als metrischer Kunstgriff, um die Hexameterklausel zu retten; A1, Z. 11 hat hier eleganter ἀλ⟨λ⟩ὰ δότ' ὦ⟨κα⟩.

14 [ψυχρὸν ὕδωρ πιέναι τῆς]: Ergänzung nach A1, Z. 12; zu πιέναι s. A1, Z. 12 und A3, Z.10.

15 Ergänzungen [μοὶ γένος οὐράνιον; τόδε δ' ἴστε καὶ αὐτοί.<] nach A2, Z. 7.

16 καὶ τοὶ δ¦ή¦: In Anlehnung an die Konjektur von Bernabé (καί τοι δὴ; zur etwas wahrscheinlicheren Lesung καὶ τοὶ δὴ s. Janko 2016,

120); nach Frel steht auf dem Goldplättchen KAITOIAN.

[ἐρέουσιν ὑποχθονίωι βασιλῆϊ]: Unsichere Ergänzung nach A1, Z. 13 (s. Kommentar dort).

17 [οι δώσουσι πιεῖν θείης ἀπὸ λίμνης]: Ergänzung nach A2, Z. 10. Wenn man einen Hexameter veranschlagt, dann hat der zur Ergänzung gemachte Vorschlag von Riedweg (1998, 397; so auch Bernabé 2005, 32) καὶ τότε τ[οι δώσουσι πιεῖν τῆς Μνημοσύνης ἀπὸ λίμνης] überzählige Silben (man müsste also abweichend von den sonstigen Hexameter-Versen hier einen Heptameter annehmen), und der Vorschlag von Edmonds III (2011a, 33) καὶ τοτὲ τ[οι δώσωσιν τῆς Μνημοσύνης ἀπὸ λίμνης] geht metrisch überhaupt nicht auf.

18 καὶ τότε δ[ὴ: Hier folgte vermutlich eine Prophezeiung über das weitere, natürlich positiv vorgestellte Schicksal der eingeweihten Seele, analog zu A1, Z. 15 f und A2, Z. 11.

19 σύμβολα: Zu solchen ›Losungsworten‹ s. Text E3, Z. 2 f und auch den (im Kontext von Dionysischen Mysterien zu verortenden) Papyrus Gurôb Nr. 1, Z. 23 (s. Appendix § 4).

φ[: Möglicherweise der Anfang des Imperativs φάθι = »sage!«. Zu anderen Vorschlägen s. den textkritischen Apparat bei Bernabé.

20 καὶ Φε[ρσεφόνη?: Zu Ergänzungsmöglichkeiten hier und in der Folgezeile s. auch BJ, 49 f.

21 σεμ̣[: Da die Menge von Wörtern, die im Griechischen mit »sem-« beginnen, überschaubar ist (und erst recht von Wörtern mit »sen-«; der dritte Buchstabe ist nicht eindeutig), können sinnvolle Ergänzungsvorschläge vor allem hinauslaufen auf entweder den Namen von Dionysos' Mutter Semele (Σεμέλη) oder auf das Adjektiv σεμνός (»ehrwürdig, heilig«, bzw. auf weitere zusammengesetzte Adjektive mit *semno-* als erstem Bestandteil). Ein Bezug auf die von Dionysos aus dem Hades befreite und vergöttlichte Mutter Semele wäre im Rahmen der Dionysischen Mysterien, die auf eine Vergöttlichung des Mysten abzielen, durchaus denkbar (zu Semele in orphischem Kontext s. BJ, 113 mit Anm. 69), lässt sich jedoch (bislang) durch keine weitere Parallele innerhalb der *Orphisch-Bakchischen Goldplättchen* selbst abstützen. In den *Orphischen Hymnen* aber gibt es einen interessanten Beleg für eine Verbindung von Semele, Dionysos und Persephone: In einem an Semele selbst gerichteten Hymnos wird sie als »Königin des Alls« und Göttin gepriesen. Des Weiteren heißt es, Persephone habe dafür gesorgt, dass Semele für die ausgestandenen Wehen bei der Dionysos-Geburt im Rahmen der Feier von »hehren Mysterien« (μυστήρια θ' ἁγνά) geehrt wird (*Orph. h.* 44,9). Außerdem erscheint nach einer bei Diodoros bezeugten Überlieferung ausgerechnet Orpheus als derjenige, der im Rahmen von Mysterien den Eingeweihten Semele als Mutter des Dionysos geoffenbart haben soll (Diod. 1,23,7).

2. B-GRUPPE: ZYPRESSENBRUNNEN-PLÄTTCHEN

Die Zypressenbrunnen-Plättchen formulieren sehr elliptisch-abkürzend, auch hinsichtlich der Sprecher-Instanzen, die nicht näher beschrieben werden. In dieser Textgruppe B ist das rekonstruierbare Geschehen reduziert auf den zentralen Rede-Antwort-Wechsel zwischen dem Mysten und, so kann aufgrund anderer Goldplättchen angenommen werden, an der Wasserstelle anwesenden ›Wächtern‹ (s. dazu unten und die Einleitung zur A-Gruppe). Alle anderen beschreibenden Partien entfallen genauso wie der in der A-Gruppe der Mnemosynebecken-Plättchen noch greifbare Metadialog, der auf eine Unterweisungssituation während der Einweihung hinweist (s. dazu die Einführung § 4.4).

2.1 Nur eine Wasserstelle

In einer Hinsicht ergibt sich ein außerordentlich starker Gegensatz zur A-Gruppe der Mnemosynebecken-Plättchen, der es geraten erscheinen lässt, beide Textgruppen, anders als üblicherweise in der Forschung, gesondert zu behandeln: In der A-Gruppe der Mnemosynebecken-Plättchen ist der Brunnen bei der Zypresse unbedingt zu meiden, während das Wasser vom Becken der Mnemosyne erstrebt werden soll; es gibt in der A-Gruppe also zwei Wasserstellen, die stark kontrastierend geschildert sind. Hier in der B-Gruppe der Zypressenbrunnen-Plättchen gibt es dagegen nur eine einzige Wasserstelle, einen Brunnen mit einer Zypresse. Neu ist die andere, positive Charakterisierung dieses Brunnens neben einer Zypresse als »ewig-fließend« oder »ewig-strömend«. Die Vermutung liegt nahe, dass dieses Wasser aus dem »ewig-fließenden« Brunnen neben einer

Zypresse funktional der zweiten Wasserstelle, also dem Becken der Mnemosyne in der A-Gruppe entspricht, auch wenn von Mnemosyne in der B-Gruppe nirgends explizit die Rede ist.

Damit ist aber klar, dass auch die Zypresse in der B-Gruppe anders einzuordnen ist als die »weiße« oder »fahle« Zypresse am Lethe-Brunnen der A-Gruppe; in beiden Fällen handelt es sich zwar um einen ›Signalbaum‹, aber im Fall der A-Gruppe verweist der Baum auf die negativ konnotierte Wasserstelle des Vergessens, hier in der B-Gruppe auf den positiv konnotierten Brunnen der Erinnerung. In der B-Gruppe wird die Zypresse auch nie als »weiß« bezeichnet, bis auf einen Fall, der auch zeitlich und räumlich von den anderen Zeugnissen abweicht und überdies an der entsprechenden Stelle auch metrisch nicht aufgeht (B8, Z. 2), was (mit einem weiteren Indiz) auf eine Interferenz mit der Tradition der A-Gruppe verweist und damit eine Ausnahme darstellt.

2.2 Wächter als mögliche Dialogpartner

Mit wem tritt der Myste bzw. die verstorbene Seele hier in der B-Gruppe in einen Dialog? Mit den in den Mnemosynebecken-Plättchen der A-Gruppe genannten Wächtern? Oder mit Unterweltsgottheiten? Ist vielleicht unter anderem deshalb, um beide Möglichkeiten offen zu lassen, das Prädikat »gib« oder »gebt« in Zeile 1 f der Zypressenbrunnen-Plättchen entfallen? Vermutlich war den Eingeweihten das zu Ergänzende klar, während wir auf das Abwägen von Plausibilitäten angewiesen sind.

Wenn hier in der B-Gruppe viel Wesentliches fehlt wie der rahmende ›Unterweisungsdialog‹, und zwei essenziell wichtige, unbedingt zu unterscheidende Wasserstellen auf eine einzige reduziert sind, dann könnte auch anstelle der Zweizahl der Instanzen, von denen in den Mnemosynebecken-Plättchen der A-Gruppe die Rede ist (Wächter einerseits und Unterweltsgottheiten andererseits, denen die Wächter Meldung machen müssen), nur eine einzige Instanz stehen. Es ist außerdem auch nirgends von einer Bewachung die Rede, so dass der oder die Verstorbene in den Zypressenbrunnen-Plättchen der B-Gruppe direkt mit dem Unterweltsherrscher oder der Unterweltsherrscherin reden könnte (oder mit beiden). In den äußerst kurzen Brief-Plättchen der F-Gruppe sind die Adressaten jedenfalls direkt die Unterweltsgottheiten (und nicht irgendwelche Wächter).

Auf der anderen Seite reden die längeren Mnemosynebecken-Plättchen der A-Gruppe gerade im Kontext von Wasserstellen explizit von »Wächtern«. Es ist außerdem eher unwahrscheinlich, dass die Unterweltsgottheiten selbst so vergleichsweise niedrige Dienste versehen sollten wie das Überprüfen von Zulassungsvoraussetzungen und das Überreichen von Wasser. Dass die Herrscher höchstselbst mit solchen Formalitäten und Diensten beschäftigt bzw. belästigt werden, ist daher eine eher problematische Annahme, so dass einiges dafürspricht, dass in den Texten der Zypressenbrunnen-Plättchen der B-Gruppe wie in den Texten der Mnemosynebecken-Plättchen der A-Gruppe Wächterfiguren angeredet werden.

In beiden Textgruppen ist außerdem vorauszusetzen, dass die Wächter die Ankömmlinge jeweils sowohl fragen: »Wer bist du?«, als auch: »Was willst du?« (s. die Einleitung zur A-Gruppe), und das bedeutet, dass in den Zypressenbrunnen-Plättchen der B-Gruppe selbstverständlich vorausgesetzt wird, dass nach der Legitimation bzw. Selbstvorstellung »Der Ga Sohn bin ich und des Uranos, des sternenreichen!« (s. dazu die Einführung § 4.8) die Bitte um und dann natürlich auch die Gabe von Wasser mitzudenken ist. All diese Parallelen machen es schließlich mehr als wahrscheinlich, dass es sich bei dem Wasser aus dem »ewig-fließenden« Brunnen neben der Zypresse in den Texten der B-Gruppe um Wasser *der Mnemosyne* handelt.

2.3 Formale und sprachliche Besonderheiten

Die Zypressenbrunnen-Plättchen der B-Gruppe heben hexametrisch an (Zeilen 1–2); die Zeilen 3–4 passen nicht mehr bzw. nur noch teilweise ins Versschema des Hexameters (bei B8 bereits ab Z. 2 problematisch); auch dadurch, also allein schon auf formaler Ebene, weichen sie von der A-Gruppe ab. In ansonsten stark formelhaften Zeilen gibt es eine Adjektiv-Varianz in Zeile 2, die aber inhaltlich keinen Unterschied macht (ἀείροος = »ewig-fließend« in B1, B2, B4, B6–B10; αἰέναος = »ewig-strömend« in B3, B5).

Da bis auf B8 (aus Thessalien) alle Texte aus Kreta stammen, finden sich einige besondere Formen und Wörter:

- dorische Dialektformen wie die dorische Infinitiv-Form πιέν für das Verbum »trinken« (vgl. Athen. 8,14,336d oder *Dissoi Logoi* fr. 3, Z. 7)
- die Form ἐσσί mit der Schreibung ἐζί als dorische Form für die zweite Person Singular Indikativ Aktiv Präsens von εἰμί (»sein«)
- das dorische Alpha (κράνας; Γᾶς)
- τῇ oder nur τῆ (die Form ohne Iota ist speziell für Kreta bezeugt, s. Schwyzer 1953, Bd. 1, 550, daher ist eine Ergänzung zu τῆ⟨ι⟩ nicht unbedingt notwendig) für relatives »wo« (homerisch dagegen τῆ = »auf!«)
- das Interrogativ-Adverb πῶ (»[von] wo?«)
- Ω in der Form ω als Genitiv-Endung für OΥ
- die Schreibung der Doppelkonsonanz CC mit Σ oder Z (vgl. dazu Tzifopoulos 2010, 11)

2.4 Älteste Texte mit ›Archetyp‹?

Kotansky (2021 und 2023) vertritt eine von der bisherigen Forschung abweichende Ansicht in Bezug auf das Verständnis der B-Gruppe, die daher abschließend noch zu diskutieren ist, dass nämlich die längeren Texte der A-Gruppe der Mnemosynebecken-Plättchen von einem Archetyp der kürzeren Texte der B-Gruppe der Zypressenbrunnen-Plättchen abhängen, den er in Text B8 sieht. Außerdem erblickt er in den B-Texten einen Dialog zwischen der Seele des verstorbenen Menschen und dem Brunnen (bzw. der Quelle) und übersetzt den Anfang des Dialogs in B8 folgendermaßen (2023, 171): »(*Soul*): Parched with thirst am I and perishing. (*Spring*): Then drink from me, the ever-flowing spring.«

Tatsächlich steht in Text B8 die Wendung ΠΙΕ ΜΟΥ, die zunächst mit »trink von mir« zu übersetzen ist, so dass die von den meisten Editoren und auch hier in diesem Buch vorgenommene Textänderung zu πιέ⟨μ⟩ μοι', mit Annahme eines mitzudenkenden Objekts (»Wasser«) und eines Imperativs (»gib/gebt!«) einen Eingriff in einen klar überlieferten Textbestand darstellt. Immerhin richten sich die genannten Ergänzungen aber nach Parallelen in den A-Texten, wo »gebt Wasser zu trinken« explizit überliefert ist (A1, Z. 11 f und A2, Z. 8 f; ohne Wasser als Objekt in A3, Z. 9 f; nur noch der Imperativ »gebt« erhalten in A4, Z. 13). Außerdem konstruieren alle A-Texte die Wendung »zu trinken geben *von etwas*« nie mit dem *bloßen* Genitiv (wie von Kotansky für die B-Texte postuliert), sondern immer mit der Präposition ἀπό. Und schließlich setzt die Satzeinleitung ἀλλά (»darum«) in genau parallelem Kontext, also nach der Klage des Verdurstens, auf den Goldplättchen der A-Gruppe *immer* die Rede der verstorbenen Seele fort (»darum gebt (mir) Wasser / zu trinken ...«); nie ist es die Wasserstelle selbst, die dann redet.

Was die Textgrundlage angeht, so ist im Übrigen die Schreibung des bloßen Genitivs ΜΟΥ »von mir« in den Texten der B-Gruppe keineswegs so klar und überwiegend, wie Kotansky behauptet (2023, 170): Bei den Texten B3 und B4 ist der Buchstabe nach MO unsicher (wenn dort überhaupt ein Buchstabe vorauszusetzen ist), in B5 steht nur MO. MO kann hier und in anderen Fällen aber nicht, wie von Kotansky vorgeschlagen, für ΜŌ als dorische Schreibung für ΜΟΥ stehen, da das lange Omega auf den Goldplättchen in der Regel konsequent durch die Schreibung ω angezeigt wird (es müsste also Mω dastehen, nicht MO); das gilt nicht nur für B5, sondern auch für die Texte B2, B3, B4 und B6. Demgegenüber überliefern die Texte B1 und B2 (gut zu sehen auf den Fotos bei Tzifopoulos 2014, 180 f), B6 und B7 (s. dazu das Foto bei Tegou/Tzifopoulos 2021, 420, v. a. mit Abbildung 9d der Rückseite, wo bei MOI das I als durchgedrückter Buchstabe klar erkennbar ist) sowie B9 eindeutig und B10 sehr wahrscheinlich MOI (in B11 nicht erhalten), und das heißt im Fazit: Die überwiegende Mehrzahl der Goldplättchen der B-Gruppe, nämlich sechs von zehn relevanten Texten überliefern MOI, bei drei Goldplättchen ist der Text unsicher, nur B8 hat eindeutig MOϒ. In Text B9 kann das überlieferte ΠΑΙΕΝ MOI außerdem nicht »*quench* for me« (von παίω statt von πίνω) bedeuten, wie Kotansky meint (2023, 170, Anm. 4), denn die in LSJ s. v. παίω (ein Allerweltswort für »schlagen«) angegebene Bedeutung »*quench* one's *thirst*« beruht auf nur einer Stelle (Eubulos fr. 136,2 f PCG), die anders zu übersetzen ist: Dort »schlägt« oder »trifft« der ungemischte Wein die Brust eines Durstigen, nicht aber »schlägt« bzw. »vertreibt« er den Durst (entsprechend ist im neuen Wörterbuch von Montanari 2023 diese Sonderbedeutung s. v. παίω auch nicht mehr aufgeführt).

Ganz abgesehen von den textlichen Problemen aber stellen sich inhaltliche Probleme als noch schwerwiegender heraus, denn man müsste erst einmal erklären, wie es zu der Vorstellung von einem sprechenden Brunnen in der Unterwelt gekommen sein könnte. Eine solche sprechende, personifizierte Wasserstelle im Hades wäre jedenfalls in den Goldplättchen (und, soweit ich weiß, auch sonst) ohne jegliche Parallele, so dass man hierfür aus anderen Quellen wirklich vergleichbare Belege anführen müsste; ein allgemeiner Verweis auf die Vorstellung von sprechenden Wassergottheiten wie Nymphen oder Flussgötter (Kotansky 2023, 171, Anm. 5) bleibt da doch sehr unbefriedigend. Vor allem aber wäre es nicht folgerichtig und höchst merkwürdig, wenn der Brunnen die Seele nach ihrer

Ankunft im Hades direkt auffordern würde, zu trinken, um erst *danach* nach einem legitimierenden Losungswort zu fragen; das würde die vorauszusetzende Prüfungssituation schlichtweg *ad absurdum* führen. Zu guter Letzt ist die Rekonstruktion einer Abhängigkeit der Goldplättchen-Texte von einem einzigen Archetyp grundsätzlich problematisch (s. Einführung § 3.2).

Angesichts des Befundes der epigraphischen Fakten, der grammatikalischen Punkte, der inhaltlichen Überlegungen und der parallelen Formulierungen in den Texten der A-Gruppe stellt somit die bisherige Rekonstruktion »(gib/gebt) mir zu trinken (Wasser) des ewig-fließenden Brunnens«, unter Annahme einer Verschreibung von MOY statt MOI in Text B8, die wahrscheinlichere Lösung dar.

2.5 Texte der B-Gruppe

B1: Kreta (Eleutherna), 3.–1. Jh. v. Chr.

1 Δίψαι αὖος ἐγὼ καὶ ἀπόλλυμαι· ἀλλὰ πιέ⟨μ⟩ μοι|
2 κράνας αἰειρόω ἐπὶ δεξιά, τῆ κυφάριζος.|
3 τίς δ' ἐζί; πῶ δ' ἐζί; Γᾶς υἱός ἠμι καὶ Ὠρανῶ|
4 ἀστερόεντος.

1 »Ich, vor Durst (bin ich) ausgetrocknet und gehe zugrunde. Darum (gib/gebt) mir zu trinke⟨n⟩
2 (Wasser) des ewig-fließenden Brunnens zur Rechten, wo eine Zypresse (steht)!« –
3 »Wer aber bist du? Woher aber bist du?« – »Der Ga Sohn bin ich und des Uranos,
4 des sternenreichen!«

Kommentar

1 αὗος: αὗος ist auch als zweiendiges Adjektiv belegt und kann daher von der Form her sowohl Maskulinum wie Femininum sein (dazu und zur Frage, inwieweit »Sohn« in Zeile 3 wörtlich oder eher übertragen i. S. v. »Kind« zu interpretieren ist, s. die Einführung § 4.1). Eine Anspielung auf ein »Austrocknen« (der Seele?) findet sich auch in einem (abgebrochenen) Satz auf dem Papyrus Gurôb Nr. 1, Z. 20 (s. Appendix § 4), der im Kontext von Dionysischen Mysterien entstanden sein dürfte.

ἀλλὰ: Zur Übersetzung »darum« s. den Kommentar zu A1, Z. 11.

πιέ⟨μ⟩: Zu πιέν als dorischer Infinitiv-Form vom Verbum πίνειν (»trinken«) s. die Einleitung zur B-Gruppe. Da die Texte B1–B5 aus Eleutherna zwar nicht normiert, aber doch insgesamt sehr einheitlich schreiben, ist hier eher nicht πιέ⟨ν⟩ (vgl. die Texte B6, B9 und B11), sondern πιέ⟨μ⟩ zu ergänzen, parallel zur sicher bezeugten Überlieferung in B3, B4 und B5, also mit (in kretischen Texten häufig vorkommender) Auslaut-Assimilation an das Folgewort, in diesem Fall μοι (vgl. eine ähnliche Assimilation auch in A1, Z. 1). Zu diesem Infinitiv müssen sowohl das Objekt (Wasser) als auch ein Imperativ wie »gib« oder wahrscheinlicher »gebt« (vgl. δότε ὕδωρ, »gebt Wasser«, in den Mnemosynebecken-Plättchen der A-Gruppe) ergänzt werden (vermutlich eher Plural und damit auf Wächterfiguren bezogen, s. dazu die Einleitung zur vorliegenden B-Gruppe).

2 κράνας αἰειρόω: Metrisch auffällig ist der stark spondeische Versanfang mit einer Synizese bei όω und einem Hiat (ohne Hiatkürzung) zwischen αἰειρόω und ἐπί.

3 τίς δ' ἐζί: Hier wird der Text unmetrisch; jedenfalls lässt sich in den Zeilen 3–4 kein Hexameter rekonstruieren, nur noch eine

zweite Hexameterhälfte (mit Hiatkürzungen) bei ἦμι καὶ Ὠρανῶ ἀστερόεντος (– ⏑ ⏑ – ⏑ ⏑ – ⏑ ⏑ – ⏓); davor stehen drei Palimbakcheen (3× – – ⏑), was zwar kein bekanntes Versmaß, immerhin aber einen möglichen Bezug auf Bakchos bzw. bakchische Mysterien ergibt.

B2: Kreta (Eleutherna), 3.–1. Jh. v. Chr.

1 Δίψαι αὖος ἐγὼ καὶ ἀπόλλυ{μα}μαι· ἀλλὰ πιέ⟨μ⟩ μοι|
2 κράνας αἰειρόω ἐπὶ δεξιά, τῆ κυφάριζος.|
3 τίς δ' ἐζί; πῶ δ' ἐζί; Γᾶς υἱός ἦμι καὶ Ὠρανῶ|
4 ἀστερόε¦ντος.

1 »Ich, vor Durst (bin ich) ausgetrocknet und gehe zugrun{un}de. Darum (gib/gebt) mir zu trinke⟨n⟩
2 (Wasser) des ewig-fließenden Brunnens zur Rechten, wo eine Zypresse (steht)!« –
3 »Wer aber bist du? Woher aber bist du?« – »Der Ga Sohn bin ich und des Uranos,
4 des sternenreichen!«

Kommentar

Wie B1, aber mit einer Dittographie in Zeile 1, und in Zeile 4 ist ἀστερόε¦ντος korrigiert (Goldplättchen: ΑCΤΕΡΟCΝΤΟC).

B3: Kreta (Eleutherna), 3.–1. Jh. v. Chr.

1 Δίψαι αὖος {ααῦ̣ο̣ς} ἐγὼ καὶ ἀπόλλυμαι· ἀλλὰ πιέμ μοι̣|
2 κ̣ράνας α̣ἰενάω ἐπὶ δε[ξ]ιά, τῆ κυφάρι{σ}ζος.|
3 τίς δ' ἐζί; πῶ δ' ἐζί; Γᾶς υἱός ἠμ⟨ι⟩ καὶ Ὠρανῶ|
4 ἀστερόεντ[ο]ς.

1 »Ich, vor Durst (bin ich) ausgetrocknet {ausgetrocknet} und gehe zugrunde. Darum (gib/gebt) mir zu trinken
2 (Wasser) des ewig-strömenden Brunnens zur Rech[t]en, wo eine Zypresse (steht)!« –
3 »Wer aber bist du? Woher aber bist du?« – »Der Ga Sohn bin ⟨i⟩ch und des Uranos,
4 des sternenreich[e]n!«

Kommentar

Von der den Hexametervers störenden Buchstabenfolge AAϒ̣Ο̣C am Anfang von Zeile 1 ist der dritte Buchstabe durch eine Kerbe im Material schlecht rekonstruierbar. Nach den noch erkennbaren Spuren handelt es sich wahrscheinlich um ein Y und damit bei der Buchstabenfolge insgesamt wohl um eine versehentliche Dittographie des vorangegangenen Adjektivs (vgl. eine vergleichbare Dittographie in B2, Z. 1); die Lesung folgt hier Tzifopoulos (2010, 14).

Der letzte Buchstabe von Zeile 1 ist praktisch nicht mehr und der erste von Zeile 2 nur schwer erkennbar; statt MOI am Ende von Zeile 1 könnte man vielleicht auch MOϒ rekonstruieren (Verschreibung oder versehentliche Verwendung des Genitivs anstelle des Dativs, vgl. B8, Z. 1), es könnte sich bei dem möglichen Buchstabenrest aber auch um den oberen Teil eines etwas schräg stehenden I handeln.

B4: Kreta (Eleutherna), 3.–1. Jh. v. Chr.

1 Δίψαι αὖος ἐγὼ καὶ ἀπόλλυμαι· ἀλ⟨λ⟩ὰ πιέμ {ε}μοι̣|
2 κράνα⟨ς α⟩ἰ⟨ε⟩ιρ⟨ό⟩ω ἐπ⟨ὶ⟩ δεξιά, τῆ κυφάριζος.|
3 τίς {δὲ} δ’ ἐζ⟨ί⟩; πῶ δ’ ἐζί; Γᾶς υἱός ἠμι κα⟨ὶ Ὠ⟩ρανῶ|
4 ἀστερόεντος.

1 »Ich, vor Durst (bin ich) ausgetrocknet und gehe zugrunde. Dar⟨u⟩m (gib/gebt) mir zu trinken
2 (Wasser) des ⟨e⟩w⟨ig⟩-fl⟨ießen⟩den Brunnen⟨s⟩ zu⟨r⟩ Rechten, wo eine Zypresse (steht)!« –
3 »Wer {aber} aber bis⟨t⟩ du? Woher aber bist du?« – »Der Ga Sohn bin ich un⟨d des U⟩ranos,
4 des sternenreichen!«

B5: Kreta (Eleutherna), 3.–1. Jh. v. Chr.

1 Δίψα⟨ι⟩ δ'!’ αὖος ἐγὼ καὶ ἀπόλ⟨λ⟩υμαι· ἀλ|λὰ π⟨ι⟩έμ μο⟨ι⟩
2 κράνας αἰενάω ἐπὶ δ⟨ε⟩|ξιά, τῆ κυφάριζος.
3 τίς δ’ ἐζί; πῶ | δ’ ⟨ἐ⟩ζί; Γᾶς υἱός ἠ'μι καὶ Ὠρανῶ ἀστερό-|
4 εντος{ς}.

1 »Ich, ⟨vor⟩ Durst aber (bin ich) ausgetrocknet und gehe zu⟨g⟩runde. Da|rum (gib/gebt) mi⟨r⟩ zu tr⟨i⟩nken
2 (Wasser) des ewig-strömenden Brunnens zur R⟨e⟩ch|ten, wo eine Zypresse (steht)!« –
3 »Wer aber bist du? Woher | aber ⟨b⟩ist du?« – »Der Ga Sohn bin ich und des Uranos, des sternen-
4 reichen!«

Kommentar

Δίψα⟨ι⟩ δ'!' αὖος in Zeile 1 ist hergestellt aus der schwer lesbaren, wahrscheinlich ΔΙΨΑΑΑΥΟC lautenden Buchstabenfolge auf dem Goldplättchen, ἠ'μι in Zeile 3 aus IMI.

B6: Kreta (Mylopotamos/Eleutherna), 3.–1. Jh. v. Chr.

1 Δίψα⟨ι⟩ δ' ἠμ' αὖος καὶ ἀπόλ⟨λ⟩υ'μαι· ἀλ⟨λ⟩ὰ | πιέν μοι
2 κράνας αἰε'ιρ'όω ἐπὶ | δεξιά, τῆ' κυπά'ριζος.
3 τίς δ' ἐζί; π|ῶ δ' ἐζί; Γᾶς ἠμί ṭυ⟨γ⟩ạτηρ{ι} καὶ|
4 Ὠρανῶ ἀστερόεντọς.

1 »⟨Vor⟩ Durst aber bin ich ausgetrocknet und gehe zu⟨g⟩runde. Dar⟨u⟩m | (gib/gebt) mir zu trinken
2 (Wasser) des ewig-fließenden Brunnens zur | Rechten, wo eine Zypresse (steht)!« –
3 »Wer aber bist du? Wo|her aber bist du?« – »Von Ga bin ich eine Tochter? und
4 von Uranos, dem sternenreichen.«

Kommentar

Der kretische Fluss Mylopotamos liegt zwischen Eleutherna und Axos; der genaue Fundort ist nicht bekannt. Die Einleitung des Goldplättchens (Δίψα⟨ι⟩ δ' ἠμ' αὖος) weicht etwas von den ersten Worten in den anderen Texten ab (Δίψαι αὖος ἐγὼ), was inhaltlich aber keinen Unterschied macht. Der gravierendste Unterschied zu den anderen Texten der Zypressenbrunnen-Plättchen der B-Gruppe wäre der Umstand, dass hier, wenn aus der schwer lesbaren Buchstabenfolge in Zeile 3 als Text »eine Tochter der Ga bin ich« zu rekonstruieren ist, explizit eine Frau gemeint wäre (ein Widerspruch zu der Adjektiv-Form *αὖος* in Z. 1 ergibt sich nicht notwendig, denn das Adjektiv *αὖος* kann auch zweiendig sein und daher sowohl das Maskulinum als auch das Femininum anzeigen). Einerseits liegt rein sachlich betrachtet »Tochter« als mögliche Textrekonstruktion nahe, andererseits hat sonst kein einziger Text aus der B-Gruppe »Tochter«; wenn, dann steht an dieser Stelle »Sohn« (B1–B5, B7–B8, Text ohne eine vergleichbare Abstammungsangabe in B9 und B10 und früher abbrechend in B11). Der genauere Grabkontext oder das Geschlecht des oder der Toten sind nicht bekannt, so dass man von dieser Seite keine Verifikationsmöglichkeit hat.

1 *ἀπόλ⟨λ⟩υ˺μαι*: Auf dem Goldplättchen steht ΑΠΟΛΟΜΑΙ.

2 *αἰε˹ιρ˺όω*: Auf dem Goldplättchen steht ΑΙΓΙΔΟω (in den Umschriften meist ΑΙΓΙΔΔΩ, aber das zweite Delta ist eher ein etwas unbeholfenes Ο), aufgrund der Paralleltexte wohl eine fehlerhafte Schreibung für ΑΙΕΙΡΟω; man muss zwar zwei Buchstaben verbessern, aber immerhin ist die Anzahl der Buchstaben gleich.

τῆ˺ κυπά˺ριζος: Auf dem Goldplättchen steht ΤΕΚΥΠΑΡΙΖΟϹ.

3 *Γᾶς ἡμί τ̣υ⟨γ⟩ά̣τηρ{ι}*: Schwer lesbare Buchstabenfolge ΓΑϹΗΜΙΤ̣ΥẠΤΗΡΙ mit mehreren differierenden Vorschlägen der Textrekonstruktion. Keiner der Editoren liest das letzte Iota; nach Foto (z. B. bei Tzifopoulos 2010, 15) aber ist am Ende der Zeile auf dem Goldplättchen vor dem ΚΑΙ deutlich ein parallel zum senkrechten Schaft des Κ stehendes Ι zu sehen, wobei sich allerdings mit einem solchen Iota kaum etwas Sinnvolles anfangen lässt. Nach Überprüfung des Fotos legt sich als Lesung der letzten sieben Buchstaben am ehesten die Folge Τ̣ΥẠΤΗΡΙ nahe: Der deutlich über den senkrechten Schaft nach links gezogene, obere Querbalken des ersten Buchstabens deutet am ehesten auf ein T hin. Der untere, nach links zweigende Fuß gehört nicht (wie die Umzeichnung es nahelegt) zu diesem Buchstaben, sondern ist aller Wahrscheinlichkeit nach der obere Balken des E in der Zeile darunter (s. für diese Schreibung des E auch das drittletzte E am Ende von Z. 2 des Goldplättchens); damit ist T als Lesung für den ersten Buchstaben am wahrscheinlichsten. Was den zweiten Buchstaben angeht, so sind gerade auf Kreta Buchstabenformen für Υ ohne Standfuß, also in der Form »V« bezeugt, so dass für den zweiten Buchstaben die Lesung Y plausibel ist, auch wenn sonst auf dem Goldplättchen der Standfuß bei diesem Buchstaben deutlich(er) zu sehen ist. Der dritte Buchstabe ist am problematischsten; möglicherweise handelt es sich um ein oben unsauber geschriebenes bzw. oben offenes A (sonst im Text aber meist recht gut erkennbar und mit scharfeckigem Dach), vielleicht um ein M (sonst im Text aber klar und scharfeckig); Tzifopoulos 2010, 17 sieht darin möglicherweise noch ein H. Es könnte sich sogar um eine nur halbdeutlich geschriebene Ligatur aus AC handeln (s. ähnlich in der Zeile darunter); dann könnte man ἀ͜σ̣τήρ (»Stern«) lesen (eventuell γ̣ε' ἀ͜σ̣τήρ – »in der Tat ein Stern«?). Bleibt man bei A, ist die Lesung dieses dritten Buchstabens jedenfalls als unsicher zu markieren. Folgende Vorschläge zur Textrekonstruktion wurden gemacht (unter Weglassung des letzten I): ⟨θ⟩υ⟨γ⟩άτηρ (»Tochter«; Guarducci u. a., vgl. auch Bernabé und Edmonds III: θυ⟨γ⟩άτηρ) bzw. τ̣υ⟨γ⟩ά̣τηρ (für θυ⟨γ⟩ά̣τηρ, mit auch sonst beobachtbarer Schwankung zwischen aspiriertem Θ und unaspiriertem T; C. Zgoll); γ⟨ενε⟩-τήρ (erschlossenes, nicht belegtes Substantiv in der Bedeutung »Erzeugter«; Pugliese Carratelli); γ̣υή̣τηρ (erschlossenes, nicht belegtes Substantiv in der Bedeutung »Empfangener«; Gallavotti); {γ̣υ}⟨μ⟩ά̣τηρ (Tilgung zweier Buchstaben und Deutung des Rests als abweichende Schreibung für den Vokativ μᾶτερ = »Mutter!«; Tzifopoulos).

B7: Kreta (Eleutherna), 2.–1. Jh. v. Chr.

1 Δίψαι αὖος ἐγὼ καὶ ἀπόλλυμαι· ἀλλὰ πιέ⟨μ⟩ μοι|
2 κράνας αἰειρόω ἐπὶ δεξιά, τῆ κυφάριζος.|
3 τίς δ᾽ ἐζί; πῶ δ᾽ ἐζί; Γᾶς υἱός ἠμι κ⟨α⟩ὶ Ὠραν{ι?}ῶ|
4 ἀστε{ο}ρόϝεντος.

1 »Ich, vor Durst (bin ich) ausgetrocknet und gehe zugrunde. Darum (gib/gebt) mir zu trinke⟨n⟩
2 (Wasser) des ewig-fließenden Brunnens zur Rechten, wo eine Zypresse (steht)!« –
3 »Wer aber bist du? Woher aber bist du?« – »Der Ga Sohn bin ich u⟨n⟩d des Uranos,
4 des sternenreichen!«

Kommentar

Foto und Edition dieses neueren Textes sind zu finden bei Tegou/Tzifopoulos 2021, 420 mit den Abbildungen 9a-d. Bei dem in der letzten Zeile stark auseinandergezogenen Wort (größere Zwischenräume zwischen den Buchstaben) ἀστε{ο}ρόϝεντος sind neben einem überflüssigen Buchstaben auf dem Goldplättchen zusätzlich noch zwei Buchstaben vertauscht (ΑCΤΕΟΡΕΟΝΤΟC).

B8: Thessalien (Ort unbekannt), ca. 350–320 v. Chr.

1 Δίψαι αὖος ἐγὼ κ⟨αὶ⟩ ἀπόλλυμαι·| ἀλλὰ πιέ⟨μ⟩ μοι'
2 κράνας αἰειρόω·| ἐπὶ δεξιὰ λευκὴ κυπάρισσος.|
3 τίς δ᾽ ἐσί; πῶ δ᾽ ἐσί; Γᾶς υἱός εἰμι|
4 καὶ Οὐρανοῦ ἀστερόεντος.|
5 αὐτὰρ ἐμοὶ γένος οὐράνιον;

1 »Ich, vor Durst (bin ich) ausgetrocknet u⟨nd⟩ gehe zugrunde. | Darum (gib/gebt) mir zu trinke⟨n⟩
2 (Wasser) des ewig-fließenden Brunnens; | zur Rechten (steht) eine weiße Zypresse!« –
3 »Wer aber bist du? Woher aber bist du?« – »Der Ga Sohn bin ich
4 und des Uranos, des sternenreichen!
5 Indes, (bin) ich von himmlischem Geschlecht?«

Kommentar

Eine Fotografie des Goldplättchens findet man als Abbildung 4 in diesem Band. Es liegt eine enge Verwandtschaft mit den anderen Zypressenbrunnen-Plättchen der B-Gruppe vor, die alle aus Kreta stammen, während dieser Text als einziger aus Thessalien kommt. Das ist ein bemerkenswerter Befund, denn die Frage ist, wie es dazu kommt, dass ein einzelner Text der sehr homogenen B-Gruppe *nicht* aus Kreta stammt. Hier gibt es sicher mehrere Möglichkeiten; eine wäre, dass der Besitzer in Kreta eingeweiht wurde, später aber nach Thessalien gezogen oder zumindest dort gestorben ist; eine andere, dass in Thessalien die Initiation, aus welchen Gründen auch immer, den Vorgängen in Kreta sehr ähnlich, aber eben nicht völlig gleich verlaufen ist. In welcher Richtung ein Einfluss vorliegen könnte, ist unsicher. Lange Zeit konnte B8 als ältester Text der B-Gruppe gelten (ca. 350–320 v. Chr.), doch durch den neueren Fund B10, der nicht viel später datiert (Ende 4. oder frühes 3. Jh. v. Chr.), ist der zeitliche Abstand deutlich geschrumpft.

Als Hexameter kann eigentlich nur Zeile 1 durchgehen (aber auch da nur mit ›Nachhilfen‹ durch die Ergänzungen bei κ⟨αὶ⟩ ἀπόλλυμαι und πίε⟨μ⟩ μοι); der Rest hat hexametrische Partien, aber keine vollständigen bzw. richtigen Hexameterverse mehr. Anders ist im Vergleich zu den anderen Texten der B-Gruppe die nähere Bezeichnung der Zypresse als »weiß«, die sonst in den Mnemosynebecken-Plättchen der A-Gruppe vorkommt, und genau dieser

Zusatz stört auch in Zeile 2 den Hexameter, was auf einen Einfluss der A-Gruppe hindeutet, der hier etwas eigentlich nicht zur Überlieferung der B-Gruppe Gehörendes einbringt. Abweichend ist außerdem die letzte Zeile 5, bei der offenbar ebenfalls die Überlieferung der Mnemosynebecken-Plättchen der A-Gruppe mit hereinspielt (s. A2, Z. 7, und möglicherweise noch A4, Z. 15).

1 πιέ⟨μ⟩ μοι!: Auf dem Goldplättchen steht ΠΙΕΜΟΥ. Zur Ergänzung πιέ⟨μ⟩ mit Vokalassimilation s. den Kommentar zu B1, Z. 1. Bernabé belässt den Buchstabenbestand und rekonstruiert als Text πίε μου (Übersetzung in BJ, 12: »give me, then, to drink«; ebenfalls Edmonds III, der πίε μου mit »give me to drink« übersetzt wie in den anderen Texten, in denen πιέ⟨μ⟩ μοι steht), doch führt der Genitiv zu Problemen bei der Übersetzung, wie Kotansky (2021, 32 f; 2023, 170) zurecht bemerkt, der πίε μου mit »drink from me« übersetzt und als Sprecher-Instanz die Quelle selbst voraussetzt. Das ist nicht ganz auszuschließen, aber mit etlichen Problemen behaftet (s. dazu oben die Einleitung zur B-Gruppe).

2 λευκή: In den vergleichbaren Texten der B-Gruppe fehlt dieses Adjektiv; tatsächlich verhindert es die Möglichkeit, hier einen weiteren Hexametervers zu rekonstruieren, da es nun eine überzählige Silbe gibt (im Vergleich zu den anderen Texten wie z. B. in B1, Z. 2 ἐπὶ δεξιά, τῇ κυφάριζος). Außerdem ergibt sich dadurch eine veränderte Syntax, denn nun ist ἐπὶ δεξιά nicht mehr so sehr als Richtungsangabe für die Lage des Brunnens zu verstehen, sondern eher als Angabe für die Lokalisation der Zypresse (d. h. nicht der Brunnen ist rechts, wo eine Zypresse steht, sondern der Brunnen ist irgendwo, aber rechts neben dem Brunnen steht eine weiße Zypresse).

5 αὐτὰρ ἐμοὶ γένος οὐράνιον: Zusatz, der in den vergleichbaren Texten der Zypressenbrunnen-Plättchen der B-Gruppe fehlt, dafür

aber in den Mnemosynebecken-Plättchen der A-Gruppe bezeugt ist und dort fortgeführt wird, so dass aus dem Vergleich mit diesen Texten deutlich wird, dass das Wissen über eine Zugehörigkeit zum »himmlischen Geschlecht« bei den Angeredeten liegt (s. Kommentar zu A2, Z. 7). Gemeint ist mit dem »himmlischem Geschlecht« das »glückliche Geschlecht« der Götter (vgl. Z. 3 von C1–C3). Im Gegensatz zur Verwendung als Frage in Text A2 könnte hier der vergleichsweise völlig aus dem Kontext gerissene Satz auch als bekräftigende Aussage uminterpretiert, also anders als in A2, Z. 7 aufgefasst worden sein. Aufgrund des verkürzenden Charakters der Goldplättchen könnte andererseits aber auch hier der größere Kontext von A2 zwar nicht verschriftet, aber mitgedacht worden sein, so dass letztlich offenbleiben muss, wie diese letzte Zeile von B8 genau verstanden wurde.

B9: Kreta (Sfakaki, Rethymnon), 2.–1. Jh. v. Chr.

1 Δίψαι τοι ⟨α⟩ὗος παρα¦πόλλυται. | ἀλ¦λὰ¦ π{α}ιέν μοι
2 κράνας αἰ¦⟨ει⟩|ρ⟨ό⟩ου ἐπ’ ἀ{α}ρι⟨σ⟩τερὰ τᾶς κυ[φ]α{σ}|ρίζω.
3 τί¦ς δ̣’ εἶ ἢ πῶ δ’ εἶ; Γᾶ|{ς} ἐ¦μοὶ μά̣τηρ πό¦τ⟨ν⟩ιά τʃε|
4 [.]κ̣⟨α⟩ὶ ⟨Ο⟩ὐρανό¦ς τε. τίς δίψαι το|ι Λ̣ΤΟΙΙΥΤΟΟ
5 ΠΑCΡΑΤΟΝΗ̣Ο

1 »Vor Durst wirklich ⟨aus⟩getrocknet geht sie beinahe zugrunde! | Darum (gib/gebt) mir zu trinken
2 (Wasser) des Brunnens, des ew⟨ig⟩-|fließ⟨en⟩den, zur Li⟨n⟩ken der Zy[p]|resse!« –
3 »Wer aber bist du oder woher aber bist du?« – »Ga| (ist) mir Mutter und? Her⟨r⟩in?
4 u⟨n⟩d auch Uranos.« – »Wer … vor Durst wirkli|ch …?« LTOIIYTOO
5 PASRATONĒO

Kommentar

Der Fundort Sfakaki ist eine kleine Siedlung an der Nordküste Kretas zwischen Rethymnon und Panormos. Das Goldplättchen B9 unterscheidet sich neben dem abweichenden Fundort auch inhaltlich in einigen Punkten von anderen Zypressenbrunnen-Plättchen der B-Gruppe, die in (oder bei) Eleutherna gefunden wurden. Der Brunnen ist hier in B9 und dann auch noch in B10 zur Linken »der« Zypresse, die durch den Artikel als eine *bestimmte* Zypresse gekennzeichnet ist (in den Mnemosynebecken-Plättchen der A-Gruppe und in B8, Z. 2 ist sie »weiß«). Sowohl die Zypresse als auch der Brunnen zur Linken der Zypresse können *insgesamt* betrachtet durchaus im Hades irgendwo rechts liegen, so dass sich hier also nicht zwingend ein völliger Gegensatz zu den anderen Zypressenbrunnen-Plättchen der B-Gruppe ergibt, wo standardmäßig vom Wasser »des Brunnens zur Rechten« die Rede ist; es könnte sich aber auch um Unterschiede in kulttopographischen Gegebenheiten handeln, die sich hier niedergeschlagen haben (s. dazu ausführlicher die Einführung § 4.6). Auffällig und abweichend von anderen Texten ist auch die dritte Person Singular in Zeile 1 und die Bezeichnung von Ga als »Mutter« (beides auch in B10), sowie die den Anfang offenbar wieder aufgreifende, aber abbrechende Frage in Zeile 4, gefolgt von unverständlichen Buchstabenfolgen in den Zeilen 4–5.

1 Δίψαι τοι: Es ergibt sich ein Hiat zwischen τοι und dem folgenden ⟨α⟩ὖος, aber auch sonst wird in den Plättchen der B-Gruppe in Zeile 1 Hiat geduldet z. B. zwischen Δίψαι und αὖος, und für einen vollständigen Hexameter ist die Silbe erforderlich. Bernabé PEG II/2, fr. 484a streicht {τοι}, aber die neu gefundenen Paralleltexte zeigen, dass es in den Text gehört (B10, Z. 1 und B11, Z. 1; vgl. auch die Wiederaufnahme von δίψαι τοι am Ende des vorliegenden Goldplättchens B9, Z. 4).

παρα'πόλλυται: Auf dem Goldplättchen steht ΠΑΡΔΠοΛ-

ΛΥΤΑΙ (und für ἀλ¦λὰ¦: ΑΑΛΛ). Da alle Zypressenbrunnen-Plättchen B1–B8 der B-Gruppe immer mit der ersten Person einsetzen (»ich gehe zugrunde«), könnte man hier in B9 (»er/sie/es geht zugrunde«) einen Schreiberfehler vermuten (παραπόλλυται statt παραπόλλυμαι). Dagegen spricht aber, dass auch die neueren Funde B10 und B11 eindeutig παραπόλλυται überliefern, so dass man nach einer anderen Erklärung suchen muss. Die Annahme, dass hier ›Wächter‹ reden könnten, die den Zustand des Ankömmlings diagnostizieren, ist eher abwegig, denn die ankommende Person selbst benötigt diese Diagnose genauso wenig wie die Unterweltsgottheiten, die vom Durst aller ankommenden Seelen wissen und wenn überhaupt, dann nur Interesse haben können an der Information, ob eine dieser verdurstenden Seelen eingeweiht ist oder nicht (vgl. die Meldung einer Verstorbenen als einer Eingeweihten an die Unterweltsgottheiten in C4, Z. 1–2). Da die anderen Texte immer von einer Dialog-Situation ausgehen, ist außerdem eine weitere Erklärungsmöglichkeit so gut wie ausgeschlossen, nämlich dass hier eine reine Beschreibung eines ›neutralen Erzählers‹ vorliegen könnte. Diese Überlegungen und der Vergleich mit den anderen Zypressenbrunnen-Plättchen der B-Gruppe, in denen die einleitenden Worte immer von der ankommenden Seele gesprochen werden, legen daher nahe, dass die Verwendung der dritten (anstelle der ersten) Person Singular am ehesten so zu verstehen sein könnte, dass die in der Unterwelt ankommende, verstorbene Person von sich selbst als einer verdurstenden Seele spricht: »Vor Durst wirklich ausgetrocknet geht sie (sc. meine Seele) beinahe zugrunde! Darum (gib/gebt) mir zu trinken …!« Vgl. auch die Einleitung zu C4, wo ein ähnlich gelagerter Fall vorliegt.

2 κρ̣άνας αἰ¦⟨ει⟩|ρ⟨ό⟩ου: Lesbar ist (vgl. auch die Umschrift von Edmonds III 2011a, 34 und Foto mit Umschrift bei Tzifopoulos 2010, 26) nur ΚΡ̣ΑΝΑCΑΥΡΟΥ. Tzifopoulos (ebd. 27–29) ergänzt hier anders (mit dem Hinweis darauf, dass die für kretische Texte unübliche Genitivform auf OΥ unerklärlich bleibt), und zwar zu einem Eigennamen ⟨Σ?⟩αύρου (»spring of ⟨S⟩auros«). Bei Theophrast ist eine Sauros-Quelle auf Kreta am Ida bezeugt (Theophr. *hist. plant.* 3,3,4), aber nach Tzifopoulos könnte ⟨Σ?⟩αύρου noch eher mit der früheren Bezeichnung von Eleutherna als Satra oder Saōros zusammenhängen. Es ist aber fraglich, ob diese doch unterschiedlichen Namensbezeichnungen gleichgesetzt werden können; und warum sollte man bei einer Hadesbeschreibung auf eine kretische Quelle verweisen, und dann noch auf eine Eleutherna-Tradition, wenn das Goldplättchen gerade nicht aus Eleutherna kommt?

3 τί'ς δ̣' εἶ ἢ πῶ δ' εἶ: Kleine Änderungen im Vergleich zu anderen Zypressenbrunnen-Plättchen der B-Gruppe bewirken, dass zumindest hier im ersten Teil weiter der Hexameterfluss beibehalten wird. Statt ΤΙΣ steht auf dem Goldplättchen ΤΗΣ.

Γά{ς} ἐ'μοὶ μά̣ιηρ πό'τ⟨ν⟩ιά τʃε: Der Text ist gegen Ende des Goldplättchens zunehmend verderbt (ΓΑΣΗΜΟΙΜΑ̣ΤΗΡΠΩΤΙΑΕΤ); Bernabé tilgt einige Buchstaben und rekonstruiert: Γᾶς ἡμ{ο}ι μάτηρ {πωτιαετ} (so verbessert in BJ, 256; in PEG II/2, fr. 484a noch versehentlich ἡμ{ο}ὶ). Alternativ könnte man auch einen zusätzlichen syntaktischen Einschnitt annehmen: Γᾶς ἡμ{ο}ι. μάιηρ … (»Ich bin einer/eine der Ga. Mutter …«; vgl. E6: Τᾶς θεõ τ⟨ᾶ⟩ς Παιδός ἐμι). Tzifopoulos 2010, 17 deutet μάτηρ hier und (als rekonstruierte Form) in B6, Zeile 3 als Schreibung für den Vokativ μᾶτερ. Die von mir vorgenommene Rekonstruktion der Buchstabenfolge ΠΩΤΙΑΕΤ zu πό'τ⟨ν⟩ιά τʃε ist unsicher, da sie einige Eingriffe voraussetzt (O statt Ω, vgl. aber auch in der nächsten Zeile 4 ebenfalls O statt Ω bei ⟨Ο⟩ὐρανό'ς; Ergänzung von N und Buchstabenvertauschung von ET zu TE, vgl. solche Vertauschungen aber z. B. auch in B7, Z. 4, C1, Z. 3 und C2, Z. 4), kann dafür aber den Resten der letzten sieben

Buchstaben etwas Sinnvolles abgewinnen (auch wenn sich dadurch inhaltliche Schwierigkeiten beim Anschluss von Uranos ergeben) und den Hexameterfluss in Zeile 3 fast wiederherstellen, mit Hiatkürzung bei Γᾶ ἐμοὶ und einer Synizese in der zweiten Silbe von πότνια (allerdings mit einer irregulären Länge auf dieser zweiten Silbe). Bernabé vermutet hinter der Buchstabenfolge ΠѠΤΙΑΕΤ ein auf Uranos zu beziehendes πατήρ (PEG II/2, S. 43), aber dazu müsste man noch mehr in den Text eingreifen.

4 [.]κ̣⟨α⟩ὶ ⟨Ο⟩ὐρανό¦ς τε. τίς: Eine schwierige Stelle; die Buchstabenfolge Κ̣ΙΥΡΑΝѠCΤΕΤΙC könnte nach den übrigen Texten zu κ⟨α⟩ὶ ⟨Ο⟩ὐρανῶ ⟨ἀ⟩στε⟨ρόεν⟩το¦ς zu verbessern und zu ergänzen sein, wie es in der Regel getan wird (Bernabé u. a.), aber dafür muss man schon sehr viel ergänzen (Bernabé, Tzifopoulos und Edmonds III ergänzen sogar ⟨ἀ⟩στε⟨ρόεντος⟩ vor einem nachfolgenden τις).

B10: Kreta (Eleutherna), 4.–3. Jh. v. Chr.

1 Δίψαι {α}τοι ⟨α⟩ὖ{τ}ος παρα{ι}|πόλλυται. ἀλλὰ πιέ{ν}μ | μοι
2 κρ{ω}άνα⟨ς⟩ αἰ⟨ει⟩ρό[ω] ἐπ' | ἀριστερ⟨ὰ⟩ τᾶς κυφ̣[αρίζ]|ω.
3 τίς δ' εἶ ἤ πῶ δ' [εἶ; Γᾶ]| ἐ̣μ[οὶ] μάτηʃρ ΔΕΜ[...]

1 »Vor Durst wirklich ⟨aus⟩getrocknet geht sie beinahe | zugrunde! Darum (gib/gebt) zu trinken | mir
2 (Wasser) des Brunnen⟨s⟩, des ew⟨ig⟩-fließen[den], zur | Linke⟨n⟩ der Zyp[ress]|e!« –
3 »Wer aber bist du oder woher aber [bist du?« – »Ga (ist)]| mi[r] Mutter DEM[...]

Kommentar

Das rechteckige Täfelchen ist beschädigt, ein Teil des rechten und unteren Bereichs fehlt; Buchstabenvertauschungen, fehlende und überflüssige Buchstaben kommen gehäuft vor (Foto und Edition des neueren Textfundes: Tegou/Tzifopoulos 2021, 422 mit Abbildung 13).

1 {α}τοι ⟨α⟩ὖ{τ}ος: Die Buchstabenfolge ATOIΥTOΣ auf dem Goldplättchen lässt sich durch den Vergleich mit Text B9 und anderen, vergleichbaren Texten als Buchstabenvertauschung für TOIAΥ{T}OΣ erklären, mit einem überschüssigen T (wie auch sonst in Z. 1 und Z. 2 noch dreimal überflüssige Buchstaben auftauchen).

παρα{ι}|πόλλυται: Zu Übersetzung und Interpretation s. den Kommentar zu B9, Z. 1.

3 μάτηʃρ ΔEM[…]: Durch Vergleich mit B9, Zeile 3 wird plausibel, dass die Buchstaben MATPH eine Vertauschung für MATHP darstellen. Die letzten drei noch erhaltenen Buchstaben können mit Demeter nichts zu tun haben, da sie im Griechischen mit Eta (H) und nicht wie hier mit Epsilon (E) geschrieben wird (wenn man nicht von einer Verschreibung oder Schreib-Ungenauigkeit ausgehen will).

B11: Kreta (Eleutherna), 3.–1. Jh. v. Chr.

1 Δίψαι το̣ι̣ E|Ι̣TOC παρα|πόλλυται.| ἀλ⟨λ⟩ὰ̣ πιὲν ἐ⟨μοὶ⟩|
2 κράνας ἄ̣π̣ο̣?.

1 »Vor Durst wirklich E|ITOS geht sie beinahe | zugrunde! Dar⟨u⟩m (gib/gebt) m⟨ir⟩ zu trinken|
2 (Wasser) von? dem Brunnen!«

Kommentar

Es handelt sich um den kürzesten Text innerhalb der Zypressenbrunnen-Plättchen der B-Gruppe. Foto, Text und Kommentar des neueren Zeugnisses sind zu finden in Tzifopoulos 2010–2013.

1 E|ỊTOC: Hinter der Buchstabenfolge EITOC ist auf dem Hintergrund der anderen Texte eine fehlerhafte Schreibung für AΥOC (»ausgetrocknet«) zu vermuten.

παρα|πόλλυται: Zu Übersetzung und Interpretation s. den Kommentar zu B9, Z. 1.

πιὲν ἐ⟨μοὶ⟩: Zur (auch von Tzifopoulos vorgeschlagenen) Ergänzung vgl. B4, Z. 1 (ΠΙΕΜΕΜΟΙ).

3. C-GRUPPE: REINE-SEELEN-PLÄTTCHEN

Dass Götternamen auszusprechen eine heikle Angelegenheit sein kann, gilt in der Antike generell, besonders aber in Mysterienkulten, wo man unter anderem deshalb nicht selten auf spezielle ›Geheimnamen‹, mehrdeutige Ersatznamen oder Epitheta stößt, die naturgemäß Unsicherheiten in der Deutung mit sich bringen. Dies gilt bei den *Orphisch-Bakchischen Goldplättchen* insbesondere für die Reine-Seelen-Plättchen der C-Gruppe. Zusammenfassend und vorausgreifend lässt sich festhalten, dass aller Wahrscheinlichkeit nach in der C-Gruppe die »Königin der Unterirdischen« mit Persephone, »Eukles« mit Hades und »Eubuleus« mit Dionysos gleichzusetzen ist (so auch BJ, 102–105; ausführliche Diskussionen dazu in Bremmer 2013).

3.1 Königin der Unterirdischen

Die Identifikation der jeweils in Zeile 1 der Reine-Seelen-Plättchen genannten »Königin der Unterirdischen« mit Persephone ist naheliegend, zumal da dieser Name einer der wenigen ist, der in zwei Texten auch explizit genannt wird (Z. 6 von C1 und C2). Schwierigkeiten bereitet aber die Zugehörigkeit des Adjektivs »rein« (*καθαρά* bzw. dorisch *κοθαρά*), das in der C-Gruppe unmittelbar vor »Königin der Unterirdischen« steht. Die feminine Form kann sich auf Persephone beziehen, sie könnte aber auch als Bezeichnung für die Sprecher-Instanz, also für den verstorbenen Menschen, zu verstehen sein; die alternativen Übersetzungsmöglichkeiten lauten:

a) »Ich komme aus Reinen als Reine, Königin der Unterirdischen …«
b) »Ich komme aus Reinen, reine Königin der Unterirdischen …«

Bezogen auf den verstorbenen Menschen würde das Adjektiv diesen, zumindest auf den ersten Blick, auf eine weibliche Verstorbene festlegen, denn in allen Texten der C-Gruppe ist die Endung des Adjektivs entweder nicht erhalten oder weiblich. In Bezug auf den Text C4 aus Rom ist das Geschlecht bekannt (die Verstorbene war weiblich), bei den Texten C1–C3 aus Thurii ist das Geschlecht der Bestatteten unbekannt. Wenn das Adjektiv »rein« zu einer weiblichen Verstorbenen gehören würde, dann müsste man davon ausgehen, dass bei Männern der Text immer entsprechend verändert worden sein musste (καθαρός), was zumindest von der Metrik her problemlos möglich wäre.

Nun ergibt sich aber das Problem, dass in Zeile 9 von Text C3 eindeutig ein *Mann* angesprochen ist (ὄλβιε καὶ μακαριστέ, θεὸς δ' ἔσηι ἀντὶ βροτοῖο). Auch in diesem Fall aber ist es möglich, von der Zugehörigkeit des Adjektivs καθαρά in Zeile 1 zum verstorbenen Menschen auszugehen: Die Lösung besteht darin, hier und in allen anderen Texten der C-Gruppe in Zeile 1 zu καθαρά inhaltlich »Seele« (ψυχή) zu ergänzen (s. auch Johnston in GJ, 121 f; s. dazu ausführlicher die Einführung § 4.1). Wenn in Zeile 6 von C1 (und entsprechend in C2) ἱκέτι⟨ς⟩ (»bittflehende«) richtig rekonstruiert ist (und das ist, gegen Scullion 2018, 93, metrisch sehr wohl möglich, s. dazu den Kommentar zu C1, Z. 6), dann ist auch in diesem Fall die weibliche Form am ehesten als ein Bezug auf die Seele (ψυχή) zu interpretieren, nicht als Hinweis auf eine verstorbene Frau (der Einwand von Scullion 2018, 94 f gegen die Vorstellung von »Disembodied Souls« der Initiierten greift nicht, da er auf der nicht zutreffenden Voraussetzung beruht, man hätte sich die Seelen der Verstorbenen als körperlos vorgestellt; s. dazu die Einführung § 2.5).

Alternativ besteht die Möglichkeit, das Adjektiv »rein« auf Persephone zu beziehen, die in der C-Gruppe dann als »reine Königin der Unterirdischen« bezeichnet würde (so nach früheren Vorschlägen auch wieder Scullion 2018, 86–101 und Kotansky 2023, 201 f, Anm. 48; gegenteilig noch ders. 1994, 109). Es ist also die Frage, ob die ankommende menschliche Seele oder die Herrscherin der Toten als »rein« bezeichnet wird. Die metrische Gestaltung spricht (*pace* Scullion 2018, 96) weder eindeutig für eine Zugehörigkeit von καθαρά zu dem davorstehenden ἐκ καθαρῶν (Hephthemimeres nach καθαρά) noch zu dem folgenden χθονίων βασίλεια (Penthemimeres nach καθαρῶν), und auch von der Wortstellung her sind beide Bezüge möglich.

Semantisch bildet ἐκ καθαρῶν καθαρά aber eine enge Einheit, die von der syntaktischen Bildung her im Griechischen etliche vergleichbare Parallelen hat (s. mit Belegen BJ, 101 mit Anm. 14) und die der üblichen Diktion in Kulttexten durchaus entspricht, in denen Wichtiges nicht selten durch Wiederholungen unterstrichen wird, so dass der Vorwurf einer überflüssigen Doppelung nicht greift (so Pugliese Carratelli 1993, 39, der daher das Adjektiv auf Persephone bezieht).

Außerdem spricht die Gestaltung speziell von Text C4 für die Lösung, »rein« auf die verstorbene menschliche Seele zu beziehen, da man bei der dort von C1–C3 abweichenden Formulierung in der 3. Person, Ἔρχεται ἐκ καθαρῶν καθαρά – »Es kommt aus Reinen eine reine (sc. Seele)« das Adjektiv καθαρά als Subjekt benötigt (wenn man nicht bei C4 den unwahrscheinlicheren Fall annehmen will, dass das Subjekt erst am Ende von Zeile 2 steht). Diese Deutung erhält außerdem eine Bestätigung durch vergleichbare Wendungen auf Grabinschriften, wo die verstorbene Person etwa als »ein Guter aus (der Schar der) Guten« oder als »ein Rechtschaffener und von Rechtschaffenen« bezeichnet werden kann (s. dazu McClay 2023, 90 f).

Was schließlich das Inhaltliche angeht, und hier kommt man zum eigentlich Entscheidenden, so wird in den Goldplättchen sonst nirgends Persephone als »rein« bezeichnet, auf dem Goldplättchen C4 selbst aber als »hehr« oder »heilig« (Z. 6) – da helfen auch (nur entfernt ähnliche) Beispiele von Gebeten nicht weiter, in denen in Form eines Polyptotons versuchsweise eine enge Bindung zwischen betender Person und angebeteter Gottheit hergestellt wird, indem dasselbe Attribut wiederholt und *beiden* Seiten zugedacht wird (Scullion 2018, 97–99; man hätte im vorliegenden Fall der C-Plättchen vielleicht sogar noch eher an ein Apokoinu als bewusstes Stilmittel denken können). Außerdem konnte selbst der eifrigste Verfechter der ›Reine-Persephone-Hypothese‹ in der gesamten griechischen Literatur bislang keinen Beleg für eine »reine Persephone« finden (Scullion 2018, 99 f). Doch selbst wenn man einen solchen Beleg finden würde, so geht es doch hier vom ganzen Kontext her um eine Legitimation *der verstorbenen Person* als »rein« und damit als initiiert (vgl. in C1 und C2 den Hinweis auf die Buße für ungerechte Taten und auf die Wohnsitze der »Makellosen«, jeweils in Z. 4 und 7; vgl. auch Archebule als »Strahlende« in E5, Z. 1). Bedenkt man, dass es für die verstorbene Seele besonders darauf ankommt, ihre Reinheit zu betonen, während ein Fokus auf der Reinheit der Persephone zumindest im Kontext der Goldplättchen ohne tiefere Sinnhaftigkeit oder Funktion wäre, sprechen eindeutig mehr Gründe dafür, καθαρά auf die eingeweihte Seele zu beziehen als auf die Unterweltsherrscherin (vgl. bereits ausführlich Zuntz 1971, 306–308; sein ebd. 306 geäußerter, berechtigter Wunsch, die von ihm diskutierte und abgelehnte Variante von einer »reinen Persephone« würde damit zum letzten Mal erscheinen, »never to be heard again«, ist allerdings, wie die Versuche von Scullion und Kotansky zeigen, nicht in Erfüllung gegangen).

3.2 Eukles

In den Reine-Seelen-Plättchen der C-Gruppe steht die umschreibende und damit gewissermaßen als Ersatzname fungierende Bezeichnung »Eukles« direkt hinter der »Königin der Unterirdischen«, also hinter Persephone, was einen Bezug auf den mit Persephone durch Herrschaft und Ehe verbundenen Gott Hades und damit eine Deutung von »Eukles« als Hades-Beinamen nahelegt (»der mit gutem Ruf«; zu weiteren Stellen für eine positive Sicht auf Hades s. bspw. Plat. *Phaid.* 80d und *Krat.* 403a; Aristoph. fr. 504 PCG). Auch von der Hierarchie der Unterweltsgottheiten her liegt eine priorisierte Anrufung des Herrscherpaars am Textanfang nahe.

3.3 Eubuleus

Nach der »Königin der Unterirdischen« und »Eukles« wird in den Reine-Seelen-Plättchen an dritter Stelle »Eubuleus« genannt. Ein Blick in verschiedene antike Quellen zeigt, dass es sich bei diesem sprechenden Ersatznamen (»der mit gutem Rat«) um einen weiteren Hades-Beinamen (vgl. Schol. ad Nik. *Alex.* 14c), um einen Zeus-Beinamen (vgl. Diod. 5,72,2) oder um einen Dionysos-Beinamen handeln kann (vgl. Plut. *symp.* 7,9,714c); außerdem war Eubuleus die Bezeichnung für einen göttlichen Knaben im Kult von Eleusis (vgl. Paus. 1,14,3; *Orph. h.* 41,7; Schol. ad Lukian. *dial. mer.* 2,1; Clem. Al. *protr.* 2,17.20).

Eubuleus als Zeus-Beiname scheidet in Anbetracht des Unterweltskontexts am ehesten aus. Gegen einen Bezug von Eubuleus auf Hades spricht, dass eine euphemistische Umschreibung von Hades sowohl durch »Gut-Ruf« (Eukles) als auch durch »Gut-Rat« (Eubuleus) eine fast redundante und damit erklärungsbedürftige Doppelung mit sich bringen würde; außerdem sind die Belege für Eubuleus als Hades-Beiname rar. Dass »Eubuleus« in den *Orphisch-Bakchischen Goldplättchen* schließlich auch nicht auf eine so benannte göttliche Gestalt in den Eleusinischen Mysterien, sondern auf die Dionysischen Mysterien und damit auf Dionysos selbst verweist, dies zeigt ein Blick in ein anderes Corpus orphischer Schriften, nämlich in die *Orphischen Hymnen*: Ausgerechnet dort begegnet »Eubuleus« als Beiname des Gottes Dionysos gleich mehrfach

(*Orph. h.* 29,8; 30,6; 42,2; 52,4; s. dazu Fayant 2014, 259 und 679; dagegen wird Hades in *Orph. h.* 18,12 mit der leicht anderen Form »Eubulos« bezeichnet, nicht, wie Torjussen 2010, 85 schreibt, mit »Eubuleus«). Schließlich fällt auch auf einem Papyrus, der im Kontext von Dionysischen Mysterien entstanden sein dürfte, neben »Dionysos« gleich zweimal der Name »Eubuleus« (Papyrus Gurôb Nr. 1, Z. 18 und, mit Ergänzung, Z. 22, s. Appendix § 4; der Name muss dort keineswegs auf eine »distinct deity alongside Dionysos« bezogen werden, wie Torjussen 2010, 86 schreibt, sondern kann und ist sogar sehr wahrscheinlich, wie der dort ebenfalls auftauchende Name »Irikepaigos«, als Dionysos-Beiname zu deuten). Die Deutung als Dionysos-Beiname ist ein weiterer Mosaikstein, der die Interpretation der Goldplättchen als »orphisch-*bakchische*« Texte unterstützt.

3.4 Kind des Zeus

In den Reine-Seelen-Plättchen der C-Gruppe ist nur in Text C4 (Z. 2) von einem »Kind des Zeus« die Rede, eine Abstammungs-Angabe, deren Zuordnung zunächst unklar ist. Wenn man sie als eine Beschreibung der Eingeweihten interpretiert, dann würde hier die namentlich genannte Caecilia Secundina als Διὸς τέκος bezeichnet (passend zur Wendung δῖα γεγῶσα am Ende des Goldplättchens). Dadurch ergäbe sich allerdings ein gewisser Widerspruch zu dem zentralen ›Losungswort‹ der *Orphisch-Bakchischen Goldplättchen*, das sonst heißt: Γῆς παῖς εἰμι καὶ Οὐρανοῦ ἀστερόεντος – »ich bin ein Kind von Ge und von Uranos, dem sternenreichen« bzw. ἐμοὶ γένος οὐράνιον – »ich bin vom Uranos-Geschlecht« (s. dazu die Einführung § 4.8). Außerdem folgt in den Paralleltexten ein Zusatz, der auf weitere Unterweltsgottheiten hinausläuft, so dass auch die Bezeichnung »Kind des Zeus« in Text C4 eher als Umschreibung einer Gottheit, nicht als Bezeichnung der Eingeweihten zu verstehen ist.

Der Zusatz »Kind des Zeus« (Διὸς τέκος) in C4 ist daher sehr wahrscheinlich auf Eubuleus = Dionysos zu beziehen; in den *Orphischen Hymnen* wird er als »Eubuleus« gerade auch in seiner Stellung als Sohn von Zeus angerufen (*Orph. h.* 30,6).

3.5 Blitz-Herr der Donnerschläge und Moira

In den Reine-Seelen-Plättchen der C-Gruppe wird ein »Blitz-Herr der Donnerschläge« bzw. ein »Blitzeschleuderer der Donnerschläge« erwähnt, hinter dem sich kaum ein anderer Gott als Zeus verbergen kann. Die verwendeten Adjektive ἀστεροπής (»Blitz-Herr«, Z. 5 von C1 und C2) bzw. ἀστεροβλής (»Blitzeschleuderer«, C3, Z. 4b) sind selten und archaisierend bzw. im kultischen Kontext als ehrfurchtsvolle Umschreibungen zu verstehen und erscheinen außerdem in einer ungewöhnlichen Form (ἀστεροπῆτα bzw. ἀστεροβλῆτα), die gerade bei Kultnamen und in kultischen Epiklesen als Nominativ-Formen beleghar sind (s. Schwyzer Bd. 1, 560 mit Belegen).

Der erste Wortbestandteil der Adjektive ist sprachgeschichtlich wahrscheinlich nicht von ἀστήρ (»Stern«), sondern von dem dichterischen Wort ἀστραπή für »Blitz« abzuleiten, obwohl die Ableitung bei ἀστεροβλῆτα nach den üblichen Wortbildungsregeln eigentlich ἀστραπηβλῆτα oder ἀστεροπηβλῆτα heißen müsste (vgl. bspw. ἀστραπηφόρος = »Blitze bringend«). Eine solche Kenntnis korrekter Wortbildung bei einem offensichtlich so archaischen Kultwort ist aber für die in Frage kommenden Eingeweihten kaum anzunehmen, und es ist nachvollziehbar, dass man in Text C3 aus dem in C1 und C2 überlieferten, aber abstrakteren ἀστεροπῆτα (»Blitzer« oder »Blitz-Herr«) das bildlichere und daher einfacher verstehbare ἀστεροβλῆτα (»Blitzeschleuderer«) gemacht hat (zu βάλλειν = »schleudern«).

Ob man aufgrund des deutlichen Anklangs an ἀστήρ (»Stern«)

in Text C3 aus emischer Perspektive bei ἀστεροβλῆτα κεραυνῶν vielleicht an einen »Sternenschleuderer der Donnerschläge« gedacht hat, möglicherweise ohne dass man in diesem Fall genau gewusst hätte, warum oder in welchen Fällen Zeus ein Sternenschleuderer sein oder gewesen sein soll, ist nicht mit Sicherheit zu sagen. Es liegt allerdings die Annahme näher, dass Zeus eher als Schleuderer von Blitzen als von Sternen vorgestellt wurde. Dafür spricht die Parallelität mit den Texten C1 und C2, wo ἀστεροπῆτα einen direkten Bezug zu dem seit der frühgriechischen Epik bezeugten ἀστεροπητής als Beiwort des Zeus herstellt, das auf seine Eigenschaft als Herr über die Blitze abzielt (s. LfgrE s. v. ἀστεροπητής; vgl. Hom. *Il.* 1,580; Hes. *theog.* 390).

Dass Zeus in den *Orphisch-Bakchischen Goldplättchen* als Todbringer ausgerechnet mit seiner Eigenschaft als Herr über die Blitze in Verbindung gebracht wurde, wurde verschieden gedeutet, hat aber vermutlich am ehesten etwas mit der Vorstellung einer Vergöttlichung zu tun (s. Johnston in GJ, 125 f). So wurde etwa der Apollon-Sohn Asklepios, nachdem ihn Zeus mit einem Blitz getötet hatte, vergöttlicht und in den Kreis der Götter aufgenommen. Man kann außerdem den Mythos von Semele anführen, die als Mutter des Dionysos durch Zeus' Blitz den Tod fand und später von Dionysos aus dem Hades befreit und vergöttlicht wurde. Um diese guten Ausgänge für die vom Blitz getöteten Gottheiten wussten die Eingeweihten nicht nur, sondern vermutlich haben sie für sich selbst einen ähnlich glücklichen Ausgang erhofft: Vom ›Todesblitz‹ des Zeus getroffen mussten sie zwar sterben, aber nun dürfen sie auf ein ähnlich göttliches Weiterleben hoffen, wie dies einst Asklepios und Semele zuteilgeworden war (vgl. in dieser Richtung auch Obbink 2011, 304, mit Anm. 48). Für die Verbindung von Blitz-Tod und Vergöttlichung spricht außerdem, dass die Vergöttlichung der Mysten ein zentrales Ziel der Initiation in die Dionysischen Mysterien war (s. die Einführung § 4.8).

Neben Zeus wird in den Reine-Seelen-Plättchen der C-Gruppe

noch die personifizierte Schicksalsgottheit Moira angeführt, in den Texten C1 und C2 gekennzeichnet als unentschiedene Alternative (»sei es ..., sei es ...«), in Text C3 verbunden mit »und« (καί), was nahelegt, die Nennung von Moira und Zeus als Umschreibungen anzusehen für eine höchste göttliche Instanz, für die oberste Götter- bzw. Schicksalsmacht, deren Satzungen und Beschlüsse unumstößlich sind (zur Identifikation von Moira mit Zeus auch in anderen orphischen Texten s. BJ, 110 f; zu homerischen Parallelen s. Obbink 2011, 304). Eine andere Interpretation sieht in Moira die Göttin, die das Schicksal der zugemessenen, aber nun abgelaufenen Lebenszeit festgesetzt hat, und in Zeus den Vollstrecker, also den direkten Todbringer (s. Johnston in GJ, 125).

3.6 Texte der C-Gruppe

C1: Italien (Thurii, Lukanien), 4. Jh. v. Chr.

1 Ἔρχομα⟨ι⟩ ἐ⟨κ⟩ κα⟨θα⟩ρῶν' {σχονων}| καθαρά, χ⟨θ⟩ονίων βασίλ{η}ει⟨α⟩|,
2 Εὖκλε καὶ Εὐβουλεῦ{ι} καὶ θεοὶ ⟨καὶ⟩ δαίμο⟨ν⟩|ε⟨ς⟩ ἄλλοι.
3 καὶ γὰ∫ρ ἐγὼν ὑμῶ⟨ν⟩ γένο⟨ς⟩ εὔχομα|ι ὄλβιον' ⟨ε⟩ἶναι.
4 πο⟨ι⟩νὰν' δ' ἀνταπέ{ι}τε⟨ι⟩σ'{ει}| ἔργων' ἕνεκα οὔτι δικα⟨ί⟩ων.|
5 εἴτε με Μο⟨ῖ⟩ρα ἐδάμα⟨σ⟩σ'{ιατο} | εἴτε ἀστεροπῆτ{ι}⟨α⟩ κ⟨ε⟩ραυνῶν,|
6 νῦν δ' ἱκέτι⟨ς⟩ ἥ'κω{ι} πα⟨ρα⟩ὶ ἁγνὴ⟨ν⟩ Φε⟨ρ⟩σέ|φονε⟨ι⟩αν,
7 ὥς με{ι} πρόφ⟨ρ⟩ω⟨ν⟩ πέ{ι}⟨μ⟩ψη⟨ι⟩| ἕδρ'α{ι}ς ἐς εὐαγέ{ι}ων'.

1 »Ich komm⟨e⟩ au⟨s⟩ (der Schar der) R⟨ei⟩nen als eine reine (Seele), Königi⟨n⟩ der U⟨n⟩terirdischen,
2 Eukles und Eubuleus und ihr anderen Götter ⟨und⟩ Daimo⟨n⟩e⟨s⟩!
3 Auch ich, ich bitte, von eure⟨m⟩ glücklichen Geschlech⟨t⟩ zu ⟨s⟩ein!

4 Die B⟨u⟩ße aber habe ich abgeg⟨o⟩lten bezüglich der Taten, der keineswegs ger⟨e⟩chten.
5 Sei es, dass Mo⟨i⟩ra, sei es, dass der Blitz-Her⟨r⟩ der D⟨o⟩nnerschläge mich bezwu⟨n⟩gen hat,
6 jetzt komme ich als bittflehend⟨e⟩ (Seele) z⟨ur⟩ hehre⟨n⟩ Phe⟨r⟩sephone⟨i⟩a,
7 damit sie mich wohl⟨g⟩esonne⟨n⟩ schi⟨c⟩k⟨e⟩ zu den (Wohn-) Sitzen der Makellosen!«

Kommentar

Auf dem Goldplättchen steht bei *κα⟨θα⟩ρῶν*ˈ in Zeile 1, bei *ὄλβιον*ˈ in Zeile 3, bei *πο⟨ι⟩νὰν*ˈ und *ἔργων*ˈ in Zeile 4, sowie bei *εὐαγέ{ι}ων*ˈ in Zeile 7 am Wortende regelmäßig I statt der richtigen Endung auf N, so dass man dem Verfasser oder der Verfasserin fast so etwas wie eine I-N-Rechtschreibschwäche zuschreiben kann.

1 *Ἔρχομα⟨ι⟩*: Treffend ist die Beobachtung von Riedweg (1998, 375), dass eine solche unvermittelt einsetzende wörtliche Rede auf eine Einbettung in einen hinzuzudenkenden Kontext verweist, wahrscheinlich sogar als Antwort auf eine vorher ergangene, aufgrund des abkürzenden Charakters der Goldplättchen aber weggelassene Frage zu deuten ist à la »Wer und woher bist du?«

*ἐ⟨κ⟩ κα⟨θα⟩ρῶν*ˈ *{σχονων}*| *καθαρά*: Zur Frage nach dem Bezug von *καθαρά* s. die Einleitung zur C-Gruppe. Auf dem Goldplättchen steht für *ἐ⟨κ⟩ κα⟨θα⟩ρῶν*ˈ: ΕΚΑΡΩΙ.

{σχονων}: Vermutlich ein irrtümlicher Vorgriff auf das erst spätere *χ⟨θ⟩ονί⟨ων⟩*, verständlich, wenn man bedenkt, dass man nach *κα⟨θα⟩ρῶν*ˈ denken konnte, man wäre schon bei *καθαρά* angelangt (Pugliese Carratelli 1993, 50).

2 Εὔκλε καὶ Εὐβουλεῦ{ι} καὶ θεοὶ ⟨καὶ⟩: Zu den Namen bzw. Epitheta s. die Einleitung zur C-Gruppe. Im Gegensatz zu Text C3 finden sich hier Vokativ-Formen der Eigennamen und eine kurze Messung von καί (Hiatkürzung), wodurch sich hier in Text C1 eine andere metrische Einleitung des Verses ergibt als in Text C3. Da der vorliegende Text C1 auch in den Zeilen 1 und 5 ein fehlendes Gespür für die Metrik des Hexameters erkennen lässt (eingefügtes und den Vers zerstörendes σχονων bzw. ατο), ist die Reparatur mit der Einfügung von ⟨καὶ⟩ nach θεοί (s. BJ, 260) eine gute Lösung zur Rettung dieses Verses. Man könnte auch nach dem Paralleltext C2, Z. 2 ergänzen, doch hat C2 an dieser Stelle ein metrisch (und syntaktisch) problematisches ὅσοι (s. Kommentar dazu dort).

3 Zur Interpretation der Zeile als eine von mehreren Möglichkeiten in den Goldplättchen, als initiierte Person eine Verwandtschaft mit den Göttern für sich zu reklamieren, s. McClay 2023a, 136–138.

καὶ γὰ∫ρ: καὶ γάρ wird als Junktur normalerweise übersetzt mit »denn auch« oder »denn sogar«, aber auch mit »auch, wirklich, sogar, außerdem« (Montanari), d. h. dass in der deutschen Übersetzung »denn« in dieser Junktur wegfallen kann (vgl. Aristoph. *Equ.* 1088), wenn sich ein gedanklich passender oder sinnvoller Anschluss mit »denn« nur schwer herstellen lässt.

γὰ∫ρ: Im Original sind die beiden letzten Buchstaben vertauscht (ΓΡΑ).

εὔχομα|ι: Zu den mitschwingenden Bedeutungsebenen des Verbums s. die gute Analyse bei Herrero de Jáuregui 2011, 275–278 (ebd. 277: »depicts an agonistic, juridical, and religious moment«).

4 πο⟨ι⟩νὰν˹: Auf dem Goldplättchen steht ΠΟΝΑΙ. Die Erwähnung einer Buße, die man ableisten muss, taucht auch im

Papyrus Gurôb Nr. 1, Z. 4 auf (s. Appendix § 4), dort vermutlich (wenn die Ergänzungen stimmen) im Zusammenhang mit ungerechten Taten der Vorfahren, ein Gedanke, der so auch bei Platon zu finden ist (Plat. *rep.* 2,364b–365a; s. dazu ausführlich in der Einführung am Ende von § 2.2). Hier ist wohl eher die persönliche Schuld des verstorbenen Menschen gemeint. Der Gedanke an eine alte ›Erbschuld‹ der Menschheit, zurückgehend auf den Dionysos-Mord der Titanen, liegt hier fern (s. Pitombo Bacelar 2020, 17–19 und die Einführung § 2.7).

ἕνεκα οὔτι: Hier müsste für den Hexameter eine Vokal-Elision (ἕνεκ᾽ οὔτι) vorgenommen werden; s. aber dazu die Einführung § 4.1.

5 εἴτε ... εἴτε: So auch in Text C2 und sinngemäß in Text C3. Zu Moira und Zeus s. die Einleitung zur C-Gruppe.

Μο⟨ῖ⟩ρ̣α: Zu Moira als Todesbringerin, durch die der Mensch »bezwungen wird«, s. bspw. auch das Epitaph CEG II Nr. 627,4 f (Μοίραι δαμασθεὶς | θνήισκεις).

ἐδάμα⟨σ⟩σ᾽{ιατο}: Die mediale Form ἐδαμάσσατο ist belegt und im Kontext sinnvoll übersetzbar, aber der Paralleltext C3 hat die epische Aorist-Aktiv-Form ἐδάμασ⟨σ⟩ε (Zeile 4a; in C2, Z. 5 ist ⟨ἐδάμασσ᾽⟩ nur entsprechend ergänzt), und nur diese Form ergibt einen korrekten Hexameter, während die Form ἐδαμάσσατο den Hexameter zerstört (wie auch andere Stellen in C1 Fehler in der Hexameterbildung erkennen lassen).

εἴτε ἀστεροπῆτ{ι}⟨α⟩: Hier müsste für den Hexameter eine Vokal-Elision (εἴτ᾽ ...) vorgenommen werden; s. aber dazu die Einführung § 4.1.

ἀστεροπῆτ{ι}⟨α⟩ κ⟨ε⟩ραυνῶν: Zum Ausdruck »Blitz-Herr der Donnerschläge« s. den Kommentar zu C3, Z. 4b, und die Einleitung zur C-Gruppe.

κ⟨ε⟩ραυνῶν: Das letzte N ist auf dem Goldplättchen etwas über die Zeile geschrieben.

6 ἱκέτι⟨ς⟩: Wenn in C1 und in C2 ἱκέτις richtig rekonstruiert ist, und darauf deutet das hier in C1 fast vollständig lesbare Wort mit deutlichem Iota am Ende hin, dann ist die weibliche Form (die maskuline Form wäre ἱκέτης) am ehesten als ein Bezug auf die Seele (ψυχή) zu interpretieren, nicht als Hinweis auf eine verstorbene Frau (vgl. dazu auch die Einleitung zur C-Gruppe und die Einführung § 4.1).

ἱκέτι⟨ς⟩ ἥ¦κω{ι}: Auf dem Goldplättchen steht IKETIIKΩI. Die letzte Silbe von ἱκέτι⟨ς⟩ muss in metrischer Hinsicht als *brevis in longo ante caesuram* (in diesem Fall: vor Trithemimeres) gedeutet werden (ist also nicht, wie Scullion 2018, 93 mit Anm. 25 behauptet, »unmetrical«).

πα⟨ρα⟩ὶ: παρά episch auch in der Form παραί; hier also einmal ein scheinbar überzähliges Iota, das sich aber rechtfertigen lässt. Eine (auch vorgeschlagene) Textrekonstruktion zu πα⟨ρ⟩' geht metrisch nicht, da das Alpha kurz ist.

πα⟨ρα⟩ὶ ἁγνὴ⟨ν⟩: Hiat, in der angenommenen Textrekonstruktion mit (üblicher) Hiatkürzung.

7 Zur Metrik der Zeile (daktylischer Pentameter) s. in der Einführung § 4.1, mit kurzem Alpha bei dem Akkusativ Plural ἕδρας (s. dazu Obbink 2011, 294 f mit Anm. 17).

πέ{ι}⟨μ⟩ψη⟨ι⟩: Auf dem Goldplättchen steht ΠΕΙΨΗ. Hier und in Text C2 fällt auf, dass die 3. und nicht die 2. Person Singular verwendet wird, obwohl nach der Einleitung in Zeile 1 offenbar Phersephoneia direkt angesprochen wird, was zum einen mit dem narrativen Duktus des direkten Kontexts, zum anderen damit zusammenhängt, dass die verstorbene Seele vor mehreren Gottheiten steht (Z. 2; eine ähnliche unpersönliche Ausdrucksweise auch in C3, Z. 7).

ἕδρ¦α{ι}ς ἐς εὐαγέ{ι}ων¦: Auf dem Goldplättchen steht ΕΔΝΑΙΣΕΣΕΥΑΓΕΙΩΙ.

εὐαγέ{ι}ων¦: Theoretisch kann das Adjektiv εὐαγής sowohl

(mit kurzem ᾰ) »heilig, rein, makellos, unschuldig« (von τὸ ἄγος = »Befleckung, Frevel, Verbrechen«) bedeuten als auch (mit langem ᾱ) »hellstrahlend, glänzend« (von ἡ αὐγή = »Strahl, Licht, Glanz«). Da es sich von der Metrik her aber in diesem Vers nicht um einen daktylischen Hexameter, sondern um einen daktylischen Pentameter handelt (missinterpretiert bei Kotansky 2023, 214, und daher auch die darauf aufbauenden Folgerungen nicht richtig), ist vom Versmaß her nur εὐᾰγής passend. Auch inhaltlich sprechen die in Zeile 4 betonte Buße für ungerechte Taten und die auf die Seelen der verstorbenen Eingeweihten zu beziehende Charakterisierung als eine Schar von »Reinen« in Zeile 1 dafür, dass hier auf die Reinheit der Eingeweihten abgezielt ist (wobei der aus der Makellosigkeit resultierende »Glanz« in griechischen Ohren freilich mitschwingen kann).

C2: Italien (Thurii, Lukanien), 4. Jh. v. Chr.

1 recto Ἔρχομαι ἐ⟨κ⟩ καθαρῶ⟨ν⟩ καθ̣⟨αρά, χθ⟩|ο⟨νίων⟩ βασίλ⟨ει⟩α̣{ρ},
2 Ε̣ὔκλε {υα} κα⟨ὶ⟩ Εὐ|βο⟨υ⟩λεῦ καὶ θεοὶ ὅσοι δ⟨αί⟩μο|νες ἄλλο⟨ι⟩.
3 καὶ γὰρ ἐ⟨γ⟩ὼ⟨ν⟩ ὑ⟨μῶν⟩| γ̣{ι}ένος εὔχομα⟨ι ὄλβιον⟩ ε⟨ἶ⟩ν̣α⟨ι⟩ | {ὄλβιο}.
4 ποινὰν ⟨δ'⟩ ἀʃνταπ|έτε⟨ισ'⟩ ἔργω⟨ν ἕνεκ'⟩ ο⟨ὔ⟩τι δικ‖verso α⟨ί⟩ων.
5 ε⟨ἴ⟩τ⟨ε⟩ με Μοῖρα | ⟨ἐδάμασσ'⟩ ε⟨ἴτε ἀσ⟩τεροπῆτα! {κη̣} κερα|υνῶ!⟨ν⟩,
6 νῦν δὲ ⟨ἱ⟩κ⟨έτις⟩ ἥ̣κω, | ἥ!κω παρὰ Φ̣⟨ερ⟩σεφ̣⟨όνειαν⟩,|
7 ὥς {λ} με ⟨π⟩ρόφ⟨ρων⟩ πέ[μ]ψη!⟨ι⟩ {μ} | ἕδρας ἐς εὐ⟨α⟩γ̣⟨έων⟩.

1 »Ich komme au⟨s⟩ (der Schar der) Reine⟨n⟩ als eine rei⟨ne⟩ (Seele), Kön⟨ig⟩in der ⟨Unter⟩ir⟨dischen⟩,
2 Eukles un⟨d⟩ Eubuleus und ihr andere⟨n⟩ Götter, wie viele ⟨D⟩a⟨i⟩mones (es auch gibt)!

3 Auch i⟨c⟩h, ich bitt⟨e⟩, von eu⟨rem⟩ glückliche⟨n⟩ Geschlecht zu ⟨s⟩ei⟨n⟩!
4 Die Buße ⟨aber⟩ habe ich abgegolt⟨en⟩ ⟨bezüglich⟩ der Tate⟨n⟩, der kein⟨e⟩swegs ger⟨e⟩chten.
5 Se⟨i e⟩s, dass Moira, se⟨i es⟩, dass der ⟨Bl⟩itz-Herr der Donnerschläg⟨e⟩ mich ⟨bezwungen hat⟩,
6 jetzt komme ich als ⟨bi⟩tt⟨flehende⟩ (Seele), komme zu Ph⟨er⟩se-ph⟨oneia⟩,
7 damit sie mich ⟨w⟩ohlge⟨sonnen⟩ schick⟨e⟩ zu den (Wohn-) Sitzen der Mak⟨e⟩l⟨losen⟩!«

Kommentar

Das Goldplättchen ist auf der Vorder- und Rückseite beschrieben, was dazu geführt hat, dass die von beiden Seiten durchgedrückten Buchstaben die Lesbarkeit der jeweiligen Seiten sehr erschweren. Dazu kommt noch der Umstand, dass viele Buchstaben weggelassen wurden, so dass sich ein sinnvoller Text vor allem durch den Vergleich mit einem besseren Textzeugen wie C1 in der vorliegenden Form rekonstruieren lässt.

2 ὅσοι: Die Buchstaben sind kaum zu erkennen, und außerdem bereitet die Metrik des Verses Probleme, weshalb man ὅσοι (»wie viele«) getilgt und durch καί ersetzt hat (s. BJ, 261); dann geht der Vers metrisch auf (mit Annahme einer Synizese bei θεοί, die auch anderweitig belegt ist). Belässt man ὅσοι, entsteht eine unübliche kurze Messung des Diphthongs -οι, und außerdem entsteht die inhaltliche Schwierigkeit eines holprigen Anschlusses, der die Syntax verunklart (ein syntaktisch glatterer Anschluss mit »und« liegt bspw. dem Paralleltext C3, Z.2 zugrunde). Andererseits kann man dem Text halbwegs einen Sinn abgewinnen, so dass die Annahme einer metrischen Unregelmäßigkeit vielleicht weniger schwer wiegt als der Austausch eines ganzen Worts; der Myste könnte analog zum häufigen Phänomen der Hiatkürzung, die besonders oft die Endsilben -αι und -οι betrifft, auch hier die Endsilbe -οι kurz ausgesprochen haben, obwohl kein vokalisch anlautendes Wort folgt.

3 εὔχομα⟨ι ὄλβιον⟩ ε⟨ἶ⟩να⟨ι⟩ | {ὄλβιο}: Die Umstellung ist aus metrischen Gründen notwendig; bei der Verschriftung wurde möglicherweise ὄλβιο⟨ν⟩ vergessen und dann am Versende ›nachgeholt‹, was aber den Hexameter zerstört.

4 ἀʃνταπ|έτε⟨ισ’⟩: Die Buchstaben 1 und 2 sind auf dem Plättchen vertauscht (ΝΑΤΑΠΕΤΕ).

5 Μοῖρα ⟨ἐδάμασσ’⟩ ε⟨ἴτε ἀσ⟩τεροπῆτα[!]: Für den Hexameter wären in dem rekonstruierten Text zwischen den Worten nach den Regeln der Hexameterbildung Vokal-Elisionen nötig (Μοῖρ’ ἐδάμασσ’ εἴτ’ ἀστεροπῆτα); s. aber die Einführung § 4.1.

ἀσ⟩τεροπῆτα[!]: Am Ende steht im Text I statt A.

κεραυ|νῶ[!]⟨ν⟩: Auf dem Goldplättchen ΚΕΡΑΥΝΟ (sonst wird durchaus zwischen Omikron und Omega unterschieden).

6 δὲ ⟨ἱ⟩κ⟨έτις⟩ ἥκω: Hier sind etliche Eingriffe zur Textwiederherstellung nötig. Zur nicht vorgenommenen Vokal-Elision (statt δ’ ἱκέτις) bei δὲ ⟨ἱ⟩κ⟨έτις⟩ s. die Einführung § 4.1; zur Messung der Silben bei ⟨ἱ⟩κ⟨έτις⟩ ἥ[!]κω und zur femininen Endung des Adjektivs s. den Kommentar zu C1, Zeile 6.

ἥκω, | ἥ[!]κω παρὰ: Vgl. zu dieser Textrekonstruktion auch Graf/Johnston (2013, 14), und das passt besser zum erhaltenen Text. Wohl aufgrund des Paralleltexts C1 verbessert Edmonds III (2011a, 19) zu ἥκω {ιικω} παρ⟨αὶ⟩ ἁ⟨γνὴν⟩ (mit angenommenem Hiat und Hiatkürzung); auf diese Weise macht er aus dem Textbestand Η̣ΚΩ ΙΙΚΩ ΠΑΡΑ Φ̣ΣΕΦ̣ die davon doch sehr abweichende Folge ΗΚΩ ΠΑΡΑΙ ΑΓΝΗΝ ΦΣΕΦ. Weniger Eingriffe nimmt Bernabé (2005, 64) vor: ἥκω {ικω} παρ' ἁ⟨γνὴν⟩, aber das geht metrisch nicht auf, denn dann müsste man die kurze Silbe παρ' lang messen; wahrscheinlich deshalb bei BJ, 261 geändert zu ἥκω {ικω} παρ⟨αὶ⟩ ἁ⟨γνὴν⟩ (aber dafür mit größerem Texteingriff, wie bei Edmonds III).

7 Zur Metrik der Zeile (daktylischer Pentameter) s. in der Einführung § 4.1.

πέ[μ]ψη'⟨ι⟩ {μ}: Auf dem Plättchen befindet sich erst eine Lücke, dann hat man bei der Verschriftung das in der Lücke fehlende M vielleicht am Ende noch nachtragen wollen; außerdem E statt H: ΠΕ ΨΕΜ.

εὐ⟨α⟩γ⟨έων⟩: Der erhaltene Text kann als ΕΥΓ, ΕΥΠ oder als ΕΥΓΙ gelesen werden, im zweiten Fall mit einem (überflüssigen) Iota, vgl. Zeile 3 (ΓΙΕΝΟΣ).

C3: Italien (Thurii, Lukanien), 4. Jh. v. Chr.

1 Ἔρχομαι ἐκ κοθαρῶ'⟨ν⟩ κοθαρά, χθονί⟨ων⟩ βα|σίλεια,
2 Εὐκλῆς Εὐβο⟨υ⟩λεύς τε καὶ ἀ|θάνατοι θεοὶ ἄλλοι.
3 καὶ γὰρ ἐγὼν | ὑμῶν γένος ὄλβιον εὔχομαι | εἶμεν.
4a ἀλ⟨λ⟩ά με Μο⟨ῖ⟩ρα ἐδάμασ⟨σ⟩ε | {καὶ ἀθάνατοι θεοὶ ἄλλοι}
4b καὶ ἀσ|στεροβλῆτα κεραυνῶ'ν.
5 κύκλο⟨υ⟩ | δ' ἐξέπταν βαρυπενθέος ἀργα|λέοιο,
6 ἱμερτο⟨ῦ⟩ δ' ἐπέβαν στεφά|νο⟨υ⟩ ποσὶ καρπαλίμοισι·
7 δεσσποί|νας δὲ ὑπὸ κόλπον ἔδυν χθονί|ας βασιλείας.
8 ἱμερτο⟨ῦ⟩ δ' ἐ'πέβαν | στεφ'άνο⟨υ⟩ ποσὶ καρπαλ'ίμοι |σι.
9 ὄλβιε καὶ μακαριστέ, θεὸς δ' ἔ|σηι ἀντὶ βροτοῖο.
10 ἔριφος ἐς γάλ⟨α⟩ ἔπετο|ν.

1 »Ich komme aus (der Schar der) Reine⟨n⟩ als eine reine (Seele), Königin der Unterirdisch⟨en⟩,
2 Eukles und Eubuleus und ihr anderen unsterblichen Götter!
3 Auch ich, ich bitte, von eurem glücklichen Geschlecht zu sein!
4a A⟨b⟩er Mo⟨i⟩ra hat mich bezwun⟨g⟩en {und andere unsterbliche Götter}
4b und der Blitzeschleuderer der Donnerschläge.
5 Dem Krei⟨s⟩(lauf) bin ich entflogen, dem leidvollen, beschwerlichen,
6 den ersehnte⟨n⟩ (Sieges-)Kran⟨z⟩ habe ich erlangt mit flinken Füßen:
7 Hinunter in den Schoß der Herrscherin bin ich gesunken, der unterirdischen Königin.
8 Den ersehnte⟨n⟩ (Sieges-)Kran⟨z⟩ habe ich erlangt mit flinken Füßen!« –
9 »Glücklicher und Seliger: Ein Gott wirst du sein anstelle eines Sterblichen!« –
10 »Als Zicklein bin ich in Mil⟨ch⟩ gefallen!«

Kommentar

Es handelt sich ausnahmsweise um einen Text, der eindeutig für einen männlichen Verstorbenen geschrieben ist (Z. 9), während die meisten (nicht namentlich spezifizierten) Goldplättchen in den Formulierungen geschlechtsneutral bleiben. Aber auch inhaltlich finden sich in Text C3 entscheidend andere Schwerpunkte, nicht nur andere als in den vergleichbaren Texten C1 und C2 der Gruppe der Reine-Seelen-Plättchen, sondern auch andere als in allen anderen Goldplättchen.

Es drängt sich auf, dass hinter dem in Text C3 einmalig erwähnten »Zyklus« (*kyklos*, Z. 5) der Gedanke an einen länger dauernden Kreislauf von Wiedergeburten steht (was allerdings nicht so klar ist wie z. B. von Scalera McClintock 2016, 77 behauptet; zu einer anderen Deutungsmöglichkeit s. unten). Damit ergäbe sich eine Nähe zu oder doch zumindest eine typologische Verwandtschaft mit Vorstellungen des Pythagoreismus, da dort die Seelenwanderungslehre ein zentrales Element darstellt (Torjussen 2010, 53–56; Graf 2011, 56; Riedweg 2021, 40; zu Überschneidungen von orphischen und pythagoreischen Lehren s. Bernabé 2018, 1177; Riedweg 2021, 37–39; Mackenzie 2022, 95, Anm. 54 mit Hinweisen auf Primärstellen; McClay 2023, 5 mit Anm. 13). Lebedev (2023, 268–272) setzt nicht ganz unproblematisch pythagoreische, orphische und ägyptische Überlieferungen mehr oder weniger gleich (vgl. ebd. 278: »Pythagoras was the middleman between the Egyptian doctrine of afterlife and the eschatology of the gold leaves«; vgl. dagegen Edmonds III 2004, 96 f; Dousa 2011).

Neben der singulären Erwähnung eines »Zyklus« zeichnet sich Text C3 noch durch weitere Besonderheiten aus. In den Texten C1 und C2 wird der Fokus darauf gelegt, dass der Mensch in seinem Leben ungerechte Taten vollbringen kann, und auf die Notwendigkeit der Buße; hier in C3 wird eher umgekehrt betont, was das Leben dem Menschen antun kann, was die Seele des Menschen dadurch an Leiden und Bürden auf sich nimmt, und damit entsteht ein ganz anderer Fokus, der auf der Beschwerlichkeit des ›Lebenszyklus‹ und auf der Sehnsucht liegt, diesem *kyklos* zu entrinnen. Das lässt eine Soteriologie und Welt- und Menschensicht erkennen, die so weder in C1 und C2 noch in den übrigen Goldplättchen greifbar wird.

Der Gedanke an das Elend eines beschwerlichen *kyklos* könnte auch der Grund sein, warum speziell auf diesem Goldplättchen der Tod so stark ins Zentrum der Aufmerksamkeit rückt. In den Zeilen 4–8 wird in vierfacher Variation letztlich immer wieder dasselbe ausgedrückt, nämlich dass, schlicht gesagt, der Tod eingetreten ist. Der Tod ist für den Betroffenen aber ganz augenscheinlich nicht so sehr ein Skandalon, sondern eher ein wichtiger, sogar ersehnter und damit besonderer Umstand, denn er ist eben nicht eine Zäsur vor einem erneuten Leben im Diesseits, sondern ein Ausstieg aus den

Aufs und Abs des Lebens und damit die Befreiung vom irdischen Dasein und der Übergang in ein seliges Leben als Gott im Jenseits: Durch den Tod ist der Verstorbene an ein Ziel gelangt und hat somit wie ein Athlet nach gewonnenem Wettlauf den Siegeskranz erlangt. Überraschenderweise ist hier in C3 von einem Aspekt überhaupt nicht die Rede, der wiederum in C1 und C2 betont wird, nämlich die Notwendigkeit einer »Buße«, die die Seele zu entrichten hätte, bevor sie diesen Sieg erringt; es sieht vielmehr so aus, als sei nicht eine wie auch immer geartete Buße, sondern eigene ›athletische‹ Anstrengung nötig, um dem *kyklos* entfliehen zu können.

Auffällig ist außerdem der Umstand, dass bis auf die (ohnehin blasse) Schicksalsgöttin Moira auf dem gesamten Goldplättchen kein einziger Gottesname *explizit* genannt wird, dass die auch sonst in den Reine-Seelen-Plättchen der C-Gruppe beobachtbare Scheu vor dem Aussprechen von Gottesnamen also noch gesteigert erscheint und sich sogar auf den Namen der Phersephoneia erstreckt, der in den vergleichbaren Texten C1 und C2 (z. T. mit Buchstaben-Ergänzungen) durchaus vorkommt, in Text C3 aber konsequent umschrieben wird (»Königin der Unterirdischen«, »Herrscherin«, »unterirdische Königin«).

Ein weiterer bemerkenswerter Umstand besteht darin, dass im gesamten Text so gut wie kein einziger Hinweis auf genauere topographische Gegebenheiten zu finden ist. Der Verstorbene sinkt in ein »Unten« (Z. 7), aber weitere Angaben über Wege oder Örtlichkeiten sucht man vergebens. Das passt zu einer etwas vergeistigten Sicht, die mehr auf einen Kreislauf und das Ausbrechen daraus zu fokussieren scheint als auf die Beschreibung konkreter Gegenstände oder Räume im Hades, und die die Unterwelt nicht so sehr als etwas Lokales, »Unterirdisches« begreift, sondern eher als etwas Persönliches, Beziehungshaftes und Statushaftes (vgl. die Rede von der Unterweltsgöttin, in deren Schoß man sinkt, von der Gemeinschaft der »Reinen« und »Glückseligen« und derer, die von »glücklichem Geschlecht« bzw. Gott geworden sind).

Erklärungsbedürftig ist schließlich auch, dass am Ende des Textes der Satz ἔριφος ἐς γάλα ἔπετον (»Als Zicklein bin ich in Milch gefallen!«, Z. 10) nachklappt, abweichend von den anderen Texten der C-Gruppe, und ohne eine sinnvolle syntaktische Anbindung wie z. B. durch »denn«, ohne eine Weiterführung der zweiten Person (»denn du bist ... in Milch gefallen«), und ohne die Beibehaltung einer hexametrischen Formung. Wenn man, was naheliegt, einen Einfluss der Tradition der Milchbad-Plättchen der D-Gruppe annimmt, dann ist doppelt merkwürdig, dass ein dort in der zweiten Person überlieferter Satz, der aller Wahrscheinlichkeit nach ein feststehender Kultruf gewesen ist, hier verändert in der ersten Person überliefert ist, obwohl die zweite Person sogar besser in den Kontext gepasst hätte (zu Erklärungsversuchen s. Torjussen 2010, 146). Auch wenn man sich den gesamten Aufbau des Textes C3 vor Augen hält, ist es seltsam, dass dieser Satz nicht vorher schon eingeschaltet wurde. Vielleicht unter anderem auch deshalb, weil er aus dem Metrum fällt? Oder weil man ihn vorher einzufügen vergessen hat? Oder weil noch ein anderer Traditionsstrang angefügt werden soll, den man um der Einheitlichkeit willen nicht zwischengeschaltet, sondern zusätzlich am Ende angehängt hat? Man kann diesen Zusatz jedenfalls so interpretieren, dass der Eingeweihte am Schluss seiner Rede als Legitimation für das Eingeweiht-Sein eine zentrale Formel der Einweihungszeremonie zitiert, die dann zugleich als Losungswort dient, um die Zulassung zum Bereich der Glückseligen zu erwirken (vgl. die Erwähnung von Losungsworten auch gerade am Ende eines Goldplättchens in Text A4, Z. 19; zu C3, Z. 10 als Bezug auf einen Kultruf während der Initiation s. auch Torjussen 2010, 135 f).

Zusammenfassend lässt sich sagen, dass mit der Textgestaltung auf Goldplättchen C3 offensichtlich der Versuch unternommen worden ist, andere Akzente zu setzen durch

- die völlige Vermeidung von göttlichen Eigennamen,
- die fast vollständige Ausblendung einer Unterweltstopographie,
- eine neue, innigere Schilderung der Beziehung zwischen der ver-

storbenen Seele und einer mütterlich vorgestellten Unterweltsherrscherin,

- die Einbeziehung der Vorstellung, dass die menschliche Seele zu Lebzeiten in einem leidvollen *kyklos* gefangen ist, aus dem es zu entfliehen gilt,
- die Weglassung der Notwendigkeit einer zu leistenden Buße zugunsten der Betonung eigener Anstrengung,
- und durch den Versuch, verschiedene Traditionsstränge miteinander zu vereinen wie die Reine-Seelen-Plättchen der C-Gruppe mit den Milchbad-Plättchen der D-Gruppe.

Auf dem Hintergrund der inzwischen gefundenen Zeugnisse stellt Text C3 somit einen Ausnahmefall dar, und zwar in mehreren verschiedenen Hinsichten. Dazu zählt insbesondere die Erwähnung eines beschwerlichen *kyklos*, dem es zu entfliehen gilt, und hinter dem viele Interpretationsansätze den pythagoreischen und von Platon ebenfalls behandelten Gedanken von einem Kreislauf mehrerer Wiedergeburten erblicken wollen. Diese Deutung von Zeile 5 als Hinweis auf die Reinkarnationsvorstellung ist allerdings alles andere als gesichert: Man kann diese Aussage auch auf die »Kreisbahn« eines einzigen Lebens bezogen sehen (s. dazu treffend Edmonds III 2004, 94–96 mit Belegen; Torjussen 2010, 161 mit Anm. 111; mit einer Deutung in Hinblick auf den allgemein menschlichen »cycle de malheurs et bonheurs, sans impliquer une conception des réincarnations de l'âme« Pitombo Bacelar 2020, 36). Selbst wenn man aber eine Reinkarnations-Vorstellung in Text C3 annehmen will, so wäre sie jedenfalls allen anderen Goldplättchen genauso fremd wie etliche andere, bereits genannte Punkte (s. zur Reinkarnation ausführlich die Einführung § 2.7).

Die Ausnahmestellung von C3 wird nicht zuletzt noch einmal besonders deutlich durch die rein philologische Beobachtung, dass der Wortschatz der besonderen Partien, darunter etliche markante Substantive wie »Kreis«, »Kranz«, »Fuß« oder »Schoß« (κύκλος, στέφανος, πούς, κόλπος), besondere Verben wie »entfliegen« oder

»erlangen« (ἐκπέτομαι, ἐπιβαίνω) und viele auffälligere Adjektive wie »leidvoll«, »beschwerlich«, »ersehnt«, »flink«, »selig« oder »unsterblich« (βαρυπενθής, ἀργαλέος, ἱμερτός, καρπάλιμος, μακαριστός, ἀθάνατος) – und damit angesichts eines so kurzen Textes fast der gesamte Wortschatz – ausschließlich in Text C3, sonst aber in den Goldplättchen nirgends auftauchen.

1 κοθαρῶ!⟨ν⟩: Die Schreibung κοθαρός (»rein«) ist die dorische Entsprechung zu καθαρός; auf dem Goldplättchen ohne Omega (ΚΟΘΑΡΟ), obwohl an anderen Stellen das Ω durchaus erscheint (Z. 3).

2 Der Hexameter geht hier im Vergleich zu den Paralleltexten am besten auf (übliche Längung des ersten Alpha bei ἀθάνατοι wie sonst oft in der epischen Dichtung, übliche Hiatkürzungen bei καί und bei θεοί vor anlautendem Vokal des Folgeworts).

καὶ ἀ|θάνατοι θεοὶ ἄλλοι: Die Texte C1 und C2 schreiben hier nicht von »unsterblichen Göttern«, sondern von »anderen Göttern und Daimones«, und die direkte Einreihung in die davor genannten Gottheiten mit Unterweltsbezug legt nahe, dass es sich dabei um weitere chthonische Gottheiten handelt (anders Kotansky 2023, 203 f, der hier eine Anspielung auf die olympischen Götter sehen will).

3 εἶμεν: Dorische Infinitivform für εἶναι.

4a Μο⟨ῖ⟩ρα: Aus metrischen Gründen müsste man das Alpha einklammern (Μο⟨ῖ⟩ρ'{α}, s. auch Edmonds III 2011a, 16); s. dazu aber die Einführung § 4.1.

καὶ ἀθάνατοι θεοὶ ἄλλοι: Graf/Johnston (2013, 12) belassen beide Halbverse 4a und 4b und lehnen eine Entscheidung für eine Streichung ab. Da dies das einzige Mal ist (außer der klar abgesetzten Zeile 10), dass der Hexameter-Fluss gestört wird, und da καὶ ἀθάνατοι θεοὶ ἄλλοι leicht als (versehentliche) Doppelschreibung des Endes von Zeile 2 erklärt werden kann, ist vermutlich der Halbvers 4b das ›richtige‹ Ende von 4a, was bei der Verschriftung vielleicht dann auch noch bemerkt wurde, wobei der Fehler aber nur dadurch berichtigt werden konnte, dass das richtige Ende einfach als Doppelung angefügt wurde, so dass (im Anschluss auch an andere Editoren) doch einige Gründe für eine Tilgung sprechen.

4b ἀσ|στεροβλῆτα κεραυνῶˈν: Zum doppelten Sigma ἀσστεροβλῆτα s. die Einführung § 4.1; zur Erklärung von Wortbildung, Übersetzung und grammatischer Form von ἀστεροβλῆτα s. die Einleitung zur C-Gruppe. Pugliese Carratelli 2001, 103 übersetzt καὶ ἀσ|{σ}τεροβλῆτα κεραυνῶˈν etwas frei mit »e il folgorante Saettatore sidereo«; Graf/Johnston (2013, 12 f) lesen καὶ ἀσ|στεροβλῆτα κεραυνόν und übersetzen das mit »and the star-flinger with lightning«; Edmonds III 2011a, 16 übersetzt mit »and the thunderer, striking with his lightning«, wohl aus inhaltlichen Gründen mit einer Vertauschung von eigentlich »Blitzschleuderer der Donnerschläge« zu »Donnerer, zuschlagend mit dem Blitz«.

κεραυνῶˈν: Auf dem Goldplättchen steht ΚΕΡΑΥΝΟΝ, aber Ο für Ω auch schon in Zeile 1. Vgl. auch Text C1, Zeile 5 (dort eindeutig Omega).

5 κύκλο⟨υ⟩: Der Genitiv hängt ab von der im Verbum steckenden Präposition ἐξ. Wenn mit dem Wort *kyklos* auf die Seelenwanderung angespielt sein sollte, so ist das für die *Orphisch-Bakchischen Goldplättchen* nicht repräsentativ (s. die Einleitung zu diesem Text und die Einführung § 2.7); möglicherweise hat es aber unter den vielen verschiedenen Gruppen von Dionysos-Verehrern welche gegeben, die mit der Reinkarnationslehre geliebäugelt haben (s. dazu eventuell auch den späten Reflex im Kommentar zu Platons *Timaios* 42c, III,297 beim Neuplatoniker Proklos im 5. Jh. n. Chr., mit der Interpretation bei Chrysanthou 2020, 141 f).

ἐξέπταν: Dorischer Aorist ἔπταν statt ἔπτην oder ἐπτάμην von dem Grundverbum πέτομαι (»fliegen«).

6 ἐπέβαν στεφά|νο⟨υ⟩: Zur Diskussion, ob es sich bei den eigentlich für Athleten und Symposiasten typischen Kränzen im Kontext der bestatteten Mysten nicht auch um Symbole für einen Vorgang bzw. für das Ergebnis der Initiation handeln kann s. BJ, 123–128 (mit dem Ergebnis, ebd. 128: »simultaneously mystical, triumphal and symposiacal, a rich combination of aspects, woven together like the leaves and flowers that compose it«) und Tzifopoulos 2011, 171 f (mit Auflistung der verhältnismäßig vielen Gräber von Mysten, in denen neben Goldplättchen auch Kränze und Diademe gefunden wurden; zu einem goldenen Kranz auf dem Schädel eines menschlichen Skeletts s. auch Tzifopoulos 2010, 193 f mit Abb. 44a-b). Speziell die Funde von (z. T. vergoldeten) Myrtenkränzen (und Beeren) in den Gräbern mit *Orphisch-Bakchischen Goldplättchen* können auf die Dionysischen Mysterien verweisen: Nach den *Fröschen* des Aristophanes feiern die Eingeweihten in der Unterwelt in glückseligen Thiasoi speziell in »Myrtenhainen« (Aristoph. *ran.* 156), und Dionysos selbst trägt einen mit Beeren geschmückten Myrtenkranz auf dem Kopf (ebd. 329 f). Zur Verbindung von bekränzten Symposiasten mit bekränzten Mysten weist Platon mit vorsichtig-ironischer Kritik auf die Lehren des Musaios (und seines Sohnes Eumolpos) hin, der als Mysteriengründer mit Orpheus auf einer Stufe steht (zwischen beiden soll es ein Lehrer-Schüler-Verhältnis gegeben haben), s. Plat. *rep.* 2,363c (Übers. R. Rufener 2000): »Musaios aber und sein Sohn lassen dem Gerechten noch herrlichere Gaben der Götter zukommen. Sie führen sie nämlich in ihrer Erzählung in den Hades, laden sie dort zu Tische, bereiten ein Gastmahl der Frommen und lassen sie, mit Kränzen geschmückt, ihre ganze Zeit mit Zechen verbringen …« Dass der Tod einen ›Sieg‹ darstellen kann wie beim Wettkampf und von daher Tod und heilige Wettkämpfe zu Ehren von Göttern durchaus miteinander in Verbindung gebracht wurden, zeigt im Übrigen eine Stelle im Traumbuch des Artemidoros (Artem. 2,49, Übers. F. S. Krauss 1965): »Dagegen macht der Tod Athleten zu Siegern bei den heiligen Festspielen, denn die Toten sind in ihrer Art ebenso vollkommen wie die Sieger.«

ἐπέβαν στεφά|νο⟨υ⟩ ποσὶ καρπαλίμοισι: Zu Bezügen der hier verwendeten Wörter auf die epische Tradition s. Santamaría Álvarez 2011.

7 δεσσποί|νας: Zum doppelten Sigma bei der Schreibung δεσσποίνας s. die Einführung § 4.1. Der Umstand, dass die verstorbene Seele Persephone nicht direkt und mit »du« anredet, wo doch hinter Zeile 1 die Situation einer Anrede an die Göttin steht, hängt wohl einerseits damit zusammen, dass die Seele vor mehreren Gottheiten steht, zum anderen mit dem narrativen Duktus des direkten Kontexts. Eine ähnlich distanzierte Erzählhaltung findet sich auch in den Texten C1 und C2.

δὲ ὑπὸ: Metrisch korrekt wäre δ'{ὲ} ὑπὸ; s. dazu aber die Einführung § 4.1.

ὑπὸ κόλπον ἔδυν: Das Bild vom Sinken in den Mutterschoß beschreibt vermutlich den Tod als Rückkehr zu einer als Mutter aufgefassten Totengöttin, die ihr Kind wieder in Empfang nimmt (zu ähnlichen Wendungen auf Grabinschriften s. McClay 2023, 86). Man hat hier zusätzlich die Vorstellung von einer Wiedergeburt als neuer, vergöttlichter Mensch *aus* dem Schoß einer Muttergöttin erblicken wollen (s. BJ, 130–132 mit Verweisen), doch dagegen spricht das Verbum ἔδυν, das von der Grundbedeutung her (»hineinsinken« oder »untergehen«) gerade nicht auf ein (erneutes) »Herausgehen« hindeutet. Das kann man zwar als Möglichkeit hinzudenken, davon steht aber nichts im

Text (in diesem Sinn auch Johnston in GJ, 128). Faraone (2011, 321–323) weist auf eine wichtige, weil im Kontext einer Initiation passende Parallele hin (ritueller Todesdurchgang mit positiver Perspektive), nämlich auf Dionysos, der auf der Flucht vor dem Tod durch Lykurgos ins Meer springt; dort rettet ihn die Göttin Thetis, indem sie ihn aufnimmt »in ihrem Schoß« (so wörtlich bei Hom. *Il.* 6,137: Θέτις δ' ὑπεδέξατο κόλπῳ). Zur Übersetzung »Schoß« (und nicht, was auch möglich wäre, »Busen« o. ä.) s. mit Verweis auf interessante ikonographische Parallelen, die Persephone auf dem Schoß von Demeter zeigen, Sinos 2020, 17–23 (für »breast« entscheidet sich trotzdem McClay 2023a, 143, allerdings ohne Kenntnis und Berücksichtigung von Sinos 2020); zu einem wahrscheinlich Eingeweihten mit einem Kranz in der Hand und auf dem Schoß einer Terrakotta-Figurine der Persephone aus einer Nekropolis von Kamarina auf Sizilien s. Albinus 2000, 146 f. Nur entfernt ähnlich ist zur vorliegenden Stelle auch das Satzfragment »Gott durch den Schoß« auf dem (im Kontext von Dionysischen Mysterien zu verortenden) Papyrus Gurôb Nr. 1, Z. 24 (s. Appendix § 4).

8 ἐ'πέβαν: Auf dem Goldplättchen steht ΑΠΕΒΑΝ.

στεφ'άνο⟨υ⟩: Auf dem Goldplättchen steht Μ als Verschreibung für Φ und wieder Ο für ΟΥ (ΣΤΕΜΑΝΟ).

καρπαλ'ίμοι: Auf dem Goldplättchen steht ΚΑΡΠΑΣΙΜΟΙ. Deuten die vermehrten Fehler auf eine Unkonzentriertheit bei der Verschriftung und daher darauf hin, dass die Zeile insgesamt nur eine irrtümliche Verdoppelung von Zeile 6 ist (vgl. bereits die vermutlich irrtümliche Doppelung in Zeile 4)? Es wäre allerdings auch möglich, dass Zeile 6 irrtümlicherweise zu früh in den Text geraten ist, obwohl sie eigentlich erst hierhergehört, wo sie jetzt als Zeile 8 steht. Und zuletzt ist denkbar, dass dieser Triumph-Ruf so wichtig war, dass man ihn eben aufgrund seiner Wichtigkeit noch einmal wiederholt hat; gerade in kultischem

Kontext wie im Rahmen einer Initiation ist das eine plausible Annahme (s. in diesem Sinn Torjussen 2010, 162).

10 Zur Sonderstellung von Zeile 10 s. die Einleitung zu C3; zur Tiergestaltigkeit und zum Fallen in Milch als Hinweis auf ein rituelles Bad s. die Einleitung zu den Milchbad-Plättchen der D-Gruppe.

ἐς γάλ⟨α⟩: Andere Editoren nehmen hier eine Vokal-Elision an und schreiben γάλ'; aber erstens zwingt kein Versmaß zur Annahme einer Vokal-Elision, und zweitens handelt es sich nicht zuletzt nach dem Vergleich mit anderen Texten aller Wahrscheinlichkeit nach um einen weitgehend feststehenden Kultruf, und dieser Kultruf ist sonst ohne Vokal-Elision überliefert (vgl. D1, Z. 3–5; D2, Z. 3–4; D3, Z. 4).

ἔπετο|ν: Dorische Aoristform für ἔπεσον, vgl. D3, Z. 4.

C4: Italien (Rom), 2./3. Jh. n. Chr.

1 Ἔρχεται ἐκ καθαρῶν καθαρά, | χθονίων βασίλεια,
2 Εὔκλεες Εὐβου|λεῦ τε, Διὸς τέκος, ἀγλαά. ἔχω δὲ
3 Μνημο|σύνης τόδε δῶρον ἀοίδιμον ἀνθρώ|ποισιν.
4 Καικιλία Σεκουνδεῖνα, νόμωι | ἴθι δῖα γεγῶσα.

1 »Es kommt aus (der Schar der) Reinen eine reine (Seele), Königin der Unterirdischen,
2 Eukles und Eubuleus, des Zeus' Kind, eine herrliche (Seele). Ich habe aber
3 von der Mnemosyne diese Gabe hier, (die) besungen (wird) bei den Menschen!« –
4 »Caecilia Secundina, nach der Satzung geh, (die du) eine göttliche (Seele) geworden (bist)!«

Kommentar

Eine Fotografie des Goldplättchens findet man als Abbildung 5 in diesem Band. Das Goldplättchen C4 aus Rom stammt aus dem 2., vielleicht sogar erst aus dem 3. Jahrhundert n. Chr., während die vergleichbaren Funde der Reine-Seelen-Plättchen der C-Gruppe aus Thurii aus dem 4. Jahrhundert v. Chr. stammen. Es fällt auch insofern aus dem Rahmen, als der konkrete Name der Verstorbenen in den Text integriert wird, einer Frau namens Caecilia Secundina. Dass ein solches Initiationsdokument für eine Römerin im kaiserzeitlichen Rom auf Griechisch abgefasst ist, zeigt die Persistenz und Anziehungskraft des Mysterienkults und der dort weitergegebenen heiligen Texte.

Wie aus dem Vergleich mit anderen, ähnlich knapp formulierenden und dialogisch gestalteten Texten (vgl. etwa die Zypressenbrunnen-Plättchen der B-Gruppe), aber auch aus dem Vokativ und der Anrede in Zeile 4 hervorgeht, handelt es sich auch hier nicht um einen Bericht, sondern um ein Gespräch, an dem mindestens zwei, vielleicht sogar drei Parteien beteiligt sind. Es ist allerdings schwer zu entscheiden, wo hier wer anfängt, zu reden, wo Redeteile wieder enden und welche Satzglieder auf welche Redeteile zu beziehen sind, vor allem im ersten Abschnitt. Es gibt eine Anzahl verschiedener Kombinationsmöglichkeiten, die sich durch Konjekturen noch vergrößert, was die Übersetzung und Deutung erschwert. Hier hilft vor allem ein Blick auf die vergleichbaren Texte C1–C3 weiter. Nimmt man für Text C4 trotz inhaltlicher Unterschiede eine ähnliche syntaktische Struktur an wie in den Vergleichstexten in den Zeilen 1–3, dann bietet sich als wahrscheinlichste Lösung an, dass der erste Satz mit ἀγλαά als einer zusätzlichen Subjekt-Determination zu καθαρά endet und der nächste Satz mit ἔχω δέ beginnt.

Da die Sprecher-Instanzen an keiner Stelle explizit genannt werden, ist die nächste Frage, wer hier jeweils spricht und wo ein Wechsel von Sprecher-Instanzen anzusetzen ist. Wenn in Zeile 1 die dritte

Person (»es kommt«) kein Versehen ist (die Texte C1–C3 haben hier alle ἔρχομαι, also »ich komme«), dann könnte man die einleitenden Worte so verstehen (s. BJ, 133 f), dass ›Unterweltspersonal‹, vielleicht die auch in anderen Texten bezeugten Wächterfiguren, göttlichen Autoritäten in der Unterwelt, nämlich Persephone, Hades und Dionysos (s. dazu die Einleitung zur C-Gruppe), die Ankunft der Seele der verstorbenen Caecilia melden. Vergleichbar ist die Situation in Text A1, wo die Wächter vom Becken der Mnemosyne dem König der Unterwelt die Meldung machen, dass eine eingeweihte Seele angekommen ist (A1, Z. 13).

Aber wechselt am Ende von Zeile 2 mit ἔχω δέ (»ich habe aber …«) tatsächlich die Sprecher-Instanz, und ist eine solche Meldung wirklich vergleichbar mit der in Text A1 bezeugten? Sie ist es nicht, denn in A1 erfolgt die Meldung *nach* der Legitimation der verstorbenen Seele als eingeweiht, hier würde sie *davor* erfolgen; man würde hier also nicht eine eingeweihte Seele, sondern einfach nur eine Seele melden, und die Ankunft einer beliebigen verstorbenen Seele ist kaum einer besonderen Meldung wert. Ein ähnliches Problem stellte sich bereits bei den Texten B9–B11 der Zypressenbrunnen-Plättchen, nämlich dass in einer kleineren Anzahl innerhalb der Gruppe eine dritte Person steht (»es geht zugrunde«; vgl. hier in C4: »es kommt«), wo alle anderen Texte eine erste Person haben (»ich gehe zugrunde«, vgl. C1–C3 »ich komme«). Auch wenn es sprachlich etwas unbeholfen klingen mag, deutet doch vieles darauf hin, besonders auch die in der 1. Person formulierenden Parallelen, dass hier wie auch sonst oft in den Goldplättchen eine verkürzte Ausdrucksweise vorliegt, die sinngemäß zu ergänzen ist zu »Es kommt *hier mit mir* aus (der Schar der) Reinen eine reine (Seele), Königin der Unterirdischen« (vgl. dazu auch, mit weiteren Argumenten, den Kommentar zu B9, Z. 1). Daher ist am ehesten von Beginn an die Verstorbene als Sprecherin anzunehmen, die sich vor den Unterweltsgottheiten als eine Reine vorstellt und als Eingeweihte dann auch legitimiert, indem sie auf die »Gabe der Mnemosyne«

in ihrem Besitz verweist, womit aller Wahrscheinlichkeit nach das Goldplättchen selbst gemeint ist (Diskussion dazu unten).

Am Ende sprechen dann Persönlichkeiten aus der Unterwelt (entweder die Unterweltsgottheiten insgesamt oder Persephone allein oder untergeordnete Figuren wie die ›Wächter‹) entsprechend die Erlaubnis aus, dass Caecilia ›passieren‹ darf. Es wird nicht gesagt, wohin; hier ist man auf Paralleltexte angewiesen.

1 Ἔρχεται: Zu Übersetzung und v. a. Interpretation s. die Einleitung zu diesem Goldplättchen und den Kommentar zu B9, Z. 1.

2 Διὸς τέκος: Am ehesten auf Eubuleus (= Dionysos), nicht auf die Eingeweihte zu beziehen, s. die Einleitung zur C-Gruppe.

ἀγλαά: Zur schwierigen Stelle s. BJ, 134 mit Anm. 3. Bernabé (2005, 65) merkt zurecht an, dass man bei einem Bezug auf τέκος die Neutrumform ἀγλαόν erwarten würde. Wenn man diese Genus-Inkongruenz nicht glattbügeln will, dann muss man das Adjektiv als zusätzliche, freilich sehr gesperrt stehende Determination zu καθαρά interpretieren: »Es kommt aus (der Schar der) Reinen eine reine ..., eine herrliche« (sc. Seele; zu dieser Ergänzung und zum Bezug der Adjektive auf die eingeweihte Seele, nicht auf Persephone, s. die Einleitung zur C-Gruppe). Bezöge man Διὸς τέκος ebenfalls auf die Seele der Eingeweihten (und nicht auf Eubuleus), dann wäre ein neuer Satz (ohne Prädikat) und eine Interpretation als Apposition denkbar i. S. v. »Als *ein* Kind des Zeus (bin ich) *eine* Herrliche« bzw. »Ein Kind des Zeus (bin ich), eine Herrliche«, aber dagegen sprechen die Texte, die als zentrale Initiations-Formel die Abstammung der Eingeweihten von Gaia und Uranos behaupten (nicht von Zeus). ἀγλαός ist unabhängig davon in beiden Fällen als eine weitere Selbstbezeichnung von Initiierten zu interpretieren und bedeutet »hell, glänzend, herrlich, geschmückt«; vgl. die Benennung der Eingeweihten mit dem Adjektiv εὐαγής (»heilig, rein, makellos, unschuldig«) in den Texten C1 und C2 (s. den Kommentar zu C1, Z. 7). Inhaltlich korrespondiert ἀγλαά mit dem in Zeile 4 genannten δῖα (»göttlich«).

ἀγλαά. ἔχω δὲ: So liest Pugliese Carratelli (1993, 38 f), und so erscheint die Deutung der Buchstaben nach Foto (und Umschrift) am wahrscheinlichsten; Bernabé 2005 und Graf/Johnston 2013 konjizieren zu ἀλλὰ δέχεσθε (»doch empfangt«), aber dafür muss man drei Buchstaben anders interpretieren bzw. durch andere ersetzen und zwei ergänzen, was einen starken Eingriff (ἀλ'λὰ δ'έχ⟨εσ⟩θ'ε) in den an dieser Stelle (nach Foto) relativ gut lesbaren Text darstellt; des Weiteren sprechen inhaltliche Gründe gegen eine solche Konjektur (s. unten). Eine Satzgrenze zwischen ἀγλαά und ἔχω δὲ zu ziehen, dafür spricht die typische Wortstellung von δέ an zweiter Stelle eines Satzes und der Vergleich mit den Paralleltexten C1–C3, die an ähnlicher Stelle einen neuen Satzanfang mit καὶ γάρ haben. Zur nicht vorgenommenen Vokal-Elision zwischen ἀγλαά und ἔχω s. die Einführung § 4.1.

ἔχω δὲ: Es ist die Frage, ob hier eine unterweltliche Herrschergestalt wie Persephone oder Caecilia spricht. Nimmt man Persephone als Sprecherin an, würde man allerdings eher so etwas erwarten wie »hier ist für dich« oder »ich gebe dir hiermit die Gabe der Mnemosyne«, nicht »ich habe die Gabe der Mnemosyne (in meinem Besitz)«; außerdem würde man nach dem Vorangegangenen dann erwarten, dass nicht ein »Ich«, sondern ein »Wir« sprechen würde, nämlich die Gruppe der angesprochenen Gottheiten, und zu guter Letzt spricht gegen eine solche Deutung, dass sonst nirgends in den Goldplättchen die Erinnerungsgabe von Unterweltsgottheiten an Verstorbene übergeben wird. Nimmt man daher Caecilia als Sprecherin an, stellt sich wiederum die Frage, ob gemeint ist »ich habe diese Gabe der Mnemosyne *in meinem Besitz*« oder »ich habe diese Gabe der Mnemosyne *für euch als Geschenk*« (vgl. die oben besprochene Konjektur ἀλλὰ δέχεσθε). Die Götter der Unterwelt benötigen

Erinnerung in keiner Weise, und von daher ergibt es wenig Sinn, wenn die verstorbene Person die Gabe der Mnemosyne, die sie selbst benötigt, wie eine Opfergabe oder als Geschenk an die Unterweltsgottheiten abgeben würde (und als rein materiell gedachte Gabe dürfte das 65 × 24 mm große Goldplättchen kaum ansehnlich genug gewesen sein); es ist außerdem auch sonst nirgends davon die Rede, dass die Goldplättchen als Gabe für die Unterweltsgottheiten gedacht gewesen sein könnten. Von daher ist mit ἔχω δὲ Μνημοσύνης τόδε δῶρον (»ich habe aber von der Mnemosyne diese Gabe hier«) eher die Anzeige eines Besitzes als eines zu verschenkenden Gutes gemeint. Dieser Besitz hat zugleich die wichtige Funktion, dass sich Caecilia damit vor den Unterweltsmächten als Eingeweihte ausweisen bzw. legitimieren kann.

3 Μνημοσύνης τόδε δῶρον: Die »Gabe der Mnemosyne« kann in diesem Fall nicht das Wasser vom Becken der Mnemosyne sein, von dem in den Mnemosynebecken-Plättchen der A-Gruppe die Rede ist. Selbst wenn Persephone Sprecherin wäre, würde man erwarten, dass es heißt, dass sie diese Gabe, wenn man sie als Mnemosyne-Wasser interpretieren wollte, *gibt*, nicht, dass sie sie *hat*. Wie oben ausgeführt, spricht aber ohnehin mehr dafür, dass hier die Eingeweihte selbst redet, und in diesem Fall kann Caecilia als »Gabe der Mnemosyne« nicht das Wasser vom Becken der Mnemosyne haben, von dem in der A-Gruppe die Rede ist; die Mnemosynebecken-Plättchen der A-Gruppe und die Zypressenbrunnen-Plättchen der B-Gruppe sprechen ja gerade vom Durst und vom Wunsch, dieses Wasser zu erlangen. Das alles deutet darauf hin, dass mit der »Gabe der Mnemosyne« (wie mit dem »Werk der Mnemosyne« in Text A1, Z. 1) eine Erinnerungsgabe gemeint ist, die sich auf die Einweihung bezieht. Dass es dabei nicht um eine Art allgemeine Erinnerung, sondern um etwas Konkretes, im Moment der Rede direkt Vor-

liegendes geht, darauf deutet das demonstrative τόδε hin, so dass alles dafürspricht, dass mit »dieser Mnemosyne-Gabe hier« genau *dieses vorliegende Goldplättchen* gemeint ist. Da der Text C4 ein spät zu datierender Text ist, liegt die Annahme im Bereich des Möglichen, dass im Lauf der Jahrhunderte eine Vereinfachung vorgenommen wurde: Zuerst hat man das Werk oder die Gabe der Mnemosyne (= das Goldplättchen mit wichtigem Einweihungswissen) benötigt *und* Wasser aus dem Becken der Mnemosyne, um in den Genuss des seligen Lebens der Eingeweihten im Jenseits zu kommen; hier in C4 hat man es möglicherweise mit der Auffassung zu tun, dass als »Gabe der Mnemosyne« das Goldplättchen allein ausreicht, ohne dass man zusätzlich noch ein spezielles Mnemosyne-Wasser benötigt, von dem explizit entsprechend auch nicht die Rede ist – es sei denn, man muss davon ausgehen, dass der Fortgang, ein Gang zum Mnemosynebecken, mitzudenken ist, aber nicht mehr auf dem Goldplättchen erwähnt wird.

ἀοίδιμον: »Besungen« i. S. v. »berühmt«, so die normale Verwendung dieses Adjektivs, nicht im Sinn von »*ge*sungen« (z. B. im Kult). Berühmt und bei den Menschen besungen ist aber die Gabe der Erinnerung, die Caecilia besitzt, nicht Caecilia selbst (abwegig McClay 2023, 64 f).

4 Καικιλία Σεκουνδεῖνα: Der Umstand, dass hier eine namentliche Nennung erfolgt, ist außergewöhnlich. Am Namen liegt es auch, dass der letzte Vers nicht mehr bzw. nur noch teilweise hexametrisch ist (ab -δεῖνα ...). Zu einer recht hypothetischen Identifikation der hier genannten Caecilia als einer Verwandten von Plinius dem Jüngeren s. Kotansky 1994, 112.

νόμωι: Gemeint ist mit νόμος (»Satzung«) nichts Juristisches, sondern die religiöse Satzung des Mysterienkults, in den Caecilia eingeweiht war. Sie hat die Bedingungen der Satzung erfüllt, und daher hat sie das Recht, die dafür bestimmten Belohnungen zu bekommen. Kotansky (2021, 45, Anm. 47) schlägt mit anderer Akzentuierung die Lesung νομῶι vor und übersetzt »go *into the pasture*«, doch wird εἶμι, soweit ich sehe, nie mit Dativ konstruiert, und die Gefilde der Seligen werden normalerweise nicht als νομός beschrieben.

δῖα γεγῶσα: Das ist eine starke Aussage, die die Verheißung der Mysterienkulte noch einmal präzisiert: Ziel ist nicht nur der Aufenthalt im Bereich der Eingeweihten, sondern der Aufenthalt *als Göttin* im Bereich der Eingeweihten, ein *göttliches* Weiterleben nach dem Tod im Kreis der anderen (ebenfalls vergöttlichten) Eingeweihten (s. dazu die Einführung § 4.8). Man wird hier für das Partizip v. a. von einem kausalen Nebensinn ausgehen i. S. v. »da du ja eine Göttliche geworden bist«. Zur Deutung des Femininums gibt es, da die Verstorbene namentlich genannt und damit eindeutig als Frau gekennzeichnet ist, zwei Möglichkeiten, da auch »Seele« zu ergänzen sein könnte. Dafür spricht, dass hier das Adjektiv anstelle des Substantivs »Göttin« gewählt wurde, was man aber noch durch metrischen Zwang begründen könnte; dafür spricht aber auch, dass sich beim Lesen des kurzen Texts ein Bezug zu den vorangehenden femininen Adjektiven fast aufdrängt, bei denen aufgrund der Paralleltexte »Seele« als zugehöriges Substantiv hinzuzudenken ist.

4. D-GRUPPE: MILCHBAD-PLÄTTCHEN

Neben Anspielungen auf eine Tiergestalt der Einzuweihenden charakteristisch und daher namensgebend für die D-Gruppe ist die Erwähnung von einem Springen oder Fallen in Milch (D1, Z. 3–5; D2, Z. 3–4; D3, Z. 4); eine vergleichbare Aussage findet sich abgekürzt und gewissermaßen als Anhang sonst nur noch in Text C3 (Z. 10) der Reine-Seelen-Plättchen:

> Als Stier bist du in Milch gesprungen,
> schnell bist du in Milch gesprungen,
> als Widder bist du in Milch gefallen!
> (D1, Z. 3–5)

> Als Stier bist du in Milch gesprungen,
> als Widder bist du in Milch gefallen!
> (D2, Z. 3–4)

> Ein Gott bist du geworden aus einem Menschen:
> Als Zicklein bist du in Milch gefallen!
> (D3, Z. 4)

> Als Zicklein bin ich in Milch gefallen!
> (C3, Z. 10)

So wertvoll die Hinweise sind, die uns durch diese Sätze gegeben werden, so kryptisch sind sie auch. Sie haben die Forschung von Beginn an beschäftigt und bis heute Rätsel aufgegeben. Die hauptsächlichen Probleme und Fragen sind die zwei folgenden, für die sich noch jeweils Folgefragen ergeben:

1. Was ist gemeint mit einem Springen oder Fallen *in Milch*?
   a. Warum werden *zwei* Vorgänge erwähnt, einmal ein *Springen*, zum anderen ein *Fallen*?
   b. Warum steht das Springen an *erster*, das Fallen an *zweiter* Stelle?
2. Was hat es mit den Tieren Stier, Widder und Zicklein auf sich?
   a. Warum werden in D1 und D2 *zwei* Tiere, und warum *zuerst* der Stier und erst an *zweiter* Stelle der Widder genannt?
   b. Warum werden in D1 und D2 *nur* Stier und Widder, in D3 und C3 *nur* das Zicklein erwähnt?

Bevor auf verschiedene Interpretationen eingegangen und ein neuer Lösungsvorschlag gegeben wird, soll zunächst die Einbettung dieser Aussagen in ihren jeweiligen Kontext beleuchtet werden.

4.1 Rituelles Hier und Jetzt

In den Milchbad-Plättchen der D-Gruppe wird besonders deutlich, dass die auf den Goldplättchen stehenden Worte in konkrete rituelle Vorgänge im Rahmen eines kultischen Hier und Jetzt zu verorten sind:

> »Jetzt bist du gestorben, und jetzt bist du geboren worden, dreimal Glückliche(r), am heutigen Tag!«

Dieser Beginn der Texte D1 und D2 ist ein geradezu paradigmatischer Beleg für die Vorstellung eines Durchgangs durch einen *rituellen* Tod und eine darauffolgende Neugeburt im Rahmen einer Initiation. Der Tod am Lebensende und die erhoffte Transformation zu einem neuen Dasein wird durch ein ›Sterben‹ und ›Neu-geboren-Werden‹ während der Initiation selbst antizipiert. Das zeigt nicht nur das zweimal wiederholte »jetzt«, sondern auch der Zusatz

»am *heutigen* Tag«, der dieses doppelte ›Jetzt‹ noch einmal verstärkt und auf einen entscheidenden Schicksalstag hinweist, auf eine fundamentale Wende im Leben der Betroffenen, die zugleich mit Tod *und* Leben zu tun hat (zu Bezügen auf die poetische Tradition s. Herrero de Jáuregui 2011a).

Theoretisch wäre denkbar, dass damit nicht der Tag der Initiation, sondern der Todestag oder der Tag des Begräbnisses gemeint sein könnte (so bspw. Calame 1996, 17; Riedweg 1998, 371 f; zunächst auch Graf 1993, 248 f, aber später mit geänderter Meinung in GJ, 157–166; s. dazu BJ, 87 mit weiterer Literatur). Aber zum einen wird im Griechischen der Todestag anders bezeichnet (s. Kommentar zu D1), und zum anderen wäre unverständlich, warum jemand ausgerechnet am Todestag oder beim Begräbnis als »dreimal Glückliche(r)« gepriesen wird (das Problem sieht auch Riedweg 1998, 372: »Anlaß für die Seligpreisung ... bleibt ... eher dunkel«; gegen die Begräbnisliturgie-These überzeugend Torjussen 2010, 141–145). Wer aber im Rahmen eines Initiationstodes stirbt und dadurch das Privileg erlangt, als Gott neu geboren zu werden, der ist mit Recht sogar dreimal glücklich zu preisen. Im Rahmen des Konzepts vom Doppelspiegelszenario gilt diese Glückseligkeit der Vergöttlichung zwar dann auch für den Tod; sie tritt aber bereits während der und durch die Initiation in Kraft (s. dazu die Einführung § 4.7).

In den Texten D1 und D2 folgt auf die Glücklich-Preisung die Aufforderung (Z. 2):

> »Sage (εἰπεῖν) der Phersephone, dass dich der Bakchische (Gott) selbst erlöst hat!«

Durch die Aufforderung wird der Unterweisungscharakter der Goldplättchen deutlich, wie er sich bereits in den Mnemosynebecken-Plättchen der A-Gruppe gezeigt hat (vgl. die Anweisung an den Einzuweihenden in A2, Z. 6, ebenfalls mit dem infinitivischen Imperativ εἰπεῖν – »Sage ...«). Eine solche Unterweisung ist sinnvollerweise im Rahmen der Initiation zu verorten, in der das Hintreten vor Persephone antizipiert wird. Die konkrete Umsetzung der Aufforderung des Mystagogen, also das, was der Myste dann abgewandelt, nämlich in der Ich-Form vor der Göttin (z. B. vor einer Götterstatue) *sagt*, spiegelt zugleich voraus, was die Seele des Mysten dann auch nach dem Tod vor Persephone sagen *wird*.

Die im kultischen Hier und Jetzt anzusiedelnde Seligpreisung in Zeile 1, die unterweisende Aufforderung von Zeile 2, die einen Vorausgriff auf das Geschehen nach dem Tod darstellt, und der Vorausblick auf den erst in der Zukunft erwarteten Eintritt in die Unterwelt in Zeile 7 von Text D1 (»es erwarten dich, [wenn du] unter die Erde [gelangt sein wirst] …«) machen deutlich, dass dieses zweite Hintreten vor Persephone erst noch kommen wird (s. auch Riedweg 1998, 371). Es ist also der Mystagoge bei der Initiation, der redet und auf diese Zukunft vorausblickt, wo der oder die Verstorbene vor die Unterweltsherrscherin treten wird und, so ist implizit zu erschließen, von dieser geprüft oder zumindest nach dem »Wer und Woher« bzw. Status befragt wird. Der primäre Bezugsrahmen ist aber nicht diese Zukunft nach dem Tod, auch nicht der Tag des Todes oder des Begräbnisses, sondern die Initiationsfeier, die freilich die Zukunft nach dem Tod vorwegnehmend mit einschließt (s. die Einführung § 4.7).

Man hat dem kultischen Kontext entsprechend in der Forschung die für die D-Gruppe charakteristischen Aussagen von einem Springen oder Fallen in Milch als Kultrufe interpretiert, und das wird unter anderem daran festgemacht, dass sie aus dem üblichen Hexameter-Schema herausfallen. Man hat diese Verse als zwar »rhythmisch«, nicht mehr jedoch als Verse, sondern als Prosa-Partien interpretiert (s. Graf in GJ, 137–139; Obbink 2011, 294). Selbst in der ausführlichsten Form in Text D1 lassen sich m. E. aber alle drei betreffenden Zeilen (Z. 3–5) als Ithyphallikoi (trochäische Tripodien) interpretieren (unabhängig davon, ob man jeweils nach *γάλα* Synaloiphe oder Hiat annimmt), mit Doppelkürze als drittem

Element und einer in der griechischen Dichtung zwar seltenen, aber (wie auch im Lateinischen) möglichen Auflösung der dritten langen Silbe (fünftes Element) in eine Doppelkürze (andere Interpretation als »a cretic-paeonic rhythmic pattern« bei McClay 2023a, 143). Diese neue metrische Analyse der betreffenden Zeilen spricht aber in keiner Weise gegen die Interpretation als Kultrufe. Ithyphallikoi sind Verse, die mit der Verehrung des Gottes Priapos assoziiert werden können, der seinerseits wiederum mit Dionysos eng verbunden war (vgl. Diod. 4,6,1), so dass Ithyphallikoi als Kultrufe in den Dionysischen Mysterien durchaus keine Fremdkörper darstellen würden – auch ohne dass es dabei zwingend einen Bezug auf Priapos gegeben haben müsste.

4.2 Verschiedene Alterstufen oder Weihegrade?

Was hat es nun mit den verschiedenen genannten Tieren und Vorgängen auf sich? Auf dem Hintergrund der Mithras-Mysterien kann man erwägen, ob die drei Tiere Zicklein, Widder und Stier als Symboltiere für verschiedene Weihegrade in den Dionysischen Mysterien zu verstehen sein könnten (vgl. die Weihegrade ›Rabe‹ und ›Löwe‹ im Mithras-Kult). In all diesen Fällen ist es allerdings merkwürdig, dass die Reihenfolge in den Texten D1 und D2 nicht der zu erwartenden Klimax vom kleineren Widder zum größeren Stier entspricht, sondern zuerst der Stier und erst an zweiter Stelle der Widder erwähnt wird (vgl. in den Mithras-Mysterien: der Weihegrad ›Rabe‹ ist erwartungsgemäß niedriger als ›Löwe‹). Erklärungsbedürftig bleibt außerdem immer noch der Umstand, dass in den Texten D1 und D2 *nur* von Stier und Widder die Rede ist (ohne Zicklein), die Texte D3 und C3 hingegen als Tiergestalt der Mysten *ausschließlich* das Zicklein erwähnen (ohne Stier und Widder). Und schließlich gibt es keinerlei Andeutungen außerhalb der Goldplättchen dafür, dass es in den Dionysischen Mysterien verschiedene

Weihegrade gegeben haben könnte. So ist etwa unter den vielen verschiedenen Ämtern, kultischen Funktionsträgern und Kategorien von Eingeweihten in der ausführlichen Inschrift auf dem Landgut bei Rom (IGUR I Nr. 160, s. die Einführung § 2.2) kein einziges Mal von Zicklein, Stier oder Widder überhaupt auch nur die Rede, geschweige denn davon, dass es Gruppen von Eingeweihten mit einem solchen Weihegrad gegeben haben könnte.

Eine andere Erklärungsmöglichkeit besteht darin, dass die Texte mit Bezug auf die ausgewachsenen Tiere Stier und Widder sich auf die Initiation von Erwachsenen, die Texte mit Referenz auf eine Gestalt als Zicklein sich speziell auf die Einweihung von Kindern beziehen könnten (zu Hinweisen auf eine Initiation von Kindern in den Dionysos-Mysterien s. Merkelbach 1988, 88–95, u. a. in Verbindung mit einem Bad ebd. 88 und 90). Dies könnte eine Bestätigung darin finden, dass es ikonographische Zeugnisse mit dem Thema einer Initiation des jungen Bacchus gibt, die wie die betreffenden Goldplättchen C3 und D3 aus dem italischen Raum und zudem noch überwiegend aus funerärem Kontext stammen (s. LIMC III s. v. »Dionysos/Bacchus«, 553 f: »Iniziazione di Bacco bambino«, Nr. 167–173; zur Initiation des kindlichen Dionysos s. als Textquelle auch Nonn. *Dion.* 9,111–134). Aus den Fundkontexten der Plättchen D3 und C3 selbst lässt sich eine Kindbestattung allerdings nicht verifizieren (nur zwei Goldplättchen lassen sich zwei jungen Mädchen zuordnen, G8 und vermutlich noch G12).

Wenn sich die Texte D3 und C3 mit einem »Fallen als Zicklein« tatsächlich auf eine Initiation als Kind beziehen sollten, weil die junge Ziege für die Jugend des Kindes steht, dann könnten die *zwei* Tiere in den Texten D1 und D2 auf *zwei* Initiationsstufen hinweisen, einmal auf eine Einweihung im Kindesalter, im anderen Fall auf eine ›höhere‹ Weihe im Erwachsenenalter. Aber dann würde man erwarten, dass in D1 und D2 zuerst von einem »Fallen als Zicklein« die Rede ist, und danach von einem »Springen als Stier«. Es stimmt aber weder das Tier noch die ›Chronologie‹ noch die Analogie des

Alters, denn in D1 und D2 ist nie vom Zicklein die Rede, sondern nur von Stier und Widder, und der Widder ist zwar kleiner, aber eben kein junges, für eine Kindesinitiation passendes, sondern ein ausgewachsenes Tier, und außerdem wird *zuerst* das »Springen als Stier« und erst *danach* das »Fallen als Widder« genannt.

Das deutet darauf hin, dass sich in den Texten D1 und D2 das »Springen als Stier« und das »Fallen als Widder« in Milch nicht auf verschiedene Initiationen zu verschiedenen Zeiten im Leben beziehen (einmal als Kind, einmal als Erwachsener), sondern als unterschiedliche Vorgänge innerhalb einer einzigen Initiation zu verstehen sind. Dafür spricht auch die stilistisch und sprachlich einheitliche Gestaltung der betreffenden Zeilen, die sich dementsprechend in Form eines Rückblicks auch inhaltlich auf *ein* zusammenhängendes Geschehen zu beziehen scheinen: Der Myste springt »als Stier« *und* er fällt »als Widder«, entweder von selbst oder von anderen gestoßen, in ein Becken mit Milch. Zunächst wird man dabei an ein zeitliches Nacheinander von zwei verschiedenen Vorgängen im Verlauf ein und desselben Initiationsrituals denken (zu einer anderen Deutungsmöglichkeit s. unten § 4.7).

4.3 Werden die Seelen via Milchstraße zu Sternbildern?

In der Forschung wird in Hinblick auf die kryptischen Aussagen von einem Springen oder Fallen in Milch unter anderem ein auf den ersten Blick faszinierender, gewissermaßen ›eschatologischer‹ Deutungsansatz vertreten, der darauf hinausläuft, in der »Milch« eine Anspielung auf die Milchstraße zu sehen, diese Deutung dann zusammenzubringen mit dem nur in der A-Gruppe erwähnten »heiligen Weg« (A1, Z. 15 f), und dahinter einen versteckten Hinweis auf eine Reise der verstorbenen Seele auf der Milchstraße in den Himmel zu vermuten, wo sie als ›tierisches‹ Sternbild dann eine selige Weiterexistenz führt. Mit oft großem Erklärungsaufwand wird dann gezeigt, ab wann und wo die Vorstellung von zu Sternen gewordenen Toten belegbar ist und in selteneren Fällen »Milch« auch einmal für »Milchstraße« stehen kann etc. (s. Kotansky 2023, 213 f wie manche vor ihm, s. Literaturhinweise ebd. 216, Anm. 75, bspw. auch Chrysanthou 2020, 156–172; zur Gegenposition s. Betz 1998, 414 f und Riedweg 1998, 373; differenziert und vermittelnd eine Anspielung auf entsprechende Verstirnungsvorstellungen für möglich, aber nicht für explizit gemeint haltend Torjussen 2010, 147–152).

Tatsächlich lassen sich in der Antike vage Anspielungen auf eine Weiterexistenz verstorbener Seelen in Gestalt von Sternen und in Zusammenhang mit der Milchstraße greifen, doch in solchen Fällen werden diese Vorstellungen explizit vor allem den Lehren des Pythagoras zugeschrieben (s. Riedweg 2021, 62 mit Anm. 132). Selbst wenn man nun annehmen wollte, dass möglicherweise auch ›orphische‹ oder ›dionysische‹ Gruppen an eine Weiterexistenz der Seelen im Himmel in Gestalt von Sternen geglaubt haben, so ist der springende Punkt aber der, dass für die Reise dorthin vielleicht andere Quellen, aber gerade *nicht* die in den Goldplättchen der D-Gruppe überlieferten Sätze von einem »Springen (oder: Fallen) in Milch« als Belege herangezogen werden können, und das aus folgenden Gründen:

1. Normalerweise werden in der Forschung mit Verweis auf die verbalen Zeitstufen (Indikativ Aorist) im griechischen Text (s. bspw. Chrysanthou 2020, 157) diese Vorgänge als etwas bereits *Zurückliegendes* angesehen (also auf die Initiation bezogen); dann kann man konsequenterweise die Vorgänge aber nicht als etwas *Zukünftiges* ansehen (das Schicksal der Seelen nach dem Tod).
2. Die in den Goldplättchen verwendeten Verben bezeichnen Handlungen, die nicht zur Deutung einer Wanderung der Seele auf der Milchstraße passen: Man *springt* nicht in oder auf eine Straße, man *fällt* auch nicht in eine Straße, sondern man *geht* auf einer Straße. Daher helfen auch vereinzelte und nur entfern-

te Parallelen nicht viel weiter wie bei Euripides oder Porphyrios, wo in Bezug auf die Seelen Verstorbener einmal vom Fallen »in den unsterblichen Äther« (Eur. *Hel.* 1016: εἰς ἀθάνατον αἰθέρ' ἐμπεσών), das andere Mal sehr kryptisch von einem Fallen »ins Werden« die Rede ist (Porphyr. *De antro* 28: εἰς γένεσιν πέσωσιν).

3. Die Präposition εἰς (»in, hinein«) deutet außerdem auf ein *Hineinspringen*, nicht auf ein *Entlanggehen*.

Mit anderen Worten: Wenn ein Satz in den Goldplättchen auf die Verstirnung der Seele via Milchstraße in der Zukunft hätte abzielen sollen, so hätte er lauten müssen: »Als Stier *wirst* du *auf* Milch *gehen*«. Tatsächlich überliefert ist aber in fast allen Punkten das Gegenteil, nämlich: »Als Stier *bist* du *in* Milch *gesprungen*« (D1, Z. 3). Ungeklärt bleiben bei der Milchstraßen- und Verstirnungshypothese zudem aber zwei noch deutlich schwerwiegendere Probleme, die bislang noch nicht angesprochen wurden:

1. Warum sollte die Seele einer verstorbenen Person, die in den Texten ja immer nur *im Singular* angeredet wird, nicht entsprechend auch zu *einem Stern*, sondern gleich zu einem *ganzen Sternbild* vervielfältigt werden? Nimmt man nur die hellsten Sterne, so müsste eine »Sternbild-Stier-Seele« aus mindestens vier, eine »Sternbild-Widder-Seele« aus mindestens zwei Sternen bestehen. Und was macht man mit dem »Zicklein«, das nicht zu den Sternbildern gehört? Wenn man der in sich selbst schon problematischen Annahme folgen will, dass hinter dem »Zicklein« die Hyaden stehen könnten (vgl. Kotansky 2023, 222), dann hätte man es mit mindestens fünf hellen Sternen zu tun – die außerdem im schon ›verbrauchten‹ Sternbild Stier lokalisiert sind.
2. Warum sollte ein *einzelner* verstorbener Mensch sogar gleich mit *zwei* oder *drei verschiedenen* Sternbildern assoziiert worden sein (zur Deutung von Eingeweihten als Sternbildern des Zodiakus s. bspw. Lambin 2015, 514–517; Chrysanthou 2020, 164; Kotansky 2023, 221 f)?

Aus all diesen Gründen und Problemen muss sich das »Springen (oder Fallen) in Milch« im Kontext von Mysterientexten auf Vorgänge bei der Einweihung selbst beziehen (Torjussen 2010, 145 und 151; ebenfalls mit kultischer Deutung, aber anders, nämlich als Anspielung auf kultische Tänze zur Repräsentation von jährlich wiederkehrender Fruchtbarkeit Faraone 2011, was zum Initiationskontext allerdings wenig passt).

4.4 Milchbad

Um sich der möglichen Bedeutung der Aussagen von einem Springen oder Fallen in Milch anzunähern, ist zunächst eine grundsätzliche, philologische Frage zu klären. Der Satz ταῦρος εἰς γάλα ἔθορες (Z. 3 von D1 und D2) kann nämlich auf zwei Weisen übersetzt werden, entweder »als Stier bist du *zur* Milch gesprungen« oder »als Stier bist du *in* Milch gesprungen«. Man hat aufgrund der Beobachtung, dass in den Texten C3 und D3 als Tier ein Zicklein erwähnt wird, einen Vergleichspunkt sehen wollen zu dem natürlichen Vorgang, dass Zicklein zur Milch der Mutter springen (vgl. etwa Tsantsanoglou/Parássoglou 1987, 13; Tzifopoulos 2010, 201; ähnlich und ausgebaut bei McClay 2023a, 142–154, vgl. ebd. 142: »falling or rushing ›into milk‹ both designates rebirth and asserts the initiate's kinship with the goddess via divine breastmilk«). Dagegen spricht zweierlei: Zum einen ist in diesen Texten gerade nicht davon die Rede, dass das Zicklein irgendwohin *springt*, sondern immer nur, dass es *fällt*, was gerade nicht zu einem zur Mutter springenden Jungtier passt. Zum Zweiten spricht dagegen die Parallelisierung mit dem erwachsenen Widder, der in den vergleichbaren Texten ebenfalls »in Milch fällt« (D1, Z. 5 und D2, Z. 4; nur beim Stier ist in D1 und D2 vom »Springen« die Rede). Aus diesen sprachlichen Beobachtungen ergibt sich notwendig die Folgerung, dass die Tiere nicht *zur* Milch, sondern *in* Milch springen oder fallen. Wie ist das zu deuten?

Grundsätzlich ist festzuhalten, dass es kaum eine andere, wirklich sinnvolle Alternative gibt als die, dass hier auf kultische Vorgänge im Rahmen der Initiation angespielt sein muss (s. Riedweg 2011, 239 und 241; Torjussen 2010, 145 f und 2014; dazu und zu anderen Deutungsversuchen s. oben und die Übersicht bei BJ, 76–81). Es mag auf den ersten Blick erstaunlich erscheinen, dass im Kontext Dionysischer Mysterien ausgerechnet von einem »Springen (oder Fallen) in *Milch*« – und nicht von *Wein* die Rede ist. Hier lassen sich aber ohne Weiteres etliche antike Quellen in Anschlag bringen, wo Dionysos oder seine Entourage mit Wundertaten in Zusammenhang gebracht werden, die nicht nur Wein, sondern auch Milch (und z. T. auch Honig) in Fülle sprudeln lassen (vgl. Eur. *Bacch.* 704–711; Plat. *Ion* 534a; Kallixeinos FGrHist 627 F 2; Hor. *carm.* 2,19,10–12; Sen. *Oed.* 488–496; Anton. Lib. *met.* 10; zu Dionysos als Herr und Urheber aller Flüssigkeiten s. Plut. *Is.* 35,365a; zu einer weiteren, kultischen Begründung für die Verwendung von Milch s. unten § 4.5).

Ob die Mysten zu bestimmten Zeiten und an bestimmten Kultorten tatsächlich im Rahmen eines rituellen Bades in ein Becken gefallen oder gesprungen sein sollten, oder ob die Rede vom Milchbad nur metaphorisch zu verstehen ist (so bspw. Torjussen 2010, 147), wird in der Forschung umstritten bleiben, solange nicht neue, eindeutigere Quellen auftauchen (zur Tauchbad-These mit einer antiken Parallele s. bereits Reinach 1901, 208 f; zu Hinweisen auf Tauchbäder in den Dionysischen Mysterien s. Merkelbach 1988, 102 f; weitere Vertreter dieser Ansicht werden bei Torjussen 2010, 150, Anm. 65 zitiert). Wenn es ein konkret durchgeführtes Tauchbad gegeben haben sollte, kann der in den Goldplättchen angedeutete Vorgang an verschiedenen Orten und zu verschiedenen Zeiten auch in nur noch reduzierter Form, z. B. in Form eines Besprengens oder eines Einstiegs in ein nur kleines und flaches Becken vollzogen worden sein. Wenn man tatsächlich an ein größeres Becken zu denken hat, dann muss dieses nicht ausschließlich mit reiner Milch gefüllt gewesen sein; es war auch bei einem größeren Becken nicht schwierig, mit wenig Milch oder anderen Substanzen wie z. B. mit Kalk-Pulver (zur Verwendung von Kalk bei der Initiation s. unten) die darin enthaltene Flüssigkeit ›milchig‹ erscheinen zu lassen. Nimmt man ein größeres bzw. tieferes Becken an, dann muss man sich zweierlei vor Augen halten: 1. Milch ist eine undurchsichtige Flüssigkeit, die aufgrund eben dieser Eigenschaft verhindert, dass man sieht, ob und wenn ja wo ein Grund des Beckens zu erwarten ist. 2. Viele Menschen in der Antike konnten nicht schwimmen. Für viele wäre es daher eine durchaus erschreckende Herausforderung gewesen, in ein solches Becken geworfen zu werden oder zu springen, und damit tatsächlich eine Art vorweggenommene Todeserfahrung.

Für einen möglichen Bezug eines solchen Eintauchens in ein ›Todesbecken‹ bei der Initiation und gleichzeitig für ein siegreiches Wieder-Auftauchen lässt sich ein bemerkenswerter Anhaltspunkt in der Dionysos-Mythologie ausmachen, der nach dem Zeugnis des Pausanias gerade im Dionysos-Kult, und zwar im Dionysos-Kult von Lerna bei Argos auf der Peloponnes mit bestimmten rituellen Handlungen (»Dromena«) direkt verknüpft war (Paus. 2,37,5 f, Übers. E. Meyer 1986, mit Änderungen):

> Ich sah auch ... den Alkyonischen See, durch den, wie die Argiver sagen, Dionysos zum Hades kam, um Semele heraufzuführen ... Der Alkyonische See ist grundlos ... das Wasser des Sees ist dem äußeren Anschein nach ganz still und ruhig, wenn aber jemand auf Grund dieses Anscheins darin zu schwimmen wagt, zieht es jeden hinunter und reißt ihn in die Tiefe und verschlingt ihn. ... Über die in betreffs des Sees jedes Jahr nachts für Dionysos (durchgeführten) rituellen Handlungen (*drōmena*) aber der Allgemeinheit etwas zu schreiben, wäre in meinen Augen nicht fromm gewesen.

Ähnlich muss Dionysos in den *Fröschen* des Aristophanes auf seinem Weg in die Unterwelt als erstes Hindernis einen »grundlosen« See in einer möglicherweise bewussten Abwandlung nicht durchtauchen, sondern auf dem Kahn des (namentlich nicht genannten) Charon überqueren (Aristoph. *ran.* 137 f). Über den argivischen Dionysos-Kult ist von Plutarch über das von Pausanias Berichtete hinaus bekannt, dass der Gott unter dem Schall von Trompeten, die in Thyrsos-Stäben verborgen waren, aus dem Wasser heraufgerufen wurde, während man zugleich ein Lamm in die Tiefe gestürzt hat »für den Torwächter« (Plut. *Is.* 35,364f; s. dazu Koch Piettre 2019; vgl. Hades als »Torschließer« in Hom. *Od.* 11,277). Nimmt man weitere verstreute Zeugnisse zur Hilfe, dann ergibt sich für die Dionysos-Feiern von Lerna ein Szenario, nach dem der Gott durch den See in die Unterwelt hinabfährt, woraufhin man seinen Wiederaufstieg aus der Unterwelt zusammen mit Semele gefeiert hat; die Epiphanie des wiedererstandenen Gottes »inszenierten ... Initianden, die bei einem rituellen Tauchbad im See symbolisch starben und sich ihre Gesichter anschließend mit Gips bestrichen« (Baudy 1999, 82 mit weiteren Belegen; zum Bestreichen der Gesichter von Dionysosmysten mit Gips bzw. Kalk bei der Initiation vgl. auch Nonn. *Dion.* 27,228 f; 30,121–125).

Die mythischen und kultischen Anspielungen machen somit deutlich, dass der Gott Dionysos selbst in ein ›Todesbecken‹ gesprungen ist, um in die Unterwelt zu gelangen, aber auch, dass er von dort wieder herausgekommen ist. Alles deutet darauf hin, dass die Geschehnisse im nächtlichen Dionysoskult bei Lerna, die Pausanias aufgrund der Geheimhaltungspflicht der Mysterien nicht näher beschreibt, sich auf diesen Abstieg und Wiederaufstieg des Dionysos bezogen haben, und nach anderen Zeugnissen zu schließen ist es wahrscheinlich, dass im Zuge dieser Feiern auch die Initiation von Mysten vorgenommen wurde, die den Todesdurchgang durch ein Eintauchen entweder in den See selbst oder in ein ebenfalls grundlos scheinendes Becken in einem heiligen Bezirk am See nachvollzogen haben (zu einem ›tödlichen‹ Hinabreißen in die Tiefe bei der Initiation vgl. auch den Bericht von Livius zum sogenannten Bacchanalien-Skandal in Rom, s. Liv. 39,13,13, s. dazu die Einführung § 2.2). In Analogie zu diesen Zeugnissen liegt es nahe, auch bei der

Erwähnung des Springens oder Fallens in Milch in den *Orphisch-Bakchischen Goldplättchen* Anspielungen auf ein Tauchbad zu erblicken, das einen Todesdurchgang mit einer anschließenden Todesüberwindung rituell erfahrbar werden lässt.

4.5 Sinngehalt und Funktionen des Milchbads

Aus der kultischen Verortung der Aussagen von einem »Springen (oder Fallen) in Milch« lässt sich einiges folgern, weniger in Bezug auf genaue Details, was die Oberfläche des Geschehens angeht, dafür aber umso mehr zur Funktion und zum tieferen Bedeutungsgehalt. Zum einen muss sich das Wissen um diese Vorgänge, die in Form wichtiger Kultrufe verdichtet wurden, auf *geheime* Einweihungsrituale beziehen, von denen man sonst nie etwas zu hören oder lesen bekam, denn nur so konnten sich Eingeweihte von Nicht-Eingeweihten unterscheiden. Des Weiteren stellte die Berufung auf dieses Geheimwissen eine wichtige Voraussetzung dafür dar, dass Eingeweihte sich nach ihrem Tod vor den Unterweltsgottheiten als solche legitimieren konnten. In die Dionysos-Mysterien eingeweiht zu sein, das konnte theoretisch jeder behaupten (freilich nur theoretisch, denn wer würde es tatsächlich wagen, den alles wissenden Göttern gegenüber gerade in dieser Hinsicht etwas Falsches zu behaupten?); die Zeilen 3–5 von Text D1 aber liefern nun ›Insider-Wissen‹ darüber, was bei der Initiation abgelaufen ist, und mit diesem Geheimwissen konnte man sich nach dem Tod als wirklich zu den Dionysos-Mysten zugehörig ausweisen (zu dieser wichtigen, legitimierenden Funktion s. auch Obbink 2011, Anm. 23). Schließlich wird sich ein solches legitimierendes und in Kultrufen verdichtetes Geheimwissen, in an sich schon kurzen und noch dazu abkürzend formulierenden Texten wie es die Goldplättchen sind, sicherlich nicht auf Nebensächliches, sondern auf schlechthin *zentrale* rituelle Vorgänge der Einweihung beziehen.

Sowohl der abkürzende Stil als auch das Geheimhaltungsgebot, gerade in Bezug auf das Innerste der Initiationsvorgänge, haben notwendig zur Folge, dass wir nie zu einer vollen Rekonstruktion dessen gelangen können, was bei einer solchen Einweihung genau abgelaufen ist. Aber immerhin geben die Texte einzigartige Anhaltspunkte für die *Interpretation* dieser Vorgänge, die man ohne diese Funde nie bekommen würde, und diese Anhaltspunkte zeigen schon sehr viel. Zunächst einmal wird deutlich, und das ist sicher etwas vom Wichtigsten, dass die Mysten überzeugt waren, dass im Rahmen der Initiation der Gott höchstselbst es ist, der in diesem Geschehen wirkt (Z. 2 von D1 und D2): Der »Bakchische (Gott) *selbst*« hat den Eingeweihten »gelöst« (ἔλυσε) bzw. »erlöst« (s. zu Dionysos als »Löser« insgesamt Pitombo Bacelar 2020, mit Bezug auf die Goldplättchen ebd. 14–17 und 35–39; zu möglichen, letztlich aber wenig relevanten ökonomischen Untertönen s. McClay 2023, 165).

Durch den Grabkontext und die Bezüge auf wichtige Gottheiten auf den Goldplättchen wird deutlich, dass mit dem »Lösen« eine tiefere, religiöse Bedeutung verbunden war – aber welche genau? Ein Auslösen i. S. v. »Dionysos hat die Menschen von ihrer Verpflichtung ›gelöst‹, sterben zu müssen« kommt nicht in Frage, da alle Menschen, auch die Eingeweihten, durch den Tod durchgehen mussten (so auch BJ, 72). Die Unwahrscheinlichkeit einer anderen vorgeschlagenen Deutung, nämlich die Interpretation als ›Lösen‹ von den Folgen des Mordes der Titanen, die Dionysos zerrissen haben, was dann wie eine Art ›Erbsünde‹ auf alle Menschen übergegangen sei (u. a. BJ, 72), wurde bereits in der Einführung (§ 2.7) ausführlich diskutiert. Wenig Anhaltspunkte in den Texten selbst findet man auch für die Annahme, dass hier auf einen Handel angespielt sein könnte, den Dionysos mit Persephone abgeschlossen hat, um zu garantieren, dass die verstorbene Seele nach der Ankunft in der Unterwelt dieselbe wieder verlassen darf (so Kotansky 2023, 208, Anm. 58, der als Sinn der Aussage ansieht »that Dionysus has brokered a deal with Persephone so that the initiate can now leave the confines of Hades«).

Auf dem Hintergrund anderer Texte, in denen von Buße bzw. Loskauf von bösen Taten die Rede ist, hat man am ehesten an ein Auslösen zu denken i. S. v. »hat die Menschen ›gelöst‹ von ihren schlechten Taten oder Unreinheiten«, wie es inhaltlich vergleichbar zum Beispiel in Zeile 4 der Texte C1 und C2 aus Sicht des Mysten heißt: »Die Buße aber habe ich abgegolten bezüglich der Taten, der keineswegs gerechten!« Dieses ›Lösen‹ von schlechten Taten macht die Eingeweihten zu »Reinen« bzw. zu »Makellosen« (vgl. Z. 1 und 7 von C1 und C2; so auch Riedweg 1998, 375; Edmonds III 2004, 70–73).

Den Gedanken an eine solche übertragene Reinheit von Übeltaten legt auch der Fortgang der Texte D1 und D2 in der D-Gruppe nahe, wenn direkt im Anschluss von dem erwähnten Milchbad die Rede ist, so dass es mehr als plausibel ist, beides miteinander zu verknüpfen: Das Milchbad ist die rituell-praktische Umsetzung der abstrakt-theologischen Aussage, dass Dionysos selbst die Betroffenen von Übeltaten »löst« und damit zu »Reinen« macht. Die weiße Farbe der Milch spielte dabei wahrscheinlich eine Rolle als sprechendes Symbol und zugleich als wirkmächtige Substanz für die angestrebte Reinheit; der ›blutfarbige‹ Wein wäre dafür eher wenig geeignet gewesen (zum Einsatz von Milch als Reinigungsmittel in kultischem Kontext s. auch Plut. *Romulus* 21,5). Die Rede vom ›lösenden‹, d. h. von Übeltaten reinigenden Gotteshandeln in Zeile 2 ist somit als zusammenfassende Überschrift für die Initiation aufzufassen, zu der speziell die folgenden Vorgänge vom Springen oder Fallen in Milch gehören. Vielleicht ist es auf diesem Hintergrund kein Zufall, dass es ikonographische Zeugnisse gibt, die ein Bad des neugeborenen Dionysos explizit zum Thema machen, aber hier mögliche Bezüge zu Initiationsbädern von Mysten zu sehen, lässt sich durch keine weitere Evidenz erhärten (s. LIMC III/1 s. v. »Dionysos (in peripheria orientali)«, Nr. 95 und Nr. 97, und LIMC III/1 s. v. »Dionysos/Bacchus«, Nr. 153–156).

Die volle Bedeutung des Milchbads für die Mysten ist jedoch kaum hinreichend erfasst, wenn man diesem Vorgang lediglich eine von schlechten Taten reinigende Funktion zuschreibt. In Text D3 wird dieses Bad nämlich mit einem anderen Vorgang direkt parallelisiert (Z. 4):

> »Ein Gott bist du geworden aus einem Menschen: Als Zicklein bist du in Milch gefallen.«

Der Satz »Ein Gott bist du geworden aus einem Menschen« (θεὸς ἐγένου ἐξ ἀνθρώπου) ist hier auf das Engste mit dem Milchbad verknüpft (s. auch Torjussen 2014; Kotansky 2023, 213), so dass er als theologische Explikation des rituellen Vorgangs anzusehen ist, die das wichtigste Resultat für die ganze Prozedur der Initiation benennt und auf diese Weise deutlich macht, dass dem zentralen ›Reinigungsbad‹ zugleich eine transformierende Kraft zugedacht war: Im Zuge des ›Lösens‹ von unrein machenden Übeltaten wird der Mensch zugleich in einen Gott verwandelt. Dieses Sterben als Mensch und Neu-geboren-Werden (als Gott) steht auch an prominenter Stelle in den Texten D1 und D2 (jeweils Z. 1). In den Augen der Kultgemeinschaft hat der Vorgang diese Transformation nicht nur symbolisiert, sondern ließ sie tatsächlich zur Wirklichkeit werden.

4.6 Tiergestaltigkeit und Milchbad

Will man nicht an bedeutungslose Floskeln oder reinen Mummenschanz denken, und das verbietet sich in kultischem Kontext, noch dazu in Bezug auf einen so wichtigen Bereich wie Todes- und Jenseitsvorstellungen von selbst, so muss auch die Erwähnung einer Tiergestaltigkeit der Einzuweihenden, die alle drei Milchbad-Plättchen der D-Gruppe miteinander verbindet (D1, Z. 3–5; D2, Z. 3–4; dazu noch C3, Z. 10), im Ritual eine tiefere Bedeutung gehabt haben.

Hier wird die Angelegenheit aber noch schwieriger als bei dem Milchbad. Deutet diese Tiergestaltigkeit auf die Vorstellung einer Transformation der Mysten hin, die zugleich eine Partizipation an der Natur und Kraft der göttlichen Macht einschließt? Wurde die ›Entfremdung‹ ins Nicht-Menschliche, Tiergestaltige möglicherweise als Hineinwachsen ins Göttliche und damit zugleich als Aneignung oder Anverwandlung der göttlichen Kräfte des Dionysos angesehen (vgl. als Frage formulierte Überlegung in dieser Richtung bereits Tsantsanoglou/Parássoglou 1987, 13; s. dazu auch die Diskussion bei BJ, 81–83 und Tzifopoulos 2010, 200–204)? Dass aller Wahrscheinlichkeit nach auch das Milchbad eine transformierende, d. h. vergöttlichende Wirkung hatte, würde dieser Möglichkeit einer ins Göttliche transformierenden Tiergestaltigkeit nicht widersprechen, ist doch religionsphänomenologisch auch anderweitig eine Häufung wirkmächtiger ritueller Zeichen und Handlungen bei wichtigen religiösen Zeremonien zu beobachten.

Als praktische Umsetzung könnte man bei der ›Masken-Gottheit‹ Dionysos u. a. an den Einsatz von Tiermasken denken, aber das ist doch eher typisch für den Bereich des Theaters. Nach Abbildungen von dionysischen Prozessionen auf Vasen, aufgrund von entsprechenden Kulttiteln (s. bspw. IGUR I Nr. 160, s. zu dieser Inschrift die Einführung § 2.2) und nach literarischen Zeugnissen könnte man auch das Anlegen von Fellen als Ritualhintergrund annehmen (s. dazu auch weitere Hinweise bei Cumont 1933, 256–258 und Merkelbach 1988, 20 und 96 f). Hier ergibt sich aber das Problem, dass zwar das Tragen von Hirschkalbfellen im Dionysoskult gut belegbar ist, nicht aber das Anlegen von Stier-, Widder- oder Ziegenfellen (zu Hirschkalbfellen im Dionysoskult vgl. bspw. Eur. *Bacch.* 137 f; Demosth. *or.* 18,259 f, referiert in der Einführung § 2.2; Plut. *Is.* 35,364e; Nonn. *Dion.* 9,126; 26,28; auf einer apulischen Vase reicht Dionysos im Hirschkalbfell in der Unterwelt Hades die rechte Hand, s. dazu Saunders 2021, Katalog-Nr. 16 und hier im Buch Appendix § 6).

Bei der Annahme einer Tiergestaltigkeit der Mysten stellen sich einige, bislang noch ungeklärte Fragen. Da ist zunächst einmal der merkwürdige Umstand, dass zwei Texte (D1 und D2) davon sprechen, dass der Myste »als Stier in Milch gesprungen« *und* »als Widder in Milch gefallen« sei: Weshalb die Doppelung? Des Weiteren erwähnen zwei andere Texte (D3 und C3) weder Stier noch Widder, sondern reden ausschließlich davon, dass der Initiand »als Zicklein in Milch gefallen« sei. Warum stehen gleich drei verschiedene Tiere zur Auswahl? Wenn sie alle dafür stehen sollen, dass der Myste sich dem Gott angleicht oder dessen Kräfte erhält, dann müssten alle drei Tiere auf das Engste mit Dionysos verknüpft sein. Immerhin sind alle drei Tiere männlich (das Zicklein nur bedingt, denn es ist auch im Griechischen geschlechtsneutral), was einen Bezug auf den männlichen Gott nahelegt; aber warum ist einmal von einem Jungtier die Rede? Und lassen sich von den drei genannten Tieren gesicherte Bezüge zu Dionysos herstellen?

Für die Stiergestalt ist die Annahme eines solchen Bezugs völlig unproblematisch. Um nur einige ausgewählte Belege zu nennen: Bereits eines der ältesten überlieferten Kultlieder aus Griechenland bittet um das Erscheinen des Dionysos als »würdiger Stier« (Plut. *Quaest. Graec.* 36 = *mor.* 299a–b, s. dazu Furley/Bremer 2001, Bd. 2, 373; vgl. auch *Orph. h.* 45,1), in der Dichtung erblickt Dionysos bereits als »stiergehörnter Gott« das Licht der Welt (Eur. *Bacch.* 100; Nonn. *Dion.* 9,11–15), Athenaios fasst zusammen, dass Dionysos mit Stierhörnern abgebildet und von vielen Dichtern als Stier bezeichnet wird (auch in der lateinischen Dichtung, vgl. Hor. *carm.* 2,19,29–32; Tib. 2,1,3 f; Prop. 3,17,19 f; Ov. *fast.* 3,499 f), und er erwähnt sogar eine Götterstatue des Dionysos in Stiergestalt in Kyzikos (Athen. 11,51,476a). Dementsprechend lassen sich auch ikonographische Zeugnisse von einem »Dionysos tauromorphos« (so wörtlich in Plut. *Is.* 35,364e) anführen oder solche, wo Dionysos auf einem Stier sitzend dargestellt wird (s. LIMC III s. v. »Dionysos«, v. a. Nr. 154–159, 426 und 435–436).

Ähnlich gut bezeugt ist eine Verbindung des Dionysos mit dem Ziegenbock bzw. dem Ziegenböckchen. Nach einigen Indizien zu schließen existierte eine weniger gut bezeugte Mythenvariante, nach der Dionysos von einer Ziege oder von der Nymphe Amaltheia ernährt wurde, die in eine Ziege verwandelt worden war – eine Variante, die deutliche Stoff-Stoff-Interferenzen zu einem sonst von Zeus überlieferten Mythos aufweist (s. zu einer entsprechenden Interpretation ikonographischer und literarischer Belege Merkelbach 1988, 45 f; zum Phänomen der Interhylität in Bezug auf mythische Stoff-Stoff-Interferenzen s. C. Zgoll 2019, 270–299). Dazu passt, dass nach einem anonymen Dichterfragment eine Amme namens Eriphe (»Ziege«, bei Nonnos, *Dion.* 21,81 unter die Mänaden gezählt) dem Dionysos als erste die Brust gegeben haben soll (*Supplementum Hellenisticum* fr. adespot. 1045 = *Etymol. Magn.* 371,57 Gaisford), und dazu passen auch die für Dionysos bezeugten Kultnamen »Eiraphiotes« (vgl. auch noch Hom. *h.* 1,2 und 1,20) oder »Eriphios« (Belege bei Merkelbach 1988, 14, Anm. 48), bei denen in griechischen Ohren das Wort für Zicklein (*eriphos*) anklang. Nach Apollodoros wird außerdem der kleine Dionysos von Zeus mit der Scheingestalt eines Ziegenböckchens versehen, um ihn vor Hera zu verbergen (Apollod. 3,29), und nach Antoninus Liberalis (*met.* 28) flieht der erwachsene Dionysos vor dem monströsen Typhon in der Gestalt eines Ziegenbocks. Darüber hinaus war der Ziegenbock eines der wichtigsten Opfertiere im Kult des Dionysos (vgl. Eur. *Bacch.* 138 f; *Anth. Pal.* 9,75 und 9,99; Verg. *georg.* 2,380 f; Ov. *fast.* 1,353–360), und es lassen sich etliche ikonographische Zeugnisse anführen, die Dionysos mit Ziegenböcken oder -böckchen assoziieren (s. bspw. LIMC III s. v. »Dionysos« Nr. 413, 422, 424, 425, 428, 438, 500, 671, 816).

Deutlich schwieriger wird es allerdings beim Widder (s. auch Ricciardelli Apicella 1992, 32). Mir ist kein textlicher Beleg bekannt, der *Dionysos selbst* explizit mit einer Widdergestaltigkeit in Zusammenhang bringt (die Zeilen 31 f in Kratinos fr. 38 Kassel/Austin, PCG Bd. IV sind in der Deutung umstritten, s. dazu BJ, 83 mit Anm.

100), und auch im Hinblick auf ikonographische Zeugnisse wird im Hauptartikel zu »Dionysos/Bacchus« des *Lexicon Iconographicum Mythologiae Classicae* (LIMC) nirgends die Darstellung eines widdergestaltigen Dionysos erwähnt. Zwar wird dort die nicht seltene Abbildung eines Tieres aus der Tribus Caprini im Zusammenhang mit Dionysos abwechselnd als »capro(ne)« oder als »ariete« bezeichnet, was nicht auf eine Widdergestaltigkeit, aber zumindest auf eine gelegentliche Verbindung des Dionysos mit einem Widder hindeuten könnte. Aber auch wenn Ziegen- und Schafböcke tatsächlich vor allem in jüngerem Alter manchmal schwer zu unterscheiden sind, so stimmt die Ikonographie dieser Tiere im Zusammenhang mit Dionysos in der Darstellung der Hörner in der Regel völlig mit der Ikonographie des ziegengestaltigen Gottes Pan überein, während sich nur zwei Belege finden ließen (s. unten), die durch eine Darstellung von eingedrehten Hörnern das Tier eindeutig als Schafbock ausweisen, wie dies beispielsweise für die Darstellung des widdergestaltigen Gottes Zeus-Ammon typisch ist. Selbst wenn man die Tradition noch mit einbeziehen wollte, nach der Dionysos ein Sohn des Zeus ist, der wiederum nach einer von Ägypten beeinflussten Tradition mit dem widdergestaltigen Gott Ammon geglichen wurde, so wäre die Wichtigkeit einer Widdergestalt eher in einem Zeus- als in einem Dionysoskult zu erwarten.

Ein Zeugnis für einen möglicherweise widdergestaltigen Dionysos ist schließlich in der Deutung unsicher. Es handelt sich um die Abbildung eines jungen Mannes mit Widderhörnern (neben einer sitzenden Frau) auf einem apulischen Kelch-Krater (ca. 360–350 v. Chr.) aus funerärem Kontext, die als mögliche Verschmelzung der Darstellung des Dionysos mit einem Dionysos-Mysten interpretiert worden ist, die wiederum ihre Erklärung in der Widdergestaltigkeit von Mysten in den Milchbad-Plättchen finden könnte (Cabrera 2011). Die starke Parallelität in der Bildkomposition zur Darstellung auf der Rückseite einer anderen, etwa zeitgleichen apulischen Vase (Katalog-Nr. 3 in Saunders 2021, s. dazu am Ende dieser Einleitung zur D-Gruppe § 4.8) deutet allerdings eher auf die sitzende Frau als initiierte Person, nicht auf den widdergehörnten jungen Mann (als alternative Interpretation ebenfalls von Cabrera erwogen). Zwar würde in beiden Fällen die Deutung des jungen, widdergehörnten Mannes als Dionysos bleiben, man hat aber als Alternative auch eine Darstellung des Apollon erwogen (s. Cabrera 2011, 198 f), so dass man es mit einem nicht nur isolierten, sondern auch unsicheren Beleg zu tun hat.

Auch hinsichtlich der Opferpraxis lassen sich nur wenige Bezüge zwischen Dionysos und dem Widder herstellen, denn entgegen der manchmal zu findenden Behauptung, der Widder sei ein wichtiges Opfertier im Dionysoskult gewesen, ist diesbezüglich in den Texten eindeutig vom Ziegenbock (τράγος bzw. *hircus* oder *caper*, zu Belegen s. oben) die Rede, nicht vom Schafbock. Im Hirtenroman *Daphnis und Chloe* des Longos (ca. 2./3. Jh. n. Chr.) ist immerhin einmal davon die Rede, dass auf dem Land dem Dionysos ein »einjähriger« oder »jährlicher« (das Adjektiv ἐνιαύσιος kann beides bedeuten) Widder geopfert wird (3,10: θύουσι τῷ Διονύσῳ κριὸν ἐνιαύσιον; zu einem weiteren textlichen Beleg s. unten), und auf zwei etwa zeitgleichen Sarkophagen spielen Widder in dionysischem Kontext eine Rolle: Einmal ist ein Silen aus dem Gefolge des Dionysos dargestellt, wie er dem Gott einen Widder opfert, im anderen Fall zieht ein fellbekleideter Satyr einen Widder, der den Dionysosknaben trägt, aller Wahrscheinlichkeit nach ebenfalls zu einem Opfer (s. Abb. 56 und 63 bei Merkelbach 1988, 249 und 255). Immerhin – aber abgesehen von diesen schwer zu findenden und vereinzelt dastehenden kaiserzeitlichen Belegen ist die Quellenlage für eine Verbindung zwischen Dionysos und dem Widder doch ausgesprochen dürftig. Dieser Befund lässt verschiedene Erklärungsmöglichkeiten zu:

1. Der Widder steht für die Kraft des Gottes und stellt in dieser Hinsicht nur eine Art wiederholende Verstärkung der Stier-Bezeichnung dar, ohne dass damit die Vorstellung eines widdergestaltigen Dionysos verbunden gewesen sein müsste.

2. Es gab in den Dionysischen Mysterien eine enge Verbindung des Dionysos mit einem Widder, zumindest spielte der Widder als *Opfertier* eine wichtige Rolle, was nur im Rahmen der Mysterien bekannt war, sich aber sonst, nicht zuletzt aufgrund der Geheimhaltungspflicht, literarisch und ikonographisch kaum niedergeschlagen hat. Das ist wohl die wahrscheinlichste Lösung, die durch einen weiteren Beleg untermauert werden kann: So ist in einem Papyrus, der im Kontext von Dionysischen Mysterien zu verorten ist, im Rahmen von Ritualanweisungen für Opferhandlungen explizit und in enger Verbindung von »Widder und Ziegenbock« die Rede (Papyrus Gurôb Nr. 1, Z. 10: κριός τε τράγος τε; s. Appendix § 4).

4.7 Bisherige Probleme und ein Lösungsvorschlag

Nach wie vor erklärungsbedürftig bleibt der tiefere Grund dafür, warum der Myste zuerst »als Stier springt« und danach »als Widder fällt«, und wofür die unterschiedlichen Tiere stehen könnten. Von der Größe der Tiere und von der (Un-)Selbständigkeit der Handlung her würde man eher erwarten, dass an *erster* Stelle ein passives »Fallen« sowie als kleineres Tier der Widder, und erst an *zweiter* Stelle, als Steigerung, das aktive »Springen als Stier« stehen sollte. Warum überhaupt die Verschiedenheit von gleich *zwei* Tiergestalten, und weshalb erwähnen die zwei Texte C3 und D3 *nur* das »Fallen«, noch dazu »als Zicklein«? Man hat bisher diese Rätsel nicht befriedigend lösen können (für interessante, letztlich aber doch eher entfernte Parallelen in den *Papyri Graecae Magicae* im sogenannten *Achten Buch des Mose* s. Chrysanthou 2020, 172–177; zu den Problemen und Fragen, die bei anderen Erklärungsversuchen offenbleiben, s. oben, v. a. § 4.2 und § 4.3).

Angefangen bei dem Problem der Reihenfolge (zuerst Springen, dann Fallen) lässt sich eine These aufstellen, die hilft, die Textstellen in einem neuen Licht zu sehen und zumindest einen möglichen Lösungsvorschlag zu präsentieren, der alle noch bleibenden Probleme mit einbezieht. Möglicherweise ist diese Abfolge so zu interpretieren, dass das freiwillige und schnelle bzw. aktive »Springen als Stier« für die bewusste und aktive Entscheidung des in seiner Vollkraft stehenden Erwachsenen für den Initiationstod im Rahmen der Einweihung zu Lebzeiten steht, das passive »Fallen als Widder« hingegen für das passive Erleiden des eintretenden Todes am Lebensende. Gerade das neu erarbeitete Konzept vom Doppelspiegelszenario in den Goldplättchen (s. Einführung § 4.7) eröffnet einen tieferen Verständnishorizont dafür, dass und inwiefern die zwei so verschiedenen und dann doch wieder so auffällig parallelen Vorgänge sich auf zwei Seiten *ein und derselben Medaille* beziehen können, der erste Vorgang, das »Springen als Stier«, auf die Seite des bewusst in Kauf genommenen, rituellen Todes während der Initiation, der zweite, das »Fallen als Widder«, auf den im Rahmen der Initiation antizipierten, tatsächlichen Tod am Lebensende.

Folgt man dieser Annahme, dann repräsentieren die Aussagen nicht, jedenfalls nicht notwendig, *zwei verschiedene Ritualhandlungen*, die hintereinander absolviert werden, sondern zielen auf *zwei verschiedene Deutebenen* einer *einzigen* Ritualhandlung ab. Die zwei Tiergestalten der Mysten in den Texten D1 und D2 (Stier und Widder) sind dann auch nicht, jedenfalls wiederum nicht notwendig, als Hinweise auf *äußerliche* Merkmale zu verstehen (z. B. als tatsächliche Einkleidung mit Tierfellen oder Versehung mit tierischen Attributen), sondern als Hinweise auf die tieferen *inhaltlichen*, eben genannten zwei Verständnisebenen der Ritualhandlung.

Die in den Texten proklamierte ›Tiergestaltigkeit‹ der Mysten ist dann wiederum nicht so zu interpretieren, dass die Stiergestaltigkeit auf genau dasselbe hinweisen soll wie die Widdergestaltigkeit, dass der Myste also in beiden Fällen zu Dionysos ›wird‹, einmal zu einem stiergestaltigen, dann zu einem widdergestaltigen Dionysos. Hier zahlt sich die Mühe der Recherchen zur Verbindung des Dionysos mit den einzelnen, genannten Tieren aus, denn sie hat ergeben, dass der Stier ein *Symboltier* für den Gott darstellt (der Myste ›wird‹ bei der Initiation zu Dionysos), wohingegen der Widder im Dionysoskult vorrangig als *Opfertier* fungiert. Dadurch ergeben sich entsprechend *zwei verschiedene* Bedeutungsgehalte hinter den genannten Tieren, die aber *zugleich* im Ritual vorhanden sind und überblendet werden: Im Zuge der Vergöttlichung im Ritual (und am Lebensende, s. Einführung § 4.8), durch die der Myste ›als Stier‹ sich dem göttlichen Dionysos angleicht, wird der Myste ›als Widder‹ zugleich Opfer des Todes. Als Stier »springt« der Myste in die Göttlichkeit, als Widder »fällt« er im Rahmen dieses Vorgangs in den Tod.

Das griechische Verbum θρῴσκω (oder θρώσκω) bedeutet »springen, stürzen« (daneben auch »bespringen, befruchten«). Es wird bei Gottheiten auch zur Beschreibung für den Vorgang der Geburt verwendet, wo diese Gottheiten regelrecht »hervorspringen« (s. mit Belegen Tzifopoulos 2010, 201). Diese Stellen helfen hier zunächst scheinbar nicht viel weiter, da bei diesen Göttergeburten von einem »*Heraus*springen« die Rede ist, wohingegen es in den Goldplättchen ja gerade im Gegenteil um ein »*Hinein*springen« geht – es sei denn, man versteht dieses Hineinspringen in den Tod *zugleich* als ein Herausspringen in eine neue Existenz durch eine (Wieder-)Geburt als Gott, wie es Zeile 1 der Texte D1 und D2 nahelegt (»*Jetzt* bist du gestorben, *und jetzt* bist du geboren worden ...«). Eine ähnliche doppelte Bezugsmöglichkeit liegt beim Verbum πίπτειν (»fallen«) schon im lexikalischen Bedeutungsspektrum selbst. Es kann im Griechischen wie im Deutschen damit in Zusammenhang gebracht werden, dass jemand dem Tod ver*fällt* (für »fallen« i. S. v. »sterben« s. bspw. Hom. *Il.* 8,67; 11,158 u. ö.; vgl. auch die Wendung von den »Leichen der Gefallenen« Hom. *Il.* 10,199 f). Wahrscheinlich ist es kein Zufall, dass »Fallen« in der Wendung »zwischen die Füße einer Frau fallen« aber auch für den Vorgang der Geburt stehen kann (Hom. *Il.* 19,110). Die Wahl des Wortes passt dann sogar ausgezeichnet zu der Erfahrung bei der Initiation, die *zugleich* als ein Sterben *und* Neu-geboren-Werden aufgefasst wurde. Ähnlich ambivalent ist im Übrigen Milch bzw. das Milchbad; als undurchsichtige Flüssigkeit kann Milch für den undurchdringlichen Abgrund des Todes stehen, in den man untertaucht (s. oben § 4.4), gleichzeitig steht sie für die lebensspendende Nahrung nach einer (Neu-)Geburt (und durch die strahlende Helligkeit für die Reinigung von Übeltaten, s. oben § 4.5).

Im Licht dieser Beobachtungen ergibt sich nun, dass die Aussagen von einem Springen oder Fallen in Milch als eine Spiegelung und Vertiefung der Aussage angesehen werden können, die in umgekehrter Reihenfolge und in abstrakterer Form die Goldplättchen D1 und D2 eingeleitet hat (vgl. auch Z. 4 in D3), und die sich ebenfalls in Form von *zwei* Aussagen auf *ein und denselben* rituellen Vorgang bezieht:

> »Jetzt bist du gestorben (= als Widder in Milch gefallen), und jetzt bist du geboren worden (= als Stier in Milch gesprungen), dreimal Glückliche(r), am heutigen Tag!«

Bleibt als letztes Problem, warum in den Texten D3 und C3 nur von einem »Fallen als Zicklein« die Rede ist, also nur von einem einzigen Tier, in diesem Fall von einem Symboltier für Dionysos, und nur von einem einzigen Vorgang, der auf ein Opfer bzw. auf Sterben verweist. Wenn man die eben ausgeführte Interpretation für die Texte D1 und D2 als Grundlage nimmt, dann lässt sich darauf aufbauend auch dafür eine Erklärung vorschlagen. Die Texte D1 und D2 stammen aus Pelinna in Griechenland, die Texte D3 und C3 hingegen beide aus Thurii in Italien. Entsprechend den unterschiedlichen Fundorten handelt es sich um zwei verschiedene Ausformungen des Initiationsrituals, die aber beide auf dasselbe hinauslaufen – nur dass im Licht der eben angestellten Überlegungen beide Bedeutungsebenen, die in D1 und D2 auf *zwei* Aussagen verteilt sind, im Fall der Texte C3 und D3 zu einer *einzigen* Aussage fusioniert und verdichtet erscheinen: Das *Zicklein* steht als Symboltier für Dionysos, und damit für die *Vergöttlichung* des Mysten, das *Fallen* für das ›Opfer‹ des *Todesdurchgangs*. In allen vier Texten, in C3 und D3 wie auch in D1 und D2, bleibt aber die zentrale Deutung und Botschaft gleich: Eine Vergöttlichung ist nur um den Preis eines Todesdurchgangs zu erlangen; beides ist untrennbar miteinander verbunden.

4.8 Wein

Im Gegenzug für das Wagnis und Widerfahrnis des Sterbens sowohl im Rahmen der Initiation als auch im Rahmen des Todes erhält der Myste im Kult bzw. der Verstorbene im Jenseits eine »Ehrengabe« (τιμή) bzw. einen Siegespreis (beides liegt im Bedeutungsspektrum von τιμή; vgl. außerdem C3, Z. 6: »den ersehnten Siegeskranz habe ich erlangt ...«). Diese ehrende Gabe ist natürlich nicht zufällig Wein, dem Kernbereich des Weingottes Dionysos entsprechend. Eine Angleichung des Dionysos-Mysten an Dionysos – oder die Vorstellung einer Verkörperung des Dionysos im Mysten? – legen ikonographische Belege nahe, die zeigen, wie Dionysos selbst, dem Mysten nach der Initiation vergleichbar, Wein als Gabe in Empfang nimmt (vgl. LIMC III/1 s. v. »Dionysos« den Eintrag »Dioniso riceve l'offerta del vino«, Nr. 413–416, aber auch weitere Abbildungen wie bspw. Nr. 419 oder 421). Man kann hier auch eine strukturelle Parallele zu den Eleusinischen Mysterien sehen, wo im Rahmen der Initiation das Trinken eines getreidehaltigen Mischgetränks, des Kykeon, eine wichtige Rolle gespielt hat: In beiden Fällen handelt es sich um Getränke mit den jeweils spezifischen göttlichen Gaben, einmal mit Wein des Weingottes Dionysos und einmal mit Getreide bzw. Gerste der Korngottheit Demeter. Möglicherweise gehörte zu den »Losungsworten« (*symbola*) der Dionysosmysten unter anderem der Satz »Wein habe ich getrunken«, wie dies auf dem im Kontext von Dionysischen Mysterien zu verortenden Papyrus Gurôb Nr. 1 zu finden ist (Z. 23–25: σύμβολα· ... ο]ἶν[ο]ν ἔπιον, s. Appendix § 4).

Hinter dieser materiellen Oberfläche der Einnahme dieser spezifischen göttlichen Gaben stand möglicherweise die Vorstellung, dass man damit die jeweiligen Gottheiten ›trinkt‹ bzw. in sich aufnimmt und dadurch eine besonders enge Verbindung mit ihnen gewinnt. Cicero lässt in seinem Dialog *De natura deorum* den akademischen Skeptiker Cotta einmal sagen (Cic. *nat. deor.* 3,41): »Wenn wir die Feldfrüchte Ceres (= Demeter), den Wein Liber (= Dionysos) nennen, so halten wir uns dabei zwar an den üblichen Sprachgebrauch, aber meinst du etwa, dass irgendjemand so verrückt wäre, dass er glaubte, das, womit er sich ernährt, sei eine Gottheit?« So buchstäblich und vordergründig galt dies natürlich auch für die Dionysos-Mysten nicht – aber es ist mit Sicherheit davon auszugehen, dass man in einem tieferen, religiösen Sinn den Wein mit dem Weingott identifiziert hat. Dies zeigt bereits eine Stelle in den *Bakchen* des Euripides, wo es heißt, dass bei der üblichen Trankopferspende mit Wein »der Gott den Göttern als Trankopfer dargebracht wird« (θεοῖσι σπένδεται θεός, Eur. *Bacch.* 284), und Augustinus schreibt später in Hinblick auf die Dionysischen Mysterien, dass bei der Feier nach Ansicht der Kultteilnehmer ein Gott in ihnen Wohnung nimmt (Augustin. *epist.* 17,4: ... *in qua celebritate si numine inhabitamini* ...; vgl. zur wichtigen Rolle von Wein in der Weihenacht der Dionysos-Sabazios-Mysterien in Athen auch Demosth. *or.* 18,259 f). Die Aufnahme von Wein kann somit durchaus als Vereinigung mit der Wirkmacht des Gottes und dadurch auch mit dem Gott selbst angesehen worden sein; Belege dafür finden sich unter anderem auch in orphischen Texten, in denen »Wein« für den Gott selbst steht (PEG II/1 fr. 303; 321; 331).

Der Wein ist also, wie es in den Texten heißt (D1, Z. 6; D2, Z. 5), eine »glückselige Ehrengabe« insofern, als er dem vergöttlichten Dionysosmysten als Göttertrank gebührt, für eine intensive Durchdringung des eingeweihten Menschen mit göttlicher Kraft steht und ihn daher »glückselig« macht. Vergleichbar ist das kultisch-theologische Szenario in einem Lied von Sappho (fr. 2 Neri), wo Aphrodite höchstselbst zum Frühlingsfest nach Lesbos kommt und den Teilnehmerinnen am Aphrodite-Kult, der Anklänge an einen Mysterienkult aufweist, in der Gestalt von Wein göttlichen Nektar einschenkt, und mit diesem eigentlich den Göttern vorbehaltenen Trank eine Vergöttlichung der am Kult Teilnehmenden bzw. deren Aufnahme in die Göttergemeinschaft anzeigt (fr. 2,13–16: »... Kypris, / in goldenen Bechern auf zierliche Weise / den mit den Festlichkeiten ver[mi]schten Nektar / (in Gestalt von Wein) einschenkend ...«).

Auf der Rückseite einer apulischen Vase (s. Abbildung 7 in diesem Band) ist neben einem stehenden, bekränzten Jüngling ein sitzender Jüngling dargestellt, der in der ausgestreckten Hand eine Schale hält (ca. 370–350 v. Chr., Saunders 2021, Katalog-Nr. 3, mit Abbildung ebd. 119, genauer Fundort unbekannt, Begräbniskontext wahrscheinlich). Vor ihm steht eine Frau, die aus einem Kännchen eine Flüssigkeit in seine Schale gießt. Mehrere Indizien weisen auf einen dionysischen Kontext hin: Die Frau trägt einen Thyrsos-Stab in der linken Hand, der sie eindeutig als dem Weingott Dionysos zugehörig ausweist, und als ornamentale Bänder sind oben an der Vase neben Lorbeerblättern dem Dionysos heilige Efeuranken angebracht. Dazu kommt noch, dass eine zweite Frau von hinten an den Jüngling herantritt, um ihn mit einem Kranz zu bekränzen. Nimmt man die in den Texten D1 und D2 erwähnte »Ehrengabe« des Weins mit dem Hinweis auf den »Siegeskranz« (Text C3) zusammen, ergibt sich eine auffällige Nähe dieser Vasendarstellung zur Vorstellung von der Seligkeit eines Mysten auf den Goldplättchen. Der Unterweltsbezug der Vase wird auch dadurch deutlich, dass auf der gegenüberliegenden Seite in ungewöhnlich drastischer Weise, wohl als bewusster Gegensatz zum glücklichen Los der Initiierten, die Bestrafung von Theseus und Peirithoos vor Hades und Persephone in der Unterwelt dargestellt ist.

4.9 Texte der D-Gruppe

D1: Thessalien (Pelinna), ca. 275 v. Chr.

1 Νῦν ἔθανες | καὶ νῦν ἐγ|ένου, τρισόλβ|ιε, ἄματι τῶιδε.|
2 εἰπεῖν Φερσεφόν|αι σ’ ὅτι Β⟨άκ⟩χιος αὐτὸς | ἔλυσε.
3 τα{ι}ῦρος | εἰς γάλα¦ ἔθορες,
4 αἶ|ψα εἰς γ⟨ά⟩λα ἔθορ̣ες,|
5 χριὸς εἰς γάλα ἔπεσ⟨ες⟩.|
6 οἶνο̣ν ἔχεις εὐ|δ⟨α⟩ίμονα τιμή⟨ν⟩|
7 κἀπι¦μέν|ει σ’ ὑπὸ̣ | γῆν τέ|λεα ἅσ⟨σ⟩α|περ ὄλ|β¦ιοι ἄλ|λοι.

1 »Jetzt bist du gestorben, und jetzt bist du geboren worden, dreimal Glückliche(r), am heutigen Tag!
2 Sage der Phersephone, dass dich der B⟨ak⟩chische (Gott) selbst erlöst hat!
3 Als Stier bist du in Milch gesprungen,
4 schnell bist du in M⟨i⟩lch gesprungen,
5 als Widder ⟨bist du⟩ in Milch gefallen!
6 Wein hast du als glücks⟨e⟩lige Ehrengab⟨e⟩,
7 und es erwarten dich, unter die Erde (gelangt), dieselben Weihefeiern wie sie die anderen Glücklichen (feiern)!«

Kommentar

Die Goldplättchen D1 und D2 aus Pelinna in Thessalien wurden beide in ein und demselben Grab gefunden; sie sind auf die Brust der dort bestatteten Frau gelegt worden. Der Grund für das doppelte Vorhandensein der beiden sehr ähnlichen, aber doch nicht vollkommen gleichen Texte ist unklar; Sinos (2020, 7) vermutet, dass dieser Umstand etwas damit zu tun haben könnte, dass sich im Sarkophag der Frau auch eine bronzene Urne mit den verbrannten Überresten eines Kindes befand. Beide haben die Form von Efeublättern (zum Bezug auf Dionysos s. die Einführung § 4.3; zur möglichen, aber m. E. weniger wahrscheinlichen Deutung als herzförmig s. auch BJ, 61).

1 Zeile 1 ist nur fast hexametrisch; der Vers würde funktionieren, wenn man τρισόλβιε durch μάκαρ ersetzen würde (Vorschlag von Graf in GJ, 138 f, der hier ein Indiz für eine »oral performance« sieht; vgl. auch Torjussen 2010, 144).

ἐγ|ένου: Hier schwingt nicht notwendig, aber vom gesamten Kontext der Dionysischen Mysterien und von der Parallele in Text D3 her betrachtet sehr wahrscheinlich ⟨θεὸς⟩ ἐγένου mit (»⟨als Gott⟩ bist du geboren worden« oder »⟨ein Gott⟩ bist du geworden«; D3, Z. 4: θεὸς ἐγένου; vgl. in dieser Richtung, wenn vielleicht auch etwas zu apodiktisch, Kotansky 2023, 206 f).

τρισόλβ|ιε: τρισόλβιος ist ein zweiendiges Adjektiv, so dass die Form auf weibliche und männliche Verstorbene gleichermaßen anwendbar ist; im vorliegenden Fall ist die bestattete Person eine Frau. Das Adjektiv verweist voraus auf das Ende des Textes, wo die »Glücklichen« (ὄλβιοι) in der Unterwelt Weihefeiern begehen; die Verstorbene gehört nun zu dieser Gruppe dazu. Auch bei Apuleius wird der für die Isis-Mysterien auserkorene Lucius als ein »dreimal glücklicher« (*ter beatus*) gepriesen (Apul. *met.* 11,16,4). Man hat in der Zahl Drei neben einer Intensivierung eine Anspielung auf einen dreimaligen Reinkarnationszyklus sehen wollen (s. BJ, 65 f), was m. E. zu viel in den Text hineininterpretiert, da dafür Parallelen angeführt werden, die alle nicht aus einem eindeutig orphischen Kontext stammen.

ἄματι τῶιδε: Dorische Form von ἆμαρ (statt ἦμαρ) für ἡμέρα (»Tag«). Der Todestag oder die Todesstunde hat im Griechischen eine eigene Bezeichnung (ἡ τοῦ θανάτου ἡμέρα/ ὥρα oder abkürzend ἐν ᾗ ἀποθνῄσκει τις). Die Wendung »an diesem (heutigen) Tag« ist daher als Hinweis auf ein ›kultisches Heute‹ zu verstehen (vgl. ἥδε ἡ ἡμέρα: »dieser = der heutige Tag«; s. dazu auch die Einleitung zu den Milchbad-Plättchen § 4.1), das einen entscheidenden Lebenseinschnitt, eine Lebenswende markiert (s. dazu Herrero de Jáuregui 2011a). Dass der Todestag und damit die Ankunft in der Unterwelt hier nicht gemeint ist, geht auch noch aus Zeile 7 hervor, wo der Aufenthalt in der Unterwelt als etwas Zukünftiges dargestellt wird, das erst eintreten wird, wenn man »unter die Erde gelangt« sein wird. Zu einer abweichenden Interpretation und zur sich daran anschließenden Vermutung einer Sprecher-Situation während des Begräbnisses (statt während der Initiation) s. BJ, 62 f; Calame 2011, 213 f; Riedweg 2011, 228.

2 εἰπεῖν: Zum Infinitiv als Imperativ s. auch Text A2, Z. 6, wo er in vergleichbarer Funktion steht (Anweisung an die verstorbene Seele).

Φερσεφόν|αι: Namensform im Dativ mit dorischem Alpha. Zur Verbindung von Persephone und Dionysos s. die Einführung § 4.3 und BJ, 69 (v. a. zu ikonographischen Zeugnissen).

σ' ὅτι: Das Omikron und auch das vorangehende Sigma sind auf dem Goldplättchen sehr klein und schwer lesbar. Man könnte dieses ὅτι auch auf die folgenden Zeilen 3–5 beziehen und es sinngemäß dort jeweils ergänzen. Dagegen spricht rein formal, dass ein Wechsel von der 3. zur 2. Person erfolgt und die metrische Gestaltung sich ändert (s. dazu § 4.1). *Inhaltlich* sind dennoch die Zeilen 3–5 eng auf Zeile 2 zu beziehen, so dass man Zeile 2 als eine Art zusammenfassende Überschrift für das Folgende ansehen kann (s. auch die Einleitung zu den Milchbad-Plättchen § 4.5).

B⟨άκ⟩χιος αὐτὸς: Βάκχιος ist eine v. a. aus metrischen Gründen verkürzte Form von Βακχεῖος. Das Adjektiv kann (absolut oder mit θεός, in Text E5, Z. 1–2 in der Verbindung »Dionysos Bakchios«) zur Bezeichnung nicht nur von etwas, was zu Dionysos und seinem Kult gehört, sondern auch von Dionysos selbst gebraucht werden, aber dennoch stellt sich die Frage, warum hier das umschreibende Adjektiv und nicht geradewegs der Gottesname »Dionysos« verwendet wird (der in den Goldplättchen nur einmal, nämlich in E5, explizit auftaucht). Dass das Adjektiv allein aus metrischen Gründen gewählt ist, ist eher unwahrscheinlich, da man andere Möglichkeiten gehabt hätte, auch mit Βάκχος einen korrekten Hexameter zu bilden. Bei dem Ausdruck »der Bakchische« könnte man auch an den bakchischen Priester bzw. Mystagogen denken, der den Mysten initiiert; erst durch die Verstärkung mit αὐτός wird klar, dass der Gott Dionysos höchstselbst gemeint ist. Im Hier und Jetzt des Rituals spielt diese Unterscheidung allerdings keine wirklich entscheidende Rolle: Im Mystagogen, in dem »bakchischen Menschen«, ist zugleich bzw. manifestiert sich »der Bakchische selbst«, also Dionysos. Das Adjektiv könnte daher auch gewählt worden sein, um gerade dieses Sowohl-als-Auch zum Ausdruck zu bringen. Darüber hinaus wird durch die Bezeichnung als »der Bakchische« eine enge Verbindung zwischen der Gottheit und denen hergestellt, die ihn als seine »Bakchen« verehren (vgl. dazu die Einführung § 2.2 zur Inschrift IGUR I Nr. 160 und Tortorelli Ghidini 2006, 140).

ἔλυσε: Um die vom Kontext her eindeutig religiöse Konnotation des Vorgangs deutlich zu machen (s. die Einleitung zur D-Gruppe, § 4.5), bietet sich als Übersetzung für λύειν (»lösen«) am ehesten »erlösen« an. Entfernt vergleichbar ist Hom. *Od.* 5,396 f, wo im Rahmen eines Vergleichs von einem Mann die Rede ist, den die Götter vom Übel (der von einem Daimon bewirkten Krankheit) »gelöst« = erlöst haben (τόν γε θεοὶ κακότητος ἔλυσαν).

3 τα{ι}ῦρος: Zur Diskussion der Tiergestaltigkeit und möglichen Bedeutungen s. die Einleitung zur D-Gruppe, v. a. § 4.6.

εἰς γάλα!: Auf dem Goldplättchen steht ΕΙΣΓΑΛΔ. Zur Übersetzung »in Milch« (nicht »zur Milch«) und zur Milch als

Hinweis auf ein rituelles Tauchbad s. die Einleitung zur D-Gruppe, v. a. § 4.4.

4 αἶψα: »schnell, sogleich«. Paralleltext D2 ist insgesamt kürzer und überliefert das Kolon αἶψα εἰς γάλα ἔθορες nicht, auch nicht die Texte C3 und D3. Die Frage bzw. das Unverständnis, warum der Vorgang des »In-Milch-Springens« sich »schnell« vollziehen muss und warum dieses »schnell« durch ein ganzes Kolon hervorgehoben wird, hat dazu geführt, dass verschiedene Konjekturen vorgeschlagen wurden (weniger überzeugend δίψαι = »vor Durst« von Tsantsanoglou/Parássoglou, nicht ganz abwegig αἴξ = »Ziege« bzw. »Ziegenbock« von Lloyd-Jones; s. zu diesen und anderen Vorschlägen den textkritischen Apparat bei Bernabé). Für die Konjektur αἴξ (»Ziege/Ziegenbock«) spricht mehreres: Man muss nicht erklären, warum bei zwei parallelen Vorgängen beim einen die Schnelligkeit betont wird, beim anderen nicht; man muss nicht erklären, warum es bei diesem einen Vorgang überhaupt auf Schnelligkeit angekommen sein soll; und ein dreigliedriger Initiations-Vorgang würde dem τρισόλβιε von Zeile 1 einen konkreten Bedeutungsgehalt verleihen – ansonsten würde man dieses Attribut als steigernd ansehen, ohne dass man dafür eine tiefere Bedeutung angeben könnte (die für die am Kult Teilnehmenden aber möglicherweise vorhanden war). Auf der anderen Seite würde dadurch das Problem noch verschärft, dass man bei einer Initiation gleich mehrmals symbolisch sterben und wiedergeboren werden muss, und die Frage nach dem tieferen Sinn eines dann sogar dreifachen Tauchbades aufwerfen. Vor allem aber käme man in Schwierigkeiten, Bedeutung und Funktion einer gleich dreifachen Tiergestaltigkeit zu erklären. Die Erscheinungsform als ›Ziege‹ könnte ja in einem ›Bekenntnisformular‹ formelhaft für weibliche Mysten stehen; aber dann würden *zwei* Tiere, ein männliches und ein weibliches, reichen; und für eine Erscheinungsweise des Gottes selbst wiederum

würde man eher τράγος (»Ziegenbock«) erwarten. Bleibt man bei αἶψα, kann man an Text A2 (Z. 8, vgl. auch A1, Z. 11) denken, wo dieses αἶψα im Zusammenhang damit vorkommt, dass der Verstorbene vor Durst schon fast zugrunde geht und daher darum bittet, dass man ihm »schnell« Wasser aus dem Becken der Mnemosyne gibt (und damit eher in einer passiven Rolle steht). Aber der Kontext ist anders; im vorliegenden Fall denkt man eher daran, dass der Myste aktiv und »ohne Zögern« in ein Milchbecken springt. Wenn dahinter wirklich ein realer Eintauch-Vorgang im Rahmen einer Initiation steht, dann wäre die Betonung eines unverzüglichen Springens nicht ganz grundlos, kann doch der Sprung in ein Becken mit einer undurchsichtigen Flüssigkeit einen gewissen Todesmut erfordern.

ἔθορ̣ες: Zu Wortbedeutung und Verwendungskontexten des Verbums θρῴσκω (oder θρώσκω) s. die Einleitung zu den Milchbad-Plättchen § 4.7.

5 χριός: Abweichende Schreibung (Buchstaben in der Umzeichnung von Pugliese Carratelli ziemlich eindeutig) für κρῑός = »Widder, Schafbock«.

ἔπεσ⟨ες⟩: Zur Wortbedeutung, zum Wechsel der Tierbezeichnung und zur Abwechslung beim Verbum s. die Einleitung zur D-Gruppe, v. a. § 4.7.

6 οἶνο̣ν ἔχεις: Das zweite Omikron ist auf dem Goldplättchen nur rudimentär ausgeführt. Inhaltlich greift wieder die Annahme nicht eines Entweder-Oder, sondern eines Sowohl-als-Auch (s. die Einführung § 4.7): Den Wein des Weingottes und damit Anteil an seiner dionysischen Göttlichkeit »hat« der Eingeweihte im Hier und Jetzt am Ende der Einweihung *und* nach dem Tod im noch kommenden Dasein als Gott im Jenseits (das Präsens ἔχεις kann sowohl für die Gegenwart als auch für etwas in der Zukunft Liegendes stehen). Nach dem Bestehen der Prüfung so-

wohl im Rahmen der Initiation als auch im Rahmen des Übertritts in die Unterwelt wird man aufgenommen in die Schar der Mysten und zugelassen zum Bereich der seligen Eingeweihten, die mit Wein feiern und mit dem Wein den Gott selbst in sich aufnehmen.

εὐ|δ⟨α⟩ίμονα τιμή⟨ν⟩: Die Ergänzung bei τιμή⟨ν⟩ ergibt sich aus dem Paralleltext D2, und damit ist auch der auf τιμή⟨ν⟩ zu beziehende Akkusativ εὐδ⟨α⟩ίμονα wahrscheinlicher als der auch vorgeschlagene, sich auf den Mysten beziehende Vokativ εὖδ⟨α⟩ίμον{α}, der zusätzlich mit der Tilgung des überlieferten Alpha operieren muss (vgl. Pugliese Carratelli 1993, 62 f; Tortorelli Ghidini 2006, 84–86). Das Adjektiv ist von seiner Bedeutung und entsprechend von den zu findenden Belegen her freilich nicht sach-, sondern personenbezogen, auch wenn es wie hier rein formal bzw. grammatisch auf eine Sache bezogen wird; inhaltlich ist dennoch nicht der Wein selbst glückselig, sondern die Person, die in den Genuss dieses Weines kommt bzw. ihn als Ehrengabe erhält (Stilmittel: Enallage). So wird in Text C3 derjenige »glücklich und selig« gepriesen, der im Rahmen der Initiation zum Gott wird (Z. 9: ὄλβιε καὶ μακαριστέ, θεὸς δ' ἔσηι ἀντὶ βροτοῖο).

7 κἀπι'μέν|ει: Auf dem Goldplättchen steht ΚΑΠΥΜΕΝ|ΕΙ. Pugliese Carratelli (1993, 62) schreibt in der Transkription κἀπ⟨ι⟩μένει, hat in der Transliteration aber ΚΑΠΥΜΕΝΕΙ (und so sieht es in der Umzeichnung auch aus), von καί und ἐπιμένω (»noch bleiben, verweilen, warten«). Die Konjekturen von Luppe, übernommen von Bernabé und Edmonds III, stellen einen stärkeren Eingriff in den Text dar: καὶ σὺ μὲν εἶς ὑπὸ γῆν τελέσας ἅπερ ὄλβιοι ἄλλοι, übersetzt bei Edmonds III 2011a, 36 mit »And you will go beneath the earth, having celebrated rites just as the other blessed ones«, bei Bernabé/Jiménez San Cristóbal (2008, 62) mit »and you will go under the earth, once you have accomplished the same rites as the other happy ones«, noch anders bei

Chrysanthou (2020, 172) mit »and you too shall proceed just as the other blessed ones, having performed rites under the earth« (zur futurischen Indikativ-Form für die 2. Person Singular εἶς statt εἶ s. bspw. Hes. *erg.* 208). Eine solche Textrekonstruktion würde zwar auf den ersten Blick besser zum Akkusativ ὑπὸ γῆν passen, aber solche unvollständig ausgeführten Richtungsakkusative gibt es auch sonst in den Goldplättchen (s. die Einführung § 4.1); außerdem wären dafür zum einen zahlreichere Änderungen des Textes nötig, und zum anderen würde die Einheit des Tempus der Zeilen 6–7 gestört (Präsens – Futur, statt Präsens – Präsens). Unabhängig davon, für welche Textrekonstruktion man sich entscheidet, wird entweder durch die Futurform von εἶς oder durch den futurischen Sinn von ἐπιμένει in beiden Fällen deutlich, dass die Reise hinunter unter die Erde noch bevorsteht; und das wiederum macht deutlich, dass die *primäre* Verortung dessen, was auf dem Goldplättchen inhaltlich festgehalten wird, die Initiationsfeier und nicht die Ankunft in der Unterwelt ist, auch wenn das andere bereits antizipiert wird und mitschwingt.

ὑπὸ̣ | γῆν: Ähnlich wie in Zeile 6 ist das Omikron nur winzig angedeutet; das Eta hingegen ist gut sichtbar, aber direkt an das Gamma angehängt und über das Epsilon von ἔλυσε am Anfang von Zeile 2 geschrieben. Zum unvollständig ausgeführten Richtungsakkusativ s. die Einführung § 4.1.

τέ|λεα: Für den Umstand, dass für die Beschreibung des Lebens der Eingeweihten im Jenseits kultisches Vokabular verwendet wurde, s. E4, Z. 1, möglicherweise (mit Ergänzung) auch A2, Z. 11 und die Einführung § 4.7.

τέ|λεα ἅσ⟨σ⟩α|περ ὄλ|β'ιοι ἄλ|λοι: Unvollständiger Satz; bereits Pugliese Carratelli ergänzt sinngemäß sicher richtig ⟨τελέονται⟩ (»celebrano«). Auf dem Goldplättchen steht ΤΕΛΕΑΑΣΑΠΕΡΟΛΡΙΟΙΑΛΛΟΙ, der Anfang bei Bernabé 2005 (PEG II/2, fr. 485) rekonstruiert zu τελέσ̣ας ἅπερ (mit der Übersetzung in BJ, 62: »once you have accomplished the same rites as the other happy ones«); die Lesung τέλεα ἄσ⟨σ⟩απερ folgt Tsantsanoglou/Parássoglou 1987, 15.

ὄλ|β¦ιοι ἄλ|λοι: Greift τρισόλβιε von Zeile 1 wieder auf; beide, der oder die Verstorbene und die hier Beschriebenen gehören zu den »Glücklichen« im Jetzt und im Jenseits, die aufgrund ihrer Einweihung in die Dionysischen Mysterien ein göttergleiches Weiterleben erwarten dürfen.

D2: Thessalien (Pelinna), ca. 275 v. Chr.

1 Νῦν ἔθανε⟨ς⟩ | καὶ νῦν ἐ|γένου, τρισόλ|βιε, ἄματι ⟨τῶι⟩|δε.
2 ε¦ἰ¦π¦[ε]ῖν Φερ|σεφό⟨ναι σ'⟩ ὅτι Βά⟨κ⟩χιο|ς αὐτὸς ἔλυσε.|
3 ταῦρος ἐ⟨ς⟩ γάλα ἔ|θορ⟨ε⟩ς,
4 κριὸς ἐς γάλα | ἔπεσε⟨ς⟩.
5 οἶνον ἔ¦|χεις εὐδ|⟨αί⟩μον⟨α⟩| τιμ|ή̣ν.

1 »Jetzt bist du gestorbe⟨n⟩, und jetzt bist du geboren worden, dreimal Glückliche(r), am ⟨heuti⟩gen Tag!
2 ⟨S⟩a⟨g⟩e der Phersepho⟨ne,⟩ dass ⟨dich⟩ der Ba⟨k⟩chische (Gott) selbst erlöst hat!
3 Als Stier bist du i⟨n⟩ Milch gesprung⟨e⟩n,
4 als Widder bist du in Milch gefalle⟨n⟩!
5 Wein hast du als glücks⟨el⟩ig⟨e⟩ Ehrengabe!«

Kommentar

Kommentar s. zu Text D1; der Text von D2 stimmt mit dem von D1 überein, ist aber kürzer und lückenhafter. In Zeile 2 steht auf dem Goldplättchen IIII[.]IN für ε¦ἰ¦π¦[ε]ῖν, in Zeile 5 AXEIC für ἔ¦|χεις.

D3: Italien (Thurii, Lukanien), 4. Jh. v. Chr.

1 Ἀλλ’ ὁπό{ν?}ταμ ψυχὴ προλίπηι φάος Ἀελίοιο,|
2 δεξιὸν ἐ̣ς θ̣ίασ⟨ον⟩? δεῖ {ξ} ⟨σ’⟩ ἰ̣⟨έ⟩ναι πεφυλαγμένον | ε{ι}ὖ μάλα πάντ̣α.
3 χαῖρε παθὼν τὸ πάθη|μα τὸ δ’ οὔπ̣ω πρ̣όσθε̣ ἐπεπόνθεις.
4 θεὸς ἐγ̣|ένου ἐξ ἀνθρώπου· ἔρ̣ιφος ἐς γάλ̇α | ἔπετες.
5 χ̣αῖρε!, χαῖρε. δεξ̣ιὰν ὁδοιπόρ⟨ει ἐς⟩ |
6 λ̇ειμῶνάς τε ἱεροὺς καὶ ἄλ[σ]εα | Φερσεφ̣ονείας.

1 »Wohlan, sobald die Seele das Licht des Helios verlässt,
2 ist es nötig, dass ⟨du⟩ zum Thias⟨os⟩? zur Rechten g⟨e⟩hst?, (nachdem du) gut alles und jedes bewahrt (hast)!« –
3 »Sei gegrüßt! Erfahren hast du das Widerfahrnis, das du noch nie vorher erfahren hattest!
4 Ein Gott bist du geworden aus einem Menschen: Als Zicklein bist du in Milch gefallen!
5 Sei gegrüß⟨t⟩, sei gegrüßt! Nim⟨m⟩ den Weg nach rechts, ⟨zu⟩
6 den heiligen Wiesen und Hai[n]en der Phersephoneia!«

Kommentar

Was von den *Orphisch-Bakchischen Goldplättchen* im Allgemeinen gilt, dass sie die Verortung der Situation in der Schwebe lassen und sich in der Regel eine doppelte Bezugsmöglichkeit sowohl auf die Initiation als auch auf die Ankunft im Totenreich ergibt (s. zu diesem Doppelspiegelszenario die Einführung § 4.7), das gilt für den Text D3 im Besonderen. Die ersten beiden Zeilen sind noch ziemlich eindeutig als Anweisungen des Mystagogen während der Initiation zu verstehen; doch wer spricht ab Zeile 3? Da diese Rede nicht eingeleitet wird durch so etwas wie »Und dann wird man zu dir sagen: ›Sei gegrüßt! Erfahren hast du das Widerfahrnis ...‹«, steht die

Frage im Raum, ob hier nicht Gestalten des Totenreichs sprechen. Und welches »Widerfahrnis« ist gemeint? Der Tod? Der Fortgang macht deutlich, dass mit dem »Widerfahrnis« auf wesentliche Rituale der Initiation Bezug genommen wird, aber wie lange liegt sie zurück? Lange Jahre? Wenn aber die Initiation gerade erst vollzogen worden sein sollte, wie ist dann die abschließende Anweisung zu verstehen, nach rechts zu gehen »zu den heiligen Wiesen und Hainen der Phersephoneia«?

Mit einem Entweder-Oder wird man nie zu einem befriedigenden Ergebnis kommen; die Lösung liegt im Sowohl-als-Auch. Der Mystagoge unterweist den Mysten in den Zeilen 1–2, was er zu tun haben wird, wenn er einmal ins Totenreich kommt; ab Zeile 3 ist der Text auf dem Hintergrund des erwähnten doppelten Bezugsrahmens zu lesen. Im Rahmen der Initiation wird der oder die neu Eingeweihte von Priestern und anderen Mysten begrüßt, zum eben überstandenen »Widerfahrnis« der Initiation beglückwünscht und aufgefordert, in den nur für Mysten reservierten »heiligen« Bereich einzutreten, wo gefeiert wird. Gleichzeitig antizipieren diese Vorgänge während der Initiation genau das, was später einmal, nach dem Tod, eintreten wird: Dann werden die verstorbenen Eingeweihten von Gestalten in der Unterwelt begrüßt, zum überstandenen »Widerfahrnis« beglückwünscht, das nun doppelt ›angereichert‹ sowohl den Initiationstod als auch den realen Tod meinen kann, und aufgefordert, in den für die Mysten im Totenreich reservierten Bereich der »heiligen Wiesen und Haine der Phersephoneia« einzutreten, um mit den anderen zu feiern.

Denkbar wäre schließlich auch noch eine Aufspaltung der Zeilen 3–6, die darauf hinausliefe, dass mit den Zeilen 3–4 die Initiierten von den Mitfeiernden direkt nach der Initiation freudig begrüßt würden, während die Zeilen 5–6 auf die freudige Begrüßung der verstorbenen Initiierten in der Unterwelt zu beziehen wären, aber damit verfiele man wiederum vorschnell einem Entweder-oder-Denken, das möglichst klare Verhältnisse schaffen will, und zerrisse damit eine sinnvoll überblendete Einheit zweier interferierender Bezugsebenen.

Welche »Gestalten in der Unterwelt« kommen im Kontext des zweiten Bezugsrahmens, also des Unterweltsszenarios, für die Begrüßung der neu ankommenden Initiierten ab Zeile 3 in Frage? Nach Zeile 6 zu schließen ist es nicht Persephone, die hier vorzustellen wäre (denn dann würde es dort heißen »zu *meinen* Wiesen« etc.). Man wird im Kontext der anderen Goldplättchen nicht ohne Grund an die in der A-Gruppe erwähnten Wächterfiguren denken. Dafür gibt es einen sprachlichen Hinweis, denn in πεφυλαγμένον der Zeile 2 klingen die Wächter (φύλακες) an.

Der freundlichen Anrede muss etwas vorausgegangen sein: Irgendwie bzw. an irgendetwas müssen die Wächter (oder andere) erkannt haben, dass man den Ankömmling in der folgenden, freundlichen Art begrüßen kann und soll, denn er kann das Vorrecht eines Initiierten erst dann zugesprochen bekommen, wenn er sich eben als solcher ausgewiesen hat (auf der ersten Bezugsebene der Initiation entfällt diese Notwendigkeit, da die Anwesenden gerade erst Zeugen der Initiation waren).

In den meisten anderen Goldplättchen ist v. a. von dem Schweren, von der Prüfung die Rede, aber man findet kaum etwas oder nur kurz Angerissenes zu dem Ziel, auf welches all das hinausläuft. Hier in D3 hingegen ist kaum oder nur noch andeutungsweise von Leid und Prüfung die Rede, umso mehr hingegen von der Freude (dreimaliges χαῖρε) und der Erfüllung aller Verheißungen.

1 Ἀλλ᾽: In der lebhaften Anrede und beim Imperativ (und das liegt hier dem Sinn nach vor) ist ἀλλά bekräftigend, nicht adversativ (wie bei Edmonds III 2011a, 20, oder GJ, 9: »but«) zu übersetzen, also i. S. v. »nun, wohlan« (vgl. *Orph. h.* 41,9). Das impliziert, dass das Goldplättchen gewissermaßen in der Mitte einer insgesamt längeren Anrede bzw. in einem Dialog einsetzt, dass also der Dialog-Anfang auf Text-Ebene nicht der absolute

Anfang des Dialogs oder der Anrede während des Rituals bzw. während der Ankunft in der Unterwelt sein muss (vgl. die Einführung § 4.4).

2 δεξιὸν ἐς θ̣ίασ⟨ον⟩? δεῖ {ξ} ⟨σ'⟩ ἰ̣⟨έ⟩ναι: Eine schwere Stelle, kaum gut lesbar, insgesamt kein richtiger Hexameter, schon von Nilsson in seiner *Geschichte der griechischen Religion* als hoffnungsloser Fall eingestuft (^{3}1974, Bd. II, 237). Von daher existieren etliche Lösungsvorschläge (gesammelt im textkritischen Apparat von fr. 487 Bernabé, u. a. auch bei Edmonds III 2011a, 20). Bernabé 2005 hat δεξιὸν E.Θ̣ΙΑΣ δ' ἐξι̣⟨έ⟩ναι (ähnlich Graf/Johnston 2013 und Edmonds III 2011a). Statt †E.ΘΙΑΣ† könnten die Buchstaben auf dem Goldplättchen auch als †E.OIAΣ† interpretiert werden (vgl. Comparetti, dessen Vorschlag am nächsten am Textbefund bleibt: δεξιὸν ἐν⟨ν⟩οίας δεῖ τινα). Zum Vorschlag von Pugliese Carratelli ε⟨ὐ?⟩θείας schreiben Graf/Johnston (2013, 8) »a very uncertain reading«. Mit einigen Eingriffen, aber mit am überzeugendsten ist der Vorschlag von Santamaría Álvarez (in BJ, 96, mit Anm. 3) δεξιὸν ἐς θ̣ίασ⟨ον⟩ δεῖ {ξ} ⟨σ'⟩ ἰ̣⟨έ⟩ναι; mit BJ (ebd.) schließe ich mich dieser Lesung an (s. auch bei Bernabé 2007 in den Nachträgen von PEG Bd. II/3, S. 456 unten). Edmonds III 2011a und Graf/Johnston 2013 sind dem Vorschlag nicht gefolgt, vermutlich nicht zuletzt deshalb, weil sich auch dadurch kein richtiger Hexameter ergibt, denn dafür ist, egal mit welcher Lesart, zu viel Text in der Zeile. Allerdings besteht keine zwingende Notwendigkeit, hier einen Hexameter zu rekonstruieren, da sich in diesem Text auch weitere nicht-hexametrische Passagen finden (Z. 3–4).

θ̣ίασ⟨ον⟩: Die Ergänzung ist zwar nicht ganz sicher, aber der Wortstamm ist bis auf das Theta klar zu identifizieren, und vollständig bezeugt ist »Thiasos« auch in Text E4, Z. 1 (dort im Akkusativ Plural, so dass man auch hier als Ergänzung θιάσ⟨ους⟩ erwägen könnte; dafür müsste man allerdings noch einen Buchstaben mehr ergänzen). Zum Thiasos als Festzug oder Festschmaus speziell im Kontext dionysischer Kultfeiern s. die Einführung § 2.3.

πεφυλαγμένον: Das Verbum kann allgemein »auf etwas achten« bedeuten, aber hier ist mehr bzw. Spezifischeres gemeint, also nicht (nur) »gut auf alles und jedes achtend«, sondern »gut alles und jedes bewahrend« i. S. v. »im Gedächtnis behaltend«, und gemeint ist damit das, was man im Rahmen der Initiation gelernt hat, vgl. Plat. *leg.* 6,783c (*φυλάξωμεν τοίνυν τῇ μνήμῃ τὰ νυνδὴ λεχθέντα* – »lasst uns also jetzt das eben Gesagte im Gedächtnis behalten/bewahren«) oder Pind. *O.* 3,41 (*εὐσεβεῖ γνώμᾳ φυλάσσοντες μακάρων τελετάς* – »mit frommem Sinn die Weihen der Glückseligen bewahrend/hochhaltend«; vgl. auch noch Hes. *erg.* 262 und 560; s. dazu auch Riedweg 1998, 385 und McClay 2023, 48 f). Gemeint ist also nicht primär die Situation der verstorbenen Seele, die »auf alles und jedes im Hades gut achten« soll, sondern im Vorgriff auf diese künftige Situation im Totenreich soll der Myste »alles und jedes von der Initiation gut bewahren bzw. im Sinn behalten«.

πεφυλαγμένον | ε{ι}ὖ μάλα πάντ̣α: Dieses hexametrische Kolon ist die einzige Stelle, die in Text D3 auf etwas Schwieriges wie eine Prüfung hindeutet, auf Dinge, auf die man achten muss. Die Anordnung, alles und jedes gut zu bewahren, ist aufgrund der Formulierung als Zusammenfassung zu verstehen, die ganz offenkundig *mehrere verschiedene* Schritte bzw. Handlungen (»alles und jedes«, *μάλα* verstärkend zu *πάντα*, vgl. A3, Z. 7 *μάλα πᾶσαν ἀληθείη⟨ν⟩* = »die volle und ganze Wahrheit«) kurz und knapp in sich einschließt; hier wird vorausgesetzt, dass die Eingeweihten dann schon genau wissen bzw. sich erinnern werden, was damit im Einzelnen gemeint ist.

3 *παθὼν*: Von dem Verbum *πάσχω* folgt in dieser Zeile eine regelrechte Wort-Durchführung. Das Verbum (und seine Ableitungen) kann im vorliegenden Kontext kaum so etwas wie »leiden« bedeuten, sonst würde man nicht χαῖρε voranstellen (das sowohl mit »sei gegrüßt« als auch mit »freue dich« übersetzt werden kann) und auf die Vergöttlichung zusteuern (Zeile 4). Gemeint ist hier also nicht mit Bezug auf den Tod »you who have suffered the painful thing; you have never endured this before« (GJ, 9), sondern mit Bezug auf die Initiation (s. die Folgezeile) »you having experienced the experience you had not experienced before« (Edmonds III 2011a, 20, so bereits Zuntz 1971, 331; zur Diskussion der Stelle s. auch McClay 2023, 53–55). Zur Verwendung des Verbums πάσχω für die Erfahrung der Initiation vgl. Plut. *De anima* fr. 178 Sandbach: τότε δὲ πάσχει πάθος οἷον οἱ τελεταῖς μεγάλαις κατοργιαζόμενοι ... – »Dann aber erfährt sie [sc. die Seele] ein Widerfahrnis wie die, die durch große Mysterien in Geheimriten eingeweiht werden ...« Das Erleiden von etwas schlechthin Schrecklichem würde anders ausgedrückt sein, wie vergleichsweise die Worte des Priamos zeigen, nachdem er Achilleus, dem Mörder seines Sohnes Hektor, die Hände geküsst hat, um ihn zur Herausgabe von Hektors Leichnam zu bewegen (Hom. *Il.* 24,505): ἔτλην δ', οἷ' οὔ πώ τις ἐπιχθόνιος βροτὸς ἄλλος – »Ertragen aber habe ich, was noch nie irgendein anderer Sterblicher auf Erden je (ertrug)!«

πρόσθε̣ ἐπεπόνθεις: Text bei Edmonds III 2011a, 20 nach den Regeln korrekter Hexameter-Bildung korrigiert zu πρόσθ'{ε} ἐπεπόνθεις, hier (mit Graf/Johnston 2013, 8) wie im Original belassen (πρόσθε ἐπεπόνθεις); s. dazu die Einführung § 4.1.

4 θεὸς ἐγ|ένου ...: Diese und die Folgezeile stellen keine Hexameter mehr dar. Dieser Satz ist eine inhaltliche Konkretisierung der vorangehenden allgemeinen Formulierung, dass der Mensch ein noch nie erfahrenes Widerfahrnis erfahren hat; dieses Widerfahrnis ist die Vergöttlichung im Rahmen der Initiation.

ἐγ|ένου ... ἔπετες: Die sprachliche Parallelität der beiden Aorist-Indikative bei den Verbformen und die formale Parallelität von zwei in etwa gleich langen Kola zu je vier Wörtern machen deutlich, dass beide Kola zusammengehören und sich gegenseitig erläutern (daher auch eine entsprechende Interpunktion): Das rituelle Bad bei der Initiation ist kultischer Ausdruck und zugleich Verwirklichung der Verwandlung von Sterblichkeit in Göttlichkeit.

ἔρι̣φος ἐς γάλα | ἔπετες: Zur Interpretation dieser Aussage s. die Einleitung zur D-Gruppe, v. a. § 4.7 (vgl. die Vermutung bei Riedweg 1998, 386, Anm. 127: »mag ... eine Reminiszenz an das Initiationsritual sein, welches die jetzt im Tode sich vollendende Vergottung begründete«).

ἔπετες: Dorische (oder aiolische) Aoristform für ἔπεσες, vgl. C3, Z. 10.

5 Riedweg (1998, 386) erwägt die Möglichkeit, Zeile 5 metrisch als katalektischen trochäischen Trimeter zu analysieren (vgl. auch Obbink 2011, 294 f, mit Anm. 16 und 18; McClay 2023, 171).

χαῖρε!, χαῖρε: Auf dem Goldplättchen steht Χ̣ΑΙΡΙΧΑΙΡΕ; IX sind ineinander geschrieben. Eine auffällige Doppelung, bei der man kaum entscheiden kann, ob es besser ist, zweimal mit »sei gegrüßt« oder mit »freue dich« zu übersetzen, zusammen mit χαῖρε in Zeile 3 sogar ein dreifach wiederholter Gruß. Zu einem auffälligen, weil ebenfalls dreimaligen Gruß in der Unterwelt vgl. den dreifachen Gruß von Dionysos an Charon in den *Fröschen* des Aristophanes (Aristoph. *Ran.* 184; auf dem Hintergrund dieses Goldplättchens D3 eventuell eine Parodie auf einen Brauch im Kult?).

δεξιὰν ὁδοιπόρ⟨ει ἐς⟩: Die notwendige verbale Endung fehlt, und auf dem Goldplättchen ist auch kein weiterer Platz nach dem Ende dieser Zeile; das zu ergänzende Objekt »Weg« (ὁδός) steckt im Verbum selbst. Nicht notwendig, aber sinnvoll ist die Ergänzung ἐς als Richtungsangabe, wohin dieser Weg führt;

sonst ist von einem (in der Dichtung möglichen) Richtungsakkusativ ohne Präposition auszugehen.

6 λειμῶνάς τε ἱεροὺς: Eine »heilige Wiese« wird auch in E3, Z. 4 genannt.

ΤΕΙΕΡΟΥΣ: Für einen korrekten Hexameter müsste man metrisch eine Vokal-Elision bei TE ansetzen, wodurch sich auch eine Aspiration des übriggebliebenen T ergeben würde, also θ!'{ε} ἱεροὺς (vgl. BJ, 258 und Edmonds III 2011a, 20, bei letzterem aber ohne Markierung der Änderung von T zu Θ); s. aber dazu die Einführung § 4.1.

καὶ ἄλ[σ]εα: Mit Hiat und ohne Hiatkürzung. Haine der Persephone werden auf den *Orphisch-Bakchischen Goldplättchen* nur hier erwähnt.

5. E-GRUPPE: VERSCHIEDENES

5.1 Einleitung

Die Texte der E-Gruppe hängen eher lose mit den vorigen Gruppen zusammen. Der Text E1 stellt einen guten Übergang von der vorigen D-Gruppe zur E-Gruppe dar, da der Text E1 vom Fundkontext her wie ein Umschlag um den letzten Text D3 der D-Gruppe herumgefaltet war. Das zeigt, dass ein Zusammenhang zwischen Text E1 und Text D3 gesehen wurde, dass man also auch Text E1 in einem weiteren Sinn als verwandt mit Texten wie D3 angesehen haben dürfte. Ansonsten verbindet den Text E1 mit den anderen Goldplättchen bis auf einzelne Wortbezüge nicht viel (zu Weiterem s. den Kommentar zur E1).

Text E2 ist so kurz, textlich schwierig und unverständlich, dass man aus ihm kaum weiterreichende Interpretationen oder Schlüsse ziehen kann. Die verbleibenden Texte E3–E6 verbindet mehr, als auf den ersten Blick zu erkennen ist. In allen Fällen zeigen entweder Imperative oder Ich-Aussagen, dass diese Texte nicht als Berichte, Beschreibungen oder ›Pässe‹ (zur Beschreibung als »Totenpässe« s. die Einführung § 4.4), sondern als Aussagen bzw. wörtliche Reden aufzufassen sind. Auf dem Hintergrund der anderen Goldplättchen wird deutlich, dass diese Aussagen wiederum nur Ausschnitte einer komplexeren Dialogsituation darstellen, die eine Prüfungssituation für die verstorbene Seele in der Unterwelt antizipieren, auf die der Mystagoge den Mysten im Rahmen der Initiation vorbereitet. Das bedeutet, dass die Dialogsituationen zwischen Seele und Unterweltsautorität im Totenreich, die aus den Goldplättchen selbst hervorgehen, noch einmal eingebettet sind in eine Dialogsituation während der Initiation, die zwischen Mystagoge und Myste stattfindet und in deren Verlauf die Einweihung in das entsprechende Wissen über die Dialogsituation in der Unterwelt erfolgt.

Dass ein solcher ›Metadialog‹ während der Initiation mitzudenken ist, zeigt u. a. ein Vergleich mit dem Goldplättchen A1, wo es heißt, der Inhalt sei für jemanden nach seinem Tod bestimmt, woran sich die Unterweisung des Mysten durch den Mystagogen anschließt, dass der Myste dann, wenn er im Totenreich vor Wächter geführt werde, diesen auf eine entsprechende Frage gewissermaßen als Losungswort die Antwort geben solle »Der Ge Kind bin ich, und des Uranos, des sternenreichen!« So liefern hier in der E-Gruppe die Texte E4–E6 entsprechende Ich-Aussagen, welche die Betreffenden als Eingeweihte ausweisen und legitimieren sollen. Im Gegensatz zu Text A1 wird in den deutlich abkürzenden Texten der E-Gruppe der während der Initiation anzusetzende Metadialog nicht auf das Goldplättchen zur Erinnerung geschrieben, denn dieser Rahmen wird dann später, im Totenreich, nicht mehr wichtig sein.

Dieses dialogische ›Zwiebelschalen‹-Modell soll anhand des Goldplättchens E3 verdeutlicht werden. Der bloße Text lautet:

> Losungsworte Mannkindthyrsos, Mannkindthyrsos, Brimo, Brimo.
> Betritt die heilige Wiese;
> denn freigekauft ist ein jeder Myste.

Der gemeinte Inhalt des auf den ersten Blick kryptischen Textes wird deutlicher, wenn man ihn zunächst einmal als Prüfungssituation in der Unterwelt in Form eines Dialogs versteht, bei der die verstorbene Seele von einer Unterweltsautorität nach ihren ›Losungsworten‹ befragt wird (Näheres dazu im Kommentar zu E3), eine entsprechende Antwort gibt und dann von den Autoritäten zum Bereich der Seligen zugelassen wird (so auch Graf in GJ, 140):

> »Die Losungsworte!« – »Mannkindthyrsos, Mannkindthyrsos! Brimo, Brimo!« – »Betritt die heilige Wiese; denn freigekauft ist ein jeder Myste!«

Dass sich dieser Dialog so abspielen wird und was man dann zu sagen hat, all das wird im Rahmen der Initiation vermittelt, ist also in einen noch umfassenderen Initiationsdialog eingebettet. Zusammen mit diesem hinzuzudenkenden Metadialog lautet daher der vollständige, hinter dem abkürzenden Text stehende Inhalt von E3:

> »Wenn du in die Unterwelt kommst, wird man dich mit der Aufforderung ›Die Losungsworte!‹ aufhalten. Dann musst du sagen: ›Mannkindthyrsos, Mannkindthyrsos, Brimo, Brimo!‹ Dies wird dazu führen, dass man dir mit folgenden Worten Zutritt zu den Bereichen für Eingeweihte gestatten wird: ›Betritt die heilige Wiese, denn freigekauft ist jeder Myste!‹«

Während der Initiationsfeier wurde den Mysten das die zukünftigen Geschehnisse im Totenreich antizipierende Sterben und Neu-geboren-Werden und Feiern aber nicht nur verbal beigebracht, sondern all dies war Teil von rituellen Handlungen an dazu passenden, heiligen Örtlichkeiten (s. dazu ausführlicher die Einführung § 4.6). Als Handlungsverlauf während des Einweihungsrituals lässt sich aus diesen Worten das Szenario entwerfen, dass der Myste nach einer entsprechenden Vorbereitung vor Priester und/oder Götterstatuen geführt, dort zur Angabe der genannten Losungsworte aufgefordert und nach dem Aufsagen der Losungsworte zu einem Tempelbereich zugelassen wurde, den nur Eingeweihte betreten durften, um dort zu feiern.

Ähnlich wie bei Text E3 sind auch *setting* und Dialogsituation der Texte E4–E6 zu rekonstruieren, die freilich noch mehr verkürzen, nämlich nur noch *eine* Seite der Dialogsituation in der Unterwelt wiedergeben, passenderweise nur noch das, was die verstorbene Seele selbst sich merken muss bzw. zu sagen hat, ohne entsprechende Fragen oder Anweisungen von Unterweltsautoritäten.

5.2 Texte der E-Gruppe

E1: Italien (Thurii, Lukanien), 4. Jh. v. Chr.

1 Πρωτογ¦όνω¦⟨ι⟩ ΤΗΜΑΙΤΙΕΤΗ Γᾶι¦ Ματρί ΕΠΑ Κυβελεία⟨ι⟩ Κό{ρ}ρα⟨ι⟩ Ο̣ΣΕΝΤΑΙΗ Δήμητρος ΗΤ

2 ΤΑΤΑΙΤΤΑΤΑΠΤΑ Ζεῦ ΙΑΤΗΤΥ Ἆερ ΣΑΠ̣Τ̣Α Ἥλιε Πῦρ δὴ π̣άντα ΣΤΗΙΝΤΑΣΤΗΝΙΣΑΤΟΠΕ νικᾶι Μ̣

3 ΣΗΔΕ Τύχα ΙΤΕ Φάνης πάμν¦ηστ̣οι Μοῖραι ΣΣΤΗΤΟΙΓ̣ΑΝΝΥΑ π{ι}άντη σὺ κλυ¦τὲ δαῖ¦μον ΔΕΥΧΙ

4 Σ Πάτ̣ερ ΑΤΙΚ πάντα δαμαστὰ πάντη Ρ νῦν ΤΑΙΣ ἔλαβ{δ}ον· τὰ δὲ πάντ᾽ ἀ¦μοιβή ΣΤΛΗΤΕΑΣΤΛ

5 ΤΗΜΗ Ἆερ Ι Πῦρ ΜΕΜ Μᾶτερ λῦε ΣΤΙΣΟ̣ΙΛ̣.ΕΝΤΑΤΟ νῆστ¦ι Ν Νύξ ΙΝΗΜΕΦ Ἡμέ̣ρα ΝΕΓ λ{υ}ῦε Σ

6 ἑπ̣τ̣{ι̣}ῆμαρ ΤΙ νήστιας ΤΑΝ Ζ̇εῦ ἐνορύττιε καὶ πανόπτα αἰέν ΑΙ̣ΜΙΥΡ̣ Μᾶτερ, ἐμᾶς ἐπ-

7 ⟨άκ⟩ο¦υσον ΕΟ εὐχᾶς ΤΑΚΤΑ Πῦρ̣ Α̣ΣΥΟ̣ΛΚΑΠΕΔΙΩΧΑΜΑΤ̣Ε̣ΜΑΝ καλ{η}ὰ Δ ἱερά ΔΑΜΝ εὔ̣δα⟨ι⟩μο∫ν Ι

8 Ω̣Τ̣ΑΚΤΗΡ ἱερά ΜΑΡ Δημῆτερ Πῦρ Ζεῦ Κό¦ρ̣η Χθ̣ο¦νία ΤΡΑΒΔ̣ΑΗ̣ΤΡΟ̣ΣΗΝΙΣΤΗΟΙΣΤΝ

9 ἥ̣ρως ΝΗΓΑΥΝΗ φ¦άος ἐς φρένα Μ̇ΑΤΑ̣ΙΜΗΤΝΝΤΗΣΝΥΣΧΜ̣ μή¦στωρ εἷλε Κού¦ρην

10 αἶα ΦΗΡΤΟΝΟΣΣΜΜ̣ΙΕΣΤΟΝ Ἆερ ΤΑΙΓΙΛΝΙΛΛΥ̣ ἐ¦ς φρένα ΜΑΡ.ΤΩΣ̣

1 ⟨Dem⟩ Protogonos TĒMAITIETĒ ⟨der⟩ Ga, der Mutter, EPA ⟨der⟩ kybelischen, ⟨der⟩ Kora OSENTAIĒ, von der Demeter ĒT:

2 »TATAITTATAPTA Zeus! IATĒTY Luft! SAPTA Helios! Feuer! Gewiss alles STĒINTASTĒNISATOPE besiegt M

3 SĒDE Schicksal ITE Phanes, (ihr) alles-erinnernden? Moiren SSTĒTOIGANNYA überall du, berühmter Daimon! DEUCHI

4 S Vater! ATIK Alles Bezwingender überall! R Jetzt haben sie[(/habe ich)] TAIS ergriffen; dies aber alles Vergeltung STLĒTEASTL.

5 TĒMĒ Luft! I Feuer! MEM Mutter, löse! STISỌIL.ENTATO Fastender! N Nacht INĒMEF Tag NEG löse! S

6 für sieben Tage TI die Fastenden. TAN Zeus, Eingräber[?] und Alles-Seher! Immer AIMIYR Mutter, meine er-

7 ⟨h⟩öre EO Bitten! TAKTA Feuer! ASYOLKAPEDIŌCHAMATEMAN schöne D heilige Rituale DAMN Glücksel⟨i⟩ger! I

8 ŌTAKTĒR heilige Rituale MAR Demeter! Feuer! Zeus! Kore! Unterirdische! TRABDAĒTROSĒNISTĒOISTN

9 Heros NĒGAYNĒ Licht zum Geist MATAIMĒTNNTĒSNYSCHM. (Der) Waltende ergriff Koure

10 Land FĒRTONOSSMMIESTON Luft! TAIGILNILLY zum Geist MAR.TŌS.«

Kommentar

Der in Italien (Thurii) gefundene Text hat viele Rekonstruktions- und Deutungsversuche hinter sich, von der (z. T. sehr kreativen) Wiederherstellung eines durchgehend zu lesenden griechischen Texts bis hin zur Vermutung von Einsprengseln aus einer anderen Sprache. Am plausibelsten erscheint die Annahme, dass es sich um einen Text mit Versatzstücken aus orphischen Kultpraktiken und -gesängen handelt, die den Eingeweihten mehr verraten haben als das, was dasteht, und die, vielleicht aus Gründen der Geheimhaltungspflicht, durch unverständliche Buchstabenfolgen verschleiert oder verunklart werden sollten (s. in dieser Richtung BJ, 137–150; mit Einschränkungen Betegh 2011, 222: »repetition with some ritual or magical purpose … or the type of encrypting suggested by … Bernabé«; vgl. auch Chrysanthou 2020, 177; zu einer anderen Interpretationsmöglichkeit als ›theogonisches Buchstaben-Chaos‹ s. unten). Zusätzlich mag dem

Text eine Art schützende Wirkung zugeschrieben worden sein für das Goldplättchen D3, um das er herumgefaltet war (zur Deutung als Phylakterion s. Torjussen 2010, 69 f mit Literatur).

Etliche Götternamen oder Beinamen im Vokativ weisen auf eine Anrufung mehrerer verschiedener Gottheiten hin. Etwas Narratives findet sich nur in Zeile 9 (offensichtlich auf den Raub von Persephone durch Hades zu beziehen), vielleicht noch in Zeile 4 (wohl auf Götterhandeln zu beziehen, eventuell in Bezug auf den Mysten). Es ist auffällig, dass im Text Kore und Demeter mehrmals, Hades (zumindest explizit) aber offenbar kein einziges Mal und auch der Name P(h)ersephone(ia) nicht explizit erwähnt wird.

Insgesamt fällt der Text sehr aus dem Rahmen all der anderen Goldplättchen. Zunächst schon rein formal: Es ist keine durchgängige metrische Gestaltung erkennbar; in keinem anderen Text sind so viele unverständliche Buchstabenfolgen integriert; kein Text hat so auffällig lange Zeilen (die 10 Zeilen in der Transkription entsprechen 10 Zeilen auf dem Goldplättchen). Dann scheint es sich gattungsmäßig auch eher um ein Gebet oder einen Hymnos zu handeln als um ein »Werk der bzw. für die Erinnerung« (vgl. A1, Z. 1). Des Weiteren fallen inhaltlich etliche Begriffe, die sonst in den Goldplättchen keinerlei Rolle spielen wie die (z. T. wiederholte) Nennung von Elementen wie Feuer oder Luft, die (vermutlich) als Gottheiten zu verstehenden Zeiten »Tag« und »Nacht« oder die Urgottheiten Protogonos und Phanes (zu möglichen Bezügen und Gleichsetzungen dieser numinosen Gestalten in orphischen Kontexten s. BJ, 143–149). All das deutet darauf hin, dass der Text ursprünglich nicht denselben ›Sitz im Leben‹ hatte wie die anderen Goldplättchen, dass er höchstens sekundär als Initiationstext bzw. als »Werk der Erinnerung« (an die Initiation) verwendet wurde. Das zeigt auch der Fundkontext: Das Goldplättchen wurde, wie erwähnt, als Umschlag um ein anderes, nämlich D3, herumgefaltet (s. GJ, 8 und 10), d. h. der eigentliche Initiationstext war D3, und das vorliegende Goldplättchen E1 war gewissermaßen eine Art ›Zugabe‹.

Das legt zusammengenommen mit den oben aufgezählten formalen und inhaltlichen Unterschieden die Annahme sehr nahe, dass es sich bei E1 zwar um einen im weiteren Sinn ›orphischen‹ Text handelt, dass er aber von seiner Art her nicht auf derselben Ebene liegt wie die Goldplättchen der Gruppen A-D.

Von den wenigen Bruchstücken her deutet manches darauf hin, dass es sich um ein Gebet oder eine hymnische Anrufung gehandelt haben könnte, die auf theogonische Vorstellungen der Orphik zurückgreift (vgl. Betegh 2004, 333–337, der den Text mit den kosmologischen Vorstellungen im Derveni-Papyrus in Zusammenhang bringt; s. auch die Einführung § 4.2). Das legt schon der Beginn mit der wahrscheinlich aus Zeile 1 rekonstruierbaren Generationenfolge Ga – Rheia – Demeter – Persephone nahe, wird aber vor allem durch die Nennung der speziell orphischen Götternamen Protogonos und Phanes deutlich und geht schließlich auch aus der wichtigen Rolle des wiederholt genannten Zeus hervor. Wenn man neben den anderen Urelementen wie Feuer, Luft, Licht und Land (bzw. Erde), die hier eher als personifizierte Urgottheiten aufzufassen sind, irgendwo auch noch das Wort »Chaos« überliefert hätte, würde wohl kaum jemand mehr an der Nähe dieses Textes zu orphischen Theogonien zweifeln. Das Chaos könnte bei näherer Überlegung durchaus auch in den Text hineingeschrieben worden sein, aber nicht als *Wort*, sondern abgebildet durch eben das auffällige Chaos der unverständlichen Buchstabenfolgen, aus dem die (orphische) Ordnung der Welt in Form einzelner, zentraler religiöser Termini, Elemente, Götter und deren Epitheta immer wieder aufscheint. Auf diese Weise könnte das Chaos der unverständlichen Buchstaben von den Initiierten auf das uranfängliche Chaos bezogen worden sein.

Neben den eher in einen theogonischen Kontext gehörenden Bruchstücken stehen fragmentarische Hinweise, die auf Kultisches verweisen, das etwas mit einer Einweihung in einen auf das Jenseits fokussierten Mysterienkult zu tun hat. In anderen, ebenfalls aus Thurii stammenden Goldplättchen ist unter anderem auch von Zeus, Moira (vgl. hier Tyche) oder anderen Göttern die Rede, die den Verstorbenen »bezwungen« haben (Z. 5 von C1 und C2, Z. 4a-b von C3), also vom Todesschicksal, von der Buße (hier »Vergeltung«), die man für schlechte Taten abgelegt hat (Z. 4 von C1 und C2), oder von einer weiteren Existenz als vergöttlichter Heros (A2, Z. 11, aus Petelia in Kalabrien). Keine oder allenfalls indirekte Belege (Hinweise auf Ausgetrocknet-Sein vor Durst) findet man in anderen Goldplättchen für das hier fallende Stichwort vom Fasten; wenn richtig ergänzt, wird hier ein siebentägiges Fasten greifbar, das sicherlich im Vorfeld einer Initiation anzusiedeln ist (vgl. die bei Livius 39,9,4 erwähnte zehntägige Fastenzeit vor der Einweihung in die Bacchus-Mysterien).

Besonders ist die zweimalige Anrufung der »Mutter« (Vokative in Z. 5 und 6), mit der vermutlich Demeter gemeint ist, wie auch eine entsprechende Anrufung in den *Orphischen Hymnen* nahelegt (z. B. *Orph. h.* 41), und die dreimalige Nennung von »Kore« (bzw. das Fehlen des Namens »Persephone«). Dies und der Umstand, dass sich – soweit ersichtlich – keine eindeutigen Hinweise auf Dionysos und auch sonst keine ›Signalwörter‹ aus dem Bereich des Dionysischen Mysterienkults finden lassen, all das verweist zunächst eher auf Eleusinische bzw. Demeter-Mysterien als auf Dionysische Mysterien. Da das Goldplättchen als Umschlag für D3 verwendet worden ist, in dem deutlich auf Dionysische Mysterien Bezug genommen wird, könnte das auf eine doppelte Einweihung des (nach dem Grabungsbefund vermutlich männlichen) Verstorbenen hindeuten (s. dazu auch die Überlegungen zum Losungswort »Brimo« in E3). Andererseits lassen sich manche der wohl bewusst kryptischen Wortbrocken, wenn auch mit ›Umwegen‹, durchaus auch mit orphischem Gedankengut in einem allgemeineren Sinn in Verbindung bringen, so dass die Annahme einer zusätzlichen Einweihung in die Eleusinischen Mysterien auf keinen Fall zwingend ist.

1 Πρωτογ¦όνω¦⟨ι⟩: Protogonos ist eine vor allem in orphischen Theogoniemythen vorkommende Bezeichnung für einen Urgott, hier wie auch bei Γᾶ⟨ι⟩, Κυβελεία⟨ι⟩ und Κό{ρ}ρα⟨ι⟩ aufgrund des Kontexts (Ματρί) durch ein Iota zur Dativ-Form ergänzt (auf dem Goldplättchen steht ΠΡΩΤΟΤΟΝΟ). Zur These, dass hinter diesem Urgott der Himmelsgott Uranos stehen könnte s. BJ, 142 f.

Γᾶι¦: Dorische Kurzform Ga (vgl. auch die Texte der Zypressenbrunnen-Plättchen der B-Gruppe) für die Erdgottheit Ge bzw. Gaia; auf dem Goldplättchen steht ΓΑΜ.

Ματρί: Die Bezeichnung »Mutter« ist vom Kontext her als göttlicher Ehrentitel bzw. Gottes(bei)name aufzufassen und gehört syntaktisch wahrscheinlich zum folgenden Κυβελεία⟨ι⟩; eine Gleichsetzung bzw. synkretistische Überblendung der »kybelischen Mutter« mit der direkt davor genannten Ga ist möglich.

Κυβελεία⟨ι⟩: Als Adjektiv zu verstehen (sonst Κυβελίς, -ίδος), da der Gottesname Κυβέλη lautet. Möglicherweise mit dem danach fallenden Namen der Demeter eine Parallele zu Text E4, Z. 2, wo ebenfalls die »Berg-Mutter« (wahrscheinlich Kybele) und die »Unterirdische Demeter« direkt nebeneinanderstehen. Da in Griechenland Kybele mit Rheia gleichgesetzt werden konnte (s. Strabon 470 bzw. 10,3,15), wird in dieser ersten Zeile eine matrilineare Genealogie wichtiger weiblicher (!) Gottheiten erkennbar, die über Ga als Urgottheit und ihre Tochter Rheia (die »kybelische Mutter«) bis zu Kore-Persephone läuft, wobei Demeter indirekt über die Nennung von Kore als »Demeter-Tochter« (»der Kora von der Demeter«) in die Generationenfolge hineinkommt: Ga – Rheia – Demeter – Persephone.

Κό{ρ}ρα⟨ι⟩: Das im Text stehende κόρρα (dorische Form; attisch: κόρση) würde »Schläfe, Backe« bedeuten (poetisch auch für »Haar«), aber hier wird in der Forschung (bspw. PEG II/2 fr. 492 F oder GJ, 10: Κόρρα⟨ι⟩) sicher zurecht eine Schreibung für κόρη (so in Z. 8, wenn die Lesung stimmt; von κόρϜη) oder κούρη in der dorischen Form κόρα (auch κούρα) als Bezeichnung für Kore-Persephone angesetzt. Vielleicht ist es kein Zufall, dass in diesem Text (wenn die Lesungen so stimmen) speziell der Name der Kore zwar dreimal auftaucht, aber dreimal in einer jeweils anderen, vielleicht zu Verschleierungszwecken absichtlich variierten Form, hier »Korra«, in Zeile 8 »Kare« und in Zeile 9 »Koure«.

2 Ἄερ … Πῦρ: Wie Zeus und Helios scheinen hier die Elemente »Luft« und »Feuer« personifiziert zu sein und wie Gottheiten angerufen zu werden (daher großgeschrieben). Wegen der Vokative bei Zeus, Helios und vermutlich auch noch bei dem Feuer (πῦρ kann sowohl Nominativ/Akkusativ als auch Vokativ sein), liegt auch bei AEP hier und in Z. 10 eine Deutung als Vokativ nahe (nach den Regeln der Grammatik in der Grundstufe des Ablauts und mit vorgezogenem Akzent, eine Form, die sonst nicht belegt, aber regulär ist, während ἀέρ weder als Nominativ noch als Vokativ belegbar ist noch regulär gebildet wäre).

πάντα ΣΤΗΙΝΤΑΣΤΗ: Andere Möglichkeit der Textrekonstruktion in Anlehnung an Betegh 2011, 222: πάντ' ἄστη INT ἄστη (»alle Städte INT Städte«).

3 Τύχα: Mit dorischer Endung (statt Tyche).

ΙΤΕ Φάνης: Phanes ist ein in orphischen Theogonien wichtiger Gottesname für eine Urgottheit, der manchmal mit Helios oder auch mit Dionysos geglichen werden kann (s. dazu Betegh 2011, 222–224). Die Textrekonstruktion ist allerdings unsicher (s. Betegh 2011, 222 mit Anm. 10): Aus ΙΤΕΦΑΝΗΣ könnte man auch ἐφάνες (»du erschienst«), oder mit Ergänzung eines Buchstabens auch ⟨σ⟩τεφάνης (»des Stirnbands«) rekonstruieren.

πάμν'ηστοι: πάμνηστος = »sich an alles erinnernd«, sonst nur noch einmal bezeugtes Adjektiv (bei einem epischen Dichter namens Maiistas aus dem 3. Jh. v. Chr., s. Powell 1925, 68–71). Im Text steht ΠΑΜΜΗΣΤΟΙ. Betegh (2011, 224) sieht einen möglichen Bezug zu ΜΕΣΤΩΡ in Zeile 9.

ΣΣΤΗΤΟΙΓ̣ΑΝΝΥΑ π{ι}άντη: Bei Bernabé ΣΣΤΗΤΟΙΓ̣-ΑΝΝΥΑΠΙΑΝΤΗ. πάντῃ oder πάντῃ als Adverb bedeutet »überall, in jeder Hinsicht« und ist wahrscheinlich auch in der folgenden Zeile 4 zu rekonstruieren.

κλυ˥τὲ δαῖ˥μον: Auf dem Goldplättchen steht ΚΛΗΤΕΔΑΡ-ΜΟΝ.

4 πάντα δαμαστὰ: Bei Bernabé παντο̣δαμάστα (vgl. auch GJ, 10), eine Zusammensetzung, die sonst nicht belegt ist; bereits Diels anders und näher am Original πάντα δαμαστά. δαμαστής = »Bezwinger, Bändiger«; zur Nominativ- (und damit auch Vokativ-) Endung auf -τα s. die Erklärung zu ἀστεροβλῆτα (vgl. C3, Z. 4b) in der Einleitung zur C-Gruppe. Mit dem All-Bezwinger ist wahrscheinlich Zeus gemeint, s. BJ, 144.

πάντῃ Ρ νῦν: So die Textrekonstruktion auch bei Tortorelli Ghidini (2006, 68). πάντῃ (s. dazu bereits den Kommentar zur Vorzeile 3) und das durch ein zwischengeschobenes »R« getrennte νῦν = »jetzt« etc. wird in den Editionen sonst normalerweise als unverständliche Buchstabenfolge ΠΑΝΤΗΡΝΥΝΤΑΙΣ angesetzt. Durch nur einen ›störenden‹ Buchstaben getrennt ist aber z. B. auch die Wortfolge in Z. 7 καλ{η}ὰ Δ ἱερά.

ἔλαβ{δ}ον: Von anderen Editoren nicht so rekonstruiert, vgl. aber Zeile 7, auch dort ein einzelner fehlender Buchstabe in einem Wort (καλ{η}ὰ). Möglich ist als Übersetzung »ich ergriff« oder »sie ergriffen«. Es liegt wohl eher kein Bezug auf den Mysten und auf etwas Positives vor, das er jetzt (oder bei der Einweihung) ergriffen hat (vgl. das Erlangen des Siegeskranzes in Text C3, Z. 6 und 8; dort auch anderes Verbum: ἐπιβαίνω), denn das würde hier etwas früh kommen, und auch die Interpretation, dass er selbst »den Tod ergriffen hat«, dürfte kaum dem Weltbild entsprechen. Viel eher liegt vom Kontext her die Vermutung nahe, dass hier von Gottheiten die Rede ist, die den Menschen ergriffen i. S. v. »gepackt«, also ihm den Tod gebracht haben; dies entspricht auch eher dem lexikalischen Bedeutungsspektrum von λαμβάνω, das u. a. »gefangen nehmen« oder »rauben« bedeutet.

τὰ δὲ πάντ' ἀ'μοιβή: Auf dem Goldplättchen steht ΤΑΔΕ-ΠΑΝΤΕΜΟΙΒΗ, von Tortorelli Ghidini (2006, 68) rekonstruiert zu ΤΑΔΕ πάντ' ἐμοὶ ΒΗ. Bernabé und andere lesen hier ΤΑΔΕΠ ἀντα̣μοιβή. ἀνταμοιβή bedeutet dasselbe wie ἀντάμειψις = »Belohnung« (Montanari; LSJ: »interchange« oder »repayment, requital«). Mit anderer Abtrennung kann man statt ΤΑΔΕΠ ἀντα'μοιβή auch lesen τὰ δὲ πάντ' ἀ'μοιβή (δέ meist an zweiter Position nach – hier freilich hypothetischem – Satz-Anfang); ἀμοιβή entspricht in etwa der Bedeutung von ἀνταμοιβή (»Wechsel, Antwort, Vergeltung, Belohnung«).

5 λῦε: Andere Editoren lesen dies nicht als Imperativ einer Verbalform, sondern ziehen die drei Buchstaben schon zum unverständlichen Text. Vgl. aber die Verwendung des Verbums auch in D1 und D2, Zeile 2. Tortorelli Ghidini (2006, 68) schlägt μᾶτερ ΛΥ ἔστι σο̣ι vor (»o madre, ti è lecito«).

νῆστ'ι: Der Form nach Vokativ des Adjektivs νῆστις, -ιος (attisch -ιδος) = »nüchtern, fastend«; auf dem Goldplättchen steht ΝΗΣΣΙ. Zu einer möglichen Deutung als Name einer ansonsten kaum bekannten sizilischen Göttin und zu einem möglichen Bezug der ganzen Zeile zu einem Empedokles-Fragment (fr. 7 Wright = fr. B 6 Diels/Kranz) und (darauf aufbauend und unter Anführung weiterer Texte) zur Hypothese, dass in Zeile 5 die vier Elemente Luft, Feuer, Erde und Wasser zusammen mit den Zeitangaben von Tag und Nacht genannt sein könnten, s. BJ, 145 f.

Νύξ ΙΝΗΜΕΦ Ἡμέρα ΝΕΓ: Nacht und Tag sind großgeschrieben aufgrund etlicher theogonischer Bezüge im Text, so dass auch hier eher von personifizierten Urgottheiten auszugehen ist als von materiell-vordergründigen Zeitabläufen. Tortorelli Ghidini (2006, 68) schlägt νυξὶν ἢ μεθ̣' ἡμέραν vor (»nelle notti o durante il giorno«).

Ἡμέρα ΝΕΓ λ{υ}ῦε Σ: Zur erneuten Rekonstruktion von λ{υ}ῦε (»löse!«) s. oben. Bernabé liest hier ἡμέρα ΜΕΡΑΝΕ-ΓΛΧ̣ΥΕΣ, und ihm folgt Betegh (2011, 221); sowohl auf dem Foto als auch auf den beiden Umzeichnungen von Pugliese Carratelli (1993, 66 f) ist aber gut zu erkennen, dass es sich hier um eine irrtümliche Verdoppelung der Buchstabenfolge ΜΕΡΑ handelt, die nur *einmal* auf dem Goldplättchen steht (dieses Versehen liegt bei Pugliese Carratelli noch nicht vor). Daher trifft auch die Beobachtung von Betegh ebd. »the same meaningful items get repeated« in diesem von ihm herausgegriffenen Fall nicht zu.

6 ἐπ̣τ̣{ι̣}ῆμαρ: Das (unter Vorbehalt) rekonstruierbare Adjektiv ἡπτῆμαρ = »für sieben Tage« ist nur hier bezeugt (vgl. ἑπταήμερος = »von sieben Tagen«; ἑπτάωρος = »siebentägig«). Graf/Johnston (2013, 11) übersetzen mit »seventh day«.

νήστιας: νήστιας ist eine u. a. bei Homer (Hom. *Il.* 19,156) bezeugte Form des Akkusativs Plural des bereits in Z. 5 stehenden Adjektivs νῆστις. Man könnte hier auch das Substantiv »Fasten«, νηστεία, ansetzen, müsste dann aber einen Genitiv Singular annehmen und dafür einen Buchstaben ergänzen (νηστ⟨ε⟩ίας).

ἐνορύττιε: Ein sonst nicht belegbares und daher nur unter Vorbehalt rekonstruierbares Wort, ableitbar von ἐνορύσσω = »graben/eingraben«; Graf/Johnston (2013, 11) übersetzen »Who-Digs-In«.

7 ἐπ|⟨άκ⟩ο'υσον: Auf dem Goldplättchen steht (unter Hinzunahme der beiden letzten Buchstaben von Zeile 6) ΕΠ|ΩΥΣΟΝ.

ΤΑΚΤΑ Πῦρ Α̣Σ: Bei Bernabé ΤΑΚΤΑΠΥΑΡ̣Σ; nach Foto und Umzeichnung in Pugliese Carratelli (1993, 66 f) steht das Ρ (mit kaum ausgeführtem, unterem Schaft) aber vor dem Α.

καλ{η}ὰ ἱερά: Aufgrund des bruchstückhaften Kontextes ist nicht mit Sicherheit zu entscheiden, ob das Wort ἱερά hier und in der Folgezeile »heilige Opfer« oder allgemein »heilige Rituale« (oder sogar »Heiligtümer« i. S. v. Tempeln) bezeichnen soll. Speziell von »schönen heiligen Ritualen« (ἱερὰ καλά) ist im Kontext von Dionysischen Mysterien auch auf dem Papyrus Gurôb Nr. 1, Z. 9 die Rede (s. Appendix § 4).

εὔ̣δα⟨ι⟩μο∫ν: Die Rekonstruktion von ΕΥΔΑΜΝΟ (oder nach Foto eher ΕΨΔΑΜΝΟ) zu εὔδαιμον stammt von Tortorelli Ghidini (2006, 68, vgl. ähnlich bereits Olivieri, der die Nominativ-Form εὐδαίμων rekonstruiert), wird aber von den meisten Herausgebern nicht übernommen.

8 Κό¦ρ̣η Χθ̣ο¦νία: Auf dem Goldplättchen steht ΚΑΡ̣ΗΧΘΑΝΙΑ.

9 ἥ̣ρως: Zur Bezeichnung »Heros« s. auch A2, Z. 11 und A4, Z. 2 und die Einführung § 2.2 und § 4.8.

φ¦άος: Auf dem Goldplättchen steht ΓΑΟΣ. Es ist die Frage, ob das Licht hier auch wie andere Urelemente oder Urgottheiten fungiert, also großzuschreiben wäre, oder ob es um Licht i. S. v. »Erhellung« für den nachfolgenden »Geist« geht.

μή¦στωρ: »Berater, Waltender«, auch »Veranlasser, Erreger, Erwecker«. Im Text steht nach Foto und Umschrift zu urteilen ΜΕΣΤΩΡ; aufgrund der Verunklarung mancher Wörter kann man fragen, ob hier eventuell μνηστήρ (»Freier«) oder μνήστωρ (»der sich Erinnernde«) zu rekonstruieren wäre. Der »Freier«, der Persephone packt und entführt, ist natürlich normalerweise Hades. Aufgrund des Umstands, dass μήστωρ (»der Waltende«) auch als Epitheton von Zeus überliefert ist (Hom. *Il.* 8,22; 17,339), wurde als möglicher Hintergrund auch der orphische Mythos von Zeus' Vereinigung mit seiner Tochter Persephone postuliert, aus der Dionysos hervorgeht (s. BJ, 148).

εἶλε: Diese erzählende Vergangenheitsform in der 3. Person Singular Indikativ Aorist Aktiv (anders, nämlich präsentisch GJ, 11: »the mindful one seizes Kore«; vgl. aber BJ, 137: »The adviser seized the Girl«) fällt aus den sonstigen Nominalstil-Brocken heraus.

Κούˈρην: Im Text steht KOIPHN.

10 *αἶα*: Es ist die Frage, ob man nicht ⟨Γ⟩αῖα ergänzen sollte, denn von »Land« (αἶα) ist sonst in diesen Kontexten eigentlich nicht die Rede; andererseits erscheint Gaia in den Goldplättchen i. d. R. als »Ge« oder »Ga« (wie hier in Z. 1), nicht als »Gaia«.

ἐˈς φρένα: Auf dem Goldplättchen steht ΗΣΦΡΕΝΑ.

E2: Makedonien (Agios Athanasios bei Thessalonike), Datierung unklar

1 recto Ἄιδος ΕΙΟ
2 τ⟨ι⟩μά ἐσ̣τ̣ι̣
3 Τ εὐʃα⟨γ⟩εῖ ψ⟨υχ̣ῆ⟩
4 verso ΕΡ̣Λ

1 Des Hades EIO
2 Ehr⟨e⟩ngabe ist (es)
3 T für eine m⟨a⟩kellose S⟨eele?⟩
4 ERL

Kommentar

Das Plättchen enthält einen schwer zu lesenden Text, der bislang noch nicht befriedigend entschlüsselt werden konnte (vgl. auch Riedweg 2002, 480; der Literaturverweis von Riedweg und Bernabé auf Petsas 1969, 399 f bezieht sich irrtümlicherweise nicht auf E2, sondern auf F2). Ein nicht besonders gutes Foto findet sich bei Petsas 1967 (Abb. 75β; keine Umzeichnung oder Transliteration).

1 Die drei Buchstaben am Ende von Zeile 1 (EIO) sind kleiner geschrieben als der Beginn der Zeile. Der untere Teil des von anderen Editoren rekonstruierten Alpha ist eher als ein von der Rückseite durchgedrücktes Λ zu interpretieren, und auch das nach dem Alpha von anderen gelesene Rho ist im oberen Teil eher als ein O der Vorderseite, im unteren Teil als ein von der Rückseite durchgedrückter Buchstabe zu verstehen (Teil ebenfalls eines Rho).

2 Zur Rekonstruktion von τ⟨ι⟩μά (»Ehrengabe«, Vorschlag A. Zgoll, mündlich) vgl. die Texte D1, Z. 6 und D2, Z. 5. Die Buchstabenfolge ΕΣṬỊ (»ist«) am Ende von Zeile 2 kann auch als ΕΣΠ gelesen werden (dann wäre der Text unverständlich); Bernabé liest mit Riedweg (2002, 480) ΕΥΠ und rekonstruiert das Adverb εὖ (»good«, als unverständlicher Rest bleibt dann der Buchstabe Pi übrig).

3 Am Anfang von Zeile 3 steht nach einem noch schwach erkennbaren T die wahrscheinlich zu rekonstruierende Buchstabenfolge ΕΑΥΕΙ möglicherweise für das Adjektiv εὐαγής (mit einer Buchstabenvertauschung und einer Buchstabenergänzung; hier im Dativ Singular: εὐαγεῖ), das auch in anderen Goldplättchen als Bezeichnung von Eingeweihten bezeugt ist und entweder »makellos« oder »strahlend« bedeuten kann (s. die Kommentare zu C1, Z. 7 und E5, Z. 1). Die Rekonstruktion dieses Adjektivs und die Ergänzung des einen Buchstabens Ψ zu ψ⟨υχῆ⟩ schlagen Bernabé und Jiménez San Cristóbal (2008, 163 mit Anm. 3) als mögliche Lesung vor, mit der Übersetzung »for the limpid soul« (keine Übersetzung bei Edmonds III 2011a, 39).

E3: Thessalien (Pherai), ca. 300 v. Chr.

1 Σύμβολα̣.
2 Ἀν⟨δ⟩ρικε|παιδόθυρσ̣ον. Ἀνδ'ρικεπαι{δ}|δόθυρσον.
3 Βριμώ. Βριμώ.
4 εἴσ̣ιθ⟨ι⟩| ἱερὸν λειμῶνα·
5 ἄποινο̣ς| γὰρ ὁ μύστης.
6 Ν⟨ῦν⟩ ὅδε πα̣⟨ῖς⟩ Γ⟨ῆς⟩.

1 »Die Losungsworte!« –
2 »Man⟨n⟩kindthyrsos, Mannkindthyrsos!
3 Brimo, Brimo!« –
4 »Betrit⟨t⟩ die heilige Wiese;
5 denn freigekauft[?] ist der Myste.
6 J⟨etzt⟩ (ist) dieser hier ein Ki⟨nd der⟩ G⟨e⟩!«

Kommentar

Es gibt mehrere Möglichkeiten für die Deutung der ersten Zeile mit dem einen Wort »Losungsworte« (σύμβολα), 1. als eine Art Überschrift, 2. als Teil der Rede des oder der Verstorbenen (»meine Losungsworte sind die folgenden«), 3. als eine auf ein Wort verkürzte Frage (»Die Losungsworte?«), oder, noch wahrscheinlicher und in gleicher Funktion, als eine verkürzte Aufforderung: »Die Losungsworte!« Daraufhin gibt der Myste in den Zeilen 2 und 3 die entsprechenden Antworten.

Die beiden gegebenen Losungsworte werden jeweils wiederholt; der tiefere Grund für diese Wiederholungen ist unklar. Kommt die Doppelung daher, dass es sich um die Anfänge eigentlich längerer Kulttexte handelt, z. B. von Hymnen, die mit einer doppelten Anrufung beginnen? Oder soll das ein Frage-Antwort-Szenario sein? Der Mystagoge bzw. die Unterweltsgottheit sagt »Mannkindthyrsos«, und als (wiederholende) Antwort kommt dann vom Mysten bzw. von der verstorbenen Seele »Mannkindthyrsos«? Oder wird das erste Wort als Antwort des Mysten oder Verstorbenen wiederholend weitergemeldet an die Priester oder Unterweltsgottheiten? Das wirkt kompliziert und von daher wohl zu konstruiert; am einfachsten und damit naheliegendsten ist die Annahme, dass der Myste bzw. der oder die Verstorbene (das Geschlecht ist vom Grabungsbefund her nicht ersichtlich) die beiden wichtigen Losungsworte zur Sicherheit oder zur Bekräftigung jeweils doppelt ausspricht.

Zur Deutung des gesamten Textes als Prüfungssituation in Form eines Unterwelts-Dialogs, der seinerseits wiederum eingebettet ist in einen ›Metadialog‹ zwischen Mystagoge und Myste während der Initiation, die von entsprechenden Handlungen begleitet wurde, s. die Einleitung zur E-Gruppe.

1 Σύμβολα̣: Die Anspielung auf das Aufsagen von Losungsworten auch in A4, Z. 19; s. dazu außerdem den (im Kontext von Dionysischen Mysterien zu verortenden) Papyrus Gurôb Nr. 1, Z. 23–25 (s. Appendix § 4).

2 Ἀν⟨δ⟩ρικε|παιδόθυρσ̣ον: Offenbar ein für Kultzwecke gebildetes, geheimes Losungswort. Der erste Wortbestandteil lässt das Adjektiv ἀνδρικός = »männlich« erkennen. Bei παιδό kann man an einen verkürzten Genitiv παιδό⟨ς⟩ von παῖς denken; da aber viele adjektivische Bildungen mit παιδο- existieren, liegt die Annahme näher, dass παιδό- hier ebenfalls wortbildend und zu θυρσον (von θύρσος) zu ziehen ist, so dass dann auch ἀνδρικε- vermutlich zu dem Kunstwort »Mannkindthyrsos« zu ziehen ist. Etwas erklärungsbedürftig ist die Endung -ον, die vom Kontext her am ehesten als Nominativ (oder Vokativ) Singular einer Neutrum-Wortbildung zu deuten ist (anders Tortorelli Ghidini 2006, 88 f und 142 f, die Lesung [irrtümlich] Burkert zuschreibend: Ἀν⟨δ⟩ρικεπαῖ, δὸ⟨ς⟩ θύρσον, »Andrikepais, dai il tirso«). Die

Erwähnung des Thyrsos liefert einen deutlichen Hinweis auf einen Zusammenhang mit den Dionysischen Mysterien (s. die Einführung § 4.3). Johnston (in GJ, 195 mit Anm. 4) konstatiert ein »intriguing echo« des zweigeschlechtlichen Urkönigs der orphischen *Rhapsodischen Theogonie*, Erikepaios, und übersetzt »Man-and-child-thyrsus«, verbunden mit dem Kommentar: »refers to some aspect of Dionysus, as the ›thyrsus‹ part makes clear. Beyond this we cannot go with certainty.« Zur Deutung als verschleiernde Anspielung auf den (auch für Dionysos belegbaren) Götternamen Erikepaios und auf den Thyrsos als zentralen Gegenstand im Dionysos-Kult (aus Ἠρικεπαῖος + θύρσος wird ἀνὴρ καὶ παῖς + θύρσος) s. auch BJ, 154 f und 195. Die genaue Bedeutung und Etymologie von »Erikepaios« ist unklar; ein Historiker aus dem 5./6. Jh. n. Chr. gibt als Bedeutung »Lebensgeber« an (Malalas *Chronogr.* 4,91). Neben »Eubuleus« wird Dionysos als Erikepaios (in leicht abgewandelter Form: »Irikepaigos«) angerufen auf dem ›dionysischen‹ Papyrus Gurôb Nr. 1, Z. 22 (s. Appendix § 4).

3 Βριμώ: Johnston plädiert (in GJ, 196–200) dafür, dass der in der griechischen Literatur hier erstmals bezeugte Name Brimo ein anderer Name für Persephone sein dürfte (ebd. 199; der Name ist auch für die thessalische Hekate und für Demeter bezeugt, s. ebd. 196 f und Graf ebd. 150 mit Anm. 91). Dazu passt auch der für die Eleusinischen Mysterien überlieferte Kultruf ἱερὸν ἔτεκε πότνια κοῦρον Βριμὼ Βριμόν (»Den heiligen Knaben hat die Herrin geboren, Brimo den Brimos!«, überliefert bei Hippolytos, *Refutatio omnium haeresium* 5,8,39 f), der möglicherweise auf die Geburt des Dionysos-Bakchos durch Persephone zu beziehen ist, worauf auch in den *Argonautika des Orpheus* (17–20) angespielt sein könnte. Das wiederum könnte darauf hindeuten, dass im Hintergrund eine doppelte Initiation stehen könnte, in die Dionysischen und in die Eleusinischen Mysterien (vgl. auch

den Kommentar zu E1), aber das ist nicht zwingend; der Mythos von der Dionysos-Geburt aus Persephone ist gerade auch genuin orphisch (s. dazu auch BJ, 155 f). Der Kultname »Brimo« taucht im Kontext von Dionysischen Mysterien auch an wichtiger Stelle im Papyrus Gurôb Nr. 1, Z. 5 auf (s. Appendix § 4).

4 εἴσ̣ιθ⟨ι⟩: Als Sprecher-Instanz für diesen Imperativ kommt wegen des wahrscheinlichen Bezugs des Losungsworts »Brimo« auf Persephone in der Vorzeile Persephone in Frage (so auch Bernabé 2005, 73), es wären aber auch untergeordnete Gestalten wie z. B. die in der A-Gruppe genannten Wächter denkbar. Für die ›Dramaturgie‹ insgesamt läuft beides auf dasselbe hinaus.

ἱερὸν λειμῶνα: Die »heilige Wiese« erscheint (im Plural) mit direktem Bezug auf Persephone auch in D3, Z. 6, wo von den »heiligen Wiesen und Hainen der Phersephoneia« die Rede ist, die der oder die Eingeweihte betreten soll.

5 ἄποινο̣ς: Das Adjektiv ἄποινος wird in der Regel als Ableitung von dem zusammengesetzten Pluralwort τὰ ἄποινα (»Lösegeld, Entschädigung, Sühne«, aus ἀπό und ποινή) i. S. v. »freigekauft« interpretiert (bspw. »redeemed« bei GJ, 39; vgl. für »freigekauft« das rar und spät bezeugte Adverb ἀποινί bei Agath. 4,19,6; Agathias ist ein Dichter und Historiker aus dem 6. Jh. n. Chr.), oder als Ableitung von dem Simplex ποινή mit *alpha privativum* in ähnlicher Bedeutung (»without penalty« bei Edmonds III, 2011a, 37, und entsprechend auch der Kommentar bei Pugliese Carratelli 2001, 124; vgl. das Adjektiv ἀποίνιμος, nach Montanari: »für den es keine Strafe gibt«, mit Verweis auf Hes. fr. 187). Das Adjektiv ist sonst nur ein einziges Mal, sehr spät (im *Ilias*-Kommentar des byzantinischen Gelehrten Eustathios von Thessalonike, 12. Jh. n. Chr.) und noch dazu in anderer Bedeutung (»ohne Wein«, von οἶνος mit *alpha privativum*) bezeugt. Zu vergleichen ist als inhaltliche Parallele in den Goldplättchen selbst die Zeile 4

in den Texten C1 und C2: »Die Buße (ποινάν) aber habe ich abgegolten bezüglich der Taten, der keineswegs gerechten.« S. dazu auch McClay 2023, 164 f.

6 N⟨ῦν⟩ ὅδε πα̣⟨ῖς⟩ Γ⟨ῆς⟩: In der abschließenden Buchstabenfolge ΝΟΔΕΠΑ̣Γ stehen drei Buchstaben auf dem Kopf, und zwar Δ, Π und Α (das auch ein Λ sein könnte; Ν sieht auch auf dem Kopf stehend ohnehin gleich aus), zwei Buchstaben sind hingegen nicht auf den Kopf gestellt, sondern an der Vertikalachse gespiegelt (Ε und Γ), so dass die waagrechten Schäfte nach links, nicht nach rechts zeigen. Für die ganze Buchstabenfolge, die normalerweise undifferenziert insgesamt als »auf dem Kopf stehend« beschrieben wird, wird ein Sinn in der Regel so konstruiert, dass man annimmt, dass sie von rechts nach links zu lesen sei (also ΓΑΠΕΔΟΝ), nach Kotansky (2021, 45, Anm. 47) zu verstehen »as the Doric noun γάπεδον (= γήπεδον, sc. γεώπεδον, ›portion‹ or ›plot of ground, garden‹ ... compare δάπεδον ...)«, nach Chrysostomou (1991, 135, Anm. 126) vielleicht zu lesen als δάπεδον (»Oberfläche, Fußboden«), nach Bernabé/Jiménez San Cristóbal (2008, 158) möglicherweise zu verbessern in ὑπέδυν (» I plunged«, mit Verweis auf ἔδυν in C3, Z. 7), während angesichts dieser inhaltlich etwas in der Luft hängenden Rekonstruktionsversuche vielleicht nicht ganz zu Unrecht Graf/Johnston (2013, 39) zu ΓΑΠΕΔΟΝ konstatieren: »apparently a nonsense word«. Würden *alle* Buchstaben auf dem Kopf stehen, wäre es durchaus naheliegend, die Buchstabenfolge von rechts nach links zu lesen; die zwei *verschiedenen* Methoden der Veränderung der Buchstaben, einmal das Auf-den-Kopf-Stellen, einmal das An-der-Vertikalachse-Spiegeln, könnten aber auch darauf hindeuten, dass man hier eine Buchstabenfolge ›entstellt‹ hat, die dennoch – wie der übrige Text auch – von links nach rechts zu lesen ist. Aufbauend auf dieser Annahme wird daher hier ΝΟΔΕΠΑ̣Γ als Text zugrundegelegt und nach einem Vorschlag von A. Zgoll (mündlich) als neue, mögliche Lesung auf dem Hintergrund anderer Goldplättchen eine leicht abgewandelte, vielleicht bewusst kryptisch gehaltene und aufgrund des fehlenden Platzes am Ende des Goldplättchens abgekürzte Variante des zentralen Losungsworts »Ich bin ein Kind der Ge und des Uranos« angenommen: N⟨ῦν⟩ ὅδε πα⟨ῖς⟩ Γ⟨ῆς⟩ – »J⟨etzt⟩ (ist) dieser hier ein Ki⟨nd der⟩ G⟨e⟩«.

E4: Thessalien (Pherai), ca. 300 v. Chr.

1 Πέμπε με πρὸς μυστῶν' θιάσους· ἔχω ὄργια [Βάκχου?]
2 Δήμητρος Χθονίας ⟨τε⟩ τέλη καὶ Μητρὸς Ὀρεί[ας].

1 »Schicke mich zu den Thiasoi der Mysten! Ich habe die Geheimriten [des Bakchos?]
2 ⟨und⟩ der Chthonischen Demeter Weihen und (die) der Ber[g]-Mutter.«

Kommentar

Die Rekonstruktion eines überzeugenden Textes bleibt schwierig (s. dazu die ausführliche Diskussion bei Ferrari/Prauscello 2007, 194–196, und von Graf in GJ, 205–207).

Durch das nicht ausschließlich, aber oft auf den Dionysoskult hinweisende Stichwort »Thiasos« (s. dazu Einführung § 2.3 und § 4.3) ist die (auch metrisch passende) Ergänzung Βάκχου am Ende von Zeile 1 sehr wahrscheinlich, was auf eine Einweihung des oder der Verstorbenen (das Geschlecht wird aus dem Grabungskontext nicht ersichtlich) in die Dionysischen Mysterien hinweist, während die Erwähnung der »Weihen der Chthonischen Demeter« auf die Eleusinischen Mysterien hindeutet (zu Verbindungen zwischen Eleusinischen und Dionysischen Mysterien s. Merkelbach 1988,

19.28.32; Markantonatos 2013, 135–150; zu Hermione, Sparta und Kallatis am Schwarzen Meer als Orten der Verehrung einer »Demeter Chthonia« und der Verbindung zu Eleusis s. Ferrari/Prauscello 2007, 196–198). Vielleicht war der oder die Verstorbene sogar noch in davon unabhängige Mysterien einer weiteren Gottheit eingeweiht, die sich hinter der Bezeichnung »Berg-Mutter« verbirgt. Die »Berg-Mutter« könnte mit Kybele (oder mit Rheia) gleichzusetzen sein, deren Kult wiederum mit den Dionysos-Mysterien in einem so engen Zusammenhang steht, dass man beide Mysterienkulte vielleicht als eine Einheit aufgefasst hat. Wie auch immer das zu bewerten ist, so hat man es hier mit jemandem zu tun, der in mindestens zwei, wenn nicht drei Mysterienkulte eingeweiht war. Vergleichbar ist eine Stelle aus den *Kretern* des Euripides (Eur. fr. 472,9–15 Kannicht, TrGF vol. 5; vgl. dazu Lebedev 2023, 260–264), wo es um einen Mysten geht, der in die Mysterien des Zeus vom Ida, des Dionysos-Zagreus und der Berg-Mutter eingeweiht war (Διὸς Ἰδαίου μύστης … καὶ νυκτιπόλου Ζαγρέως … Μητρί τ' ὀρείᾳ δᾷδας ἀνασχών …) und sich als »geheiligter Bakche« (βάκχος … ὁσιωθείς) bezeichnet.

Durch den Imperativ zu Beginn von Zeile 1 »schicke mich« ist auch dieser Text wieder als eine Dialog-Situation gekennzeichnet (anders BJ, 158: »a prayer«), auf erster Ebene während der Initiation, auf zweiter Ebene dann im ›Jenseits‹, wobei die beiden Ebenen im Ritual überblendet sind. Als Dialogpartner für den Mysten bzw. für die verstorbene Seele in der Unterwelt kommt am ehesten Persephone selbst in Frage (so auch Ferrari/Prauscello 2007 und Jiménez San Cristóbal 2015, 112), denn vergleichbar und mit demselben Verbum heißt es in Text C1, Z. 6 f: »Jetzt komme ich als bittflehende (Seele) zur hehren Phersephoneia, damit sie mich wohlgesonnen schicke zu den (Wohn-)Sitzen der Makellosen!«, und ähnlich ist es auch bei Homer Persephone, die Odysseus verschiedene Bewohner der Unterwelt »schickt« (Hom. *Od.* 11,635). Eine weitere Möglichkeit wäre ein Wächter, aber erstens kommen die Wächter sonst in der Mehrzahl vor, und zweitens setzt die Bitte ein hoheitlich-herrscherliches Handeln, nicht die Aktion eines Untergebenen voraus. Eine Überprüfung findet statt, die verstorbene Seele kann sich als eingeweiht ausweisen und, so ist aufgrund der Aufforderung und aufgrund der anderen Goldplättchen zu schließen, wird daraufhin zu den Bereichen der Mysten zugelassen.

Wie bereits in der Einleitung zur E-Gruppe ausgeführt, ist auch hier als primäre Verortung bzw. auf erster Ebene ein in eine Kulthandlung eingebetteter Metadialog zwischen Mystagoge und Myste vorauszusetzen (»Wenn du in das Totenreich kommst, dann wirst du vor Persephone kommen, und dann sage: ›Schicke mich ...‹«). Hier stellt sich allerdings ein spezifisches Problem, da man es in diesem Fall offenbar mit einem in mindestens zwei, vielleicht sogar drei Mysterienkulte eingeweihten Menschen zu tun hat. Insofern kann der Text nicht eindeutig *einer konkreten* Initiationssituation zugeordnet werden (ein weiteres, starkes Indiz dafür, dass die Eingeweihten ihre Goldplättchen selbst beschriftet haben). Andererseits wird deutlich, dass bei der Formulierung des Textes auf dem Goldplättchen Initiationsvorgänge zum Vorbild genommen wurden. Denn die Worte bieten nicht eine nüchterne, archivarische Notiz (»Ich bin in A, B und C eingeweiht«), sondern sie verbinden mit der Feststellung des Mehrfach-eingeweiht-Seins die Forderung, angemessen behandelt zu werden, und scheinen damit für alle genannten Kulte eine Prüfungssituation (im Kult und im ›Jenseits‹) vorauszusetzen. Der Bezug auf eine Dialog- und näherhin Prüfungs-Situation als ein die Formulierungen auf dem Goldplättchen gestaltender Rahmen stammt wie bei allen anderen Goldplättchen aus dem Initiations-Kontext, so dass auch dieses Goldplättchen E4 nicht ein völlig frei erfundener Text ist, sondern auf Initiations-Lehren und -Vorgängen beruht.

1 μυστῶν[1]: Auf dem Goldplättchen steht ΜΥΣΤΩΧ.

θιάσους: Zum oft auf den Dionysoskult verweisenden Terminus »Thiasos« s. die Einführung § 2.3 und § 4.3. Im vorliegenden Kontext ist der Plural auffällig: Sind hier mehrere Kult*hand-*

lungen oder verschiedene Kult*gemeinschaften* gemeint? Soll die verstorbene Seele zu »(verschiedenen) Kultgemeinschaften der Mysten« gehen, oder soll sie zu den »Kultfesten der (Dionysos-) Mysten« gehen? Für die erste Lösung spricht, dass auf diesem Goldplättchen offenbar von einer Seele die Rede ist, die in *mehrere* Mysterienkulte eingeweiht war und somit auch das Recht hatte, zu *verschiedenen* Kultgemeinschaften zu gehen; für die zweite Lösung »Kultfeste der (Dionysos-)Mysten« spricht, dass mit dem Stichwort »Thiasos« ein spezieller Bezug auf die Dionysos-Mysterien naheliegt und die damit zusammenhängende, plausible Ergänzung Βάκχου am Zeilenende. Der Vergleich mit anderen Goldplättchen legt nahe, dass in emischer Vorstellung vor allem der Aspekt bedeutsam ist, dass die Eingeweihten zu Festlichkeiten eingeladen sind (s. die Einführung § 4.7), während es vergleichsweise weniger wichtig gewesen sein dürfte, unter welchem ›Etikett‹.

ὄργια: τὰ ὄργια bezeichnet geheime Kulthandlungen, ursprünglich vermutlich speziell auf Eleusis bezogen, aber dann auch verallgemeinert, also »Geheimriten« o. ä., oft in Zusammenhang mit den Mysterien des Dionysos (bspw. Eur. *Bacch.* 34), der Demeter oder der Kybele. Graf/Johnston (2013, 39) übersetzen mit »tokens« (i. S. v. »Kultgegenständen«, vgl. auch BJ, 159: »sacred symbols«), was Graf damit begründet (GJ, 206), dass ὄργια in Verbindung mit ἔχω »almost necessarily« die Bedeutung »of a physical ritual object« haben müsse, »here a token that admits the initiate to the blessed life (most likely that token is our tablet itself).« Gegen die Gleichsetzung mit dem Goldplättchen (Singular) spricht allerdings der Plural ὄργια, und dass eine solche Interpretation inhaltlich nicht mit dem ungegenständlichen Begriff τέλη (»Weihen«) zusammenpassen würde. Den Ausdruck ὄργια ἔχειν i. S. v. »Geheimriten haben« bzw. freier »Eingeweiht-Sein« zu übersetzen ist allerdings ebenfalls nicht unproblematisch; ein Beleg bei Aischylos ist textkritisch schwierig und möglicherweise anders zu lesen und zu deuten (Aischylos fr. 57,1 TrGF nach der Rekonstruktion von Radt: Κοτυτοῦς ὀργι' ἔχοντες, überliefert bei Strabon 470 bzw. 10,3,16), und für die Junktur τέλη ἔχειν im Sinn von »Weihen haben« bzw. »Eingeweiht-Sein« gibt es keinen weiteren Beleg. Der abkürzende Charakter der Goldplättchen legt aber doch nahe, dass sowohl ὄργια ἔχειν als auch τέλη ἔχειν jeweils als eine sprachlich freilich unbeholfene, aber einfache Ausdrucksweise für »Eingeweiht-Sein« zu verstehen ist, die gewählt wurde, um mit dem Allerweltswort »haben« beide Objekte, ὄργια und τέλη, als ›Besitzobjekte‹ zusammenzuspannen und damit den eher seltenen Fall einer Mehrfach-Einweihung zu beschreiben (»Ich habe die Geheimriten des Bakchos *und* der Demeter Weihen«).

[Βάκχου]: Die Ergänzung Βάκχου (bspw. BJ, 266; kritisch Ferrari/Prauscello 2007, 194) erscheint inhaltlich plausibel, denn durch sie ergibt sich eine präzisierende Begründung zu dem voranstehenden Kolon πέμπε με πρὸς μυστῶν θιάσους, da durch das Wort »Thiasoi« ein spezifischer Bezug auf Dionysos naheliegt. Βάκχου komplettiert außerdem als Ergänzung den hier anzusetzenden daktylischen Hexameter glatter als andere Vorschläge (ohne Hiat und ohne Monosyllabum am Versende). Weniger wahrscheinlich ist das auch vorgeschlagene ἔχω ... [ἰδοῦσα] (»ich habe gesehen« mit *coniugatio periphrastica*, das Femininum wäre dann auf »Seele« zu beziehen) oder ἀνθ' ὧν (»im Austausch für die«, so Graf in GJ, 207, mit Enjambement, gedanklicher Ergänzung eines zusätzlichen »ich werde haben« und Ansetzung von τέλη als Objekt). Kritik an dem Vorschlag [ἰδοῦσα] übt Henrichs (2010, 97 f), mit Hinweis auf die bereits erwähnte Parallele in den *Edoniern* des Aischylos (TrGF fr. 57,1 Radt). Eine weitere Lösung ist die Ergänzung eines auf ὄργια zu beziehenden Adjektivs wie σεμνά (»ehrwürdige«, s. Ferrari/Prauscello 2007, 194), aber das führt, zusammengenommen mit der Folgezeile (die ebenfalls textlich problematisch ist), zu syntaktischen Schwierigkeiten.

2 Δήμητρος Χθονίας: Wohl eine Anspielung auf die Mysterien der Demeter (und Persephone) von Eleusis, s. dazu Johnston in GJ, 204 f.

⟨τε⟩ τέλη: ⟨τε⟩ ist eine plausible Ergänzung (vermutlich versehentliche Haplographie des τε), die auch metrisch den Vers repariert. Zu Problemen von Wortstellung und Bezügen s. Graf in GJ, 205 f.

τέλη: Mit τέλη (»Einweihung, Weihen, Weihefeiern, Mysterien«, wörtlich: »Vollendungen«) hat der Text so gut wie alle wichtigen Geheimkult-Termini auf engstem Raum vereint, wie er auch ›Mysterien-Häufung‹ betreibt. Durch das Stilmittel eines Apokoinu bezieht sich τέλη sowohl zurück auf Demeter als auch voraus auf die Berg-Mutter (vgl. auch GJ, 39: »the rites [or offices] of Demeter Chthonia and of the Mountain Mother«).

Μητρὸς Ὀρεί[ας]: Das Nebeneinander von Demeter und der Berg-Mutter (Kybele/Rheia, dazu gleich) findet sich auch in E1 (Z. 1), wo ebenfalls auf engem Raum sowohl von der »Kybelischen Mutter« als auch von Demeter die Rede ist, und im Papyrus Gurôb Nr. 1, Z. 6 (s. Appendix § 4). Bei der Nennung der »Berg-Mutter« bzw. »Mutter des Gebirges« handelt es sich um eine wie in den Goldplättchen auch sonst zu beobachtende, ›verschleiernde‹ Anspielung auf eine Gottheit, die sowohl mit Kybele als auch mit Rhe(i)a identifiziert werden kann, wobei in der Antike beide Göttinnen auch gleichgesetzt worden sind (bspw. Strabon 470 bzw. 10,3,15; s. auch Burkert 1990, 13). Die Mysterien (ὄργια) der Kybele waren nach dem Zeugnis von Euripides sehr eng mit den Dionysos-Mysterien verbunden (s. Eur. *Bacch.* 78–82), und nach einer Notiz bei Apollodoros soll Dionysos »zu den Kybela(bergen) in Phrygien« gekommen, dort von Rheia gereinigt und in die Mysterien (τελεταί) eingeführt worden sein (Apollod. 3,33). Zu vergleichen ist die bereits erwähnte Stelle aus den *Kretern* des Euripides (Eur. fr. 472,9–15 Kannicht, TrGF vol. 5), wo von einem Mysten die Rede ist, der in die Mysterien des Dionysos-Zagreus und der »Berg-Mutter« eingeweiht war.

E5: Makedonien (Amphipolis), 4.–3. Jh. v. Chr.

1 Εὐαγὴς ἱερὰ Διονύ-
2 σου Βακ¦χίου εἰμί,
3 Ἀρχεβούλ̣η
4 Ἀντιδώρου.

1 »Eine Strahlende (und) Heilige des Diony-
2 sos Bakchios bin ich,
3 Archebule,
4 des Antidoros (Tochter).«

Kommentar

Wichtig zu bemerken ist, dass auf dem Goldplättchen nicht eine Aussage getroffen wird wie »hier liegt« oder »dies ist«, sondern »ich bin«. Dadurch und durch den Vergleich mit anderen Goldplättchen ist die Annahme mehr als plausibel, dass auch hier eine Dialogsituation als Rahmen mitzudenken ist, näherhin eine Prüfungs- und Vorstellungssituation in der Unterwelt, die während einer Einweihung oder Weihe vorweggenommen wird (s. dazu die Einleitung zur E-Gruppe).

Es ist die Frage, was im vorliegenden Kontext das Adjektiv ἱερά bedeutet: War Archebule eine dem Dienst des Dionysos Geweihte und damit eine Dionysos-Priesterin (das eindeutige Substantiv für »Priesterin« wäre ἱέρεια, ἱέρεα oder ἱερία), oder ist »dem Dionysos heilig/geweiht« lediglich zu verstehen als »in die Dionysos-Mysterien eingeweiht«? Edmonds III (2011a, 38) übersetzt εὐαγὴς ἱερὰ mit

»holy priestess of Dionysos …«; vorsichtiger hingegen sind Graf/Johnston (2013, 41) mit der Übersetzung »Pure and sacred to Dionysos …« Wenn man Archebule als Priesterin ansieht, dann läuft letztlich beides auf dasselbe hinaus, da man als Priesterin notwendig auch in die Kultgeheimnisse eingeweiht war; umgekehrt gilt aber nicht das Gleiche, denn Eingeweiht-Sein bedeutet nicht automatisch Priesterin-Sein.

Das Adjektiv ἱερός kommt in den Goldplättchen sonst nur zur Bezeichnung von Örtlichkeiten oder substantiviert zur Bezeichnung von heiligen Handlungen vor; es wird nicht zur Bezeichnung für Eingeweihte verwendet. Außerdem würde man dafür andere Bezeichnungen erwarten (z. B. μεμυημένος, μυστικός, μύστης oder speziell weiblich μεμυημένη oder μυστεριῶτις), und bei Platon (Plat. *Phaid.* 69c) heißen Nicht-Eingeweihte dementsprechend nicht »Unheilige«, sondern werden mit den Adjektiven ἀμύητος oder ἀτέλεστος bezeichnet. Damit deutet der durchaus außergewöhnliche und auszeichnende Ausdruck ἱερὰ Διονύσου Βακχίου eher auf eine Dionysos-Priesterin als auf eine Dionysos-Eingeweihte hin, und damit ist das Eingeweiht-Sein in die Dionysischen Mysterien zwar implizit mit gemeint, aber nicht die hauptsächliche Stoßrichtung der Aussage. Vergleichbar sind zwei Grabepigramme, einmal auf einen Priester »aller Götter und des Dionysos« (ἱερεὺς τῶν τε θεῶν πάντων … καὶ Διονύσου, IG XIV Nr. 1449 = IGUR III Nr. 1169, Z. 2 f), zum anderen auf die Dionysos-Priesterin Alkmeonis, Tochter des Rhodios (Peek 1960, Nr. 178 = Herrmann 1998, Nr. 733).

Man kann auf dem Hintergrund dieser Überlegungen zu der Folgerung gelangen, dass die Doppelung der Adjektive nicht rein pleonastisch ist, sondern auf zwei verschiedene Aussagen hinausläuft: εὐαγής kann dann ein Äquivalent zum auch anderweitig belegten Adjektiv καθαρά sein und auf den »strahlenden Glanz« (= kultische Reinheit) als Eingeweihte zu beziehen sein, während ἱερά auf eine zusätzliche Qualifikation, nämlich auf einen Status als Priesterin, abzielt. Der kurze Text ist somit paraphrasierend so zu deuten:

»Eine Strahlende (= Eingeweihte, sc. in die Dionysos-Mysterien) und eine Heilige (= Priesterin) des Dionysos Bakchios bin ich, Archebule, des Antidoros (Tochter)!«

1 εὐαγής: Aufgrund der Parallele in C1, Z. 7 würde man das Adjektiv am ehesten mit »rein, makellos, heilig« (von εὐᾰγής) übersetzen (vgl. in diesem Sinn auch die oben zitierten Übersetzungen von Edmonds III: »holy«, GJ: »pure«; verschieden übersetzt in BJ, 163: »limpid« bzw. 166: »undefiled«). Dagegen sprechen aber metrische Gründe. Leitet man nämlich das Adjektiv hier in E5 von εὐᾱγής ab (»strahlend, glänzend«), dann ergibt sich für die Zeilen 1–2 ein daktylischer Hexameter (worauf auch Crespo 2011, 228 hinweist), was sicherlich kein Zufall ist, so dass das Adjektiv hier anders als in C1 wiedergegeben werden muss.

2 Βακ'χίου: Hier wird »bakchisch« als Adjektiv und Beiname deutlich (in Zeile 2 der Texte D1 und D2 absolut verwendet); der eigentliche Eigenname ist Dionysos (s. dazu auch Pugliese Carratelli 2001, 117). Auf dem Goldplättchen steht BAXXIOΥ.

3–4 Ἀρχεβούλ̣η Ἀντιδώρου: Graf/Johnston (2013, 41) schreiben Ἀρχεβού[λ]η Ἀντιδώρου (so auch Tzifopoulos 2010, 270) und interpretieren »(daughter of) Antidoros«, mit einer (vielleicht absichtlichen) Einsparung des Artikels ἡ. Bernabé 2005 (PEG II/2, fr. 496n) folgt zunächst Hatzopoulos in der Text-Herstellung, die auf eine Deutung als Ehefrau des Antidoros hinausläuft, dann aber in einem seltsamen Eigennamen resultieren würde (Ἀρχέβου [γυν?]ὴ Ἀντιδώρου), ändert aber Ἀρχέβου [γυν?]ὴ in den Addenda et Corrigenda in PEG II/3 (2007, S. 458), Chaniotis folgend, zu Ἀρχεβού[λη] ἡ (s. dazu auch mit textkritischen Anmerkungen in BJ, 269; Edmonds III 2011a, 38 akzentuiert, wohl irrtümlich, Ἀρχεβου[λὴ] ἡ). Nach dem guten Foto in der neueren Publikation von Malama/Tzifopoulos (2016, 65) ist das Λ, obwohl es in einem Faltknick liegt und dadurch schwerer lesbar ist, gut erkenntlich (von den erhaltenen Resten könnte es auch ein A sein, aber das scheidet aus inhaltlichen Gründen aus), so dass als Text Ἀρχεβούλ̣η Ἀντιδώρου als gesichert angesehen werden kann.

E6: Italien (Poseidonia/Paestum, Kampanien), 6. Jh. v. Chr.

Τᾶς θεῶ τ⟨ᾶ⟩ς Παιδός ἐμι

»Eine/r d⟨e⟩r Kind-Göttin bin ich!«

Kommentar

Es handelt sich um ein durch das hohe Alter (6. Jh. v. Chr.), durch das abweichende Material (Silber), durch die ungewöhnliche Anordnung der Buchstabenfolge (spiralförmig von außen nach innen) und durch den Inhalt (Rede von einer »Kind-Göttin«) von vergleichbaren Texten deutlich abweichendes Zeugnis. Durch die Ich-Aussage und die Proklamation der Zugehörigkeit zu einer bestimmten Gottheit ergibt sich inhaltlich aber eine durchaus engere Verbindung mit den Texten E4–E5, vor allem mit E5; Bernabé/Jiménez San Cristóbal (2008, 163) übersetzen mit »I am of the goddess Girl.«

Wie in Text E5 könnte die hier getroffene Aussage auf ein Eingeweiht-Sein, aber auch auf ein spezielles Amt im Dienst der genannten Gottheit hindeuten. Bei E5 deutet vieles darauf hin (s. den Kommentar dort), dass die Aussage »Ich bin eine Heilige des Dionysos« zu interpretieren ist als »Ich bin eine dem Dionysos Geheiligte/Geweihte« i. S. v. »Ich bin eine Priesterin des Dionysos«.

Ähnlich könnte es sich auch bei dem vorliegenden Zeugnis E6 um die Vorstellung eines Priesters oder einer Priesterin handeln (alternativ: um die Vorstellung eines/einer Eingeweihten). Im Fall einer Identifikation der »Kind-Göttin« mit Hera würde das Zeugnis E6 nicht zu den *Orphisch-Bakchischen Goldplättchen* gehören, im Fall einer Identifikation mit Persephone zumindest in den Umkreis von möglicherweise zugehörigen Texten.

Τᾶς θεõ: Im dorischen und nordwestgriechischen Dialekt steht τᾶς θεõ für τῆς θεοῦ.

Παιδός: Als stehendes Epitheton der gemeinten Göttin großgeschrieben. Von der sprachlichen Konstruktion her wird deutlich, dass »Kind-Göttin« nicht als Aufgabenbeschreibung (Göttin, die es mit Kindern, z. B. mit Geburten zu tun hat), sondern als Wesensbeschreibung zu interpretieren ist (Göttin, die »Kind« ist). Bernabé 2005 und in BJ (165 f) führt eine Stelle bei Pausanias an (Paus. 8,22,2), wo von einem Kult der »Kind-Hera« mit einem speziellen Heiligtum in Stymphelos (Arkadien) die Rede ist, was freilich vom Fundort des Goldplättchens weit entfernt ist; alternativ verweist er auf die Möglichkeit, dass hier unter einer anderen Bezeichnung auf Persephone Bezug genommen werden könnte, für die allerdings normalerweise Κόρη (»Mädchen«) als stehendes Epitheton verwendet wird.

ἐμι: ἐμί als Form für εἰμί ist inschriftlich (Thessalien) bezeugt (s. IG IX/2, Nr. 270,1; SEG 40 Nr. 473).

6. F-GRUPPE: BRIEF-PLÄTTCHEN

6.1 Einleitung

Die F-Gruppe verbindet ein allen Texten zugrundeliegendes Schema, das sich folgendermaßen darstellen lässt:

A (= Mensch), Myste, an B (= Unterweltsautorität): Grüße!

Die Dativ-Konstruktion »an B« findet sich in allen Texten; ansonsten kann einmal dieses, einmal ein anderes Element weggelassen sein. Der Infinitiv χαίρειν (hier übersetzt mit »Grüße!«) ist in F1–F3, das Substantiv »Myste« nur in F6 überliefert. Das weitgehende Fehlen der Bezeichnung als »Myste« lässt sich damit erklären, dass der Grabkontext und die Eigenart des Plättchens (Material und Form) genügend außertextliche Hinweise liefern, dass das Goldplättchen die verstorbene Person speziell als eingeweiht bezeichnet und legitimiert.

Auffällig ist der Infinitiv χαίρειν (mit verschiedenen Schreibweisen). Die Verwendung des Infinitivs kann nicht wie in anderen Fällen auf den Goldplättchen (vgl. εἰπεῖν in A2, Z. 6; D1 und D2, Z. 2) als Aufforderung gedeutet werden (»Sage Grüße!«), da ein imperativischer Infinitiv eine entsprechende Aufforderung einleitet und damit an erster, nicht wie hier in der F-Gruppe an letzter Stelle im entsprechenden Satz oder Satzteil steht. Dass der Infinitiv von der Sprechsituation her auch nicht eine begrüßende Anrede in der direkten Rede darstellt, zeigt ein Vergleich mit Text D3, wo die Begrüßung nicht mit dem Infinitiv, sondern mit dem Imperativ χαῖρε (»Sei gegrüßt!«) erfolgt. Dieser Imperativ fällt in Text D3 gleich dreimal (Z. 3 und Z. 5) und ist dort als Grußformel in der direkten

Anrede zu interpretieren, die interessanterweise nicht wie hier in den Texten der F-Gruppe an die Unterweltsgottheiten, sondern im Dialog an die verstorbene Seele gerichtet wird.

Bei der Verwendung des Infinitivs χαίρειν in der F-Gruppe handelt es sich somit gerade nicht um eine Aufforderung oder um eine Grußformel, sondern um die typische Einleitungsformel, die im antiken, griechischsprachigen Raum eine briefliche Kommunikation eröffnet. Der regelmäßige Infinitiv nach Angabe von Absender und Adressat am Briefbeginn (statt des zu erwartenden Imperativs χαῖρε) erklärt sich aller Wahrscheinlichkeit nach aus der älteren Praxis, Nachrichten mündlich per Boten (statt schriftlich) zu übermitteln, und der zu erschließenden ›Vollformel‹: »A lässt dem B ausrichten (λέγει), sich zu freuen (χαίρειν)«, was freier wiedergegeben werden kann mit »A lässt dem B Grüße ausrichten«. Später fällt dann λέγει aus, wodurch es zu der Kurzformel »A dem B: Grüße!« kommt.

Man hat versucht, diesen Befund abzuschwächen (Ceccarelli 2013, 53–56), aber vermutlich macht man es sich zu einfach, wenn man den Unterschied zwischen einer üblichen Briefeinleitungsformel und einer direkten, grüßenden Anrede vorschnell nivelliert (ohne Reflexion gleichgesetzt z. B. bei McClay 2023, 84; zu Bedenken vgl. nach eingehender Diskussion auch Ceccarelli 2013, 55 f: »however, the fact remains that the enunciative stance of these texts is that of a third-person address, much closer to that of letters than to that of prayers«). Da die Formulierung als Gruß völlig unproblematisch gewesen wäre (z. B. gibt es in diesen kurzen Texten keine metrischen Zwänge), muss es einen Grund gegeben haben, dies nicht zu tun. Um das am Beispiel von Text F1 zu verdeutlichen: Weshalb hat man nicht in Form einer Redeeröffnung geschrieben »Phersephone, sei gegrüßt; ich bin Philiste!«, sondern in Form einer Brieferöffnung »Philiste an Phersephone: Grüße!«?

Einen Hinweis für ein mögliches Verständnis liefert der Vergleich mit dem Goldplättchen A1, aus dem hervorgeht, dass die verstorbenen Eingeweihten in der Unterwelt nach ihrer Ankunft nicht mit den Unterweltsgottheiten höchstpersönlich kommuniziert haben, sondern dass die Kommunikation über »Wächter« abgelaufen ist, die die Seelen nach ihrer Legitimation als Eingeweihte und nach ihrem Begehr befragt haben. Die Antwort der Seelen wurde anschließend durch die Wächter an die Unterweltsgottheiten überbracht.

Etwas Ähnliches scheint hier vorzuliegen. Die Menschen wurden bei der Initiation instruiert, zur Bestätigung für die Einweihung und für den Fall des Todes einen schriftlichen Gruß mit dem Hinweis auf ein Eingeweiht-Sein zu verfassen, also eine Art Legitimations- und zugleich Empfehlungsschreiben, das nach der Einweihung dem Kultpersonal als ›Beweis‹ für die Initiation und nach dem Tod in der Unterwelt untergeordnetem ›Personal‹ wie den Wächtern übergeben werden konnte, die dieses Schreiben dann wiederum den Unterweltsgottheiten überreicht haben. Wurde von diesen die betreffende verstorbene Seele als eingeweiht anerkannt, wurde ein entsprechend positiver Bescheid erteilt und die Seele zum Bereich der Eingeweihten zugelassen, so wie zu Lebzeiten das Goldplättchen möglicherweise auch den Zutritt zu Versammlungen der Eingeweihten garantieren hat. Vielleicht haben diese Legitimations- und Empfehlungsschreiben durch das Material der Goldplättchen zugleich auch noch den Charakter von Geschenken gehabt, wodurch die Unterweltsgottheiten positiv gestimmt werden sollten, aber das ist unsicher.

6.2 Texte der F-Gruppe

F1: Makedonien (Aigai), 3.–1. Jh. v. Chr.

1	Φιλίστη Φερσε-	Philiste an Pherse-
2	φόνηι χαίρειν.	phone: Grüße!

Kommentar

Zur Deutung der Texte der F-Gruppe als Legitimations- und Empfehlungsbriefe s. die Einleitung zur F-Gruppe.

F2: Makedonien (Agios Athanasios bei Thessalonike), 3. Jh. v. Chr.

1	recto Φιλω̣τήρα	Philotera
2	τῶι δεσπό$^{!}$-	an den Herrsch-
3	τει$^{!}$ χέρε$^{!}$⟨ιν⟩.	er$^{?}$: Grü⟨ße⟩!
4	verso ⟨λ⟩ειμ̣ώ⟨ν⟩.	⟨W⟩ies⟨e⟩$^{?}$.

Kommentar

Der Text ist bei Bernabé als Nachtrags-Nummer fr. 495a in Bd. II/3 (2007, 456) unter den Addenda et Corrigenda zu finden. Es handelt sich um einen schwer zu lesenden Text aus einem geplünderten Grab (Umzeichnung bei Petsas 1969, 400, mit Abb. 21), daher gibt es unterschiedliche Textrekonstruktionen.

1 Φιλω̣τήρα: So der Text bei Bernabé, Edmonds III (2011a, 39) und Tzifopoulos (2010, 272), aber das Omega ist kaum als sol-

ches zu identifizieren. Graf/Johnston (2013, 46) haben (nach der Umzeichnung von Petsas zu schließen: offenbar versehentlich) Φιλωτέρα.

2–3 τῶι δεσπό˹|τει˺: Auf dem Goldplättchen steht ΤΩΙΔΕΣΠΑΤΕΑ. Tzifopoulos (2010, 272) und Edmonds III (2011a, 39) haben τῶι Δεσπ⟨ό⟩|τε⟨ι⟩ {α}; Hatzopoulos (2002, 28), Bernabé und Graf/Johnston (2013, 46) haben τῶι Δεσπότει und lassen das im Text stehende Alpha in der Transkription unberücksichtigt. Die Frage ist, ob hier der Herrscher oder aber die Herrscherin der Unterwelt gemeint ist. Man kann den Textbestand ΤΩΙΔΕΣΠΑΤΕΑ, bereits verbessert zu ΤΩΙΔΕΣΠΟ˹ΤΕΑ, folgendermaßen deuten: a) als substantiviertes feminines Adjektiv von δεσπότειος (»herrscherlich«, vgl. das substantivierbare Adjektiv δεσπόσυνος = »herrschaftlich, herrscherlich«) im Dativ; dann müsste man noch zwei Iotas ergänzen zu δεσπο˹τε⟨ί⟩α⟨ι⟩ und den voranstehenden männlichen Artikel τῶι verbessern zu τῆ˹ι (τῆ˹ι δεσπο˹τε⟨ί⟩α⟨ι⟩ – »der Herrscherlichen«); b) als Dativ vom Substantiv δεσπότειρα (»Herrscherin«); dann müsste man zwei Iotas und ein Rho ergänzen zu δεσπο˹τε⟨ίρ⟩α⟨ι⟩ und ebenfalls τῶι verbessern zu τῆ˹ι (τῆ˹ι δεσπο˹τε⟨ίρ⟩α⟨ι⟩ – »der Herrscherin«); c) als Dativ vom Substantiv δεσπότης; dann müsste man nur noch das Alpha in ein Iota verbessern zu τῶι δεσπό˹τει˺ (»dem Herrscher«). Warum die Rekonstruktion τῶι Δεσπ⟨ό⟩τε⟨ι⟩{α} (also unter Weglassung des Alpha) bei Edmonds III (2011a, 39) zu der Übersetzung »to the Mistress« führt, ist unverständlich, da δεσπότης, soweit zu ersehen, nirgends auch einmal als Bezeichnung für die weibliche Herrscherin verwendet wird, und dann müsste man statt τῶι vorher auch τῆι rekonstruieren, was bei Edmonds III aber so nicht angepasst ist. Da bei der letzten Möglichkeit c) die Eingriffe nicht zu zahlreich sind und der voranstehende Artikel zwar etwas undeutlich, aber doch sehr wahrscheinlich ein τῶι darstellt, ist vom Textbestand her eher Hades als Adressat anzusehen. Für den Gruß an den Unterweltsherrscher (oder an Dionysos; beide Alternativen werden bei Bernabé 2007, Bd. II/3, S. 457 erwogen, wobei ihm Pluton wahrscheinlicher vorkommt) sprechen außerdem die Parallelen in den Texten F3–F5, wo er als »Pluton« angeredet wird (allerdings immer mit Persephone zusammen, nie allein).

3 χέρε!⟨ιν⟩: Das zweite Epsilon ist unvollständig geschrieben und sieht aus wie Γ. Bernabé und Graf/Johnston lesen χέρε(ιν); Tzifopoulos und Edmonds III haben nur zu χέρε⟨ν⟩ ergänzt (-εν ist dorische Infinitiv-Endung, s. Kommentar zu F3). Zur Schreibung χέρ- für das Verbum χαίρειν s. bspw. auch IG X, Nr. 247 und SEG 51 Nr. 1813 (beide Male χέρειν); ein Beleg für die Form χέρεν ließ sich hingegen nicht finden.

4 ⟨λ⟩ειμ̣ώ⟨ν⟩: Die vier Buchstaben ΕΙΜ̣Ω befinden sich auf der Rückseite (s. Tzifopoulos 2010, 272), gepunktet zu sehen in der Umzeichnung von Petsas (1969, 400), nicht wiedergegeben bei Bernabé und bei Graf/Johnston (GJ, 46). Auf dem Hintergrund anderer Goldplättchen kann man die Ergänzung ⟨λ⟩ειμ̣ώ⟨ν⟩ (»Wiese«) erwägen. Mit dem Hinweis auf die (heilige) Wiese wäre der Zielpunkt bzw. der Sehnsuchtsort angegeben, auf den das Goldplättchen bzw. der Myste zusteuert (zu »heiligen Wiesen« vgl. D3, Z. 6; E3, Z. 4).

F3: Kreta (Eleutherna), 3.–1. Jh. v. Chr.

1	[Πλού]τωνι καὶ Φ-	An [Plu]ton und an Ph-
2	[ερσ]οπόνει χαίρεν.	[ers]opone: Grüße!

Kommentar

Auf dem Hintergrund vergleichbarer Goldplättchen fehlt sowohl der Eigenname (s. F1, F2 und F6) als auch die Bezeichnung »Myste« (s. F6); beides ist auf dem Hintergrund der Paralleltexte hinzuzudenken (s. dazu die Einleitung zur F-Gruppe). Die Ergänzungen für die jeweils am Zeilen-Anfang fehlenden Buchstaben sind sehr plausibel, vgl. als nächste Paralleltexte F4 und F5 (»an Pluton [und] Phersephone«), außerdem die Texte F1 und F6 (nur »an Phersephone«, ohne Pluton) bzw. F2 (nur »an den Herrscher«, ohne Phersephone).

1 [Πλού]τωνι: Auf den Goldplättchen lautet die Bezeichnung für den Unterweltsherrscher, wenn der Name nicht umschrieben wird (vgl. »Eukles« in den Reine-Seele-Plättchen der C-Gruppe), »Pluton«, nicht »Hades«, und taucht nur hier in der F-Gruppe der Brief-Plättchen auf (vgl. noch F4 und F5). Die Bezeichnung »Hades« hingegen ist für die Bezeichnung des Totenreichs reserviert (s. A1, Z. 2 und Z. 9; A2, Z. 1; A3, Z. 1, möglicherweise zu ergänzen in A4, Z. 4 und Z. 11; unsicherer Bezug in E2, Z. 1).

1–2 Φ|[ερσ]οπόνει: Die abweichende Schreibung des Namens der Unterweltsherrscherin ist auf Kreta auch anderweitig belegt (»Ph[er]sopone« auf einer Inschrift von Lappa, IC II Nr. 16,10; s. Tzifopoulos 2010, 22 f mit Abbildung).

2 χαίρεν: Die Infinitiv-Endung auf -εν (statt -ειν) ist vor allem für den dorischen Dialekt typisch (›regelwidriger‹ Akut statt Zirkumflex auf der ersten Silbe zur Unterscheidung von einem augmentlosen Imperfekt).

F4: Kreta (Sfakaki, Rethymnon): 1. Jh. v. Chr. – 1. Jh. n. Chr.

1	Πλούτω̣νι	An Pluton (und)
2	Φερσεφόνη⟨ι⟩	⟨an⟩ Phersephone.

Kommentar

Der Text ist äußerst verkürzt; es stehen nur noch die Adressaten da, es fehlen die Grußformel, der Absender und die Bezeichnung als »Myste«. Zu der hinter diesen abkürzenden Wörtern stehenden ›Vollform‹ s. die Einleitung zur F-Gruppe; zur Lokalisation von Sfakaki s. den Kommentar zu B9.

F5: Kreta (Sfakaki, Rethymnon): 1. Jh. v. Chr. – 1. Jh. n. Chr.

1	Πλούτωνι	An Pluton (und)
2	Φερσεφόνη⟨ι⟩	⟨an⟩ Phersephone.

Kommentar

Inhaltlich identisch mit F4; s. den Kommentar dort. Foto und Edition des neuen Zeugnisses findet man in Tsatsaki/Tzifopoulos 2022, 126 mit den Abbildungen 9–10 auf Seite 138.

F6: Makedonien (Pella), ca. 300 v. Chr.

1	Φερσεφόνηι	An Phersephone.
2	Ποσείδιππος μύστης	Poseidippos, Myste (und)
3	εὐσεβής	fromm.

Kommentar

Eine Fotografie des Goldplättchens findet man als Abbildung 6 in diesem Band. Der Vergleich mit den anderen Goldplättchen der F-Gruppe führt zu dem Ergebnis, dass hier wiederum eine Art Kurzbrief vorliegt, doch dieses Mal in leicht abgewandelter Form. Die Adressatin Persephone steht wie üblich im Dativ; zu ergänzen ist nach diesem Dativ auf dem Hintergrund der Texte F1–F3 die Brieferöffnungsformel χαίρειν.

Ein entscheidender Unterschied liegt aber darin, dass bei der Brieferöffnung typischerweise der Absender *vor*, während hier in Text F6 der Name des Mysten Poseidippos erst *nach* der adressierten Person steht. Eine solche Wortstellung entspricht auch nicht der typischen Wortstellung von griechischen Weihinschriften; dort steht üblicherweise der Name des Weihenden ebenfalls vor und nicht nach der Gottheit, der etwas geweiht wird, nach dem Schema »A (= Mensch) hat X geweiht dem oder der B (= Gottheit)«. Das schließt die Möglichkeit, dass ein Goldplättchen wie dieses als Geschenk oder Weihegabe an die Unterweltsgottheiten aufgefasst worden sein könnte, zwar nicht zwingend aus, macht diese Annahme aber doch eher unwahrscheinlich.

Im Fall der Annahme eines kurzen Briefes lässt sich hingegen diese merkwürdige Wortstellung erklären, denn anders als bei einer Weiheinschrift, die sich in aller Regel in der Angabe von Weihendem, Weihegegenstand und adressierter Gottheit erschöpft, folgt bei einem Brief nach der formelhaften Eröffnung in der Regel der Briefinhalt. Auf dem Hintergrund dieser Überlegungen kann zwar aus den Worten Ποσείδιππος μύστης εὐσεβής Poseidippos als Absender erschlossen werden; diese Worte selbst sind formal aber nicht als Absender-Angabe, sondern als Briefinhalt zu verstehen. Dieser Briefinhalt hält fest, dass Poseidippos eingeweiht und fromm ist (zu einer möglichen Verwandtschaft mit dem späteren Dichter gleichen Namens s. BJ, 165), in etwa vergleichbar zu Text E5, wo Archebule das, was über sie selbst zu sagen ist, in die folgende Aussage fasst: »Eine Strahlende (und) Heilige des Dionysos Bakchios bin ich, Archebule, des Antidoros (Tochter).« Zu beachten ist, dass der Schwerpunkt der Aussage in beiden Fällen nicht darauf liegt, *wer* man ist (»ich bin Archebule bzw. Poseidippos«), sondern *was* man ist, nämlich eine eingeweihte Priesterin (»ich bin eine Strahlende und Heilige«) bzw. ein frommer Eingeweihter (»ich bin ein Myste und fromm«; für die Übersetzung »ich bin ein frommer Myste« würde man im Griechischen eine andere Wortstellung, nämlich εὐσεβὴς μύστης, erwarten).

Die fehlenden Elemente im vorliegenden Text sind durch den generell abkürzenden Charakter der Goldplättchen und durch den Wunsch nach Platzeinsparung erklärbar; außerdem sind sie aufgrund der Formelhaftigkeit und des Briefinhalts leicht ergänzbar. Zu rekonstruieren ist aufgrund dieser Überlegungen folgender ›Kurzbrief‹:

⟨Ποσείδιππος⟩ Φερσεφόνηι ⟨χαίρειν⟩. Ποσείδιππος μύστης εὐσεβής ⟨εἰμι⟩.
⟨Poseidippos⟩ an Phersephone: ⟨Grüße!⟩ Poseidippos, (ein) Myste (und) fromm ⟨bin ich⟩.

7. G-GRUPPE: NAMENS-PLÄTTCHEN

7.1 Einleitung

In der G-Gruppe sind Goldplättchen zusammengefasst, auf denen entweder nur ein Personenname (Fall A) oder nur die Bezeichnung »Myste« (Fall B) oder sowohl ein Personenname als auch die Bezeichnung »Myste« steht (Fall AB). Dieser Befund weist darauf hin, dass bei all den Goldplättchen, bei denen nur Fall A oder nur Fall B vorliegt, als vollständige Form der Fall AB vorauszusetzen ist (s. auch BJ, 165).

Es wäre denkbar, dass die Namens-Plättchen der G-Gruppe als extrem verkürzte Fälle der F-Gruppe aufzufassen sind, aber gegen eine Interpretation als ›Kurzbriefe‹ spricht nicht nur, dass nirgends die für Briefe typische Grußformel χαίρειν überliefert ist, sondern vor allem die Beobachtung, dass in der F-Gruppe als wichtigstes einen Brief kennzeichnendes Element immer ein Adressat im Dativ angegeben ist, während der Absender-Name fehlen kann (s. F3 und F4), wohingegen hier in der G-Gruppe gerade umgekehrt nirgends eine Adressatenangabe zu finden ist, dafür aber immer der Name des Mysten (bis auf die Ausnahme G3).

In Abhebung zur F-Gruppe und auf dem Hintergrund anderer Goldplättchen wird deutlich, dass diese Texte nicht so sehr als *Beschreibungen* (in Form eines Briefes oder Namensschildes oder Passes), sondern als *Aussagen* in Form von wörtlicher Rede zu verstehen sind. Zu rekonstruieren ist daher bei einer Aufschrift mit einem Personennamen NN (ab G4 in der Reihenfolge des griechischen Alphabets sortiert) nicht »Dies hier ist NN« oder »Hier liegt NN« oder »NN an Persephone: Grüße!« o. ä., sondern »Ich bin NN!«

Das Spezifische der Aussage, die getroffen werden soll, liegt aber nicht in der namentlichen Identifikation, sondern in dem implizit behaupteten Anspruch, in die Mysterien eingeweiht zu sein (vgl. bereits den Kommentar zu F6). Das ergibt sich nicht nur aus dem Befund der Texte, die die ›Vollform‹ explizit überliefern (G1 und G2), sondern auch durch die Berücksichtigung weiterer Merkmale wie Material, Form und Fundkontexte der Goldplättchen: Goldplättchen in Gräbern auf Mund oder Brust von Verstorbenen sind aufgrund der längeren erhaltenen Texte nachweislich als Texte aus dem Kontext der Initiation in einen Mysterienkult anzusehen. Ein Goldplättchen mit der Aufschrift eines Personennamens NN zielt somit nicht auf die Aussage »Ich bin NN!«, sondern auf die Aussage »Ich, NN, bin Myste!« (vgl. auch Kotansky 2016, 15 f, unter Einbeziehung der Götter, vor denen diese Aussage zu denken ist; vgl. die Brief-Plättchen der F-Gruppe).

Vergleichbar sind die expliziten Ich-Aussagen in folgenden Texten der E-Gruppe: »Eine Strahlende (und) Heilige des Dionysos Bakchios *bin ich* (εἰμί), Archebule, des Antidoros (Tochter)!« (E5) bzw. »»Eine/r der Kind-Göttin *bin ich* (ἐμι)!« (E6). Nicht wörtlich, aber sinngemäß geht genau in diese Richtung auch die Ich-Aussage in E4: »*Ich habe* (ἔχω) die Mysterien [des Bakchos?] ⟨und⟩ der Chthonischen Demeter Weihen und (die) der Ber[g]-Mutter.« Selbst wenn also nur noch der Eigenname auf einem Goldplättchen steht, ist nicht der *Name*, sondern der *Status* entscheidend. Daher macht es durchaus einen Unterschied, ob man als dahinterstehende Aussage rekonstruiert »Ich bin NN, ein Myste!« (Betonung liegt auf dem »Wer«), oder, was in den Goldplättchen eigentlich gemeint ist: »Ich, NN, bin Myste!« (Betonung des »Was«; vgl. genau diese Stoßrichtung auch bei dem eben zitierten Text E5).

Bei diesen Aussagen handelt es sich nicht nur um informative, sondern um performative Sprechakte, die mit der Information zugleich einen Anspruch formulieren und außerdem etwas bewirken sollen (vgl. dazu auch GJ, 185; Obbink 2011, 297 f). Um es nach Austin und Searle zu formulieren: Es sind nicht nur illokutionäre, sondern perlokutionäre Sprechakte. In einer solchen Aussage steckt mehr als nur eine Beschreibung, und dieses »Mehr« lässt sich auf dem Hintergrund der anderen, längeren erhaltenen Texte in etwa so paraphrasieren: »Ich, NN, bin Myste. Und daher habe ich einen Anspruch darauf, so behandelt zu werden und so zu leben, wie es Mysten gebührt!« Als informativer (illokutionärer) Sprechakt zielt die Aussage auf die Mitteilung, dass man einen bestimmten Status hat bzw. erreicht hat, als perlokutionärer Sprechakt soll er ein Gegenüber dazu bringen, dem in der Aussage liegenden Anspruch Genüge zu tun.

Aus dieser Sprechakt-Analyse ergeben sich Folgerungen für mögliche Settings dieses Sprechakts. Als illokutionärer Sprechakt fasst die Aussage zunächst Höhepunkt und Ergebnis der Initiation zusammen: »Ich, NN, bin (hiermit) eingeweiht (in die Mysterien des Gottes NN)!« Damit war zugleich der Anspruch verbunden, dass man von nun an und für das weitere Leben als Myste anerkannt und zur Gemeinschaft der Mysten und zu ihren Feiern zugelassen wurde. Das Goldplättchen, das das Erreichen dieses Status dann textlich fixiert und durch das Material zugleich die Wichtigkeit dieser Stellung anzeigt, ist der symbolische »Siegeskranz«, den der betreffende Mensch durch das Abenteuer der Initiation errungen hat (vgl. C3, Z. 6: »den ersehnten Siegeskranz habe ich erlangt ...«).

Genauso viel Sinn ergibt aber auch die Verortung dieses Sprechakts in der – während der Initiation gespiegelten bzw. antizipierten – Situation in der Unterwelt, wenn die verstorbene Seele vor die Unterweltsgottheiten tritt und nach Namen und Status befragt wird (zum Doppelspiegelszenario der Goldplättchen s. ausführlicher die Einführung § 4.7). Beim Begräbnis der Mysten hat man diesen das, was sie nach dem Tod sagen sollen, zumindest in zwei Fällen (G4 und G9) im wahrsten Sinn des Wortes in den Mund gelegt, was den Charakter als Aussage (nicht als Ausweisvermerk, Leichenzettel, Eintrittsticket o. ä.) noch einmal sehr deutlich macht, und diese Aussage ist dieselbe wie die, die zu Lebzeiten Höhepunkt und Ergebnis der Initiation markiert hat, und lautet in vervollständigter Form: »Ich, NN, bin Myste (des Gottes NN)!« Vielleicht hat man sich vorgestellt, dass zur Bekräftigung dieser Aussage auch das Goldplättchen vorgewiesen werden sollte, aber das muss offenbleiben.

7.2 Texte der G-Gruppe

G1: Achaia (Aigion), 3.–1. Jh. v. Chr.

Δεξίλαος μύστας	Dexilaos Myste

G2: Achaia (Aigion), 3.–1. Jh. v. Chr.

Φίλων μύστας	Philon Myste

G3: Achaia (Aigion), 3.–1. Jh. v. Chr.

Μύστης	Myste

G4: Makedonien (Pydna, Pieria), 336–300 v. Chr.

1	recto Ἄνδ-	And-
2	ρων	ron
3	verso Ἄνδ-	And-
4	ρων	ron

Kommentar

Bei den Goldplättchen G4 und G9 handelt es sich rein äußerlich um Sonderfälle insofern, als es sich nicht um beschriebene, vorher ›leere‹ Goldplättchen handelt, sondern um zu Goldplättchen umfunktionierte Goldmünzen aus der Zeit Philipps II. (336–300 v. Chr.; Fotos und Kommentar in Tzifopoulos 2010, 32–34). Zur Interpretation und Zugehörigkeit zu den *Orphisch-Bakchischen Goldplättchen* von G4, G6 und G9 s. Tzifopoulos 2011a und McClay 2023, 155 f. Der Name »Andron« ist hier bei G4 sowohl auf der Vorder- als auch auf der Rückseite eingeritzt.

G5: Makedonien (Europos), ca. 300 v. Chr.

1	Βόττα-	Botta-
2	κος	kos

G6: Makedonien (Pella), ca. 300? v. Chr.

1	Ἐπιγέ-	Epige-
2	νης	nes

Kommentar

Das Goldplättchen G6 hat eine münzenähnliche Form und gleicht daher den Funden G4 und G9. Zur Zugehörigkeit zu den *Orphisch-Bakchischen Goldplättchen* von G4, G6 und G9 s. Tzifopoulos 2011a.

G7: Elis (Elis), 300–275 v. Chr.

Εὐξένη	Euxene

Kommentar

Εὐξένα nach Bernabé (PEG II, fr. 496i), Εὐξένη nach Zoumbaki (2005, 169, Katalog-Nr. E 35, s. auch GJ, 32 u. a.). Der Ersteditor Papathanasopoulos (1969, 153) liest Εὐξένη; die Aufschrift ist dort auf dem schlechten Foto (Abbildung 153β) aber nicht erkennbar.

G8: Makedonien (Pella), ca. 300 v. Chr.

Ἡγησίσκα	Hegesiska

G9: Makedonien (Pydna, Pieria), 336–300 v. Chr.

1	Ξενα-	Xena-
2	ρίστη	riste

Kommentar

S. den Kommentar zu G4. Die Münze ist nur auf einer Seite beschrieben.

G10: Daphniotissa (Elis), 4./3. Jh. v. Chr.

Παλάθ̣α	Palatha

Kommentar

So die Akzentuierung nach Zoumbaki (2005, 286, Katalog-Nr. Π 35), mit Namenserklärung und Diskussion der alternativen, aber weniger wahrscheinlichen Lesung ΠΑΝΑΘΑ. Die Akzentuierung Πάλαθα (Versehen?) findet sich bei GJ, 32.

G11: Elis (Elis), 3. Jh. v. Chr.

Φιλημήνα	Philemena

G12: Makedonien (Pella), ca. 300 v. Chr.

Φιλόξενα	Philoxena

G13: Makedonien (Methone), ca. 300 v. Chr.

Φυ-[/Βου-]λομάγα	Phy-[/Bou-]lomaga

Kommentar

Der Name wurde am Anfang nachträglich korrigiert und lautet daher entweder »Phylomaga« oder »Boulomaga« (seltene, makedonische Namensform von attisch »Phylomache«), wobei nicht mehr zu entscheiden ist, welche Lesart die ursprüngliche und welche die korrigierte ist (s. dazu Tzifopoulos 2010–2013).

8. H-GRUPPE: LEERE PLÄTTCHEN

8.1 Einleitung

Die Analyse der G-Gruppe hat bereits zeigt, wie komplex die Hintergründe sind, die im Fall der *Orphisch-Bakchischen Goldplättchen* hinter extrem verknappten textlichen Informationen wie der Nennung eines bloßen Namens oder eines einzelnen Worts wie »Myste« stehen. Das geht, wie gesagt, nicht allein aus diesen kurzen Texten selbst hervor, sondern aus dem Vergleich mit längeren Texten und vor allem auch aus der Materialität dieser Texte und aus den bezeugten Fundkontexten. Der Wissende weiß, was ein Goldplättchen, das in einem Grab bei einem Verstorbenen und vielleicht sogar noch auf dessen Mund liegt, alles ›sagt‹, selbst wenn darauf nur noch »Myste« oder ein Eigenname steht.

Von da ist es nur noch ein kleiner Schritt zu der Annahme, dass in antiker Sicht selbst Goldplättchen ohne jeglichen Text, die in einem Grabkontext besonders positioniert bei einem Verstorbenen gefunden werden, funktional und vom Sinngehalt her den Goldplättchen entsprechen, die durch einzelne Worte oder längere Textpassagen eindeutig einem Mysterienkult zuzuordnen sind, dass auch solche leeren Goldplättchen durchaus dieselben oder zumindest sehr ähnliche ›Aussagen‹ machen sollen, und dass im Hintergrund ähnliche Szenarien für diese Aussagen vorauszusetzen sind wie bei den mit Texten versehenen Goldplättchen (s. Tzifopoulos 2011, 175).

Das geht manchmal zusätzlich noch aus dem Fundkontext hervor. So stammen die drei unbeschrifteten Goldplättchen H4, H5 und H6 aus etwa derselben Zeit und von demselben Gräberfeld, in dem auch das beschriftete Goldplättchen F4 gefunden wurde. Zudem haben die Goldplättchen H2–H4 ähnlich wie das beschriftete

Goldplättchen F4 eine länglich-ovale Form, die zumindest bei H2 und H4 möglicherweise die Form eines Mundes darstellen sollte; ursprünglich lagen die Goldplättchen vermutlich auch, wie in anderen bezeugten Fällen (vgl. B7, F4, G4 und G9), auf den Mündern der Verstorbenen (s. dazu Tzifopoulos 2010, 23–25 und 30–32).

Von solchen unbeschrifteten Goldplättchen, die aufgrund verschiedener Indizien zu den *Orphisch-Bakchischen Goldplättchen* gerechnet werden können, sind bislang sechs Zeugnisse dokumentiert, die in der H-Gruppe zusammengefasst und nach Besonderheiten sortiert sind (zuerst die mit einer Abbildung oder mit einer besonderen, ovalen Form, dann rechteckige):

- zwei aus Syrakus auf Sizilien, eines mit Abbildung einer Ianusköpfigen Frau, eines länglich-oval (H1–H2)
- eines aus Pella in Makedonien, in Form eines Olivenblatts? (H3)
- drei aus Sfakaki auf Kreta, eines in Form eines Mundes?, die anderen beiden jeweils rechteckig (H4–H6)

8.2 Plättchen der H-Gruppe

H1: Sizilien (Syrakus), 5.–3. Jh. v. Chr.

Das kleine, rechteckige Goldplättchen (20 × 12 mm) stammt aus einem Grab aus Syrakus auf Sizilien und lag im Mund des Leichnams. Als Besonderheit ist darauf die Gestalt einer weiblichen Figur mit Ianus-Kopf abgebildet. Ob es sich dabei um eine Art ›fusionierende‹ Darstellung der Demeter-Kore handeln könnte, wie bereits der Ausgräber Orsi vermutet (Orsi 1907, 747 unter Nr. 577; Zeichnung des Fundstücks ebd. 743, fig. 2a), bleibt spekulativ.

H2: Sizilien (Syrakus), 5.–3. Jh. v. Chr.

Wie das Goldplättchen H1 stammt H2 aus der Nekropole von Fusco bei Syrakus und wurde auf der Brust des Leichnams gefunden (Orsi 1907, 741 unter Nr. 561, mit 743, fig. 2c). Es ist unbeschrieben und weist auch keine Abbildung auf, hat aber eine besondere, länglich-ovale Form (34 × 10 mm), die der Form (eines Mundes?) ähnelt, die auch das unbeschriebene Goldplättchen H4 und das beschriebene Goldplättchen F4 aufweisen (s. dazu die Einleitung zur H-Gruppe).

H3: Makedonien (Pella), 200–150 v. Chr.

Das Goldplättchen H3 stammt aus einem Grab einer wohlhabenden Frau im makedonischen Pella, mit einer länglich-ovalen Form, die möglicherweise als Form eines Olivenblatts zu interpretieren ist, und war vielleicht mit einer inzwischen nicht mehr lesbaren Inschrift aus Tinte versehen (Chrysostomou 1992). Gefunden wurde das Goldplättchen in einer hölzernen Schatulle mit den Knochen einer Frau. Die Schatulle lag wiederum in einem Marmorsarkophag; unter den Grabbeigaben befinden sich auch zwei goldene Myrtenkränze (s. dazu Tzifopoulos 2010, 280).

H4: Kreta (Sfakaki, Rethymnon), 1–50 n. Chr.

Die Goldplättchen H4–H6 stammen aus einem Gräberfeld bei Sfakaki auf Kreta, einer kleinen, etwa acht Kilometer östlich von Rethymnon gelegen Siedlung. H4 hat eine länglich-ovale Form (52 × 4–16 mm), die möglicherweise der Form eines Mundes nachgebildet sein könnte und einem in demselben Gräberfeld gefundenen Goldplättchen mit Aufschrift (Text F4) ähnelt; gefunden wurde es in der Nähe des Schädels vermutlich eines Mannes (Geschlecht unsicher; Foto, Beschreibung und Fundkontext in Tzifopoulos 2010, 30 und 280).

H5: Kreta (Sfakaki, Rethymnon), 50–100 n. Chr.

H5 stammt wie H4 aus Sfakaki und wurde auf dem Oberkiefer des Schädels vermutlich einer Frau (Geschlecht unsicher) gefunden. Das unbeschriebene Goldplättchen ist rechteckig (53 × 17 mm), mit etwas herausstehenden, abgerundeten Ecken, und auf der ganzen Fläche mit einem schräg verlaufenden, netz-ähnlichen Gittermuster versehen (Foto, Beschreibung und Fundkontext in Tzifopoulos 2010, 30 f und 280).

H6: Kreta (Sfakaki, Rethymnon), 1. Jh. n. Chr.

Das unbeschriebene Goldplättchen H6, ebenfalls aus Sfakaki, ist rechteckig (37 × 15 mm) und weist mit nur schwach gezogenen Linien ein gerades, schachbrett-ähnliches Muster auf; es befand sich bei dem vermutlich weiblichen Skelett im Bereich der Knochen des Gebärmutterhalses (Foto, Beschreibung und Fundkontext in Tzifopoulos 2010, 31 f und 280).

APPENDIX

VERWANDTE TEXTE UND BILDER

Angehörige vieler Völker haben zu allen Zeiten und in allen Teilen der Welt Verstorbenen besondere Gaben mit ins Grab gegeben. Etwa zeitgleich zu den *Orphisch-Bakchischen Goldplättchen* des Mittelmeerraums haben etwa Menschen der peruanischen Paracas-Kultur (ca. 900–200 v. Chr.) ihren mumifizierten Toten manchmal (teilweise gefaltete) Goldplättchen an oder in Öffnungen des Kopfes wie beispielsweise den Mund gelegt (s. bspw. Peters/Tomasto-Cagigao 2017). Ein weiteres, entfernt ähnliches Beispiel aus hiesigen Breiten: In der Mitte des 12. Jahrhunderts n. Chr., rund 1000 Jahre nach dem derzeit spätesten *Orphisch-Bakchischen Goldplättchen* (Text C4), hat man ein etwa acht Jahre altes Kind neben der Liebfrauenkirche in Halberstadt beerdigt und ihm ein mehrfach gefaltetes Täfelchen, in diesem Fall allerdings aus Blei, in einem Beutel auf die Brust gelegt (Deutsche Inschriften online, DI 86 Halberstadt [Stadt] Nr. 1, Hans Fuhrmann, o. J., in: www.inschriften.net, urn:nbn:de:0238-di086l005k0000105 [Aufruf am 12.01.2025], mit Abbildung; Städtisches Museum Halberstadt, Inv.-Nr. IV: 651/106; s. dazu Koch 1989; Muhl/Gutjahr 2013, 33–37). Um die Darstellung des gekreuzigten Christus herum findet sich ein lateinischer Text eingeritzt (mit etlichen Fehlern und ausgelassenen Buchstaben), der den Verstorbenen im Jenseits vor einem schlimmen Schicksal bewahren soll, und der auszugsweise lautet (Übers. H. Fuhrmann o. J.):

> Im Namen des Vaters und des Sohnes und des Heiligen Geistes und im Namen unseres Herrn Jesu Christi: Ich beschwöre dich, Alber, der du genannt wirst Teufel oder Satan, durch den Vater und den Sohn und den Heiligen Geist und durch alle Engel und Erzengel, durch die zwölf Apostel und die zwölf Propheten und durch die vierundzwanzig Älte-

> sten und durch die zweihundertvierundsechzigtausend der Unschuldigen, du sollst keine Gewalt haben … über den Diener Gottes Tado …

Freilich handelt es sich bei diesem Beispiel um ein zwar personalisiertes, im Prinzip aber für alle Personen geeignetes Amulett, das Schutz gewähren und in vielen Fällen sowohl vor als auch nach dem Tod helfen kann und soll. Damit ist es letztlich doch weit entfernt von den *Orphisch-Bakchischen Goldplättchen* mit ihren sehr konkreten und exklusiven Anweisungen für Eingeweihte, wie man sich während der Initiation und im ›Jenseits‹ zu verhalten und was man in beiden Fällen an welchem Ort und zu wem zu sagen hat. Eine solche Ausweitung auf in Gräbern gefundene Amulette mit Schutzfunktion, mit Darstellungen entsprechender Schutzgottheiten und Aufschriften von Abwehr- oder Segenssprüchen würde den vorliegenden Rahmen bei Weitem sprengen (vgl. dazu für die griechische Antike Kotansky 1994, und für den antiken Mittelmeerraum die Zusammenschau bei López-Ruiz 2015, um nur zwei Beispiele herauszugreifen; zu möglichen Einflüssen auf die *Orphisch-Bakchischen Goldplättchen* aus Ägypten s. Merkelbach 1999; sehr zurückhaltend bis kritisch Dousa 2011).

Im Folgenden sollen Texte wiedergegeben werden, die mit den *Orphisch-Bakchischen Goldplättchen* zeitlich, inhaltlich und vom kulturellen Hintergrund her näher verwandt sind, zum einen weitere Goldplättchen aus Begräbniskontexten in der Region Palästina und in der Türkei (§ 1 und § 2), zum anderen zwei ägyptische Papyri, die wichtige Quellen für unser Wissen über die Dionysischen Mysterien darstellen (§ 4 und § 5). Hier hätte natürlich auch noch der Derveni-Papyrus eine prominente Stellung einnehmen müssen, ein in einem Grab bei Thessaloniki gefundener Kommentartext zu einer orphischen Theogonie(-Variante) aus dem 4. Jahrhundert v. Chr., doch sowohl für diesen Fund wie für andere wichtige orphische Texte sind in der Sammlung Tusculum eigene Bände erschienen (Kotwick 2017 für den Derveni-Papyrus) oder vorgesehen.

Eine Sonderstellung nehmen drei ukrainische Knochenplättchen ein (§ 3), die wegen des Themenfelds »Orphik« bzw. »Orphiker« aufgenommen worden sind. Nicht um *Texte* für die Toten, sondern um *Bilder* für die Toten soll es in einem kurzen Einblick in die Unterweltsszenarien süditalischer Vasenmalerei gehen, die von der Forschung in einigen Fällen mit Mysterienkulten in Zusammenhang gebracht werden konnten und in etwa aus derselben Zeit stammen wie die dort in der Gegend gefundenen Goldplättchen (§ 6). Den Abschluss bildet mit einem in akkadischer Sprache beschrifteten Tontäfelchen aus dem heutigen Iran ein Ausblick, genauer gesagt ein Rückblick in die Tiefen sehr viel älterer Vorstellungen von der Reise der Seele in die Unterwelt und den dort zu erwartenden Gefahren (§ 7).

1. Goldplättchen aus Palästina

Aus dem 2./3. Jahrhundert n. Chr. stammen bislang elf bekannte Zeugnisse von beschriebenen Goldplättchen, die man in Gräbern in der Region Palästina gefunden hat, und zwar in den Städten Eleutheropolis, Nikopolis und in dem unter dem Namen Aelia Capitolina wiedererrichteten, zuvor von den Römern zerstörten Jerusalem. Wie von Graf und Johnston vorgeschlagen (GJ, 208–213; vgl. bereits in dieser Richtung Kotansky 1991, 115 f), sind diese Plättchen aufgrund des Materials und der Fundkontexte mit den *Orphisch-Bakchischen Goldplättchen* vergleichbar; die beiden Autoren halten es sogar für möglich (ebd. 213), dass die Palästina-Goldplättchen von der Tradition der *Orphisch-Bakchischen Goldplättchen* direkt beeinflusst sein könnten (s. auch Graf 2016, 20).

Die Texte selbst sind allerdings weniger inhaltlich als eher auf einer formalen Ebene ähnlich: Zum einen handelt es sich wie bei den *Orphisch-Bakchischen Goldplättchen* um wörtliche Rede, und zwar um eine Anrede an die verstorbene Person. Zum anderen lässt sich an den Palästina-Plättchen ein Prinzip beobachten, dass bereits begegnet ist: Es gibt eine ›Vollform‹ und abgekürzte Varianten davon, und hier wie bei den *Orphisch-Bakchischen Goldplättchen* ist davon auszugehen, dass man auch bei den abkürzenden Varianten die Vollform (s. unten) jeweils mitzudenken hat. Die kürzeste Variante hat nur noch ein Wort, den Imperativ θάρσι oder θάρσει (vgl. ähnlich auf manchen Palästina-Goldplättchen auch οὐδίς für οὐδείς); man kann »habe Mut«, »sei unverzagt« oder »habe Zuversicht« übersetzen. In vergleichbaren Texten (s. GJ, 211) können synonyme Ausdrücke wie z. B. εὐψύχει (»sei beherzt«) stehen (weitere Alternativen bei Erez-Yodfat 2017, 17).

Ein grundlegender Unterschied zu den *Orphisch-Bakchischen Goldplättchen* liegt darin, dass die Grabtexte aus Palästina sich einer Formel bedienen, die auch sonst auf Grabinschriften weithin bezeugt ist. Dies und die Allgemeinheit der Formel, die nach einem antiken Zeugnis wohl auch während des Begräbnisses den verstorbenen Menschen laut zugerufen wurde (s. Graf 2016, 15 mit Anm. 15), sind Indizien dafür, dass es sich bei den Bestatteten nicht um Eingeweihte eines speziellen Mysterienkults handelt, auch wenn das nicht völlig ausgeschlossen werden kann (Simon 1936); tatsächlich ist in den meisten Fällen nicht einmal mit Sicherheit auszumachen, ob die Verstorbenen eine pagane, jüdische oder christliche Religionszugehörigkeit haben.

Die ›Vollform‹ der gefundenen Texte lässt sich wörtlich übersetzen mit: »Habe Mut, NN, niemand ist unsterblich!« Kürzere Varianten haben »Habe Mut, NN!«, und die kürzesten nur noch »Habe Mut!« Mit der gerade angeführten, wörtlichen Übersetzung der ›Vollform‹ würde man allerdings den Sinn sicher nicht treffen, ja fast Widersinn produzieren, denn das würde nahelegen, dass man versucht hätte, einem sterbenden bzw. verstorbenen Menschen ausgerechnet mit einer fehlenden Aussicht auf Unsterblichkeit Mut zuzusprechen. Die Pointe besteht nicht darin, dass kein Mensch unsterblich ist, sondern dass jeder sterben muss. Das ist ein kleiner, aber entscheidender Unterschied, denn der erste Fall ist rein negativ, der zweite zwar negativ, aber ein positiver Ausgang, ja sogar Unsterblichkeit ist nicht ausgeschlossen. Der Verstorbene soll Mut haben, das Widerfahrnis des Todes, das noch jedem widerfahren ist (selbst Heroen und sogar manchen Göttern), auf sich zu nehmen und zu durchstehen – durchaus mit der Perspektive, dass es nach dem Tod positiv weitergehen kann. Paraphrasierend ist also eher an folgende Aussage zu denken:

> »Habe Mut, NN, angesichts des Todes! Denn niemand kommt ohne den Tod in das nächste Leben!«

Eine wörtlichere, aber treffendere Übersetzung als die erste, oben gegebene ist dann:

> »Habe Mut, NN: Niemand (kommt) am Tod vorbei!«

Oder, noch wörtlicher:

> »Habe Mut, NN: Niemand (ist) ohne Tod!«

Zu genaueren Erläuterungen, Fundangaben und Literaturhinweisen, nebst Texten (mit englischer Übersetzung) der Goldplättchen aus Palästina ist, soweit nicht anders vermerkt, die Zusammenstellung von Graf und Johnston (2013, 208–213) heranzuziehen (s. auch Graf 2016 und Erez-Yodfat 2017). Die unten gegebene Reihenfolge und Zählung der Palästina-Goldplättchen richtet sich alphabetisch (nach dem griechischen Alphabet) nach den Eigennamen der bestatteten Personen (und bei ein und demselben Namen nach der abnehmenden Länge der Texte); ganz am Ende stehen die Goldplättchen ohne Eigennamen.

Palästina-Goldplättchen Nr. 1

1	Θάρσι,	»Habe Mut,
2	Γῶζμε.	Gozmos!«

Kommentar

Das Goldplättchen wird von Erez-Yodfat (2017, 18) als Zeugnis unbekannter Herkunft erwähnt, das zu den Palästina-Goldplättchen hinzuzurechnen sei. Die von Erez-Yodfat zitierte Quelle ist wenig ergiebig und eher dubios; dankenswerterweise hat der Kurator des Rockefeller Museum in Jerusalem, Fawzi Ibrahim, auf eine entsprechende Nachfrage mit einem Foto bestätigt, dass das Goldplättchen im dortigen Museum unter der Nummer IAA J-902 geführt wird. Die Akzentsetzung bei dem ziemlich sicher nicht genuin griechischen Namen »Gozmos« ist unsicher.

Palästina-Goldplättchen Nr. 2 (= GJ Nr. 1)

1	Θάρσι, Εὐγε-	»Habe Mut, Euge-
2	νή· οὐδὶς ἀ-	ne (/Edle): Niemand (ist) ohne
3	θάνατος.	Tod!«

Kommentar

Das Wort Εὐγενή interpretieren Graf/Johnston (2013, 213) als Vokativ für eine späte (belegbare), sekundäre Form des Femininums εὐγενή (A-Deklination) für das ansonsten (zweiendige) Adjektiv εὐγενής (»edel, vornehm«) der 3. Deklination (in der Übersetzung auf S. 208 ist »Eugenos« offensichtlich ein Versehen). Da »Eugene« auf verschiedenen Goldplättchen insgesamt gleich fünfmal vorkommt (Nr. 2–6), aber der *einzige* Frauenname ist, halten Graf und Johnston es für nicht ganz unwahrscheinlich, dass es sich dabei eher um einen Ehrentitel für eine weibliche Verstorbene als um einen Eigennamen gehandelt haben könnte, während männliche Verstorbene mit ihrem Eigennamen angesprochen wurden. Für diese Deutung spricht auch das Wortspiel, das aller Wahrscheinlichkeit nach für das Palästina-Goldplättchen Nr. 5 vorauszusetzen ist (s. den Kommentar dort). Folgt man diesen Überlegungen, wäre das Wort Εὐγενή statt mit »Eugene« eher mit »(du) Edle/Hochgeborene« zu übersetzen (s. zur Interpretation dieses Wortes auf den Palästina-Goldplättchen auch Graf 2016, 18–20 und die weiteren Hinweise bei Erez-Yodfat 2017, 18 mit Anm. 8).

Palästina-Goldplättchen Nr. 3 (= GJ Nr. 3)

1	Θάρσι, Ε-	»Habe Mut, Eu-
2	ὐγενή· ο-	gene (/Edle): Nie-
3	ὐδεὶς	mand (ist)
4–5	ἀθάνατ|ος.	ohne Tod!«

Palästina-Goldplättchen Nr. 4

Θάρσει, Εὐγενή· οὐδεὶς ἀθάνατος.

»Habe Mut, Eugene (/Edle): Niemand (ist) ohne Tod!«

Kommentar

Das in die spätrömische Epoche zu datierende Goldplättchen stammt aus Hadera (bei Haifa) und ist publiziert bei Appelbaum et al. (1981–1982, 102, Nr. 8); zu einer verbesserten Lesung, nämlich Εὐγενή statt Ὀγῆν, s. Erez-Yodfat 2017, 18.

Palästina-Goldplättchen Nr. 5 (= GJ Nr. 5)

1	Θάρσει,	»Habe Mut,
2	εὐγενὴ	edle
3	E!ὐγενή.	Eugene (/Edle)!«

Kommentar

Graf/Johnston (2013, 210) lesen in den Zeilen 2–3 »Εὐγενή, ΟΥΓΕΝΗ«, halten also die letzten Buchstaben für unverständlich. Das ist auf so engem Raum eher unwahrscheinlich; daher ändere ich hier den Text in der Annahme eines bewussten Wortspiels, das darauf abzielt, dass hier tatsächlich eine Frau mit dem Eigennamen »Eugene« bestattet wurde (mit einer Verschreibung; es sei denn, man hat sie tatsächlich »Ougene« gerufen; zu einer solchen Verschreibung s. aber bereits das Palästina-Goldplättchen Nr. 4). Diese Eugene wird nun nach der Formel zusätzlich als »edle« bezeichnet, so dass sich in etwa das Wortspiel »du eugenische Eugene« bzw. »du edle Edle« ergibt. Wenn das zutrifft, würde das die These von Graf und Johnston (2013, 213) unterstützen, dass »Eugene« in diesen Texten eher als Ehrentitel aufzufassen ist (s. Kommentar zum Palästina-Goldplättchen Nr. 2) – denn sonst hätte man hier kein Wortspiel daraus machen können. Diese Interpretation funktioniert freilich nur unter der Voraussetzung, dass die von Graf und Johnston getroffene

Annahme eines Adjektivs εὐγενή der A-Deklination zutrifft (der Vokativ Femininum des Adjektivs εὐγενής der 3. Deklination müsste sonst εὐγενές lauten). Für Belege auf vergleichbaren Inschriften, wo Frauen als »εὐγενή NN«, also als »edle NN« angesprochen werden, s. Graf 2016, 19.

Palästina-Goldplättchen Nr. 6 (= GJ Nr. 6)

1	Θάρσι,	»Habe Mut,
2	Εὐγε-	Euge-
3	νή.	ne (/Edle)!«

Palästina-Goldplättchen Nr. 7 (= GJ Nr. 4)

1	Θάρσι, Ἡρα-	»Habe Mut, Hera-
2	κλιανέ· οὐ-	klianos: Nie
3–4	δὶς ἀθάνα|τος.	mand (ist) ohne Tod!«

Palästina-Goldplättchen Nr. 8

1	Θάρσε, Μά-	»Habe Mut, Ma-
2	ξιμε· οὐδὶς	ximus: Niemand (ist)
3	ἀθάνατος̣.	ohne Tod!«

Kommentar

Der neuere Fund ist publiziert bei Erez-Yodfat 2017. Die Herkunft des Goldplättchens ist unbekannt, aber Erez-Yodfat argumentiert überzeugend für eine Verbindung zu den sonst in der Region Palästina gefundenen Goldplättchen. Das ist insofern wichtig und bemerkenswert, weil damit ein genuin römischer Name hinzukommt, der bestätigt, dass der Brauch, Verstorbenen ein solches Goldplättchen mit ins Grab zu geben, im römischen Palästina religionsübergreifend beobachtet werden kann.

Palästina-Goldplättchen Nr. 9 (= GJ Nr. 7)

1	Θάρσι,	»Habe Mut,
2	Νικό-	Niko-
3	μαχε.	machos!«

Palästina-Goldplättchen Nr. 10 (= GJ Nr. 2)

1	Θάρσι, Πέ-	»Habe Mut, Pe-
2	τρε· οὐδὶς ἀ-	tros: Niemand (ist) ohne
3	θάνατος.	Tod!«

Kommentar

Mit »Petros« liegt bislang der einzige Name vor, der auf einen Christen hinweisen könnte (nach GJ, 213 »most likely Jewish or Christian«, wobei »Jewish« doch eher fraglich erscheint). Zur Rekonstruktion des Textes s. Déonna 1923, 224–226.

Palästina-Goldplättchen Nr. 11–15

Θάρσι.	»Habe Mut!«

Kommentar

Zu den vier bei Graf und Johnston unter den Nummern 8–11 gelisteten Goldplättchen, die nur mit der Aufschrift Θάρσι versehen sind, ist nach Erez-Yodfat (2017, 18) noch ein weiterer Fundbeleg unbekannter Herkunft hinzuzurechnen (publiziert bei Hestrin et al. 1973, 251), der derzeit ebenfalls im Rockefeller Museum in Jerusalem aufbewahrt wird.

2. Goldplättchen aus der Türkei

Ähnlich wie die Goldplättchen aus Palästina stammen die Goldplättchen, die in der Nekropole der Stadt Juliopolis (auch: Heliopolis) an der Grenze zwischen Bithynien und Galatien gefunden wurden, aus dem 2./3. Jahrhundert n. Chr., und vergleichbar ist auch die hier noch deutlicher erkennbare Mischung pagan-christlich-jüdischer Religiosität. Auf eingerollten Goldplättchen befinden sich Buchstaben und religiöse Symbole eingeritzt, wobei offenbar hebräische mit griechischen Wörtern kombiniert werden, in beiden Fällen aber mit griechischen Buchstaben geschrieben. Entzifferung und Interpretation sind im Einzelnen voraussetzungsreich und schwierig.

Es handelt sich insgesamt um sechs Funde; in zwei Fällen sind die eingerollten Goldplättchen in goldene Kapseln gesteckt worden, die außen Ösen für eine Aufhängung aufweisen (Inventarnummern 12-46-11 und 12-47-11). Aufgrund archäologischer Bedenken, die Kapseln zerstören zu müssen, sind diese bedauerlicherweise ungeöffnet geblieben und die darin vermutlich enthaltenen Texte bislang nicht ediert worden. Im einen Fall ist ein innen befindliches, eingerolltes Goldplättchen noch deutlich zu sehen, im anderen Fall ist die Kapsel zwar beidseitig geschlossen, von einer textlichen ›Befüllung‹ kann aber mit sehr hoher Wahrscheinlichkeit ausgegangen werden.

Für eine ausführliche Darstellung der Ausgrabung und der

Fundkontexte mit Abbildungen, Umzeichnungen, Übersetzungen und Kommentar ist der Aufsatz von Arslan, Kotansky und Yeğin (2023) heranzuziehen, denen die Textgestaltung und die Nummerierung hier folgt und an deren Vorarbeiten sich auch die gegebenen Übersetzungen orientieren. Die Autoren selbst sehen in den Funden Parallelen zu den *Orphisch-Bakchischen Goldplättchen*. Im Folgenden werden die Wörter, die vermutlich oder sicher hebräisch sind, *kursiv* wiedergegeben.

Bithynien-Goldplättchen Nr. 1
Inventarnummer 12-48-11

1	⊕ ? ? ? ⊕ Ψ	⊕ ? ? ? ⊕ PS
2	ΥΤΦ *Ἰα-*	YTF *Ia-*
3	? *ια*, ὦ ὤν. *B-*	? *ia*, o Seiender!
4	? *ειθ Ἀβι*	? *Haus meines Vaters*

Kommentar

Zur (wahrscheinlichen) Schreibung des heiligen Tetragramms mit den griechischen Buchstaben IAIA, zur Explikation des Gottesnamens JHWH als »Der, der ist« (nach Exodus 3,14) und zu biblischen Bezügen bzw. einem möglichen Bezug des Ausdrucks »Haus meines Vaters« auf die Begräbniskammer, aus der das Fundstück stammt und in der mehrere Generationen bestattet wurden, siehe Arslan et al. 2023, 94–96. Denkbar ist auch, dass die Grabkammer zugleich als Versinnbildlichung des Ortes im Totenreich oder sogar als der Ort selbst angesehen wurde, wo sich die Vorväter versammeln (vgl. Gen 47,29–31 und 49,29). In Zeile 3 setzen Arslan et al. (2023, 94) als Text ὡ (*sic*) ὤν offenbar als Nominativ (nicht als Vokativ) an und übersetzen »The One Who Is«.

Bithynien-Goldplättchen Nr. 2
Inventarnummer 12-50-11

1	ὂ θεὸ-	O Gott
2	ς *Ἰά-*	*Iaō*
3	*ω Σα̣-*	*Sa-*
	⳩	Chr(istos)
4	*βαι* βοή̣-	*bai*, hilf
5	θ̣ι ⟨τῷ̣⟩ φ̣ορ̣⟨ο⟩ῦν̣τ̣ι̣	⟨dem⟩ Träger?
6–8	…	…

Kommentar

Im Zentrum des Goldplättchens befindet sich ein großes Christusmonogramm; darum herum sind die anderen, nach unten hin immer schwerer lesbaren Buchstaben angeordnet.

Der Anfang ist parallel zum Beginn von Bithynien-Goldplättchen Nr. 3 gestaltet. Durch den folgenden Imperativ »hilf« und damit durch den Kontext wird deutlich, dass θεός in Zeile 1 als eine (im späteren Griechisch auch so belegbare) Vokativ-Form aufzufassen ist. Das wiederum führt zu der begründeten Annahme, dass der erste Buchstabe auf dem Goldplättchen, das Omikron, nicht für den bestimmten Artikel ὁ (»der«) steht (so Arslan et al. 2023, 97: ὁ θεός, »the god«), sondern als eine hier und damit auch in Nr. 3 anzusetzende Schreibung ὂ für die Vokativ-Interjektion »o« anzusehen ist, die sonst mit Omega (ὦ) geschrieben wird (es gibt sogar einen Beleg für die Interjektion ὄ, aber nur als Ausnahmefall, vgl. Aristoph. *Thesm.* 1191). In Nr. 3 wird die Interpretation einer Gottesanrede im Vokativ mit o-Interjektion durch den *direkt* folgenden Imperativ *διασῶσον* (»errette!«) sogar noch deutlicher als hier in Nr. 2.

Der jüdische Gottesname JHWH erscheint hier in der abgekürzten Form *Iaō*, allerdings ist der zweite Bestandteil *Sabai* schwierig zu deuten. Dass es sich eher nicht um eine Schreibung für »Sabazios«, sondern für »Sabaōth« handelt, wird durch Vergleich mit anderen Belegen wahrscheinlich (zur Namensverbindung »Iaō Sabaōth« s. bspw. auch Nr. 32, Z. 14 und 28 f in Kotansky 1994, 129 u. ö.). Ob die Worte als ein Nominalsatz (oder als mehrere Nominalphrasen) zu interpretieren sind, und wenn ja, wo im Satz das von den anderen Buchstaben umgebene (eindeutig nicht später hinzugefügte) Christusmonogramm zu platzieren ist, muss offenbleiben. Rein graphisch betrachtet werden durch die Gestaltung der Buchstaben jedenfalls die Grenzen zwischen dem Begriff Gott (θεός) sowie den Namen *Iaō Sabai* und Christos verwischt.

Bithynien-Goldplättchen Nr. 3
Inventarnummer 12-51-11

1	ὃ θ̣εός, δι-	O Gott, er-
2	α̣σῶσον	rette
3	τὴν[!] φορο-	die Träger-
4	ῦσαν. Ζή-	in! Möge sie le-
5	ση⟨ι⟩ *Χαωα*.	be⟨n⟩, *Chaōa*!

Kommentar

Zur Lesung und Interpretation von ὃ θεός s. den Kommentar zu Nr. 2. Die letzten vier Buchstaben sind vermutlich als ein Bezug auf das hebräische Verbum *hāyāh* (»leben«) zu verstehen und damit als eine Art erklärende Wiederholung des griechischen ζήση (»möge sie leben«). Dazu und zu einer möglichen Anspielung auf Eva als »Mutter aller Lebenden« (nach Genesis 3,20) bzw. auf den hebräischen Namen für Eva (*Ḥawwā*) s. Arslan et al. 2023, 99. Nicht auszuschließen ist die Möglichkeit, dass die bestattete Frau, auf deren Brust das Goldplättchen lag, selbst den Namen Chaōa (Eva) getragen hat, so dass man den Abschluss auch übersetzen könnte mit »Eva möge leben!«

Bithynien-Goldplättchen Nr. 4
Inventarnummer 12-52-11

Das Goldplättchen war wie die anderen eingerollt und ist in drei voneinander durch eine Linie abgegrenzten Feldern beschriftet. Die ersten zwei Felder sind mit schriftzeichen-ähnlichen Symbolen versehen, verteilt auf sieben Zeilen, die von Arslan et al. 2023 als ›magische Zeichen‹ (»Magic Charaktēres«) eingestuft werden. Ein übersetzbarer Text liegt im dritten Feld mit den Zeilen 8–12 vor:

8	*Ἀβραω* εἶ Νύ-	*Abraō*! Du bist (vom Berg) Ny-
9	σες· ⟨ε⟩ῖ̣ δ[!] ἐν τῆ⟨ι⟩ {Ν	sa! ⟨D⟩u bist[?] der auf de⟨m⟩
10	α} Νύσ/α⟨ι⟩ Βα{χχ}κ	Nysa! Bak
11	χεῦ, εὐλαβ-	cheus, sei ver-
12	ἡ̣θητ̣ι̣[?]	ehrt[?]!

Kommentar

In Zeile 9 setzen Arslan et al. (2023, 100) für das lesbare CECIB die Folge CEC⟨E⟩IO an. Die Autoren diskutieren (ebd. 99–103) als eine andere (wegen eines fehlenden Bezugsworts allerdings problematische) Lesungs- und Übersetzungsmöglichkeit für das letzte Verbum εὐλαβήθητω mit der Übersetzung »O, Baccheus, let (the wearer) be put out of harm's way!« Außerdem interpretieren die Autoren *Abraō* nicht als veränderte Schreibung für »Abram« bzw. »Abraham« – wodurch man freilich der Problematik entgeht erklären zu müssen, was neben den sonst in den bithynischen Goldplättchen erwähnten Gottesnamen ausgerechnet der Mensch Abraham hier für eine Funktion haben soll –, sondern als (leicht veränderte) hebräische Wendung für »Gott der Hebräer« und damit als weitere Namensform zur Anrufung des jüdischen Gottes. Für eine Gleichsetzung des Gottes der Juden mit Dionysos verweisen sie auf eine Stelle bei Plutarch, wo ein Symposion-Teilnehmer die Ansicht vertritt, dass jüdischer Tempelkult und Dionysische Mysterienriten in vielen Punkten übereinstimmen würden und entsprechend auch die verehrten Gottheiten nicht verschieden seien (Plut. *symp.* 4,6,671c–672b). Der schon antik sehr unterschiedlich verortete Berg Nysa ist nach einer mythischen Überlieferung der Ort, an dem Dionysos geboren und von Nymphen aufgezogen wurde. Durch die gleich doppelte Nennung scheint der Berg eine wichtige Rolle zu spielen, was auf eine lokale Tradition hindeutet. Bislang lässt sich zwar speziell für Bithynien ein Berg namens Nysa nicht belegen, aber das kann an der spärlichen Überlieferung liegen; die Grenzregion zwischen Bithynien und Galatien ist jedenfalls bergig.

Durch die Gottes-Anrufung »Bakcheus« (eine andere Form neben »Bakchos«) und durch die Nennung des in der Dionysos-Verehrung wichtigen Berges Nysa ergibt sich jedenfalls ein – wenn auch eher schwacher – Bezug zu den *Orphisch-Bakchischen Goldplättchen*, der allerdings durch den Fundkontext in einem Grab, die Form des Plättchens und Gold als Material wieder verstärkt wird.

3. Knochenplättchen aus der Ukraine

Bereits im 7. Jahrhundert v. Chr. wurde von den Griechen die Stadt Olbia gegründet. Das Stadtgebiet liegt in etwa in der Mitte zwischen den ukrainischen Städten Odessa im Westen und Cherson im Osten am Schwarzen Meer. Olbia wird (unter dem Namen Borysthenes) bei Herodot speziell mit der Verehrung des Gottes Dionysos in Verbindung gebracht durch die Erzählung, dass der Skythenkönig Skyles sich dort in die Dionysischen Mysterien habe einweihen lassen (Hdt. 4,79). Hier wurden zwar keine Goldplättchen in Gräbern gefunden, aber im zentralen Tempelbezirk der Stadt sind drei etwa fünf auf vier Zentimeter große, annähernd rechteckige Knochenplättchen ergraben worden, die auf ihrer Vorderseite mit einzelnen Wörtern (und Symbolen) beschriftet sind und in das frühe 5. Jahrhundert v. Chr. datiert werden. Sie stellen insofern wichtige Zeugnisse dar, als auf einem von ihnen wahrscheinlich einer der frühesten Belege für das Adjektiv »orphisch« zur Bezeichnung einer religiösen Gruppierung zu finden ist (Trzcionkowski 2023, Fazit ebd. 59; gegen diese Annahme Lebedev 2023, 242 f).

Abgesehen davon sind die Berührungspunkte mit den *Orphisch-Bakchischen Goldplättchen* gering (so auch Trzcionkowski 2023, 55). Während auf den Olbia-Plättchen dem Begriff »Wahrheit« eine zentrale Bedeutung zuzukommen scheint (er steht auf allen drei Zeugnissen), findet sich dieser Begriff in den *Orphisch-Bakchischen Goldplättchen* nur ein einziges Mal (A3, Z. 7). Überhaupt sind pointierte Gegensatzpaare (Leben – Tod, Frieden – Krieg, Wahrheit – Unwahrheit) ein auffälliges Kennzeichen der Olbia-Plättchen, das in dieser zugespitzten Form in den *Orphisch-Bakchischen Goldplättchen* nicht beobachtet werden kann. Dazu kommt nicht zuletzt, dass nicht nur das Material (Knochen vs. Gold), sondern auch die jeweiligen Fundkontexte (Tempelbereich vs. Gräber) und damit die religiösen Verortungen bzw. Funktionen der Texte völlig unterschiedlich sind (zu verschiedenen Deutungsansätzen s. den Überblick bei Tortorelli Ghidini 2006, 150 f). Ein neuer Ansatz sieht – passend zu den Abnutzungsspuren (s. Vinogradov 1991, 77) – in den Knochenplättchen Mittel der Orakelbefragung in der Tradition antiker Würfelorakel (Astragalomantie, s. Lebedev 2023, 239–249, mit Verweis auf Nollé 2007).

Zu den Knochenplättchen sind u. a. heranzuziehen die Texte (mit englischen Übersetzungen) in Graf/Johnston 2013, 214–216 (dort auch Umzeichnungen und weitere Literaturhinweise), die interpretierenden Ausführungen in Chrysanthou 2020, 198–203, wo sich auch Interpretationsversuche für die Symbole oder Zeichnungen finden, die (nur bei den Knochenplättchen 2 und 3) auch auf den jeweiligen Rückseiten zu finden sind (s. dazu auch Torjussen 2010, 58 f mit Anm. 58), Trzcionkowski 2013 sowie 2023, 49–56, und Lebedev 2023 (unter Einbezug der Zeichnungen und mit sehr guten Fotos). Die folgende Darstellung beschränkt sich auf die Texte, und damit auf die Vorderseiten der Plättchen.

Olbia-Knochenplättchen Nr. 1

1	βίος θάνατος βίος ϟ	Leben Tod Leben ϟ
2	ἡ	die
3	ἀλήθεια	Wahrheit
4	A	A
5	ϟ ϟ	ϟ ϟ
6	ΔΙΟ Ὀρφικω̣ν̣ [-οί?]	DIO Orphik*er*[?]

Kommentar

Die Zeilen 1–3 lassen sich so interpretieren, dass man den Durchgang durch den Tod als Übergang von einem alten in ein neues Leben als eine zentrale Glaubenswahrheit angesehen hat (nicht, jedenfalls nicht notwendig, als Hinweis auf eine Reinkarnationsvorstellung; s. Graf 2011, 56). Das Alpha und die (unterschiedlich geformten) Zickzack-Linien in den Zeilen 4–5 lassen naturgemäß mehrere Deutungsmöglichkeiten zu (zu einer möglichen Deutung des Alpha als Stierkopf und damit als Symbol für Dionysos, und der Zickzack-Linien als Blitze s. Chrysanthou 2020, 201).

Am problematischsten ist Zeile 6. Weithin akzeptiert ist die Deutung von ΔΙΟ (hier und auf den anderen Olbia-Knochenplättchen) als abkürzende Schreibung für Dionysos (Argumente dafür z. B. bei West 1982, 21). Das ist nicht unproblematisch, da im zentralen Tempelbereich von Olbia, wo die Knochenplättchen gefunden wurden, nicht ein Dionysostempel, sondern ein Heiligtum des Apollon Delphinios stand (zum archäologischen Befund s. Trzcionkowski 2023, 54). Auch sonst ist in Olbia bislang kein Dionysos-Tempel belegt, dafür Heiligtümer für Apollon Boreas, Apollon Iatros, Hermes, Aphrodite, Zeus, die Dioskuren und die Göttermutter (s. Chrysanthou 2020, 199). Damit käme für ΔΙΟ eine Reihe von anderen Ergänzungsmöglichkeiten in Betracht wie Διός (»des Zeus«), Διόσκοροι (»Dioskuren«) oder δῖος (»Göttlicher«; Zweifel an der üblichen Ergänzung zum Gottesnamen »Dionysos« auch bei Holzhausen 2004, 20, Anm. 3; Edmonds III 2013, 199).

Unklar bleibt außerdem bei dem angenommenen Gottesnamen wie auch bei dem folgenden Adjektiv, in welchem Kasus die beiden Wörter jeweils stehen sollen; die (vermutlich) zwei letzten Buchstaben nach ΟΡΦΙΚ sind nur schwer leserlich. Entsprechend wurden unterschiedliche Vorschläge gemacht; hier eine Auswahl: West (1982, 22): Διο⟨νύσωι⟩ Ὀρφικῶι (»Dem orphischen Dionysos«); Bernabé (2004 PEG II/1, fr. 463): Διό(νυσος) Ὀρφικοί (übersetzt in BJ, 39 mit: »Dionysus, Orphics«); Graf/Johnston (GJ, 214): Διό(νυσος) Ὀρφικοί or Ὀρφικόν, ebd. übersetzt mit »Dio(nysus) Orphics [or Orphic]«; Chrysanthou (2020, 199): Διό(νυσος) ...'Ορφικῶι, Ὀρφικοῦ, Ὀρφικός or 'Ορφικοί (ohne Festlegung und ohne Übersetzung). Bereits West (1982, 21 f) hat die (treffende) Beobachtung gemacht, dass die noch erhaltenen Zeichenspuren der letzten zwei Buchstaben am ehesten auf ΩΙ oder ΩΝ deuten und erwägt (ebd. 22) daher noch eine Alternative, nämlich Διο⟨νύσωι⟩ Ὀρφικῶν, mit der (freilich komplizierten) Übersetzung »a dedication to D. [= Dionysos] (of a thing obtained) from the orphic ceremonies«. Lebedev (2023, 241) plädiert wie West für Διο⟨νύσωι⟩ Ὀρφικῶι, während Trzcionkowski (2023, 51–53) zu Ὀρφικοί tendiert und dafür die Parallele einer weiteren Inschrift auf einem Becher aus Olbia anführt, in der sich mehrere Männer als »Boreatiker« bezeichnen (βορεικοὶ θιασῖται), also als Mitglieder eines Thiasos bzw. einer Kultgemeinschaft, die Apollon Boreas verehrt.

Zieht man alle diese Probleme und Beobachtungen in Rechnung, ergibt sich eine von üblichen Deutungen abweichende Möglichkeit der Lesung und Übersetzung wie folgt:

> βίος θάνατος βίος ϟ· ἡ ἀλήθεια A ϟ ϟ Διὸ⟨ς⟩ Ὀρφικῳ̣ν̣^-οί?^
> Leben – Tod – Leben ϟ: (Das ist) die Wahrheit A ϟ ϟ des Zeu⟨s⟩ (*der*^die?^) Orphik*er*^?^.

Die Lesung von ΔΙΟ als die ersten drei Buchstaben des Gottesnamens »Zeus« (im Genitiv) passt jedenfalls zu dem Umstand, dass ein Zeustempel in Olbia bezeugt ist (zur Lesung Διός tendiert auch Holzhausen 2004, 20, Anm. 3). Dass hier (und auf den anderen Olbia-Plättchen) Zeus als Herr über umfassende Gegensatzpaare wie Leben – Tod, Frieden – Krieg, Wahrheit – Unwahrheit in Zusammenhang gebracht wird, passt wiederum zu einer zentralen Glaubenswahrheit orphischer Lehren, die Zeus zum hauptsächlichen göttlichen Zentrum und Zielpunkt der Welt macht (s. C. Zgoll 2023, 318). Im Übrigen müssen gerade in der Orphik Zeus und Dionysos nicht zwingend sich gegenseitig völlig ausschließende Alternativen sein (vgl. zu einer Überblendung der beiden Gottheiten bspw. Bernabé 2005, PEG II/2 fr. 539 und 543).

Das muss nicht die richtige Lösung sein, und es ist abzusehen, dass die Rätsel dieser Knochenplättchen die Forschung noch länger beschäftigen werden. Aufgrund der neuen Deutung der Knochenplättchen als Würfel- oder Losorakel und einer neuen Lesung schlägt Lebedev (2023, 242) für das Ende dieses Plättchens Nr. 1 folgende Transkription und Übersetzung vor: »Διο[νύσωι] Ὀρφικῶ[ι] λ¯ (scil. τριακάδι θύειν vel εὔχεσθαι) ›Sacrifice (or pray) to Dionysos Orphikos on the thirtieth day‹«.

Olbia-Knochenplättchen Nr. 2

1	εἰρήνη πόλεμο⟨ς⟩	Frieden Krie⟨g⟩
2	ἀλήθεια ψεῦδ⟨ος⟩	Wahrheit Unwahrhe⟨it⟩
3	ΔΙΟϟ	DIOϟ
4	A	A

Kommentar

Die Buchstaben am Ende der Zeilen 1–2 sind selbst auf dem guten Foto bei Lebedev (2023, 300) praktisch nicht zu erkennen. In Zeile 3 ist schwer zu entscheiden, wie das letzte sichtbare Zeichen zu interpretieren ist. Es wurde als N interpretiert (GJ, 215), aber graphisch sieht es am ehesten aus wie die auch auf den anderen Knochenplättchen eingezeichneten Zickzack-Linien. Wenn man ΔΙΟ als Anfang von Διός (»des Zeus«) interpretiert (s. dazu den Kommentar oben zu Nr. 1), dann kann es sich bei ΔΙΟϟ hier und bei Nr. 3 um eine Kombination von Zeichen handeln, bei der sich das letzte Zeichen von der graphischen Gestaltung her als eine bewusste Buchstaben-Symbol-Mischung verstehen lässt (vgl. auch Holzhausen 2004, 20, Anm. 3: »bewußt entstelltes Sigma«): Die Zickzack-Linie ist dann eine Mischung aus dem Buchstaben Σ und einem Blitzsymbol, im einen Fall die Endung, im anderen Fall ein wichtiges Attribut von Zeus. Daraus ergibt sich folgender Lesungs- und Übersetzungsvorschlag:

εἰρήνη πόλεμο⟨ς⟩ ἀλήθεια ψεῦδ⟨ος⟩ Διόϟ A
Frieden – Krie⟨g⟩, Wahrheit – Unwahrhe⟨it⟩ (ist) des Zeuϟ. A

Olbia-Knochenplättchen Nr. 3

1	ΔΙΟϚ	DIOϚ
2	[...] ἀλήθεια	[...] Wahrheit
3	[...]IA ψυχή	[...]IA Seele
4	A	A

Kommentar

In Zeile 2 steht »Wahrheit« am Ende der Zeile, davor ist das Plättchen abgerieben; in Anlehnung an das Olbia-Knochenplättchen Nr. 2 hat dies zu der Ergänzung der Lücke mit ψεῦδος (»Unwahrheit«) geführt (Vinogradov 1991, 79, der hier offenbar das Original prüfen und noch »winzige[n] Buchstabenreste« erkennen konnte).

In Zeile 3 könnten die Buchstaben IA auf eine Wiederholung des Wortes ἀλήθεια (»Wahrheit«) hindeuten; Vinogradov (ebd.) hat auf dem Original aber offenbar *σῶμα* lesen können (beide Ergänzungen von Vinogradov lassen sich allein anhand der Fotos bei Lebedev 2023, 300 wenn dann nur entfernt erahnen), so dass sich in Zeile 3 das Gegensatzpaar »Körper – Seele« ergeben würde (s. dazu Bernabé 2004, PEG II/1, im textkritischen Apparat zu fr. 465). Eine mögliche Deutung und Übersetzung ist:

ΔιὸϚ [*ψεῦδος?*] ἀληθεια [*σῶμ?*]{ι}α ψυχή A
Des ZeuϚ (ist) [*Unwahrheit?*] – Wahrheit, [*Körpe?*]*r* – Seele. A

4. Ritualanweisungen für den Dionysoskult: Papyrus Gurôb 1

Etwa 100 Kilometer südwestlich von Kairo, in Gurôb, einer Siedlung am Eingang zum fruchtbaren Fayûm-Becken, wurde ein Papyrus aus der Mitte des 3. Jahrhunderts v. Chr. gefunden, der zwar nur sehr fragmentarisch erhalten ist, aber doch erkennen lässt, dass es sich offenbar um eine Niederschrift von Ritualanweisungen für den Dionysoskult handelt. Damit ist dieser Papyrus eine der eher wenigen Quellen aus der griechisch-römischen Antike, die im Original erhalten ist und als ›lebenspraktischer‹ (nicht literarischer) Text direkte Einblicke in eine Kultpraxis, in diesem Fall in Riten und Gebete für den Gott Dionysos eröffnet, dessen Name explizit fällt. Es gibt zudem mehrere Indizien, die darauf hinweisen, dass es in dem Papyrus nicht um Praktiken eines offiziellen Poliskults für Dionysos, sondern um die Dionysischen Mysterien geht. So kommen unter anderem sonst eher selten bezeugte ›Geheimnamen‹ von Persephone und Dionysos vor (»Brimo« bzw. »Eubuleus« oder »Irikepaigos« als Schreibung für »Erikepaios«; s. dazu den Kommentar zu Text E3, Z. 2–3), es fällt ein Schlüsselwort wie das auch in den *Orphisch-Bakchischen Goldplättchen* zu findende *symbola* (»Losungsworte«), und gleich zu Beginn ist explizit von »Einweihung« die Rede. Insgesamt sind etliche Anknüpfungspunkte zu den *Orphisch-Bakchischen Goldplättchen* gegeben:

- die in beiden Fällen wichtige Rolle von Brimo (vgl. E3, Z. 3), Demeter (vgl. Z. 1 und 8 von E1; E4, Z. 2), Kybele-Rheia (vgl. E1, Z. 1; E4, Z. 2) und Eubuleus (vgl. Z. 2 von C1, C2 und C4)
- die Rede vom »Lösen« bzw. »Retten« (vgl. Z. 2 von D1 und D2), verbunden mit der Notwendigkeit einer »Buße« (vgl. Z. 4 von C1 und C2; auch E3, Z. 5)
- die explizite Erwähnung des Weins bzw. Weintrinkens (D1, Z. 6 bzw. D2, Z. 5) und, allem Anschein nach im Kontext von Opferpraxis, des Widders, der in anderen Quellen nur selten mit Dionysos in Verbindung gebracht wird (s. die Einleitung zur D-Gruppe der Milchbad-Plättchen, § 4.6)
- einzelne, ausgefallenere Parallelen wie die Rede vom Austrocknen-Lassen bzw. Ausgetrocknet-Sein (vgl. αὖος an den Anfängen der Zypressenbrunnen-Plättchen der B-Gruppe und hier das entsprechende Verbum ἀπαυαίνω in Z. 20) oder vom »Schoß« (in beiden Fällen wohl: einer Göttin, vgl. hier Z. 24 und C3, Z. 7) oder die schon erwähnten »Losungsworte« (Z. 23, vgl. A4, Z. 19; E3, Z. 1)

Die »Losungsworte«, die auf dem Papyrus Gurôb Nr. 1 erkennbar oder angedeutet werden, decken sich allerdings nicht mit solchen, die auf den *Orphisch-Bakchischen Goldplättchen* zu finden sind. Um dieses Problem zu lösen, sind sicherlich mehrere Erklärungen denkbar. Die Unterschiede können auf einer in einigen Punkten unterschiedlichen Kulttradition in Ägypten beruhen. Die Differenzen können aber auch damit zusammenhängen, dass verschiedene Losungsworte für verschiedene Situationen gebraucht wurden, einmal Losungsworte, durch die man Zutritt gewährt bekam zu Kultfeiern der Eingeweihten zu Lebzeiten (Papyrus Gurôb Nr. 1), zum anderen Losungsworte, die man speziell für die Ankunft in der Unterwelt im Gedächtnis behalten musste (*Orphisch-Bakchische Goldplättchen*).

Es würde zu weit führen, auf all die interessanten Aspekte (und Probleme) dieses längeren Textes näher einzugehen; für eine vertiefte Beschäftigung sei verwiesen auf Hordern (2000), Tortorelli Ghidini (2006, 255–277), Graf und Johnston (2013, 150–155 mit 217 f), Massa (2013, 218–220), Scalera McClintock (2016, 93–98), Bernabé und Jiménez San Cristóbal (2019, dort Kennzeichnung der nach Ansicht der Autoren metrischen Partien durch Kursivierung) und Chrysanthou (2020, 264–272). Von Kolumne II des Papyrus sind nur Reste von Zeilenanfängen erhalten, die wenn überhaupt nur noch wenige Wortreste erkennen lassen; daher werden im Folgenden nur Text und Übersetzung von Kolumne I gegeben; auf eine korrekte Darstellung der möglichen Größe der Lücken wird hier aus Platzgründen verzichtet.

An folgenden Punkten weiche ich vom Text bei Bernabé 2005, PEG II/2, fr. 578 ab:

- Z. 6 Δήμητέρ τε Ῥέα (so auch in Bernabé/Jiménez San Cristóbal 2019) statt Δημήτηρ τε Ῥέα
- Z. 16 ἀνα⟨τι⟩θεὶς (nach Hordern) statt ἀναθεὶς
- Z. 16 ἀνηιρε[θέν (nach Janko) statt ἀνηιρε
- Z. 18 καλῶ statt καλῶ[μεν
- Z. 19 κικλήσκω statt κικλήσκω[μεν

ἕκ]ạσ̣τα ἐ̣[χ̣]ω̣ν̣ ἃ̣ εὕρ̣η̣ι̣
τὰ] ὠμ̣ὰ̣ δ̣ὲ̣ σ̣υνλεγέ[τω
] … δ̣ι̣ὰ̣ τὴν τελετήν
δῶρον δέξ]ạτ᾽ ἐμὸν ποινὰς πατ[*έρων ἀθεμίστων*
] σῶισομ με Βριμὼ με[γάλη
] Δήμητέρ τε Ῥέα
] Κούρητές τ᾽ {ε} ἔνοπλοι
]ω̣μ̣εν
ἵ]να ποιῶμεν ἱερὰ καλά
]νηι κριός τε τράγος τε
] ἀπερ⟨ε⟩ίσια δῶρα.
]ο̣υ̣ καὶ ἐπὶ ποταμοῦ νομῶ̣ι
λαμβ]άνων τοῦ τράγου
] τὰ δὲ λοι̣πὰ κρέα ἐσθιέτω
]ο̣ς μὴ ἐφοράτω
]χου ἀνα⟨τι⟩θεὶς {εις} τὸ ἀνηιρε[θέν
]αλων εὐχή·
]νον καὶ Εὐβουλῆα καλῶ
].. εὐρῆας κικλήσκω
] … τ̣ε̣ φίλους· σὺ ἀπαυάνας
Δ]ήμητρος καὶ Παλλάδος ἡμῖν
Εὐβου]λεῦ Ἰρικεπαῖγε σῶισομ με
]ητα [ ] εἷς Διόνυσος. σύμβολα·
]υρα θεὸς διὰ κόλπου
ο]ἶ̣ν[ο]ν ἔπιον ὄνος βουκόλος
]ι̣ας σύνθεμα· ἄνω κάτω τοῖς
] καὶ ὅ σοι ἐδόθη ἀνήλωσαι
ε]ἰς τὸν κάλαθον ἐ̣μ̣βαλ̣⟨ε⟩ῖν?
κ]ῶνος ῥόμβος ἀστράγαλοι,
]η ἔσοπτρος

al]les ha[b]end, was er/sie findet
die] rohen (Fleischstücke) aber [soll er/sie] sammeln
] wegen der Einweihung
als] meine [*Gabe? empfa?*]ngt Bußen für? die? Vä[*ter, die ungerechten?*
] rette mich, Brimo, gr[oße
] Demeter (und?) Rhea
] und (ihr) bewaffneten Kureten
] wir?
da]mit wir verrichten schöne heilige Rituale
] … sowohl Widder als auch Ziegenbock
] unerm⟨e⟩ssliche Gaben
] … und an einem Flussbezirk
ergr]eifend des Ziegenbocks
] die übrigen Fleischstücke aber soll er/sie essen
] … soll er/sie nicht anblicken
] … nachdem er ge⟨we⟩iht hat das Aufgesammel[te
] … Gebet:
] den …-os und den Eubuleus rufe ich
]…, der breiten, rufe ich an
] … die Lieben. Du, der du hast austrocknen lassen
der D]emeter und der Pallas für uns
Eubu]leus! Irikepaigos! Rette mich
] … (der) eine Dionysos. Losungsworte:
] … Gott durch den Schoß hindurch
W]e[i]n habe ich getrunken. Esel, Rinderhirte
] … Kennwort: Oben, unten für die
] und was dir gegeben worden ist, verzehren
i]n den Korb hineinw⟨e⟩rfen?
P]inienzapfen, Schwirrholz, (Würfel-)Knöchel,
] … Spiegel

5. Erlass für die Dionysospriester: Papyrus Berlin 11774

Der zweite Papyrus, der hier vorgestellt werden soll, steht mit dem vorigen Papyrus Gurôb Nr. 1 in einem engen Zusammenhang, sowohl zeitlich wie räumlich, aber auch inhaltlich (Papyrus Berlin 11774 recto = BGU 5, 1211; s. dazu Schubart 1917 mit Foto; GJ, 218 f mit englischer Übersetzung, kurzem Kommentar und weiterer Literatur; zur Interpretation s. u. a. Herrero de Jáuregui 2010, 52–54; Massa 2013, 215–218). Auch er bezieht sich auf die Dionysischen Mysterien, diesmal allerdings nicht aus der Innenperspektive der Kultanhänger, sondern von politischer Warte aus gesehen. Es handelt sich um die Abschrift eines königlichen Erlasses, der in die zweite Hälfte des 3. Jahrhunderts v. Chr. zu datieren ist, also wie Papyrus Gurôb Nr. 1 aus der Zeit der Herrschaft der griechischen Ptolemäer-Dynastie in Ägypten stammt und in Alexandria gefunden wurde. Wahrscheinlich geht er auf Ptolemaios IV. Philopator zurück, der von 221 bis 204 v. Chr. regiert hat und als ein Verehrer besonders des Gottes Dionysos galt (in Frage kommt aber auch sein Vater, Ptolemaios III. Euergetes).

In dem Erlass werden alle, die in Ägypten »Einweihungen für Dionysos vornehmen«, dazu aufgefordert, in Alexandria Rechenschaft abzulegen über die Personen, von denen sie selbst in die Kultgeheimnisse eingeweiht worden sind, und zwar rückblickend bis in die dritte Generation. Außerdem sollen die Verantwortlichen den der Kultausübung zugrundeliegenden »heiligen Text« (*hieros logos*; s. zu diesem Thema GJ, 180–186; Massa 2013) mitbringen und hinterlegen, allerdings in geschützter, nämlich versiegelter Form.

Was auch immer der Auslöser und die Zielsetzung dieses Erlasses gewesen sein mag, so werden dadurch indirekt wichtige Umstände ersichtlich, die die Kultorganisation betreffen. Der erste Aspekt betrifft die Erwähnung eines »heiligen Textes«, der mitgebracht und hinterlegt werden soll, was darauf schließen lässt, dass die Überlieferung der Kultgeheimnisse nicht, jedenfalls nicht ausschließlich auf mündlichem Weg vonstatten ging. Der zweite Aspekt betrifft die Frage der *stabilitas loci*: Gleich mehrere Indizien sprechen dafür, dass die hier adressierten Dionysospriester nicht als Wanderpriester umhergezogen sind, sondern dass im Hintergrund viel eher räumlich fixierte Kulttraditionen gestanden haben müssen. Wanderpriester wären sehr viel schwerer durch einen Erlass erreichbar und das Befolgen des Erlasses kaum zu kontrollieren gewesen, und es hätten sich bei umherziehenden Wanderpriestern auch kaum oder nur sehr schwer Kulttraditionen ausbilden können, die sogar bis in die dritte Generation zurückverfolgbar gewesen wären. Das bedeutet nicht, dass es keine Wanderpriester gegeben hätte, aber es zeigt, dass speziell die Einweihungen in die Mysterien von Priestern vollzogen worden sind, die nicht als Wanderpriester, sondern vor Ort gelebt und gewirkt haben (s. zu diesem Themenkomplex und zu möglichen Aufgabenfeldern der Wanderpriester auch die Einführung § 2.2 am Ende; zur Vermutung, dass der oben übersetzte Papyrus Gurôb Nr. 1 Ritualanweisungen für einen solchen Wanderpriester beinhaltet haben könnte s. Chrysanthou 2020, 269–272).

βασ[ιλ]έως προστάξαντο[ς]. τοὺς κατὰ τὴν χώραν τελοῦντα[ς] τῶι Διονύσωι καταπλεῖν εἰς Ἀλε[ξ]άνδρειαν, τοὺς μὲν ἕως Ναυκράτε[ως] ἀ̣φ’ ἧς ἡμέρας τὸ πρόσταγμα ἔκκειται ἐν ἡμέραις ι, τοὺς δὲ ἐπάνω Ναυκράτεως ἐν ἡμεραι[ς] κ, καὶ ἀπογράφεσθ[αι] πρὸς Ἀριστόβουλον εἰς τὸ καταλογεῖον [ἀ]φ’ ἧ[ς] ἂν ἡμέρας παραγένωνται ἐν ἡμ[έρ]αις τρ[ι]σίν, διασαφεῖν δὲ εὐθέως καὶ π[αρὰ τί]νων παρειλήφασι τὰ ἱερὰ ἕως γενε̣[ῶν τρι]ῶν καὶ διδόναι τὸν ἱερὸν λόγον ἐ̣[σφ]ραγι̣σ̣[μένον] ἐπιγράψαντα [[τὸ ὄνομα]] ἕκαστ[ον] τὸ αὐ̣[το]ῦ̣ ὄνομα.

Auf Erlas[s] des Kön[ig]s: Die im Land Einweihungen vornehm[en] für Dionysos sollen hinabsegeln nach Ale[x]andria, und zwar die bis Naukrati[s] ab dem Tag, an dem dieser Erlass veröffentlicht wird, innerhalb von 10 Tagen, die oberhalb von Naukratis aber innerhalb von 20 Tage[n], und sie sollen sich eintrag[en] lassen bei Aristobulos in das Archiv, (und zwar) [v]on de[m] Tag an, an dem sie ankommen, innerhalb von dr[e]i Ta[ge]n. Und sie sollen ohne Umschweife offenlegen, v[on w]em sie die heiligen Rituale übernommen haben bis zu [dr]ei Generatio[nen], und auch den heiligen Text ve[rs]ieg[elt] übergeben, nachdem ein jeder darauf geschrieben hat seinen Namen.

6. Bilder für die Toten: Süditalische Unterweltsszenarien

Aus der zweiten Hälfte des 4. Jahrhunderts v. Chr. ist ein ansehnliches Corpus aufwändig bemalter Vasen aus dem süditalischen Raum erhalten geblieben, die, soweit der Fundkontext noch rekonstruiert werden kann, aus Gräbern stammen und daher den Verstorbenen offenbar als wichtige Grabbeigaben mitgegeben wurden (grundlegend, mit zahlreichen Abbildungen und weiterer Literatur: Saunders 2021; zu Bezügen auf die *Orphisch-Bakchischen Goldplättchen* s. u. a. Zuntz 1971, 411 f; Torjussen 2010, 180–195; Bernabé/Jiménez San Cristóbal 2011, 93–100). Die neben einer gewissen Einheitlichkeit des Bildprogramms erstaunlich starke Varianz in Details kann darauf zurückgeführt werden, dass die Maler teilweise konkrete Wünsche berücksichtigt haben, die von seiten der Familien der verstorbenen Personen geäußert wurden (vgl. Torjussen 2010, 181).

Auf der Vorderseite einiger Vasen findet sich wiederholt eine bestimmte zentrale Szene, die in ein oft aufwändig gestaltetes Unterweltsszenario eingebettet wird: Ein Krieger steht vor Hades oder Persephone, die meist in ihrem Palast sitzend dargestellt werden; in einigen Szenen reichen sich der Krieger und der Gott Hades sogar die Hand (s. Saunders 2021, Katalog-Nr. 14 f und 24–31; zur Fotografie eines Beispiels, bei Saunders mit der Katalog-Nr. 27, s. Abbildung 8 im vorliegenden Band). Über die Identität dieses Kriegers ist viel gerätselt worden, weil er keine eindeutigen Attribute hat; man hat in ihm Protesilaos, wahrscheinlicher noch Amphiaraos vermutet (s. Saunders 2021, 97). Selbst wenn es sich um eine solche mythische Figur handeln sollte, ist allerdings immer noch die Frage, wo der spezifische Bezug zum Verstorbenen gesehen wurde. Da in einigen Fällen der Begräbniskontext auf einen verstorbenen Krieger hindeutet, liegt die Annahme nicht fern, dass dieser mit dem abgebildeten Krieger vor den Unterweltsgottheiten in einem engen Bezug, ja vielleicht sogar als Identifikationsfigur gesehen wurde, so dass meines Erachtens der in der Forschung bislang gesehene Gegensatz zwischen *entweder* einer mythischen Figur *oder* einem verstorbenen Menschen in der Antike selbst wahrscheinlich nicht als ein solcher Gegensatz angesehen wurde. Gerade dies könnte dann auch der Grund dafür gewesen sein, dass der Krieger eher unspezifisch dargestellt ist: um beide Bezugsmöglichkeiten offen zu lassen. Mit der Bezugsmöglichkeit auf den Verstorbenen würde schließlich genau die Situation ins Bild gefasst sein, die eine in den *Orphisch-Bakchischen Goldplättchen* sichtbar werdende, zentrale Sehnsucht widerspiegelt, nämlich als Verstorbener mit den Göttern auf Augenhöhe zu stehen, von ihnen aufgenommen zu werden und sich fortan selbst zum »glücklichen Geschlecht« der Götter zählen zu dürfen (s. die Texte C1–C3, Z. 3).

Auf den Rückseiten der Vasen mit der ›Begrüßungsszene‹ des Kriegers (und anderer Vasen) ist regelmäßig eine weitere stereotype Szene gemalt (›Naïskosszene‹): In einer tempelähnlichen architektonischen Struktur, die als Grabmonument gedeutet wird, steht (oder sitzt) ein meist jugendlich idealisiert dargestellter Mann (selten: eine Frau, Nr. 40 und 42), normalerweise allein oder mit einer weiteren, zugewandten Figur, die Männer in der Regel mit einzelnen Rüstungsteilen wie Speer oder Schild; rings um das Gebäude sind Männer und Frauen mit Opfergaben (zur Fotografie eines Beispiels s. Abbildung 9 im vorliegenden Band). Auch hier liegt ein Bezug zur verstorbenen Person sehr nahe, und damit kann man diese Vasen als Einblicke in ein und dieselbe Realität aus zwei Perspektiven betrachten: Die Vorderseiten stellen die Situation der verstorbenen Person dar, die in der Unterwelt ankommt und von den Göttern aufgenommen wird; die Rückseiten spiegeln den Blick der Familien wider, die ihre verstorbenen Angehörigen jetzt nur noch von außen, mit Blick auf das Grabmonument sehen können und ihnen Opfergaben darbringen wie einer Gottheit.

Einmal ganz abgesehen von der Deutung der eben genannten Beispiele, die auf eine eher allgemeine Vorstellung von einer ›Heroisierung‹ oder Vergöttlichung verstorbener Angehöriger hindeuten können, wird zunehmend erkannt, dass auf einigen dieser süditalischen Vasen auch konkrete Bezüge zu Mysterienkulten greifbar sein könnten (s. Saunders 2021, 106–109; skeptisch Sekita 2019). Relevant sind vor diesem Hintergrund vereinzelte Fälle, in denen unspezifische Figuren in direkter Nähe der Unterweltsgottheiten tatsächlich als mögliche Darstellungen von Eingeweihten interpretiert werden können – und wurden (s. Saunders 2021, Katalog-Nr. 5 und 6; eventuell auch die Rückseite von Nr. 3, s. dazu die Einleitung zu den Milchbad-Plättchen der D-Gruppe, § 4.8).

In einem Fall, dargestellt auf einem in den Staatlichen Antikensammlungen in München aufbewahrten Volutenkrater, handelt es sich sogar um eine als Kleinfamilie gedeutete Gruppe (Mann mit Kranz, Frau, Kind mit Amuletten), die hinter einem Mann auf den Palast zuschreitet, in dem Persephone und Hades residieren (s. Abbildung 10 im vorliegenden Band). Hier lässt sich ein konkreter Bezug zu den *Orphisch-Bakchischen Goldplättchen* herstellen, denn der die Kleinfamilie offenbar führende Mann ist durch seine Attribute eindeutig als Orpheus zu identifizieren (Katalog-Nr. 22, s. eine vergrößerte Abbildung auch bei Saunders 2021, 171; s. dazu BJ, 288–291; Torjussen 2010, 180–187; zu weiteren, vergleichbaren Darstellungen wie Saunders 2021, Katalog-Nr. 6 oder 23, s. BJ, 199). Man hat die Interpretation der Figuren als initiierte Personen angefochten mit dem Hinweis darauf, dass es sich um eine Familien-Wiedervereinigungs-Szene ohne eine Verbindung zu dem daneben dargestellten Orpheus, oder um mythische Gestalten handeln könne, die nur für uns heute nicht mehr identifizierbar seien. Aber im ersten Fall bleibt der Grund für die direkte räumliche Nähe der Familie zum voranschreitenden Orpheus unerklärt, und im zweiten Fall ist wieder anzumerken, dass damit zwei Alternativen aufgemacht werden, die sich in antiker Sicht nicht gegenseitig ausschließen müssen. Vermutlich ist auf dem Münchner Volutenkrater außerdem eine bewusste ›Kontrastkomposition‹ vorauszusetzen: Während die eingeweihte Kleinfamilie *von links nach rechts* von der eindeutig positiv konnotierten Orpheus-Gestalt zum Palast von Persephone und Hades *hingeführt* wird, wird direkt darunter in der Gestalt des Sisyphos das Schicksal der Uneingeweihten vor Augen geführt, der genau entgegengesetzt *von rechts nach links* seinen Steinblock wälzt und dabei von hinten von einer negativ konnotierten Furie vom Palast der Unterweltsherrscher *weggepeitscht* wird (vgl. zu einer ähnlichen Kontrastkomposition auch Abbildung 7 in diesem Band, zusammen mit der Erläuterung am Ende von § 4.8 der Einleitung zu den Milchbad-Plättchen).

Auf der sogenannten Toledo-Vase ist die oben erwähnte ›Begrüßungsszene‹ variiert. Hier ist es nicht ein eher unbestimmter Krieger, sondern ein eindeutig bestimmbarer, olympischer Gott, der mit seinem Gefolge auf den Palast der Unterweltsgottheiten zuschreitet und Hades die Hand reicht. Es ist der Gott Dionysos selbst, und man hat die Szene dahingehend interpretiert, dass der Abstieg des Gottes in die Unterwelt dargestellt sein soll, um seine Mutter Semele von dort heraufzuholen und sie zu vergöttlichen (vgl. Torjussen 2010, 187–195). Da ausgerechnet Semele selbst aber nirgends dargestellt ist, sieht eine alternative Deutung in der Szene das Eintreten des Dionysos für einen Eingeweihten in die Dionysischen Mysterien, also für den Verstorbenen selbst, der konkret auf der Rückseite der Vase in der ›Naïskosszene‹ als bekränzter Jüngling dargestellt sein könnte (Saunders 2021, Katalog-Nr. 16, mit dem Kommentar von Saunders ebd. 151 und 153; zur zweiten Deutung und mit explizitem Bezug zu den *Orphisch-Bakchischen Goldplättchen* s. Johnston/McNiven 1996). Dass auf der Vase möglicherweise auf die Einweihung in die Dionysischen Mysterien Bezug genommen wird, gewinnt Plausibilität durch die Beobachtung, dass Dionysos mit einer speziellen Bekleidung darstellt ist: Er hat ein Hirschkalbfell umgelegt, und das entspricht genau der Bekleidung, die auch für die Mysten bei der Initiation angenommen werden kann (zu Belegen s. die Einleitung zur D-Gruppe der Milchbad-Plättchen § 4.6). Wiederum schließen sich aber meines Erachtens die beiden vorgeschlagenen Deutungen keineswegs gegenseitig aus: Das Herausholen der Semele aus der Unterwelt durch Dionysos kann zugleich als Bild für das Befreien der Seele der verstorbenen, eingeweihten Person durch Dionysos, ihre Herausführung zu den Gefilden der Seligen und ihre Vergöttlichung verstanden worden sein. Der Grund für die fehlende Darstellung der Semele kann dann wiederum genau darin liegen, dass man beide Interpretationsmöglichkeiten offenlassen wollte.

Wirklich eindeutige Bezüge zu Spezifika in den *Orphisch-Bakchischen Goldplättchen* wie etwa die Darstellung einer weißen Zypresse (allein oder mit einem Brunnen) oder eines Beckens der Mnemosyne können auf den Vasen nicht ausgemacht werden, vermutlich weil die in den Goldplättchen skizzierte Prüfungssituation nicht im Zentrum der Unterwelt, direkt vor dem Palast des Hades, sondern in weiter vorgelagerten Bereichen vorgestellt wurde. Eine mögliche Anspielung ist allenfalls die Darstellung eines Brunnenhauses in der

Unterwelt ausgerechnet auf der Vase, welche die (sehr wahrscheinlich) eingeweihte Kleinfamilie zeigt (auf der Vorderseite von Katalog-Nr. 22 in der Hauptszene oben links, s. Abbildung 10 im vorliegenden Band). Aber eine Figur taucht auf den Vasen immer wieder prominent auf, die für die Goldplättchen von zentraler Wichtigkeit ist, obwohl sie wiederum dort nie explizit genannt wird: die Figur des Orpheus (Saunders 2021, Katalog-Nr. 1, 6–7, 9–10, 17, 19, 20, 22–23, 27, 36–40). Auch wenn es (bislang) keine Befunde von Gräbern gibt, in denen die eben beschriebenen Vasen *und* eines von den *Orphisch-Bakchischen Goldplättchen* gefunden wurde, so sind doch neben der Figur des Orpheus, und, in einem Fall, des Dionysos, die Göttergleichheit der Verstorbenen, die (sehr wahrscheinliche) Darstellung von Eingeweihten und die räumliche Nähe zu den Goldplättchen, die im süditalischen Raum in anderen Gräbern gefunden wurden und etwa zeitgleich sind, sicherlich keine Zufälle.

7. Ein Tontäfelchen aus dem Iran

Die in den *Orphisch-Bakchischen Goldplättchen* zutage tretende Vorstellung, dass es ein Leben nach dem Leben gibt, ist historisch, an und für sich betrachtet, weder weltbewegend noch neu. In den Kulturen der Antike wäre eher eine gegenteilige Behauptung revolutionär gewesen. Der Reiz bestand darin, dass man den Dionysosmysten ein *besseres* Leben im ›Jenseits‹ in Aussicht gestellt hat, und dies wurde noch gesteigert durch die – einer Geheimhaltung wohl werten – Verheißung eines sogar *göttlichen* Weiterlebens nach dem Tod. Hierzu bedurfte es von göttlicher Seite offenbarten Wissens über jenseitige Gegebenheiten und erforderliche Verhaltensweisen, das nur um den Preis eines vorgezogenen, ersten ›Sterbens‹ im Rahmen der Einweihung zu erhalten war. Selbst mit diesem Wissen bestand, in der Unterwelt angekommen, immer noch die Gefahr eines schlimmen Schicksals aufgrund von eigenem Fehlverhalten, sei es zu

Lebzeiten (z. B. durch einen Geheimnisverrat), sei es in der Unterwelt selbst (z. B. durch das Trinken aus einer verderbenbringenden Wasserstelle). Erst nach dem Überstehen all dieser Fährnisse konnte man zu herrlichen Wiesen und Gefilden gelangen, wo man mit Göttern und anderen vergöttlichten Eingeweihten ein Festmahl zu feiern hoffte, um danach mit Dionysos als Mystengeleiter (›Mystopompos‹) zu den »Wohnsitzen der Makellosen« zu kommen.

Etwa 1000 Jahre früher als im Fall der ältesten *Orphisch-Bakchischen Goldplättchen* wurde im antiken Elam ein Tontäfelchen mit einem Keilschrifttext in akkadischer Sprache in einem Grab gefunden, der ähnliche Gefahren und Hoffnungen widerspiegelt. Das Grab, nach der Anzahl mehrerer Skelette zu schließen vermutlich ein Familiengrab, befindet sich neben anderen in Höhlen, die nicht weit vom späteren Palast des Perserkönigs Dareios I. im Gebiet der Stadt Susa liegen. Auf dem Tontäfelchen ist es nicht Hermes oder Dionysos, sondern der persönliche Schutzgott, der Geleit geben soll, statt einer vergessen- und verderbenbringenden Quelle oder abwehrender Wächter droht als Gefahr ein negatives Urteil im Totengericht, und es handelt sich nicht um geheime Anweisungen an einen Mysten, sondern um ein Gebet in Ich-Form. Aber viele Vorstellungen sind im Grunde gleich oder doch sehr ähnlich, wie etwa die von der Unterwelt als einem zu weiten Teilen widrigen und finsteren Ort, von der Notwendigkeit, dort bestimmte Wege gehen zu müssen (mit der Möglichkeit, in die Irre zu gehen) und von drohender Auszehrung in Form von Hunger und Durst, bis hin zu der Sehnsucht, durch göttlichen Beistand mit anderen vertrauten und vergöttlichten Menschen zusammen weiterleben zu dürfen, konkret ausgedrückt im Bild eines kommenden Festmahls.

Wie bei den Goldplättchen handelt es sich bei dem Tontäfelchen um ein kleines Format, in etwa vergleichbar mit der Größe einer Visitenkarte, und wie bei vielen Goldplättchen ist auch dieser Grabtext in akkadischer Sprache zum Teil fehlerhaft geschrieben und daher an einigen Stellen sowohl von der Textrekonstruktion als auch von der Übersetzung her schwierig. Die Keilschriftzeichen stehen zwar nicht auf Gold, aber im Gegensatz zu den sonst meist nur an der Luft getrockneten und damit gehärteten Tontafeln ist das in Frage stehende Täfelchen extra gebrannt worden, was darauf hindeutet, dass die Gewährleistung einer längeren Haltbarkeit dieser Grabbeigabe ein wichtiges Anliegen war.

Für die philologische und inhaltliche Erschließung des akkadischen Gebets (Fundnummer Sb 19319, Datierung: Anfang oder Mitte des 2. Jahrtausends v. Chr.) ist A. Zgoll 2020 grundlegend; im Rahmen jenes Beitrags finden sich auch Ausblicke auf Parallelen in Sumer, Israel (mit einer neuen Perspektive auf Psalm 23), Phönikien und Griechenland. Text und (freie) Übersetzung sind von dort übernommen.

1–3 *alka*
lullika ilī bēlī
ana maḫrīt(-)Enunnakī
lūtiq ḫarrāna?
4–7 *lūḫuz qātka*
ina maḫar ilī rabbûti lušmema dīna
luṣbata šēpīka
8–11 *tādema bīt ekleti ilī*
tušaḫbatanni appāra ša makî u dulli
12–15 *ina qaqqar dannati*
teše''ânni tuqerra mê u šamma
ina eqel ṣumāmīti

1–3 Komm doch zu mir!
Mein Gott und Herr! Gelangen will ich
zu den göttlichen Ahnen,
will zu ihnen den Weg? überstehen!
4–7 An deiner Hand will ich mich festhalten,
vor den Göttern, den großen, wahrlich hören das Urteil,

will zu meinen Gunsten deine Füße umschlingen.
8–11 Denn du, mein Gott, kennst dich aus im Haus der Finsternis.
Du hilfst mir, hindurchzukommen durch den Sumpf von Entbehrung und Mühsal!
12–15 In der Unterwelt, wo man hungert,
suchst du mich, du machst reichlich Trank und Speise und lädst die dir Anvertrauten dazu ein,
in den Gefilden, wo man sonst dürstet.

ABBILDUNGEN

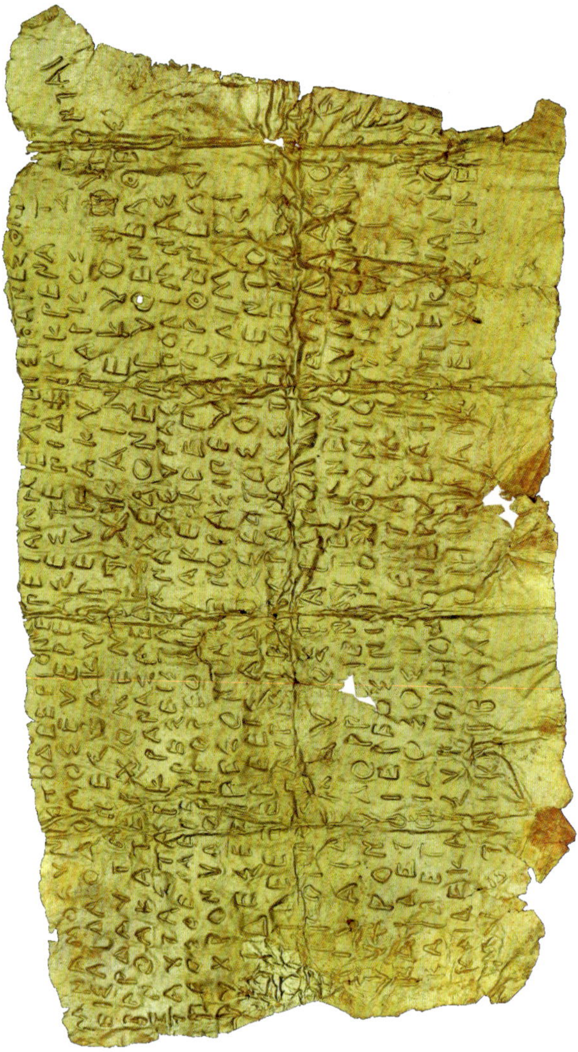

Abb. 2: Text A1, Italien (Hipponion, Kalabrien), ca. 400 v. Chr., Vibo Valentia, Museo Archeologico Nazionale Vito Capialpi

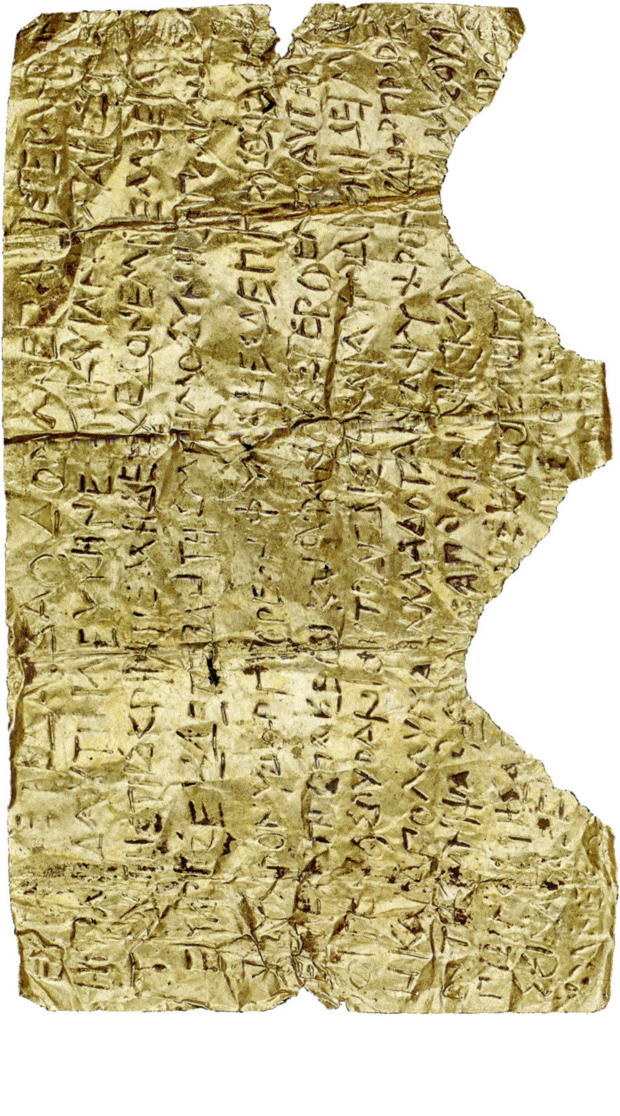

Abb. 3: Text A2, Italien (Petelia, Kalabrien), 4. Jh. v. Chr., London, The British Museum (Nr. 3155)

Abb. 4: Text B8, Thessalien (genauer Ort unbekannt), ca. 350–320 v. Chr., Los Angeles, J. Paul Getty Museum

Abb. 5: Text C4, Italien (Rom), 2./3. Jh. n. Chr., London, The British Museum (Nr. 3154)

Abb. 6: Text F6, Makedonien (Pella), ca. 300 v. Chr., Pella, Ephorate of Antiquities of Pella

Abb. 7: Myste in der Unterwelt (?), Süditalischer Volutenkrater, 370–350 v. Chr., Rückseite (s. dazu die Einleitung zur D-Gruppe der Milchbad-Plättchen § 4.8)

Abb. 8: ›Begrüßungsszene‹: Hades begrüßt Krieger in der Unterwelt (s. Appendix § 6), Apulischer Volutenkrater, 330–310 v. Chr., Vorderseite (Ausschnitt)

Abb. 9: ›Naïskosszene‹: Opfergaben für den idealisiert dargestellten Verstorbenen (s. Appendix § 6), Apulischer Volutenkrater, 330–310 v. Chr., Rückseite (Ausschnitt)

Abb. 10: Eingeweihte (?) Kleinfamilie, von Orpheus zu Persephone und Hades geführt (mittleres Register; s. Appendix § 6), Apulischer Volutenkrater, 330–320 v. Chr., Vorderseite (Ausschnitt)

ABBILDUNGSVERZEICHNIS

Abbildung 1
Karte zu den Fundorten der *Orphisch-Bakchischen Goldplättchen* (Einführung § 3.3.3), erstellt von Firmin Forster, © C. Zgoll

Abbildung 2
Text A1, Italien (Hipponion, Kalabrien), ca. 400 v. Chr., Vibo Valentia, Museo Archeologico Nazionale Vito Capialpi
[Su Concessione del Ministero della Cultura – Direzione regionale musei nazionali Calabria, Museo Archeologico Nazionale Vito Capialpi (VV)]

Abbildung 3
Text A2, Italien (Petelia, Kalabrien), 4. Jh. v. Chr., London, The British Museum (Nr. 3155) [© The Trustees of the British Museum]

Abbildung 4
Text B8, Thessalien (genauer Ort unbekannt), ca. 350–320 v. Chr., Los Angeles, J. Paul Getty Museum
[Digital image courtesy of Getty's Open Content Program]

Abbildung 5
Text C4, Italien (Rom), 2./3. Jh. n. Chr., London, The British Museum (Nr. 3154) [© The Trustees of the British Museum]

Abbildung 6
Text F6, Makedonien (Pella), ca. 300 v. Chr., Pella, Ephorate of Antiquities of Pella [The credits on the depicted monument belongs to the Ministry of Culture, the monument belongs to the Ephorate of Antiquities of Pella (Ministry of Culture / Organization of Cultural Resources Development)]

Abbildung 7
Süditalischer Volutenkrater, Italien (wohl Ruvo di Puglia), 370–350 v. Chr., Rückseite, Ruvo di Puglia, Museo Archeologico Nazionale Jatta (Nr. 1094) (s. dazu die Einleitung zur D-Gruppe der Milchbad-Plättchen § 4.8)
[Su concessione del Ministero della Cultura – Direzione Regionale Musei Puglia]

Abbildungen 8 und 9
Apulischer Volutenkrater (Kunstmarkt), dem Baltimore-Maler zugeschrieben, 330–310 v. Chr., Vorder- und Rückseite (Ausschnitte), Archäologisches Museum der Universität Münster (Inv. 817) [Foto Robert Dylka]

Abbildung 10
Apulischer Volutenkrater (Canosa di Puglia), dem Unterwelts-Maler zugeschrieben, 330–320 v. Chr., Vorderseite (Ausschnitt), Staatliche Antikensammlungen München (Inv. SH 3297) [Foto Renate Kühling]

HINWEISE ZUM GRIECHISCHEN TEXT UND ZU DEN ÜBERSETZUNGEN

Zu den deutschen Übersetzungen

Soweit nicht anders angegeben, stammen alle in diesem Buch gegebenen Übersetzungen vom Verfasser. Um die Übersetzungen leichter nachvollziehbar zu machen, ahmen sie an entsprechenden Stellen das Versmaß nicht nach und sind eher am griechischen Original orientiert als elegant, zum Teil bis in die Wortstellung hinein. Klammern für Ergänzungen (⟨ ⟩ und [ ]) wurden auch in der deutschen Übersetzung in ungefähr dem Ausmaß und an ungefähr den Stellen belassen, wo sie analog auch im griechischen Original nötig waren, um einen Eindruck von der unabsichtlichen Fehlerhaftigkeit oder bewussten Kryptisierung der Texte zu vermitteln (eventuell kam auch beides zusammen). Allerdings wäre der deutsche Text fast unleserlich geworden, wenn auch Zeichen für Zeilentrennungen, Klammern für Überflüssiges und Kennzeichnungen von unsicheren, vertauschten oder veränderten Buchstaben stehengeblieben wären, was daher unterblieben ist.

Zum griechischen Text

Im Folgenden werden Abweichungen vom Text in der Teubner-Edition von Bernabé angeführt (PEG II/2 und PEG II/3); verzeichnet sind vor allem inhaltlich entscheidendere Abweichungen, nur in einzelnen Fällen auch unterschiedliche Lesungen einzelner Buchstaben, andere Interpunktion oder Setzung von Klammern.

Stelle	**Zgoll 2025**	**Bernabé 2005**
A1, Z. 13	βασιλῆϊ	βασιλεί⟨αι⟩
A2, Z. 4	ἑτέραν	ἑτέραι̣
A2, Z. 10	ἀπ[ὸ λίμ]νης	ἀπ[ὸ κρή]νης
A4, Z. 3	ἀμφικαλύψας[!]	ἀμφικαλύψαι
A4, Z. 4	[Εὑρήσεις Ἀΐδαο δόμοις ἐν]δεξιὰ λίμνην	ἐπὶ]δεξιὰ λίμνην
A4, Z. 7	[ταύτης τῆς λίμνης μη]δὲ	[ταύτης τῆς κρήνης μη]δὲ

<table>
<tr><td>A4, Z. 8</td><td>[πρόσθεν δὲ εὑρήσεις τῆς] Μνημοσύνης</td><td>τῆς] Μνημοσύνης</td></tr>
<tr><td>A4, Z. 12</td><td>[εἶπον· Γῆς παῖς εἰμὶ καὶ]</td><td>Γῆς παῖς εἰμὶ καὶ]</td></tr>
<tr><td>A4, Z. 13</td><td>[δίψαι δ’ εἰμὶ αὖος καὶ ἀπόλλ]υμαι</td><td>καὶ ἀπόλλ]υμαι</td></tr>
<tr><td>A4, Z. 16</td><td>καὶ τοὶ δ¦ὴ¦ [... βασιλῆϊ</td><td>καί τοι δὴ [... βασιλείαι</td></tr>
<tr><td>A4, Z. 17</td><td>τ[οι δώσουσι πιεῖν θείης ἀπὸ λίμνης]</td><td>τ[οι δώσουσι πιεῖν τῆς Μνημοσύνης ἀπὸ λίμνης</td></tr>
<tr><td>A4, Z. 19</td><td>σύμβολα φ[άθι?</td><td>σύμβολα φ[</td></tr>
<tr><td>A4, Z. 20</td><td>καὶ Φε[ρσεφόνη?</td><td>καὶ φε[</td></tr>
<tr><td>B3, Z. 1</td><td>αὖος {ααῦ̣ο̣ς}</td><td>αὖος {λα.σς}</td></tr>
<tr><td>B3, Z. 1</td><td>πιέμ μοι̣</td><td>πιέν̣ μου</td></tr>
<tr><td>B4, Z. 1</td><td>πιέμ {ε}μοι</td><td>πιέν̣ {ε} μοι</td></tr>
<tr><td>B4, Z. 3</td><td>τίς {δὲ} δ’ ἐζ⟨ί⟩</td><td>τίς δ’ {εδ} ἐσσ⟨ί⟩</td></tr>
<tr><td>B5, Z. 1</td><td>Δίψα⟨ι⟩ δ¦’ αὖος</td><td>Δίψα⟨ι⟩ {α} αὖος</td></tr>
<tr><td>B5, Z. 1</td><td>π⟨ι⟩έμ μο⟨ι⟩</td><td>π⟨ι⟩έν̣ μο⟨ι⟩</td></tr>
<tr><td>B6, Z. 2</td><td>αἰε¦ιρ¦όω ἐπὶ | δεξιά, τῆ¦ κυπά¦ριζος</td><td>αἰ̣ειρόω ἐπὶ δεξιά, τῆ⟨ι⟩ κυπάρισσος</td></tr>
<tr><td>B6, Z. 3</td><td>τ̣υ⟨γ⟩ά̣τηρ{ι}</td><td>θ̣υ⟨γ⟩ά̣τηρ</td></tr>
<tr><td>B8, Z. 1</td><td>πιέ⟨μ⟩ μοι¦</td><td>πίε μου</td></tr>
<tr><td>B9, Z. 1</td><td>Δίψαι τοι</td><td>Δίψαι {τοι}</td></tr>
<tr><td>B9, Z. 3</td><td>Γᾶ|{ς} ἐ¦μοὶ μάτηρ πό¦τ⟨ν⟩ιά τʃε</td><td>Γᾶς ἠμ{ο}ι μάτηρ {πωτιαετ}</td></tr>
<tr><td>B9, Z. 4</td><td>⟨κ⟩α̣ὶ ⟨Ο⟩ὐρανό¦ς τε. τίς δίψαι το|ι Λ̣ΤΟΙΙΥΤΟΟ</td><td>⟨κ⟩α̣ὶ ⟨ο⟩ὐρανῶ ⟨ἀ⟩στε⟨ρόεντος⟩ {τισδιψαιτοιατοιυτοο}</td></tr>
<tr><td>C1, Z. 4</td><td>ἀνταπέ{ι}τε⟨ι⟩σ’{ει}</td><td>ἀνταπέ{ι}τε{σε}ι⟨σ⟩’</td></tr>
<tr><td>C2, Z. 2</td><td>ὅσοι ⟨δ⟩α⟨ί⟩μο|νες ἄλλο⟨ι⟩</td><td>⟨καὶ⟩ {ὅσοι} δ̣⟨αί⟩μο|νες ἄλλοι</td></tr>
<tr><td>C2, Z. 6</td><td>ἥ̣κω,| ἥ¦κω παρὰ Φ̣⟨ερ⟩σεφ⟨όνειαν⟩</td><td>ἥ̣κω {ικω} παρ’ ἁ⟨γνὴν⟩ Φ̣⟨ερ⟩-σ̣ε⟨φόνειαν⟩, in BJ, 261 geändert zu ἥκω {ικω} παρ⟨αὶ⟩ ἁ⟨γνὴν⟩ Φ̣⟨ερ⟩-σε⟨φόνειαν⟩</td></tr>
<tr><td>C3, Z. 4b</td><td>κεραυνῶ¦ν</td><td>κεραυνῶ̣ι̣</td></tr>
<tr><td>C3, Z. 8</td><td>ἱμερτο⟨ῦ⟩ δ’ ⟨ἐ⟩{ἀ}πέβαν | στε⟨φ⟩{μ}άνο⟨υ⟩ ποσὶ καρπα⟨λ⟩{σ}ίμοι |σι</td><td>{ιμερτοδαπεβανστεμανο-ποσικαρπασιμοισι}</td></tr>
<tr><td>C3, Z. 10</td><td>ἐς γάλ⟨α⟩ ἔπετο|ν</td><td>ἐς γάλ’ ἔπετον</td></tr>
<tr><td>C4, Z. 2</td><td>Διὸς τέκος, ἀγλαά. ἔχω δὲ</td><td>Διὸς τέκος· ἀλλὰ δ̣έχε̣σθ̣ε</td></tr>
<tr><td>D1, Z. 7</td><td>κἀπ{υ}⟨ι⟩μένει σ’ ὑπὸ̣ | γῆν τέλεα ἅσ⟨σ⟩απερ</td><td>κα̣ὶ σ̣ὺ μὲν εἶς ὑπὸ̣ γῆ̣ν τελέσ̣ας ἅπερ</td></tr>
<tr><td>D3, Z. 2</td><td>δεξιὸν ἐς̣ θ̣ίασ⟨ον⟩? δεῖ {ξ} ⟨σ’⟩ ἰ̣⟨έ⟩ναι (nach BJ, 96, mit Anm. 3)</td><td>δεξιὸν Ε.Θ̣ΙΑΣ δ’ ἐξ̣ι̣⟨έ⟩ναι</td></tr>
<tr><td>D3, Z. 5</td><td>ὁδοιπόρ⟨ει ἐς⟩</td><td>ὁδοιπόρ⟨ει⟩</td></tr>
</table>

D3, Z. 6	τε ἱεροὺς	θ̣’{ε} ἱεροὺς
E1, Z. 3	ΣΣΤΗΤΟΙΓ̣ΑΝΝΥΑ π{ι}άντη	ΣΣΤΗΤΟΙΓ̣ΑΝΝΥΑΠΙΑΝΤΗ
E1, Z. 4	Σ Πάτε̣ρ ΑΤΙΚ πάντα δαμαστὰ πάντη Ρ νῦν ΤΑΙΣ ἔλαβ{δ}ον· τὰ δὲ πάντ’ ἀ'μοιβή	Σ πάτερ ΑΤΙΚ παντο̣δαμάστα ΠΑΝΤΗΡΝΥΝΤΑΙΣΕΛΑΒ- ΔΟΝΤΑΔΕΠ ἀντα̣μοιβή
E1, Z. 5	Μᾶτερ λῦε	Μᾶτερ ΛΥΕ
E1, Z. 5	Ἡμέρα Ν̣ΕΓ λ{υ}ῦε Σ	ἡμέρ̣α ΜΕΡΑΝΕΓΛΧ̣ΥΕΣ
E1, Z. 6	ἐπ̣τ{ε̣ι̣π}ῆμαρ	ἐπ̣τ̣ῆμαρ
E1, Z. 7	ΤΑΚΤΑ Πῦρ ΑΣ	ΤΑΚΤΑΠΥΑΡ̣Σ
E1, Z. 7	ΔΑΜΝ εὔδα⟨ι⟩μ⟨ο⟩ν ΟΙ	ΔΑΜΝΕΥΔΑΜΝΟΙ
E2, Z. 1	Ἄιδος ΕΙΟ	Ἄιδ̣ος ΑΡ
E2, Z. 2	τ⟨ι⟩μά ἐσ̣τ̣ι̣	ΤΜΑ εὖ Π
E2, Z. 4	ΕΡ̣Λ	–
E3, Z. 6	Ν⟨ῦν⟩ ὅδε πα̣⟨ῖς⟩ Γ⟨ῆς⟩	–
F5, Z. 3 f	Ἀρχ̣εβούλη Ἀντιδώρου	Ἀρχεβού[λη] ἡ Ἀντιδώρου (PEG II/3, S. 458)
F2, Z. 4	⟨λ⟩ειμ̣ώ⟨ν⟩	–

KLAMMERN UND DIAKRITISCHE ZEICHEN

βα|σίλεια	Zeilenumbruch im Originaltext (βα steht am Ende einer Zeile, die nächste Zeile beginnt mit σίλεια)
[[τὸ ὄνομα]]	Text ist im Original getilgt (durchgestrichen o. ä.)
καὐτ[οί]	Ergänzung eines lückenhaften oder beschädigten Texts (im Original steht nur καὐτ)
γάʃρ	Verbesserung eines fehlerhaften Texts durch Buchstaben-Umstellung (im Original steht γρά)
ἀλ⟨λ⟩ά	Verbesserung eines fehlerhaften Texts durch Buchstaben-Einfügung (im Original steht ἀλά)
γ{ι}ένος	Verbesserung eines fehlerhaften Texts durch Buchstaben-Streichung (im Original steht γιένος)
ἠ!μι	Verbesserung des vor dem Ausrufezeichen stehenden Buchstabens durch Buchstaben-Änderung (im Original steht in diesem Fall ἰμι); in manchen Editionen findet sich dafür ein untergesetzter Asterisk (der dann oft vom untergesetzten Punkt, s. unten, kaum bzw. nur schwer zu unterscheiden ist)
τ̣υ⟨γ⟩ἀ̣τηρ	Buchstaben mit untergesetztem Punkt sind unklar und können auch anders gelesen werden; in diesem Fall könnte der erste Buchstabe statt Τ auch Γ sein und statt Α könnte man den Buchstaben an viertletzter Stelle auch als Μ oder als Η interpretieren

ABKÜRZUNGEN

Hier nicht aufgeführte Abkürzungen (v. a. der antiken Autoren und Werktitel) richten sich nach den Konventionen des DNP (s. DNP 3, VIII–XLIV).

BJ	Bernabé, A. / Jiménez San Cristóbal, A. I., 2008, Instructions for the Netherworld. The Orphic Gold Tablets, with an iconographical appendix by R. Olmos and illustrations by S. Olmos, translated by M. Chase, Religions in the Graeco-Roman World 162, Leiden/Boston.
CEG	Carmina Epigraphica Graeca, hg. von P. A. Hansen, 2 Bde. (Bd. 1 Nr. 1–465, Bd. 2 Nr. 466–901), Texte und Kommentare 12 und 15, Berlin/New York 1983 und 1989.
CIL	Corpus Inscriptionum Latinarum, Bd. I: Inscriptiones Latinae antiquissimae ad C. Caesaris mortem, 2. Aufl., Pars I: Fasti consulares ad a. u. c. DCCLXVI. Elogia clarorum virorum. Fasti anni Iuliani, ed. Th. Mommsen / W. Henzen / C. Huelsen, Berlin 1893; Pars II, Fasc. I: Inscriptiones Latinae antiquissimae, ed. E. Lommatzsch, Berlin 1918; Pars II, Fasc. II: Addenda. Nummi. Indices, ed. E. Lommatzsch / H. Dessau, Berlin 1931; Pars II, Fasc. III: Addenda altera. Indices, ed. E. Lommatzsch, Berlin 1943; Pars II, Fasc. IV: Addenda tertia, 1: Textus, 2: Tabulae, ed. A. Degrassi, auxit et edenda curavit H. Krummrey, Berlin 1986; Pars II, Fasc. V: Index fasciculorum I–IV, post E. Lommatzsch curavit H. Krummrey, Berlin 2015.
DNP	Der Neue Pauly. Enzyklopädie der Antike, hg. von Cancık, H. / Schneider, H., 12 Bde., Rezeptionsgeschichte Bde. 13–15/3, Bd. 16 Register, Listen Tabellen, Stuttgart/Weimar 1996–2003.
FGrH	Die Fragmente der griechischen Historiker, hg. von Jacoby, F., 3 Teile in 14 Bden., Berlin 1923–1958, (Teil I: ^{2}1957), überarbeitet und neu hg. als Brill's New Jacoby, Editor in Chief: Worthington, I. (University of Missouri), http://referenceworks.brillonline.
GJ	Graf, F. / Johnston, S. I., 2013, Ritual Texts for the Afterlife. Orpheus and the Bacchic Gold Tablets, 2. Aufl., London/New York (1. Aufl. 2007).
IC	Inscriptiones Creticae, hg. von M. Guarducci, 4 Bde., Rom 1935–1950.
IG	Inscriptiones Graecae, consilio et auctoritate Academiae Litterarum Borussicae editae, hg. von A. Kirchhoff u. a., Berlin, 1873 ff.

IGUR — Inscriptiones graecae urbis Romae, ed. L. Moretti, 4 Bde. in 5 Teilen, Rom 1968–1990.

LfgrE — Lexikon des frühgriechischen Epos, begründet von Snell, B., hg. vom Thesaurus Linguae Graecae, verantwortliche Redaktoren Mette, H. J. / Knebel, G. / Voigt, E.-M. / Meier-Brügger, M., 4 Bde., Göttingen 1955, 1991, 2004, 2010.

LGPN — A Lexicon of Greek Personal Names, hg. von Fraser, P. M. / Matthews, E. et al., Oxford 1987 ff.

LIMC — Lexicon Iconographicum Mythologiae Classicae (LIMC), hg. von Boardman, J. / Bruneau, P. / Canciani, F. / Kahil, L. / Kontoleon, N. / Simon, E. / Yalouris, N., unter Mitarbeit von Ackermann, H. C. / Gisler, J.-R., 8 Doppelbde. und 2 Supplementbde., Zürich/München 1981–2009.

LSJ — Liddell, H. G. / Scott, R., Greek – English Lexicon, revised and augmented by Jones, H. S., with the assistance of McKenzie, R., with a revised supplement, Oxford, 1996.

PCG — Poetae Comici Graeci, hg. von Kassel, R. / Austin, C., 9 Bde., Berlin/New York, 1983 ff.

PEG — Poetae Epici Graeci, testimonia et fragmenta, 4 Bde., edidit A. Bernabé, Leipzig/München/Berlin u. a. 1987, 2004, 2005 und 2007.

SEG — Supplementum Epigraphicum Graecum: Vols. 1–11 ed. J. E. Hondius, Leiden 1923–1954. Vols. 12–25 ed. A. G. Woodhead, Leiden 1955–1971. Vols. 26–41 ed. H. W. Pleket / R. S. Stroud, Amsterdam 1979–1994. Vols. 42–44 ed. H. W. Pleket / R. S. Stroud / J. H. M. Strubbe, Amsterdam 1995–1997. Vols. 45–49 ed. H. W. Pleket / R. S. Stroud / A. Chaniotis / J. H. M. Strubbe, Amsterdam 1998–2002. Vols. 50 ff. ed. A. Chaniotis / R. S. Stroud / J. H. M. Strubbe, Amsterdam 2003 ff.

Syll.^{3} — Sylloge inscriptionum graecarum, ed. W. Dittenberger, 3. Aufl., hg. von F. Hiller von Gaertringen / J. Kirchner / H. R. Pomtow / E. Ziebarth, 4 Bde., Leipzig 1915–1924 (Ndr. Hildesheim 1960).

TrGF — Tragicorum Graecorum Fragmenta (TrGF), hg. von Snell, B. / Radt, S. / Kannicht, R., 5 Bde., Göttingen 1971–2004.

LITERATUR

1. Ausgaben und Kommentare (chronologisch)

Diels, H., 1908, Die Fragmente der Vorsokratiker, 2. Aufl., Berlin.

Murray, G., 1908, »Critical Appendix on the Orphic Tablets«, in: J. Harrison (Hg.), Prolegomena to the Study of Greek Religion 2, Cambridge, 659–673.

Comparetti, D., 1910, Laminette Orfiche, Florenz.

Olivieri, A., 1915, Lamellae aureae orphicae, edidit commentario instruxit A. Olivieri, Bonn.

Wieten, J. H., 1915, De tribus laminis aureis quae in sepulcris Thurinis sunt inventae, Leiden/Amsterdam.

Kern, O., 1922, Orphicorum fragmenta (2. Aufl. 1963), Berlin.

Zuntz, G., 1971, Persephone. Three Essays on Religion and Thought in Magna Graecia, Oxford.

Colli, G., 1977, La sapienza greca I, Milano (3. Aufl. 1981).

Gallavotti, C., 1978–1979, »Il documento orfico di Hipponion e altri testi affini«, in: Museum Criticum 13–14, 337–359.

Pugliese Carratelli, G., 1993, Le lamine d'oro orfiche. Edizione e commento, Libri Scheiwiller, Milano.

Riedweg, C., 1998, »Initiation – Tod – Unterwelt: Beobachtungen zur Kommunikationssituation und narrativen Technik der orphisch-bakchischen Goldblättchen«, in: F. Graf (Hg.), Ansichten griechischer Rituale: Geburtstags-Symposium für Walter Burkert, Stuttgart/Leipzig, 359–398.

Pugliese Carratelli, G., 2001, Le lamine d'oro orfiche. Istruzioni per il viaggio oltremondano degli iniziati greci, Bibliotheca Adelphi 419, Milano.

Pugliese Carratelli, G., 2003, Les lamelles d'or orphiques, Paris.

Bernabé, A., 2005/2007, Poetae Epici Graeci II: Orphicorum Graecorum testimonia et fragmenta, pars II, fasc. 2–3, München.

Tortorelli Ghidini, M., 2006, Figli della Terra e del Cielo stellato. Testi orfici con traduzione e commento, Napoli.

Bernabé, A. / Jiménez San Cristóbal, A. I., 2008, Instructions for the Netherworld. The Orphic Gold Tablets, with an iconographical appendix by R. Olmos and illustrations by S. Olmos, translated by M. Chase, Religions in the Graeco-Roman World 162, Leiden/Boston (überarb. Aufl. des span. Orig.: Instrucciones para el más allá: Las laminillas órficas de oro, Madrid 2001).

Torjussen, S. S., 2010, Metamorphoses of Myth: A Study of the »Orphic« Gold Tablets and the Derveni Papyrus, Saarbrücken.

Tzifopoulos, Y. Z., 2010, ›Paradise‹ Earned: The Bacchic-Orphic Gold Lamellae from Crete, Hellenic Studies 23, Cambridge/London.

Edmonds III, R. G., 2011a, »The ›Orphic‹ gold tablets: Texts and translations, with critical apparatus and tables«, in: R. G. Edmonds III (Hg.), 2011, The »Orphic« Gold Tablets and Greek Religion: Further along the path, Cambridge, 15–50.

Graf, F. / Johnston, S. I., 2013, Ritual Texts for the Afterlife. Orpheus and the Bacchic Gold Tablets, 2. Aufl., London/New York (1. Aufl. 2007).

Afonasin, E. B., 2023, »›Орфические‹ золотые таблички«, in: ΣΧΟΛΗ 17, 120–137.

2. *Forschungsliteratur*

Albinus, L., 2000, The House of Hades. Studies in ancient Greek eschatology, Aarhus.

Antinozzi, S. / Ronchi, D. / Barba, S., 2020, »Macro and Micro Photogrammetry for the Virtualization of the Orphic Foil (V–IV B.C.) of National Museum of Vibo Valentia«, in: A. Arena et al. (Hg.), Connettere. Un disegno per annodare e tessere. Atti del 42° Convegno Internazionale dei Docenti delle Discipline della Rappresentazione / Connecting. Drawing for weaving relationships. Proceedings of the 42th International Conference of Representation Disciplines Teachers, Milano, 1547–1555.

Appelbaum, S. / Isaac, B. / Landau, Y., 1981–1982, »Varia Epigraphica«, in: Scripta Classica Israelica 6, 98–118.

Arslan, M. / Kotansky, R. / Yeğin, Y., 2023, »New gold *lamellae* and amulet capsules from (Judaeo-Christian) graves at Juliopolis (with plates 1/4)«, in: Jahrbuch für Antike und Christentum, Jahrgang 64/65 (2021/2022), Münster, 87–109.

Baudy, G., 1999, »Lernaia«, in: Der Neue Pauly 7, 81–83.

Bernabé, A., 2002, »La toile de Pénélope: a-t-il existé un mythe orphique sur Dionysos et les Titans?«, in: Revue de l'histoire des religions 219, 401–433.

Bernabé, A., 2004/2005/2007, Poetae Epici Graeci II: Orphicorum Graecorum testimonia et fragmenta, 3 Bde., München.

Bernabé, A., 2008, »El mito órfico de Dioniso y los Titanes«, in: A. Bernabé / F. Casadesús (Hg.), Orfeo y la tradición órfica. Un reencuentro, Vol. 1, Madrid, 591–608.

Bernabé, A., 2008a, »Orfeo, una ›biografía‹ compleja«, in: A. Bernabé / F. Casadesús (Hg.), Orfeo y la tradición órfica. Un reencuentro, Vol. 1, Madrid, 15–32.

Bernabé, A., 2008b, »Poemas sobre el mundo, la vida, el alma, el Más Allá. Himnos y epigramas. Poesía mántica«, in: A. Bernabé / F. Casadesús (Hg.), Orfeo y la tradición órfica. Un reencuentro, Vol. 1, Madrid, 393–422.

Bernabé, A., 2017, »Soteriologia órfica«, in: Cadmo. Revista de História Antiga 26, 15–34.

Bernabé, A., 2018, »Orphische Schriften«, in: C. Riedweg u. a. (Hg.), Philosophie der Kaiserzeit und der Spätantike. Grundriss der Geschichte der Philosophie: Die Philosophie der Antike, Band 5/2, Basel, 1176–1201.

Bernabé, A. / Jiménez San Cristóbal, A. I., 2008, Instructions for the Netherworld. The Orphic Gold Tablets, with an iconographical appendix by R. Olmos and illustrations by S. Olmos, translated by M. Chase, Religions in the Graeco-Roman World 162, Leiden/Boston (überarb. Aufl. des span. Orig.: Instrucciones para el más allá: Las laminillas órficas de oro, Madrid 2001).

Bernabé, A. / Jiménez San Cristóbal, A. I., 2011, »Are the ›Orphic‹ gold leaves Orphic?«, in: R. G. Edmonds III (Hg.), 2011, The »Orphic« Gold Tablets and Greek Religion: Further along the path, Cambridge, 68–101.

Bernabé, A. / Jiménez San Cristóbal, A. I., 2019, »Two Aspects of the Orphic Papyrological Tradition: PGurob 1 and the Greek Magic Rolls«, in: C. Vassallo (Hg.), Presocratics and Papyrological Tradition: A Philosophical Reappraisal of the Sources. Proceedings of the International Workshop held at the University of Trier (22–24 September 2016), Berlin/Boston, 17–43.

Betegh, G., 2004, The Derveni Papyrus: Cosmology, Theology and Interpretation, Cambridge.

Betegh, G., 2011, »The ›Great Tablet‹ from Thurii (*OF* 492)«, in: M. Herrero de Jáuregui et al. (Hg.), Tracing Orpheus. Studies of Orphic Fragments, in Honour of Alberto Bernabé, Sozomena 10, Berlin/Boston, 219–225.

Betz, H. D., 1998, »›Der Erde Kind bin ich und des gestirnten Himmels‹. Zur Lehre vom Menschen in den orphischen Goldplättchen«, in: F. Graf (Hg.), Ansichten griechischer Rituale. Geburtstagssymposium für Walter Burkert, Castelen bei Basel, 15. bis 18. März 1996, Berlin/New York, 399–419.

Bonnechere, P., 2003, »Trophonius of Lebadea: mystery aspects of an oracular cult in Boeotia«, in: M. B. Cosmopoulos (Hg.), Greek Mysteries. The Archaeology and Ritual of Ancient Greek Secret Cults, London/New York, 169–192.

Bowra, C. M., 1952, »Orpheus and Eurydice«, in: The Classical Quarterly 2, 113–126.

Boyancé, P., 1960/1961, »L'antre dans les mystères de Dionysos«, in: Atti della Pontifica Accademia Romana di Archeologia, Serie III, Rendiconti, vol. 33, 107–127.

Bremmer, J. N., 2013, »Divinities in the Orphic Gold Leaves: Euklês, Eubouleus, Brimo, Kybele, Kore and Persephone«, in: Zeitschrift für Papyrologie und Epigraphik 187, 35–48.

Burkert, W., 1982, »Craft Versus Sect: The Problem of Orphics and Pythagoreans«, in: B. Meyer / E. P. Sanders (Hg.), Jewish and Christian Self-Definition, vol. 3: Self-Definition in the Greco-Roman World, Philadelphia, 1–22.

Burkert, W., 1990, Antike Mysterien: Funktionen und Gehalt, München (amerik. Orig.: Ancient Mystery Cults, Cambridge, Mass./London 1987).

Cabrera, P., 2011, »›Ram, You Fell into the Milk‹ (*OF* 485.5–486.4). Possible Orphic Echoes in an Apulian Image«, in: M. Herrero de Jáuregui et al. (Hg.), Tracing Orpheus. Studies of Orphic Fragments, in Honour of Alberto Bernabé, Sozomena 10, Berlin/Boston, 197–203.

Calame, C., 1996, »Invocations et commentaires ›orphiques‹: transpositions funéraires de discours religieux«, in: M. M. Mactoux / E. Geny (Hg.), Discours religieux dans l'Antiquité. Actes du colloque de Besançon (27–28 janvier 1995), Annales littéraires de l'Université de Besançon 578, Besançon/Paris, 11–30.

Calame, C., 2011, »Funerary gold lamellae and Orphic papyrus commentaries: Same use, different purpose«, in: R. G. Edmonds III (Hg.), 2011, The »Orphic« Gold Tablets and Greek Religion: Further along the path, Cambridge, 203–218.

Calame, C., 2011a, Mythe et histoire dans l'Antiquité grecque. La création symbolique d'une colonie, 2. Aufl., Sciences humaines, Paris (1. Aufl. Lausanne 1996).

Catling, H. W., 1989, »Archeology in Greece 1988–89«, in: Archaeological Reports 35, 1988–1989, 3–116.

Ceccarelli, P., 2013, Ancient Greek Letter Writing: A Cultural History (600 BC–150 BC), Oxford.

Chrysanthou, A., 2020, Defining Orphism. The Beliefs, the ›teletae‹, and the Writings, Trends in Classics, Suppl.-Bd. 94, Berlin/Boston.

Chrysostomou, P., 1992, »Ο Μακεδονικός τάφος Β' της Πέλλας«, in: Το Αρχαιολογικό Έργο στη Μακεδονία και Θράκη 6, 137–149.

Colli, G., 1977, La sapienza greca I, Milano (3. Aufl. 1981).

Comparetti, D., 1910, Laminette orfiche edite e illustrate, Florenz.

Crespo, E., 2011, »*OF* 496: Dialectal Diversity in Macedon at the End of the Fourth Century BC«, in: M. Herrero de Jáuregui et al. (Hg.), Tracing Orpheus. Studies of Orphic Fragments, in Honour of Alberto Bernabé, Sozomena 10, Berlin/Boston, 227–230.

Cumont, F., 1933, »La Grande Inscription Bachique du Metropolitan Museum. II. Commentaire Religieux de l'Inscription«, in: American Journal of Archaeology 37, 232–263.

Déonna, W., »Monuments orientaux du musée de Genève«, in: Syria 4/3, 224–233.

Di Benedetto, V., »Fra Hipponion e Petelia«, in: La Parola del Passato 59, 293–306.

Diels, H., 1907, »Ein orphischer Totenpaß«, in: Philotesia für Paul Kleinert zum LXX Geburtstag, Berlin, 41–49.

Diels, H., 1908, Die Fragmente der Vorsokratiker, 2. Aufl., Berlin.

Diels, H. / Kranz, W., 1951, Die Fragmente der Vorsokratiker, griechisch und deutsch von H. Diels, hg. von W. Kranz, 3 Bde., 6. Aufl., Dublin/Zürich (Ndr. 1972).

Dousa, T. M., 2011, »Common motifs in the ›Orphic‹ B tablets and Egyptian funerary texts: Continuity or convergence?«, in: R. G. Edmonds III (Hg.), 2011, The »Orphic« Gold Tablets and Greek Religion: Further along the path, Cambridge, 120–164.

Edmonds III, R. G., 1999, »Tearing Apart the Zagreus Myth: A Few Disparaging Remarks on Orphism and Original Sin«, in: Classical Antiquity 18, 1–24.

Edmonds III, R. G., 2004, Myths of the Underworld Journey: Plato, Aristophanes, and the ›Orphic‹ Gold Tablets, Cambridge/New York.

Edmonds III, R. G., 2008, »Recycling Laertes' Shroud: More on Orphism and Original Sin«, in: Center for Hellenic Studies Online Publications, https://chs.harvard.edu/curated-article/radcliffe-g-edmonds-iii-recycling-laertes-shroud-more-on-orphism-original-sin/ (Aufruf am 27.11.2024).

Edmonds III, R. G., 2010, »The Children of Earth and Starry Heaven: The Meaning and Function of the Formula in the ›Orphic‹ Gold Tablets«, in: A. Bernabé Pajares / F. Casadesús Bordoy / M. A. Santamaría Álvarez (Hg.), Orfeo y el orfismo: nuevas perspectivas, Alicante, 98–121.

Edmonds III, R. G., 2010a, »The Bright Cypress of the ›Orphic‹ Gold Tablets: Direction and Illumination in Myths of the Underworld«, in: M. Christopoulos / E. Karakantza / O. Levaniouk (Hg.), Light and darkness in ancient Greek myth and religion, Lanham, 221–234.

Edmonds III, R. G. (Hg.), 2011, The »Orphic« Gold Tablets and Greek Religion: Further along the path, Cambridge.

Edmonds III, R. G., 2011a, »The ›Orphic‹ gold tablets: Texts and translations, with critical apparatus and tables«, in: R. G. Edmonds III (Hg.), 2011, The »Orphic« Gold Tablets and Greek Religion: Further along the path, Cambridge, 15–50.

Edmonds III, R. G., 2011b, »Sacred scripture or oracles for the dead? The semiotic situation of the ›Orphic‹ gold tablets«, in: R. G. Edmonds III (Hg.), 2011, The »Orphic« Gold Tablets and Greek Religion: Further along the path, Cambridge, 257–270.

Edmonds III, R. G., 2011c, »Festivals in the Afterlife: A New Reading of the Petelia Tablet (*OF* 476.11)«, in: M. Herrero de Jáuregui et al. (Hg.), Tracing Orpheus. Studies of Orphic Fragments, in Honour of Alberto Bernabé, Sozomena 10, Berlin/Boston, 185–188.

Edmonds III, R. G., 2013, Redefining Ancient Orphism: A Study in Greek Religion, Cambridge/New York.

Erez-Yodfat, N., 2017, »Inscribed Gold Lamella from the Hecht Museum«, in: Rosetta 21, 17–22.

Faraone, C. A., 2011, »Rushing into milk: New perspectives on the gold tablets«, in: R. G. Edmonds III (Hg.), 2011, The »Orphic« Gold Tablets and Greek Religion: Further along the path, Cambridge, 310–330.

Fayant, M.-C., 2014, Hymnes orphiques, texte établi et traduit par M.-C. Fayant, Paris.

Ferrari, F. / Prauscello, L., 2007, »Demeter Chthonia and the Mountain Mother in a New Gold Tablet from Magoula Mati«, in: Zeitschrift für Papyrologie und Epigraphik 162, 193–202.

Ferri, S., 1957, »San Vito di Luzzi (Cosenza). Frammenti di laminette auree inscritte«, in: Notizie degli Scavi di Antichità, Ser. 8ª, 11, 181–183.

Fiorelli, G. / Barnabei, F. / Comparetti, D., 1879, »XXI. Sibari«, in: G. Fiorelli (Hg.), Notizie degli scavi di antichità, Atti della R. Accademia dei Lincei vol. IV, Rom, 156–159.

Fiorelli, G. / Barnabei, F. / Comparetti, D., 1880, »XXVI. Corogliano-Calabro«, in: G. Fiorelli (Hg.), Notizie degli scavi di antichità, Atti della R. Accademia dei Lincei vol. V, Rom, 400–410.

Franz, G., 1836, »Epigrafe greca sopra lamina d'oro spettante al sig. Millingen«, in: Bullettino dell'Instituto di Corrispondenza Archeologica 9–10, 149 f.

Frel, J., 1994, »Una nuova laminella ›orfica‹«, in: Eirene 30, 183 f.

Furley, W. D. / Bremer, J. M., 2001, Greek Hymns. Selected Cult Songs from the Archaic to the Hellenistic period, vol. I: The Texts in Translation, vol. II: Greek Texts and Commentary, Studien und Texte zu Antike und Christentum 9–10, Tübingen.

Gallavotti, C., 1978–1979, »Il documento orfico di Hipponion e altri testi affini«, in: Museum Criticum 13–14, 337–359.

Giannobile, S. / Jordan, D. R., 2008, »On the Text of the Hipponium Tablet«, in: Greek, Roman and Byzantine Studies 48, 287–294.

Graf, F., 1993, »Dionysian and Orphic Eschatology. New Texts and Old Questions«, in: T. H. Carpenter / C. A. Faraone (Hg.), Masks of Dionysus, Ithaca / New York / London, 239–258.

Graf, F., 2011, »Text and ritual: The Corpus Eschatologicum of the Orphics«, in: R. G. Edmonds III (Hg.), 2011, The »Orphic« Gold Tablets and Greek Religion: Further along the path, Cambridge, 53–67.

Graf, F., 2016, »Gold Has Many Uses«, in: Archiv für Religionsgeschichte 17/1, 11–23.

Graf, F. / Johnston, S. I., 2013, Ritual Texts for the Afterlife. Orpheus and the Bacchic Gold Tablets, 2. Aufl., London/New York (1. Aufl. 2007).

Guarducci, M. (Hg.), 1939, Inscriptiones Creticae. Opera et Consilio Fridrich Halbherr Collectae II. Tituli Cretae Occidentalis, Rom.

Guarducci, M., 1985, »Nuove riflessioni sulla laminetta ›orfica‹ di Hipponion«, in: Rivista di Filologia e di Istruzione Classica 113, 385–397.

Hatzopoulos, M. B., 2002, »Λατρείες της Μακεδονίας: Τελετές μεταβάσεως καί μυήσεις«, in: A. A. Avagianou (Hg.), 2002, Λατρείες στην ›περιφέρεια‹ του αρχαίου ελληνικού κόσμου, Athen, 11–29.

Henrichs, A., 1993, »›He Has a God in Him‹: Human and Divine in the Modern Perception of Dionysus«, in: T. H. Carpenter / C. A. Faraone (Hg.), Masks of Dionysus, Ithaca/London, 13–43.

Henrichs, A., 2010, »Mystika, Orphika, Dionysiaka. Esoterische Gruppenbildungen, Glaubensinhalte und Verhaltensweisen in der Griechischen Religion«, A. F. H. Bierl / W. Braungart (Hg.), Gewalt und Opfer. Im Dialog mit Walter Burkert, MythosEikonPoiesis 2, Berlin/New York, 87–114.

Herrero de Jáuregui, M., 2010, Orphism and Christianity in Late Antiquity, Sozomena 7, Berlin/New York.

Herrero de Jáuregui, M., 2011, »Dialogues of immortality from the *Iliad* to the gold leaves«, in: R. G. Edmonds III (Hg.), 2011, The »Orphic« Gold Tablets and Greek Religion: Further along the path, Cambridge, 271–290.

Herrero de Jáuregui, M., 2011a, »*OF* 485–486: ›On this Day‹«, in: M. Herrero de Jáuregui et al. (Hg.), Tracing Orpheus. Studies of Orphic Fragments, in Honour of Alberto Bernabé, Sozomena 10, Berlin/Boston, 189–195.

Herrmann, P., 1998, Inschriften von Milet. Teil 2, Inschriften n. 407–1019, Milet: Ergebnisse der Ausgrabungen und Untersuchungen seit dem Jahre 1899 Bd. VI/2, Berlin/New York.

Hestrin, R. et al., 1973, Inscriptions Reveal. The Days of the First and Second Temples and the Mishnah and Talmud, Israel Museum Jerusalem, Jerusalem.

Holzhausen, J., 2004, »Pindar und die Orphik: zu Frg. 133 Snell/Maehler«, in: Hermes 132, 20–36.

Hordern, J., 2000, »Notes on the Orphic Papyrus from Gurôb (P. Gurôb 1; Pack2 2464)«, in: Zeitschrift für Papyrologie und Epigraphik 129, 131–140.

Isler-Kerényi, C., 2009, »Orpheus und die Buchrolle«, in: U. Dill / C. Walde (Hg.), Antike Mythen: Medien, Transformationen und Konstruktionen, Berlin/New York, 453–468.

Janko, R., 1984, »Forgetfulness in the golden tablets of memory«, in: Classical Quarterly 34, 89–100.

Janko, R., 2016, »Going beyond multitexts. The archetype of the Orphic gold leaves«, in: Classical Quarterly 66/1, 100–127.

Jiménez San Cristóbal, A. I., 2011, »Do not Drink the Water of Forgetfulness (*OF* 474–477)«, in: M. Herrero de Jáuregui et al. (Hg.), Tracing Orpheus. Studies of

Orphic Fragments, in Honour of Alberto Bernabé, Sozomena 10, Berlin/Boston, 165–170.

Jiménez San Cristóbal, A. I., 2015, »*Thiasoi* in the Netherworld«, in: C. Giuffré Scibona / A. Mastrocinque (Hg.), Ex pluribus unum. Studi in onore di Giulia Sfameni Gasparro, con la collaborazione di A. Multari, Rom, 109–120.

Johnston, S. I. / McNiven, T. J., 1996, »Dionysos and the Underworld in Toledo«, in: Museum Helveticum 53, 25–36.

Kern, O., 1922, Orphicorum fragmenta (2. Aufl. 1963), Berlin.

Koch, E., 1989, »Das Beschwörungstäfelchen des 12. Jahrhunderts von der Liebfrauenkirche in Halberstadt. Zum Inhalt, zur Deutung und zur Funktion«, in: Veröffentlichungen des Städtischen Museums Halberstadt 22 = Nordharzer Jahrbuch 14, 38–44.

Koch Piettre, R., 2019, »Invoking the water of Lerna«, in: Les Études classiques 87, 295–317.

Kotansky, R., 1991, »Incantations and Prayers for Salvation on Inscribed Greek Amulets«, in: C. A. Faraone / D. Obbink (Hg.), Magika Hiera: Ancient Greek Magic and Religion, Oxford, 107–137.

Kotansky, R., 1994, Greek Magical Amulets. The Inscribed Gold, Silver, Copper, and Bronze Lamellae, Part 1: Published Texts of Known Provenances, Opladen.

Kotansky, R., 2016, »A Gold Lamella for ›Blessed‹ Abalala«, Acta Classica Universitatis Scientiarum Debreceniensis 52, 7–20.

Kotansky, R., 2021, »Dialogues of the Dead on the ›Orphic‹ Gold Tablets«, in: D. Saunders (Hg.), Underworld: Imagining the Afterlife in Ancient South Italian Vase Painting, Los Angeles, 29–45.

Kotansky, R., 2023, »Underworld and Celestial Eschatologies in the ›Orphic‹ Gold Leaves«, in: Harvard Studies in Classical Philology 112, 167–234.

Kotwick, M. E., 2017, Der Papyrus von Derveni: Griechisch-Deutsch. Eingel., übers. und kommentiert von Mirjam E. Kotwick. Basierend auf einem griechischen Text von Richard Janko, Berlin/Boston.

Lambin, G., 2015, »›Je suis tombé dans du lait‹. À propos des formules dites orphiques«, in: Gaia. Revue Interdisciplinaire sur la Grèce 18, 507–519.

Latacz, J., 2000, »Homerische Frage«, in: Der Neue Pauly 14, 501–511.

Lebedev, A. V., 2023, »The Aegean origin and early history of the Greek doctrines of reincarnation and immortality of the soul (Epimenides, Pherecydes, Pythagoras, and Onomacritus' Orphica)«, in: N. B. Bogdanovich / Y. V. Ivanova (Hg.), Myth, Ritual, Literature, Festschrift zu Ehren von Professor N. V. Braginskaya, Moskau, 238–301.

Lilibaki-Akamati, M., 1989–1991, »Ανατολικό νεκροταφείο Πέλλας. Ανασκαφή 1989«, in: Αρχαιολογικό Δελτίο 44–46, 73–152.

Lilibaki-Akamati, M., 1992, »Από την τοπογραφία και τα νεκροταφεία της Πέλλας«, in: Το Αρχαιολογικό Έργο στη Μακεδονία και Θράκη 6, 127–136.

Linforth, I. M., 1941, The Arts of Orpheus, Berkeley/Los Angeles.

López-Ruiz, C., 2015, »Near Eastern Precedents of the ›Orphic‹ Gold Tablets: The Phoenician Missing Link«, in: Journal of Ancient Near Eastern Religions 15, 52–91.

Mackenzie, T., 2022, »Hesiod, the Presocratic poets, Aristeas, Epimenides and the Gold Tablets. Genre and Narrative«, in: L. Iribarren / H. Koning (Hg.), Hesiod and the Beginnings of Greek Philosophy, Mnemosyne Suppl.-Bd. 455, Leiden/Boston, 81–103.

Männlein-Robert, I. / Schelske, O. et al., 2012, Ps.-Platon, Über den Tod, eingeleitet, übers. und mit interpretierenden Essays vers. von Männlein-Robert, I. / Schelske, O. / Erler, M. / Feldmeier, R. / Grosse, S. / Lohmar, A. / Nesselrath, H.-G. / Poplutz, U., SAPERE XX, Tübingen.

Malama, P. / Tzifopoulos, Y. Z., 2016, »Archeboule's Epistomion from Amphipolis«, in: Trends in Classics 8/1, 55–72.

Markantonatos, A., 2013, Euripides' *Alcestis*. Narrative, Myth, and Religion, Untersuchungen zur antiken Literatur und Geschichte 112, Berlin/Boston.

Massa, F., 2013, »Écrire pour Dionysos. La présente de textes écrits dans les rituels dionysiaques«, in: Revue de l'Histoire des Religions 230/2, 209–232.

Matijašić, I., 2014, »Timachidas di Rodi. Introduzione, edizione die frammenti, traduzione e commento«, in: Annali della Scuola Normale Superiore di Pisa, Classe di Lettere e Filosofia, serie 5, vol. 6/1, 113–185.

McClay, M. F., 2021, »Becoming κλεινός in Crete and Magna Graecia. Dionysiac Mysteries and Maturation Rituals Revisited«, in: Classical Quarterly 71/1, 108–118.

McClay, M. F., 2023, The Bacchic Gold Tablets and Poetic Tradition: Memory and Performance, Cambridge.

McClay, M. F., 2023a, »›You Fell into Milk‹: Symbols and Narratives of Kinship in Bacchic Mysteries«, in: Classical Antiquity 42/1, 121–158.

Meisner, D. A., 2018, Orphic Tradition and the Birth of the Gods, Oxford.

Menge, H. / Thierfelder, A. / Wiesner, J., 1999, Repetitorium der griechischen Syntax, 10., korrigierte und um ein Suppl. erw. Aufl., Darmstadt.

Merkelbach, R., 1988, Die Hirten des Dionysos. Die Dionysos-Mysterien der römischen Kaiserzeit und der bukolische Roman des Longus, Stuttgart.

Merkelbach, R., 1999, »Die goldenen Totenpässe: ägyptisch, orphisch, bakchisch«, in: Zeitschrift für Papyrologie und Epigraphik 128, 1–13.

Montanari, F., 2023, GD. Wörterbuch Altgriechisch-Deutsch, deutsche Ausgabe hg. von M. Meier-Brügger / P. Dräger, unter Mitarbeit von M. M. Acquafredda et al., Berlin/Boston (ital. Orig.: Vocabolario della Lingua Greca, Greco – Italiano, Turin 1. Aufl. 1995, 3. Aufl. 2013).

Muhl, A. / Gutjahr, M., 2013, Magische Beschwörungen in Blei. Inschriftentäfelchen des Mittelalters aus Sachsen-Anhalt, Kleine Hefte zur Archäologie 10, Halle.

Murray, G., 1908, »Critical Appendix on the Orphic Tablets«, in: J. Harrison (Hg.), Prolegomena to the Study of Greek Religion 2, Cambridge, 659–673.

Nesselrath, H.-G., 2017, Herodot, Historien. Deutsche Gesamtausgabe, neu übers., hg. und erläutert von H.-G. Nesselrath, 5., vollkommen neu bearb. Aufl., Kröners Taschenausgabe 224, Stuttgart.

Nesselrath, H.-G., 2020, »Zum Hades und darüber hinaus – mythische griechische Vorstellungen zum Weg des Menschen über den Tod ins Jenseits von Homer bis Platon«, in: A. Zgoll / C. Zgoll (Hg.), Mythische Sphärenwechsel. Methodisch neue Zugänge zu antiken Mythen in Orient und Okzident, Mythological Studies 2, Berlin/Boston, 161–212.

Nilsson, M. P., 1967/1974, Geschichte der griechischen Religion, Bd. 1: Die Religion Griechenlands bis auf die griechische Weltherrschaft, durchgesehene und von C. Callmer ergänzte 3. Aufl. 1967, Bd. 2: Die hellenistische und römische Zeit, durchgesehene und von C. Callmer ergänzte 3. Aufl. 1974 (Ndr. 1988), Handbuch der Altertumswissenschaft V.2.1–2, München.

Nollé, J., 2007, Kleinasiatische Losorakel. Astragal und Alphabetchresmologien der hochkaiserzeitlichen Orakelrenaissance, München.

Obbink, D., 2011, »Poetry and performance in the Orphic gold leaves«, in: R. G. Edmonds III (Hg.), 2011, The »Orphic« Gold Tablets and Greek Religion: Further along the path, Cambridge, 291–309.

Olivieri, A., 1915, Lamellae aureae orphicae, edidit commentario instruxit A. Olivieri, Bonn.

Orsi, P., 1907, »Relazione preliminare sulle scoperte archeologiche avvenute nel sud-est della Sicilia nel biennio ½ 1905–½ 1907«, in: Atti della R. Accademia dei Lincei, anno CCCIV 1907, serie quinta, Notizie degli Scavi di Antichità IV, 741–778.

Papathanasopoulos, G. A., 1969, »Ἀρχαιότητες καὶ Μνημεῖα Ἠλείας· Ἀρχαία Ἦλις«, in: Archaiologikon Deltion 24B/1, 152–154 (mit Abb. 149–157).

Peek, W., 1960, Griechische Grabgedichte, griechisch und deutsch von W. Peek, Darmstadt.

Peters, A. H. / Tomasto-Cagigao, E. I., 2017, »Masculinities and Femininities: Forms and expressions of power in the Paracas Necropolis«, in: S. E. M. Scher / B. J. A. Follensbee (Hg.), Dressing the part: power, dress, gender and representation in the Pre-Columbian Americas, Gainesville, 371–449.

Petsas, P. M., 1967, »Χρονικὰ ἀρχαιολογικὰ 1966–1967, 68: Ἅγιος Ἀθανάσιος – Γέφυρα«, in: Μακεδονικά 9, 167–168 (mit Abb. 75β).

Petsas, P. M., 1969, »Μακεδονία, Νομὸς Θεσσαλονίκης, Ἅγιος Ἀθανάσιος«, in: Ἀρχαιολογικὸν Δελτίον Χρονικά 22 (1967) B'2, 399–400 (mit Abb. 21).

Pitombo Bacelar, A., 2020, »Sur la *lysis* dionysiaque«, in: Archai 30, e03003, 1–49.

Plumier-Torfs, S. et al., 1993, »La plaquette en or inscrite de Baudecet (Gembloux, Belgique) : découverte, édition, commentaire«, in: Latomus 52/4, 797–825.

Porta, F. R., 1999, Greek Ritual Utterances and the Liturgical Style, Diss. Department of Classics at Harvard University, Cambridge.

Powell, J. U., 1925, Collectanea Alexandrina, Oxford.

Pugliese Carratelli, G., 1993, Le lamine d'oro orfiche. Edizione e commento, Libri Scheiwiller, Milano.

Pugliese Carratelli, G., 2001, Le lamine d'oro orfiche. Istruzioni per il viaggio oltremondano degli iniziati greci, Bibliotheca Adelphi 419, Milano.

Pugliese Carratelli, G., 2003, Les lamelles d'or orphiques, Paris.

Reinach, S., 1901, »Une formule orphique«, in: Revue Archéologique, Troisième Série 39, 202–212.

Rey-Coquais, J.-P., 1967, Inscriptions grecques et latines de la Syrie, Tome VI: Baalbek et Beqa', Nos 2711–3017, Bibliothèque archéologique et historique 78, Paris.

Ricciardelli, G., 2008, »Los himnos órficos«, in: A. Bernabé / F. Casadesús (Hg.), Orfeo y la tradición órfica. Un reencuentro, Vol. 1, Madrid, 325–348.

Ricciardelli Apicella, G., 1992, »Le lamelle di Pelinna«, in: Studi e materiali di storia delle religioni 58, 27–39.

Riedweg, C., 1998, »Initiation – Tod – Unterwelt: Beobachtungen zur Kommunikationssituation und narrativen Technik der orphisch-bakchischen Goldblättchen«, in: F. Graf (Hg.), Ansichten griechischer Rituale: Geburtstags-Symposium für Walter Burkert, Stuttgart/Leipzig, 359–398.

Riedweg, C., 2002, »Poésie orphique et rituel initiatique. Eléments d'un ›Discours sacré‹ dans les lamelles d'or«, in: Revue de l'histoire des religions 219, 459–481.

Riedweg, C., 2011, »Initiation – death – underworld: Narrative and ritual in the gold leaves«, in: R. G. Edmonds III (Hg.), 2011, The »Orphic« Gold Tablets and Greek Religion: Further along the path, Cambridge, 219–256

Riedweg, C., 2021, »Pythagoreische Jenseitsvorstellungen – eine Spurensuche«, in: I. Männlein-Robert (Hg.), Seelenreise und Katabasis: Einblicke ins Jenseits in antiker philosophischer Literatur, Berlin, 35–80.

Rocca, G. / Muscianisi, D., 2021, »La lamina aurea Schøyen MS 5236«, Zeitschrift für Papyrologie und Epigraphik 217, 1–16.

Santamaría Álvarez, M. A., 2011, »›I Have Reached the Desired Crown with Swift Feet‹ (*OF* 488.6)«, in: M. Herrero de Jáuregui et al. (Hg.), Tracing Orpheus. Studies of Orphic Fragments, in Honour of Alberto Bernabé, Sozomena 10, Berlin/ Boston, 213–218.

Saunders, D. (Hg.), 2021, Underworld: Imagining the Afterlife in Ancient South Italian Vase Painting, Los Angeles.

Scalera McClintock, G., 2016, L'antica natura titanica. Studi sull'antropogonia orfica, Studi Storico-Religiosi, Neapel.

Scarpi, P., 2022, »Dall'aspettativa per un aldilà di beatitudine alla ricerca dell'immortalità: le laminette ›orfiche‹ come problema storico-religioso«, in: La Parola del Passato: Rivista di Studi Antichi 77/1–2, 359–380.

Schelske, O., 2011, Orpheus in der Spätantike. Studien und Kommentar zu den Argonautika des Orpheus: Ein literarisches, religiöses und philosophisches Zeugnis, Beiträge zur Altertumskunde 296, Berlin.

Schubart, W., 1917, »Ägyptische Abteilung (Papyrussammlung). Ptolemaios Philopator und Dionysos«, in: Amtliche Berichte aus den Königlichen Kunstsammlungen 38/7 (Apr. 1917), 189–198.

Schwyzer, E., 1953/1950, Griechische Grammatik, auf der Grundlage von Karl Brugmanns Griechischer Grammatik, hg. und vervollständigt von A. Debrunner, 2 Bde., Registerband 3 zusammengestellt von D. J. Georgacas 1953, Stellenregister Bd. 4 hergestellt von F. Radt, hg. von S. Radt 1971, Handbuch der Altertumswissenschaft Abt. II,1,1–4, München (Ndr. Bd. 1 1977, Bd. 2 1988, Bd. 3 1980).

Scullion, S., 2018, »Introducing Oneself in Hades: Two Orphic Formulas Reconsidered«, in: G. Ekroth / I. Nilsson (Hg.), Round Trip to Hades in the Eastern Mediterranean Tradition. Visits to the Underworld from Antiquity to Byzantium, Cultural Interactions in the Mediterranean 2, Leiden/Boston, 82–102.

Sekita, K., 2019, »*Orphica non grata*? Underworld Palace Scenes on Apulian Red-Figure Pottery Revisited«, in: R. Morais / D. Leão / D. Rodríguez Pérez (Hg.), with D. Ferreira, Greek Art in Motion. Studies in honour of Sir John Boardman on the occasion of his 90th birthday, Oxford, 465–472.

Simon, M., 1936, »Θάρσει οὐδεὶς ἀθάνατος. Étude de vocabulaire religieux«, in: Revue de l'Histoire des Religions 113, 188–206.

Sinos, R. H., 2020, »The ultimate prize: an Orphic image of victory«, in: H. L. Reid / J. Serrati / T. Sorg (Hg.), Conflict and competition. ›agōn‹ in Western Greece. Selected Essays from the 2019 Symposium on the Heritage of Western Greece, Sioux City (Iowa), 1–30.

Tegou, E. / Tzifopoulos, Y. Z., 2021, »New Epistomia from Eleutherna«, in: Trends in Classics 13/2, 418–436.

Torjussen, S. S., 2008, Metamorphoses of Myth. A Study of the »Orphic« Gold Tablets and the Derveni Papyrus. A dissertation for the degree of Philosophiae Doctor at the University of Tromsø, Faculty of Humanities, Department of Culture and Literature, Tromsø.

Torjussen, S. S., 2010, Metamorphoses of Myth: A Study of the »Orphic« Gold Tablets and the Derveni Papyrus, Saarbrücken.

Torjussen, S. S., 2014, »Milk as a Symbol of Immortality in the ›Orphic‹ Gold Tablets from Thurii and Pelinna«, in: Nordlit 33, 35–46.

Tortorelli Ghidini, M., 2006, Figli della Terra e del Cielo stellato. Testi orfici con traduzione e commento, Napoli.

Tortorelli Ghidini, M., 2011, »La λίμνη divina della lamina di Petelia (*OF* 476.8–10)«, in: M. Herrero de Jáuregui et al. (Hg.), Tracing Orpheus. Studies of Orphic Fragments, in Honour of Alberto Bernabé, Sozomena 10, Berlin/Boston, 179–183.

Trzcionkowski, L., 2013, *Bios – thanatos – bios.* Semiofory orfickie z Olbii i kultura polis, Warschau.

Trzcionkowski, L., 2023, »Self-definition, (Auto-)representation, Denomination, and the Dynamics of ›Religion‹. *Orphikoi* revisited«, in: G. P. Viscardi (Hg.), Percorsi interdisciplinari della ricerca storico-religiosa sul mondo antico, Atti del convegno internazionale (Bologna, 18–19 maggio 2021), Lares 1, Bologna, 45–72.

Tsantsanoglou, K. / Parássoglou, G. M., 1987, »Two Gold Lamellae from Thessaly«, in: ΕΛΛΗΝΙΚΑ 38, 3–16.

Tsatsaki, N. / Tzifopoulos, Y. Z., 2022, »A New Epistomion from Sfakaki, near Rethymno«, in: Trends in Classics 14/1, 124–138.

Tzifopoulos, Y. Z., 2010, ›Paradise‹ Earned: The Bacchic-Orphic Gold Lamellae from Crete, Hellenic Studies 23, Cambridge/London.

Tzifopoulos, Y. Z., 2010–2013, »Χρυσά ενεπίγραφα επιστόμια, νέα και παλαιά«, in: ΗΟΡΟΣ 22–25, 351–356.

Tzifopoulos, Y. Z., 2011, »Center, periphery, or peripheral center: A Cretan connection for the gold lamellae of Crete«, in: R. G. Edmonds III (Hg.), 2011, The »Orphic« Gold Tablets and Greek Religion: Further along the path, Cambridge, 165–199.

Tzifopoulos, Y. Z., 2011a, »Ad *OF* 496«, in: M. Herrero de Jáuregui et al. (Hg.), Tracing Orpheus. Studies of Orphic Fragments, in Honour of Alberto Bernabé, Sozomena 10, Berlin/Boston, 231–235.

Veh, O., 1993, Diodoros, Griechische Weltgeschichte, Buch I–X, 2. Teil, übers. von O. Veh (Buch IV–X), eingeleitet und kommentiert von T. Nothers, Bibliothek der griechischen Literatur 35, Stuttgart.

Vinogradov, J. G., 1991, »Zur sachlichen und geschichtlichen Deutung der Orphiker-Plättchen von Olbia«, in: P. Borgeaud (Hg.), Orphisme et Orphée. En l'honneur de Jean Rudhardt, Recherches et Rencontres 3, Genf, 77–86.

Wachter, R., 2007/2008, »Persephone, the Threshing Maiden«, in: Die Sprache 47/2, 163–181.

Watkins, C., 1995, How to Kill a Dragon. Aspects of Indo-European Poetics, Oxford.

West, M. L., 1975, »Zum neuen Goldplättchen aus Hipponion«, in: Zeitschrift für Papyrologie und Epigraphik 18, 229–236.

West, M. L., 1982, »The Orphics of Olbia«, in: Zeitschrift für Papyrologie und Epigraphik 45, 17–29.

Wieten, J. H., 1915, De tribus laminis aureis quae in sepulcris Thurinis sunt inventae, Leiden/Amsterdam.

Zgoll, A., 2020, »Sphärenwechsel innerhalb des Totenreiches. Schutzgott, Totengericht und die Hoffnung auf ein gutes Leben nach dem Tod im akkadischen Gebet Sb19319, dem hebräischen Psalm 23 und anderen antiken Quellen«, in: A. Zgoll / C. Zgoll (Hg.), Mythische Sphärenwechsel. Methodisch neue Zugänge zu antiken Mythen in Orient und Okzident, Mythological Studies 2, Berlin/Boston, 213–249.

Zgoll, C. 2019, Tractatus mythologicus. Theorie und Methodik zur Erforschung von Mythen als Grundlegung einer allgemeinen, transmedialen und komparatistischen Stoffwissenschaft, Mythological Studies 1, Berlin/Boston.

Zgoll, C., 2020, »Märchenhexe oder göttliche Ritualexpertin? Kirke und Kult im Kontext der homerischen *Nekyia*«, in: M. Egeler / W. Heizmann (Hg.), Between the Worlds. Contexts, Sources, and Analogues of Scandinavian Otherworld Journeys, Ergänzungsbände zum Reallexikon der Germanischen Altertumskunde 118, Berlin/Boston, 389–416.

Zgoll, C., 2023, »Theogonie«, in: Reallexikon für Antike und Christentum Bd. 32, 305–332.

Zoumbaki, S. B., 2005, Prosopographie der Eleer bis zum 1. Jh. v. Chr., Meletemata 40, Athen.

Zuntz, G., 1971, Persephone. Three Essays on Religion and Thought in Magna Graecia, Oxford.

Zuntz, G., 1976, »Die Goldlamelle von Hipponion«, in: Wiener Studien N.F. 10, 129–151.

KONKORDANZ

CZ 2025	**GJ 2013**	**E III 2011**	**YT 2010**	**BJ 2008**	**PEG II/2 2005**	**PC 2001**	**CR 1998**	**GZ 1971**
A1	1	B10	B10	L 1	474	I A 1	B 10	--
A2	2	B1	B1	L 3	476	I A 2	B 1	B 1
A3	25	B2	B2	L 4	477	I A 3	B 2	B 2
A4	8	B11	B11	L 2	475	I A 4	B 11	--
B1	10	B3	B3	L 5a	478	I B 1	B 3	B 3
B2	11	B4	B4	L 5b	479	I B 2	B 4	B 4
B3	12	B5	B5	L 5c	480	I B 3	B 5	B 5
B4	13	B7	B7	L 5e	482	I B 5	B 7	B 7
B5	14	B8	B8	L 5f	483	I B 6	B 8	B 8
B6	16	B6	B6	L 5d	481	I B 4	B 6	B 6
B7	--	--	(B14)	--	--	--	--	--
B8	29	B9	B9	L 6	484	I B 7	B 9	--
B9	18	B12	B12	L 6a	484a	--	--	--
B10	--	--	(B15)	--	--	--	--	--
B11	--	--	(B13)	--	--	--	--	--
C1	7	A2	A2	L 10a	489	II A 1	A 2	A 2
C2	6	A3	A3	L 10b	490	II A 2	A 3	A 3
C3	5	A1	A1	L 9	488	II B 1	A 1	A 1
C4	9	A5	A5	L 11	491	I C 1	A 5	A 5
D1	26a	D1	D2A	L 7a	485	II B 3	P 1	--
D2	26b	D2	D2B	L 7b	486	II B 4	P 2	--
D3	3	A4	A4	L 8	487	II B 2	A 4	A 4
E1	4	C1	C	L 12	492	III 1	C	C
E2	--	E1	--	L 16l	496l	--	--	--

CZ 2025	GJ 2013	E III 2011	YT 2010	BJ 2008	PEG II/2 2005	PC 2001	CR 1998	GZ 1971
E3	27	D3	D3	L 13	493	II C 2	B 12	--
E4	28	D5	D5	L 13a	493a	--	--	--
E5	30	D4	D4	L 16n	496n	--	--	--
E6	--	--	D1	L 16m	496m	--	--	--
F1	37	E3	E2	L 16k	496k	--	--	--
F2	38	E6	E5	L 15a	495a	--	--	--
F3	15	E2	E1	L 15	495	II C 1	--	B 9
F4	17	E5	E4	L 14	494	--	--	--
F5	--	--	(E6)	--	--	--	--	--
F6	31	E4	E3	L 16b	496b	--	--	--
G1	21	F4	F4	L 16c	496c	--	--	--
G2	22	F5	F5	L 16d	496d	--	--	--
G3	20	F2	F2	L 16e	496e	--	--	--
G4	--	F9	F8	S 3b	--	--	--	--
G5	36	F10	F10	L 16g	496g	--	--	--
G6	33	F12	F12	--	--	--	--	--
G7	23	F1	F1	L 16i	496i	--	--	--
G8	34	F11	F11	L 16f	496f	--	--	--
G9	--	F8	F9	S 3a	--	--	--	--
G10	24a	F13	--	--	--	--	--	--
G11	24	F7	F7	L 16j	496j	--	--	--
G12	32	F6	F6	L 16a	496a	--	--	--
G13	35	F3	F3	L 16h	496h	--	--	--
H1	8a	--	--	--	--	--	--	--
H2	8a	--	--	--	--	--	--	--
H3	--	--	G1	--	--	--	--	--
H4	--	--	G2	--	--	--	--	--
H5	--	--	G3	--	--	--	--	--
H6	--	--	G4	--	--	--	--	--

Ausgeschieden bzw. nicht aufgenommen sind (s. dazu Näheres in der Einführung § 3.4):

Nr. 19 GJ
Nr. 36a GJ
Nr. 39 GJ
Nr. S1a-b BJ
Nr. S2 BJ

Abkürzungen in der Konkordanz

BJ = Bernabé/Jiménez San Cristóbal 2008
CR = Christoph Riedweg 1998
CZ = Christian Zgoll 2025
E III = Edmonds III 2011a
GJ = Graf/Johnston 2013
GZ = Günther Zuntz 1971
PC = Pugliese Carratelli 2001
PEG = *Poetae Epici Graeci*, textkritische Edition von A. Bernabé (Band II/2 von 2005, mit Ergänzungen in Band II/3 von 2007)
YT = Yannis Tzifopoulos 2010; die in der Konkordanz eingeklammerten Nummern findet man in der neuen, ergänzten Zählung in Tsatsaki/Tzifopoulos 2022, 129–133

INDEX